Dirk Witt, Johann Knigge-Blietschau,
Christian Sieber (Hg.)

Leitfaden Referendariat im Fach Gesellschaftswissenschaften

Dirk Witt, Johann Knigge-Blietschau,
Christian Sieber (Hg.)

Leitfaden Referendariat im Fach Gesellschaftswissenschaften

WOCHEN
SCHAU
VERLAG

Bibliografische Information der Deutschen Nationalbibliothek

Die Deutsche Nationalbibliothek verzeichnet diese Publikation in der Deutschen Nationalbibliografie; detaillierte bibliografische Daten sind im Internet unter http://dnb.d-nb.de abrufbar.

www.wochenschau-verlag.de

Umschlaggestaltung: Ohl Design
Gedruckt auf chlorfrei gebleichtem Papier
Gesamtherstellung: Wochenschau Verlag
Titelbild: © studiostoks – stock.adobe.com
ISBN 978-3-7344-1317-9 (Buch)
E-Book ISBN 978-3-7344-1318-6 (PDF)
DOI https://doi.org/10.46499/1325

Inhalt

Gesellschaftslehrerin oder Gesellschaftslehrer werden

Vielleicht haben Sie es bereits im Studium gewusst, vielleicht gerade mit Erschrecken festgestellt: An Ihrer Ausbildungsschule gibt es kein Fach, welches Sie studiert haben. Sie werden im integrativen Fächerverbund Gesellschaftswissenschaften unterrichten müssen. Vorweg, Sie sind nicht allein, das Fach Gesellschaftswissenschaften gibt es in den meisten Bundesländern an vielen Schulformen in der Sekundarstufe I. Auch ist dieses Fach keine neumodische Erscheinung, sondern existiert bereits seit vielen Jahrzehnten. Trotzdem ist es völlig normal, Ängste und Unbehagen zu empfinden, bei der Vorstellung in der eigenen Ausbildung eine besondere Herausforderung meistern zu müssen.

Dieses Buch möchte Sie bestmöglich dabei unterstützen, guten Unterricht im Fach Gesellschaftswissenschaften zu geben und dabei die eigene Professionalisierung im Blick zu behalten. Die Autorinnen und Autoren des Buchs sind alle in der Lehrerausbildung oder -fortbildung für das Fach Gesellschaftswissenschaften tätig und unterrichten es auch. Wahrscheinlich wird das Fach in Ihrem Bundesland anders benannt, die Philosophie des Fächerverbunds ist aber sehr ähnlich und somit vergleichbar.

Das Fach Gesellschaftswissenschaften ist hinsichtlich der Planung und Durchführung sehr komplex und anspruchsvoll, aber es bietet enorm viel Lernpotenzial für die Schülerinnen und Schüler. Schnell werden Sie merken, dass Sie eine hohe Gestaltungsmöglichkeit hinsichtlich der Auswahl und Verknüpfung von Lerngegenständen haben, sodass Sie Ihre Ziele gut umsetzen und erreichen können. Trotzdem werden Sie sicherlich jetzt denken: „Ich muss Bezugsfächer mit unterrichten, die ich nicht studiert habe." Ja, das stimmt und es wird eine besondere Herausforderung sein, die nur im Team lösbar sein wird. Bilden Sie also möglichst schnell Teams mit weiteren Referendarinnen und Referendaren, die ebenfalls im Fach Gesellschaftswissenschaften unterrichten und andere studierte (gesellschaftswissenschaftliche) Fächer haben. Kooperieren und unterstützen Sie sich, diese Teamerfahrung wird Ihnen im späteren Beruf von großem Nutzen sein, auch hier müssen Sie in multiprofessionellen Teams arbeiten. Des Weiteren wird Sie Ihre Mentorin oder Ihr Mentor und Ihre Ausbilderin bzw. ihr Ausbilder tatkräftig unterstützen, denn Sie sind nicht die erste Lehrkraft im Fach Gesellschaftswissenschaften.

Vor allem soll Sie aber dieses Buch unterstützen. Es ist als Arbeitsbuch aufgebaut. Somit soll es nicht in Gänze von vorn nach hinten gelesen werden, sondern dann Unterstützung bringen, wenn Sie konkrete Fragen zur Planung und Gestaltung von Unterricht im Fach Gesellschaftswissenschaften haben. Ausführungen in Ihrem studierten Fach werden Ihnen bekannt sein, die Ausführungen der weiteren Dimensionen im Fächerverbund vielleicht nicht. Das Buch setzt seinen Schwerpunkt in den drei Dimensionen Geschichte, Geographie und Politik und nimmt, weil es in vielen Bundesländern ebenfalls zum Verbund dazugehört, Ökonomie in Teilen mit auf.

Im ersten Kapitel wollen wir Ihnen zunächst die Philosophie des Fachs und seine theoretische Begründung aufzeigen. Die besondere Herausforderung besteht in der Planung einer integrativen Unterrichtseinheit. Hierzu stellen wir Ihnen ein mögliches Planungsmodell vor und konkretisieren dieses mit einer praktischen Unterrichtseinheit, die für eine 9. bzw. 10. Klasse konzipiert wurde. Alle folgenden theoretischen Überlegungen werden mithilfe dieser Unterrichtseinheit veranschaulicht und ziehen sich somit als roter Faden durch das gesamte Buch.

Im zweiten Kapitel werden grundlegende fachdidaktische Theorien der vier Dimensionen Geschichte, Geographie, Politik und Ökonomie vorgestellt und an Unterrichtsbeispielen konkretisiert. Anschließend erfolgen Überlegungen zum kompetenzorientierten Fachunterricht. Insbesondere die „Indikatoren für gelungenen Unterricht im Fach Gesellschaftswissenschaften“ sowie die „Kompetenzen einer Lehrkraft im Fach Gesellschaftswissenschaften“ können Ihnen als Checkliste für die eigene Ausbildung dienen, um Schwerpunkte zu setzen und Ziele zu definieren.

Die im vierten Kapitel dargelegten didaktischen Prinzipien sollen Ihnen helfen, Ihren Unterricht fundiert und zielgerichtet zu gestalten. Hier werden wiederum alle Prinzipien an konkreten Unterrichtsbeispielen verdeutlicht.

Es folgen Überlegungen, wie fachspezifische Medien im Unterricht genutzt und eingesetzt werden. Das sechste Kapitel setzt sich mit Fragen der Heterogenität von Lerngruppen auseinander und zeigt Wege, Methoden und Instrumente auf, diese zu nutzen und damit verbundene Herausforderungen zu meistern. Um diese Maßnahmen umsetzen zu können, muss eine Lehrkraft die Schülerlernstände fachlich als auch überfachlich diagnostizieren. Dazu können Sie sich im zehnten Kapitel informieren.

Aufgaben als Kern von Unterrichtssteuerung und Initiierung von Lernprozessen werden im siebten Kapitel thematisiert.

Es gibt eine Reihe an Schulbüchern für das Fach Gesellschaftswissenschaften. Oftmals bieten diese aber nur additive Unterrichtseinheiten. Der neueren

Lehrbuchgeneration gelingt es jedoch besser, den integrativen Ansatz umzusetzen. Das Schulbuch wird für Sie wahrscheinlich eine wichtige Grundlage des Unterrichtens sein. Anregungen hierzu finden Sie im achten Kapitel.

Überlegungen zum außerschulischen Lernen runden die didaktischen Ausführungen ab.

Es folgt ein großes Kapitel zur Unterrichtsplanung, einer Ihrer Hauptaufgaben im Referendariat. Um den Normen zu entsprechen, geben die letzten beiden Kapitel nochmals Hilfestellung und Impulse dazu, wie schriftliche Entwürfe geschrieben werden könnten und was es zu beachten gilt, wenn die Hospitation bzw. die praktische Prüfung ansteht.

Wir hoffen, dass wir Ihnen mit diesem Buch Hilfe und fruchtbare Denkimpulse geben konnten, sodass Sie erkennen, dass das Fach Gesellschaftswissenschaften ein hohes Lernpotenzial aufweist und für Ihre Schülerinnen und Schüler ein sinnstiftendes Lernangebot bietet.

Herzlichst

Dirk Witt

1. Das Fach Gesellschaftswissenschaften

1.1 Fächerverbindendes Lernen

Fächerverbindender Unterricht ist keine neue Erscheinung. Schon seit vielen Jahrzehnten gibt es Kritik am reinen Fachunterricht in Schulen, der einer vorgegebenen Fachsystematik folgt. „Zu oft erscheint der Stundenplan der Schule nur als Addition von Fächern, die sich zu einem unverbundenen Nebeneinander von Spezialgebieten aufreihen und die ihren Bildungssinn offensichtlich nicht mehr ausreichend verdeutlichen und einlösen können" (Duncker/Popp 1997, 7). Es gibt keine reinen historischen oder räumlichen oder politischen oder wirtschaftlichen Phänomene in der Wirklichkeit. Die gesellschaftliche Realität gliedert sich nicht in Einzelfächer, sondern wird nur durch deren Verbindung erfasst, verstanden, bewertbar und letztendlich gestaltbar. Dazu müssen die Schülerinnen und Schüler die Kompetenz des vernetzenden Denkens aufbauen. Dieses können sie aber nur, wenn sie dazu Lerngelegenheiten erhalten.

Definitionen

Unter fächerverbindendem Unterricht versteht man, dass eine Lehrkraft alle Fächer des Fächerverbunds in einer Lerngruppe unter Aufhebung der getrennten Stundentafel unterrichtet, wobei der Unterricht von integrativen Fragestellungen getragen wird (Conrad 2015, 2 ff.).
Fächerübergreifender Unterricht ist der didaktische Oberbegriff für alle Unterrichtsversuche, bei denen verschiedene Fachperspektiven systematisch zur Lösung eines Problems so miteinander vernetzt werden, dass ein thematisch-inhaltlicher Zusammenhang erkennbar wird, eine mehrperspektivische Analyse und Beurteilung gefördert werden und eine handlungsorientierte Problemlösung oder handlungsorientierte Problemlösungsalternativen aus verschiedenen Blickwinkeln heraus entwickelt werden können (Moegling 2010, 13).

In vielen Bundesländern wurden zahlreiche neue gesellschaftswissenschaftliche Integrationsfächer etabliert. Besonders häufig findet man diese in den Schulformen, die alle Schulabschlüsse ermöglichen, äußerst selten am Gymnasium. Zu den Gründen führt Sander (2017, 9) aus:

> Ein stundenmäßig größeres, nicht nach Leistungsgruppen differenziertes Fach für die Gesellschaftswissenschaften dürfte sich für die Arbeit im Klassenverband als förderlich erweisen. Günstig ist ein solches größeres Fach

auch für reformorientierte Schulen, die häufiges Arbeiten in komplexeren didaktisch-methodischen Settings wie Projektunterricht anstreben. Hinzu kommen die tatsächlich weitreichenden Überschneidungen zwischen den Inhaltsfeldern der gesellschaftswissenschaftlichen Fächer; ob Europäische Integration oder Globalisierung, Zeitgeschichte oder Umwelt, Wirtschaftsgeschichte oder internationale Wirtschaftsbeziehungen – trennscharfe Fächerprofile sind auf der Ebene der Unterrichtsinhalte in den Gesellschaftswissenschaften kaum möglich [...]

Potenzial des fächerverbindenden Fachs Gesellschaftswissenschaften

Wolfgang Klafki zeigte bereits vor Jahrzehnten auf, dass die gesellschaftliche Partizipationsfähigkeit als schulisches Ziel nicht im Einzelunterricht erworben werden kann (1998, 47), denn das Lernen in Einzelfächern wird der Komplexität der Realität nicht gerecht.

Des Weiteren werden die notwendigen Zusammenhänge zur Erfassung und Bewertung von gesellschaftlichen Problemen durch die Zersplitterung in Einzelfächern wesentlich erschwert bzw. verdeckt. Zusammenhängende Lernprozesse werden zerstückelt und führen dazu, dass die Schülerinnen und Schüler sie nicht sinnvoll und funktional zusammenführen. Jedoch nur dann, wenn Wissen in Zusammenhängen gelernt wird, entspringt hieraus Orientierung für das Leben.

Auch Moegling (2010, 14) kommt zu folgender Einschätzung:

> [a]ngesichts der Tatsache, dass gesellschaftliche Problemlösungen nicht allein in fachspezifischen Expertisen begründet sein können, da gesellschaftliche Schlüsselprobleme [...] zu komplex, zu variabel und zu vielschichtig für rein fachliche Lösungen angelegt sind, müssen diese aus verschiedenen miteinander zu vernetzenden Blickwinkeln betrachtet werden bzw. einen mehrfachen Perspektivwechsel erfahren.

Sander (2010, 43) stellt aus gleichen Überlegungen die Forderung auf, dass die „Verbindung der gesellschaftswissenschaftlichen Fächer in einem gemeinsamen Lernbereich [...] aus wissenschaftlichen, fachpolitischen und schulpolitischen Gründen sinnvoll und notwendig" ist.

Das Fach Gesellschaftswissenschaften bietet die Möglichkeit, neue und aktuelle Unterrichtsthemen aufzunehmen, die im bisherigen Fachunterricht nur unzureichend bearbeitet werden konnten, weil sie der Fachsystematik nicht entsprachen oder zwingend fächerübergreifendes Lernen erfordern, wie beispielsweise die Unterrichtseinheiten „Der Islam und der Westen", „Nationale Identitäten" oder jegliche Nachhaltigkeits-, Ungleichs- oder Entwicklungsthemen. „Die Erweiterung von Themen durch die Einbeziehung zusätzlicher Perspektiven erlaubt es, komplexere Inhalte aufzugreifen, als es im Horizont einzelner Schulfächer möglich wäre" (Duncker 1997, 119). Lernprozesse orientieren sich im Fach Gesellschaftswissenschaften nicht an den Fachsystematiken, sondern an Problemen oder Phänomenen. Dies führt dazu, dass der Welthorizont der Schülerinnen und Schüler ausgeweitet, eine Komplexitätssteigerung erreicht und vernetzendes Denken ermöglicht wird (Moegling 2010, 38). Auch Brühne (2014, 109) kommt zum Schluss, dass der gesellschaftswissenschaftliche Fächerverbund die Wechselwirkung zwischen Schule und Gesellschaft stärker aufgreifen und systematisch vermitteln kann.

Integrative Unterrichtseinheiten haben regelhaft ihren Ausgangspunkt in der Lebenswelt der Schülerinnen und Schüler (Witt 2011, 20). Denn „die Inhalte und Fragestellungen entstammen nicht primär den Fachsystemen und fachlichen Curricula, sondern aus dem Zusammenhang der Lebenswelten der Lernenden [...]" (Popp 1997, 142). D.h., individuelle Erfahrungen und Vorwissen sind nicht primär an Unterrichtsfächer angebunden und dort zu verorten. Vielmehr gelingt es gerade im fächerübergreifenden Unterricht besser, Erfahrungen und Vorwissen in ihrer Vielfalt aufzunehmen, dort anzuknüpfen und die Fragen mehrperspektivisch zu beantworten. Gleichzeitig führt es dazu, „[...] dass die Schülerinnen und Schüler ihre erworbenen Kenntnisse vielschichtiger, differenzierter und langfristiger abspeichern" (Witt 2015, 12). Diese Schülerorientierung erhöht die Motivation und Leistungsbereitschaft der Lernenden, weil sie sinnstiftend ist.

Fächerverbindender Unterricht ist oftmals projektorientiert angelegt, fördert somit ein ganzheitliches Lernen und generiert zusätzlich zu fachlichen auch überfachliche Kompetenzen. Empirische Studien (z.B. Moegling 2010) zeigen deutlich auf, dass Schülerinnen und Schüler insbesondere diese Lernkultur sehr wertschätzen. Durch die Bearbeitung eines relevanten Problems bzw. einer Leitfrage aus unterschiedlichen Dimensionen heraus kann der Heterogenität der Lerngruppe viel besser entsprochen und können aktiv Stärken von Lernenden im Unterrichtsgeschehen aufgenommen werden.

Lernen im fächerverbindenden Unterricht ist besonders wirksam. Hattie (2013, 182) weist ihm einen hohen Wirkungsfaktor von d = 0,57 in der Middle School zu. Dieser steigt wiederum weiter an, wenn es sich um lernschwächere Schülerinnen und Schüler handelt bzw. die Lerngruppen kulturell heterogen zusammengesetzt sind.

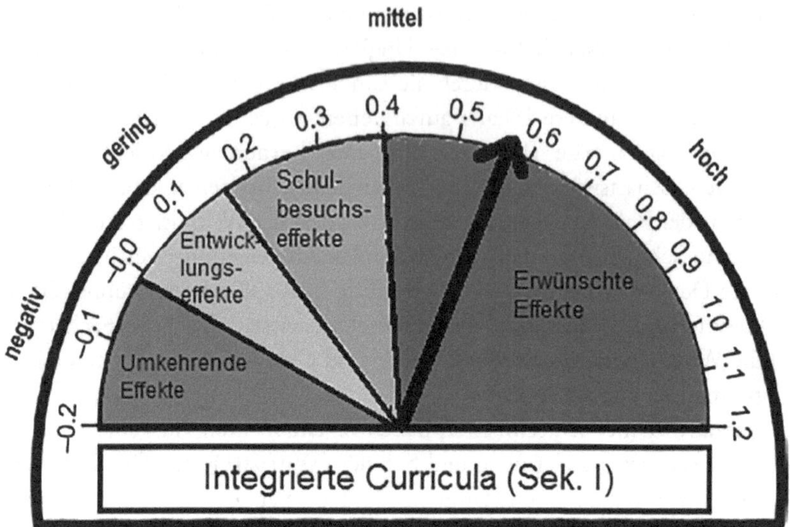

Abb. 1: Wirkungsfaktor für die Middle School. (Eigene Darstellung)

Integrationskonzepte im Fach Gesellschaftswissenschaften

> **Tipp**
>
> Wie die Integration der verschiedenen Dimensionen in Ihrem Bundesland erfolgt, ist im entsprechenden Bildungsplan nachzulesen. Die hier aufgeführten Modelle sind eher theoretischer Natur. Sie können aber Impulse setzen, wie es Ihnen gelingen kann, integrative Unterrichtseinheiten zu planen.

Sander (2017) stellt drei typische Modelle für das fächerverbindende Lernen im Fach Gesellschaftswissenschaften dar und entwickelt einen eigenen Ansatz. Dabei hinterfragt er, was das Verbindende im Lernprozess ist: Ziele und Inhalte, Schlüsselprobleme, Kompetenzen oder die multiperspektivische Auseinandersetzung mit dem gesellschaftlichen Zusammenleben von Menschen. Die Autorinnen und Autoren dieses Buchs sehen den integrativen Charakter des Fachs in seiner Leitfragenorientierung.

Verbindung im Lernprozess durch Ziele und Inhalte

In diesem Unterrichtssetting bleiben die beteiligten Fachdimensionen weiterhin klar sichtbar und werden stark additiv unterrichtet. Unterrichtsthemen lassen sich klar zuordnen und weisen nur punktuelle Schnittmengen auf.

Beispielsweise wird nach dem historischen Thema „Industrielle Revolution" das politische Thema „Sozialstaat Deutschlands" unterrichtet.

Verbindung im Lernprozess durch Schlüsselprobleme

In diesem Unterrichtssetting werden die beteiligten Fachdimensionen miteinander unter einer bestimmten Fragestellung bzw. einer Problemstellung in Beziehung gesetzt. Dieser Ansatz nutzt das Konzept der Schlüsselprobleme von Wolfgang Klafki. Die Bearbeitung ausgewählter Schlüsselprobleme (z.B. Umwelt, Frieden, Gender oder Arbeit) erfolgt durch alle Dimensionen, die einen sinnvollen Beitrag zum Verstehen leisten können. Regelhaft wird das Schlüsselproblem kumulativ mehrmals in der gesamten Schullaufbahn thematisiert und jeweils durch eine Leitfrage repräsentiert (Witt 2011, 21).

Beispielsweise könnte unter der Leitfrage „Sollen Menschen arbeiten gehen, um Geld für ihr Leben zu haben?" aus der historischen Dimension die Lebens- und Arbeitssituation zur Zeit der Industriellen Revolution, aus der politischen Dimension der Modellversuch zum bedingungslosen Grundeinkommen aus Finnland sowie aus der ökonomischen Dimension heraus die Frage, wie viel Geld wofür im Leben benötigt wird, thematisiert werden.

Verbindung im Lernprozess durch Kompetenzen

Die gesellschaftswissenschaftlichen Bezugsfächer weisen große Schnittmengen im Bereich der Kompetenzen auf. So wird in allen Dimensionen der Prozess der Analyse durchlaufen, es werden Urteile gefällt und die Perspektivität geschult. Als Ziel aller Lernprozesse wird die individuelle Handlungskompetenz (mit unterschiedlichen Ausprägungen) angesehen. Diese Überschneidungen können den Integrationsansatz für ein Unterrichtsvorhaben bilden.

Beispielsweise sehen sowohl die historische als auch die politische und geographische Dimension vor, dass Schülerinnen und Schüler die Perspektive von anderen Menschen zeitweise übernehmen, aus dieser Perspektive heraus Empathie entwickeln bzw. argumentieren und später darüber reflektieren. Ob diese Person nun ein Arbeiter des 19. Jahrhunderts, ein chinesischer Wanderarbeiter der heutigen Zeit oder ein arbeitsloser Jugendlicher in Deutschland ist, hängt einzig von der inhaltlichen Konkretisierung ab. In allen drei genannten Beispielen wird die Perspektivfähigkeit gefördert.

Verbindung im Lernprozess durch multiperspektivische Auseinandersetzung mit dem gesellschaftlichen Zusammenleben von Menschen

Um dem didaktischen Prinzip der Wissenschaftsorientierung zu entsprechen, plädiert Sander in seinem entwickelten Modell dafür, dass alle Dimensionen mit ihren fachspezifischen Fragen und Denkweisen zur Anwendung kommen. Somit vertritt er (2017, 16 f.) ein Verständnis von Fächerintegration, „[...] das eine multiperspektivische Auseinandersetzung mit Lerngegenständen vorsieht, bei der die disziplinären Perspektiven in den Gesellschaftswissenschaften ergänzend und kontrastierend miteinander verschränkt werden."

Beispielsweise wird die Frage „Warum gibt es Gesetze?" mit exemplarischen Fallbeispielen aus den verschiedenen Dimensionen heraus untersucht, beantwortet und am Ende in ihren Erkenntnissen zusammengeführt. Für die historische Dimension könnte das Zunfthandwerk in einer mittelalterlichen Stadt, in der geographischen Dimension ein Raumnutzungskonflikt Ökonomie versus Ökologie aus dem Nahbereich und in der politischen Dimension eine Fallanalyse aus dem Bereich „Jugendkriminalität" thematisiert werden.

Neben diesen Überlegungen, worin das Verbindende im Fach Gesellschaftswissenschaften liegt, gibt es den Ansatz der Leitfragenorientierung (vgl. Kapitel 4.1).

Verbindung im Lernprozess durch Leitfragen

Mithilfe einer Leitfrage, die sich aus der komplexen Gegenwart und idealerweise aus der Lebenswelt der Schülerinnen und Schüler ergibt, werden die gesellschaftswissenschaftlichen Bezugsfächer zu einem komplexen Lernarrangement miteinander verbunden. Um diese zu beantworten, werden die Bezugsfachwissenschaften „befragt" und die gewonnenen Erkenntnisse zur Beantwortung der Leitfrage gebündelt, sodass ein Erklärungszusammenhang entsteht sowie ein wirklich differenziertes Urteil unter Beachtung mehrerer Perspektiven gefällt werden kann (Witt 2011, 20 ff.). Die Schülerinnen und Schüler müssen hierzu vernetzend lernen (vgl. Kapitel 3.1). Ein wesentlicher Kern dieses Ansatzes ist es, dass die Leitfrage regelhaft zur Partizipation in Form eines Vorhabens auffordert.

Beispielsweise kann in einem Unterrichtsvorhaben die Leitfrage: „Wie sieht eine glückliche Kindheit aus?" aufgeworfen werden. Schülerinnen und Schüler werden diese mit ihren Wertvorstellungen und Vorausurteilen bereits zu Beginn des Unterrichtsvorhabens vorläufig beantworten können. Mithilfe von relevanten Beispielen aus der Vergangenheit, aus anderen Ländern und unter Berücksichtigung von ökonomischen, gesellschaftlichen und rechtlichen Gegebenheiten, die alle veränderbar sind, werden vertiefte Einsichten geschaffen, die in ein differenziertes Urteil überführt werden. Des Weiteren liegt es auf der Hand, zu dieser Frage politisch oder gesellschaftlich aktiv zu werden, indem beispielsweise die Klasse für ein Jahr eine Patenschaft bei Plan International übernimmt oder ein Sportfest für andere Kinder organisiert.

Letztendlich ist festzuhalten, dass fächerverbindendes Lernen keinen Widerspruch oder gar einen Gegenpol zum fachlichen Lernen darstellt. Ganz im Gegenteil, im Fach Gesellschaftswissenschaften wird fachlich herausfordernd und komplex gelernt.

Weiterführende Literatur:

Conrad, Franziska (2015): Fachübergreifender/fächerverbindender Unterricht und Kompetenzorientierung. In: Geschichte lernen. Fachübergreifender und fächerverbindender Unterricht. 167(9), S. 2–11.

Duncker, Ludwig/Popp, Walter (Hg.) (1997): Über Fachgrenzen hinaus. Chancen und Schwierigkeiten des fächerübergreifenden Lehrens und Lernens. Bd. 1: Grundlagen und Begründungen. Heinsberg.

Klafki, Wolfgang (1998): Fächerübergreifender Unterricht: Begründungsargumente und Verwirklichungsstufen. In: Popp, Susanne (Hg.): Grundrisse einer humanen Schule. Innsbruck, S. 41–57.

Sander, Wolfgang (2017): Fächerintegration in den Gesellschaftswissenschaften – neue Ansätze und theoretische Grundlagen. In: Hellmuth, T. (Hg.): Politische Bildung im Fächerverbund. Schwalbach/Ts.

Dirk Witt

1.2 Philosophie des Fachs Gesellschaftswissenschaften

Ein Schulfach wird (pragmatisch) dadurch konstituiert, dass es in der Stundentafel eines (Bundes-) Lands steht und ihm eine bestimmte Anzahl von Wochenstunden zugewiesen wird. Ein Bildungsplan gibt für das Fach Rahmung und Orientierung für den Unterricht und damit einen Kanon von Wissen und Können vor.

Als weitere Merkmale nennt Peter Gautschi (2019, 10) für die Einrichtung eines Schulfachs gemeinsame Interessen und Fragestellungen mit einer bestimmten Blickrichtung sowie ein Kompetenzmodell (vgl. Kapitel 3 und 4.1). Der Kanon, so Gautschi weiter, muss nach wissenschaftlich akzeptierten Regeln überprüfbar und einleuchtend und die Lehr-Lernmittel sowie die Lehr-Lernsituationen müssen fachdidaktisch grundiert sein. Die Beschäftigung mit Fachinhalten und -kompetenzen dient der „Erreichung individueller und gesellschaftlich bedeutsamer Zielsetzungen sowie zur Weltaneignung und Selbstbildung“ und ermöglicht so „zielgerichtete Bildungs- und Lernprozesse“ (ebd.). Weiterhin hat ein Schulfach einen eindeutigen Bezug zu wissenschaftlichen Disziplinen, eine Verortung in der Hochschullandschaft und eine Einbindung in einen Fachdiskurs, z.B. durch Fachzeitschriften und Verbände. Schließlich beeinflussen auch die Materialien, vor allem immer noch die Schulbücher, zu großen Anteilen die Inhalte und die Erkenntnisinteressen.

Eine Reihe dieser Kriterien sind bereits erfüllt, einige sind noch in der Entwicklung.

Dieses Buch greift viele der Aspekte auf und leistet damit einerseits einen Beitrag zur Weiterentwicklung des Fachs, will andererseits vor allem Ihnen in Ihrer Ausbildung Unterstützung geben.

Zu den besonderen Potenzialen des Fachs Gesellschaftswissenschaften und seinen Lern- und Bildungschancen für die Schülerinnen und Schüler

Tipp

Informieren Sie sich im Bildungsplan über die anzustrebenden übergeordneten Ziele des Fachs Gesellschaftswissenschaften. Oftmals kann man aus diesen Ausführungen didaktische Entscheidungen und Begründungen ableiten.

Um die Potenziale des Fachs Gesellschaftswissenschaften auszuleuchten, ist es wichtig, die Perspektive der Lernenden und ihrer Interessen für die Gegenwart und die Zukunft einzunehmen (vgl. Kapitel 4.2), denn es geht vorrangig um ihre Bildung und ihre Orientierung in der Gesellschaft.

Zum Ziel schulischer Bildung gehört es, die Lernenden zu befähigen, sich in der Welt im weitesten Sinne zurechtzufinden. Diese sehr allgemeine Zielsetzung wird im Fach Gesellschaftswissenschaften im Besonderen umgesetzt, geht es doch darum, die Lernenden zu befähigen, schon als Kinder und Jugendliche einen Platz in der Gesellschaft einzunehmen, an ihr zunehmend aktiv teilzunehmen und demokratisch mitgestaltende Bürgerinnen und Bürger zu werden (vgl. Kapitel 4.6 und 4.7).

Welt und Gesellschaft sind dadurch gekennzeichnet, dass sie komplex und globalisiert sind. Die Schülerinnen und Schüler erleben sie (wie die meisten Erwachsenen auch) zum großen Teil auch als undurchschaubar. Ihre unmittelbaren Erfahrungsräume werden durch eine Informationsflut mittels vielfältiger Medien und sozialer Netzwerke erweitert. Trotz eines umfassenden Zugangs zu Nachrichten und Informationen gelangen doch immer nur kommentierte und gedeutete Ausschnitte der globalisierten und digitalisierten Gesellschaft in das Blickfeld, die immer auch durch den Sender ausgewählt und mit bestimmten Interessen verknüpft sind (vgl. Kap. 4.4). Das Fach Gesellschaftswissenschaften hat den Anspruch, dass die Schülerinnen und Schüler Welt und Gesellschaft auch mit eigenen Fragen und Interessen begegnen (vgl. Kapitel 4.1), Probleme und Lösungsansätze nicht nur kennenlernen, sondern hinterfragen können, um auch eigene Gedanken, Haltungen und Lösungsansätze zu entwickeln.

Im Fach Gesellschaftswissenschaften werden komplexe Phänomene mehrdimensional, also mit unterschiedlichen fachlichen Zugriffen betrachtet und untersucht werden. Direkt im Fach aufgegriffene Dimensionen sind Geschichte, Geographie und Politik, weitere benachbarte Dimensionen Ökonomie, Recht, Ethik, Philosophie und Religion. Statt isoliertem Wissen wird Wissen und Verständnis in Zusammenhängen aufgebaut. Dabei können und sollen fachspezifische Perspektiven, Zugangsweisen und Methoden genutzt werden, um vernetzende Lösungsansätze (vgl. Kapitel 3.1) kennenzulernen und (mit-) zu denken. Diese komplexen Phänomene werden mithilfe der Schlüsselprobleme strukturiert, erfassbar und somit bearbeitbar. Klafki hat im Verlauf seiner Publikationstätigkeit Bezeichnungen und Zuschnitt der epochalen Schlüsselprobleme immer wieder modifiziert. In dieser Publikation unterscheiden wir zwischen folgenden Schlüsselproblemen: Nachhaltigkeit, Grundwerte, Partizipation, Gleichstellung, Gerechtigkeit, Frieden.

Das Schlüsselproblem „Nachhaltigkeit" bezeichnet die Anforderung, Prozesse so zu organisieren, dass die beteiligten Systeme verbrauchte Ressourcen dauerhaft regenerieren können. Dies betrifft insbesondere die ökologische Nachhaltigkeit, in der es um die Nutzung von Naturressourcen geht.

Beitrag der Fächerintegration: Die Verbindung von geographischer, politischer und ökonomischer Dimension ermöglicht es, alle Seiten des „Nachhaltigkeitsdreiecks", also soziale, ökonomische und ökologische Implikationen von Problemen und Lösungsansätzen, zu bearbeiten. Die Verbindung mit der historischen Dimension trägt dazu bei, die Geschwindigkeit von Entwicklungen ins Verhältnis zu setzen und historische Verantwortung für Gegenwartsprobleme zu diskutieren.

Das Schlüsselproblem „Grundwerte" zielt auf die Durchsetzung von Menschenrechten und die Fähigkeit zum Umgang mit Differenz und Pluralität.

Beitrag der Fächerintegration: Zum Verständnis von Menschenrechten gehört das Verständnis ihrer historischen Genese wie auch der politischen Gegenwart. Insbesondere die Sicherung der Grundbedürfnisse, wie das Recht auf Wasser, auf Nahrung, auf Wohnen und Kleidung, haben eine geographische Dimension.

Das Schlüsselproblem „Partizipation" bezeichnet die Fähigkeit aller Menschen zur Mitgestaltung ihrer sozialen, kulturellen und politischen Lebensverhältnisse.

Beitrag der Fächerintegration: Um gesellschaftlich handlungsfähig zu sein, ist es notwendig, Ursachen- und Wirkungsgeflechte in unterschiedlichen Dimensionen zu verstehen. Viele Probleme haben sowohl historische als auch politische und geographische Implikationen und Wechselwirkungen.

Das Schlüsselproblem „Gerechtigkeit" bezeichnet die Fähigkeit, soziale Disparitäten im Lichte unterschiedlicher normativer Zielsetzungen (z.B. Verteilungsgerechtigkeit, Leistungsgerechtigkeit oder Chancengerechtigkeit) zu hinterfragen und die Gesellschaft im Sinne solcher normativen Zielsetzungen zu verändern.

Beitrag der Fächerintegration: Gerechtigkeitsvorstellungen können den Umgang mit Raum und Naturressourcen ebenso berühren wie die Verteilung von Einkommen oder Redeanteilen in Gruppengesprächen. Sie sind zeit- und kontextgebunden. Differenzierte Gerechtigkeitsvorstellung müssen diese unterschiedlichen Dimensionen vernetzen.

Das Schlüsselproblem „Frieden" bezeichnet die Aufgabe, Konflikte gewaltfrei zu lösen, sei es im lebensweltlichen Kontext, in Auseinandersetzungen innerhalb einer Gesellschaft oder in zwischenstaatlichen Verhältnissen.

Beitrag der Fächerintegration: Die Analyse komplexer Konflikte beinhaltet immer die Betrachtung von Ressourcen und Raum, politischen Rahmenbedingungen und historischen Ursachen und ihrer Vernetzung.

Das Schlüsselproblem „Gleichstellung" bezeichnet die Zielvorstellung, dass Menschen unabhängig von ihrer Geschlechtsidentität freie Entfaltungs- und gleiche gesellschaftliche Aufstiegsmöglichkeiten haben sollen.

Beitrag der Fächerintegration: Gleichstellung ist eine komplexe Aufgabe, die die Bereitstellung von Infrastruktur (z.B. flächendeckende Versorgung mit Kindertagesstätten, sicheren Verkehrsmitteln und öffentlichen Räumen, Frauenhäusern), die Analyse von historisch gewachsenen Geschlechterrollen und die Einschätzung der politischen Handlungsmöglichkeiten der Gegenwart umfasst.

Anhand exemplarischer Lerngegenstände wird den Schülerinnen und Schülern Orientierung in ihrem Leben ermöglicht. Damit kann die Lernzeit für Themen verwendet werden, die in der Gegenwart und Zukunft der Lernenden bedeutsam sind. Die Auswahl von Lerngegenständen ist damit vielfältig, aber nicht beliebig. Der Unterricht im Fach folgt nicht den „kanonisierten Inhalten" der Einzelfächer, sondern wählt Lerngegenstände aus, die zur Bearbeitung epochaler Schlüsselprobleme taugen.

Weiterhin ist das Fach dafür prädestiniert, aktuelle Geschehnisse und Probleme über die Bildungsplaninhalte hinaus aufzugreifen und ihnen Raum zu geben. Auch diese Chance unterstreicht die Bedeutsamkeit des Fachs für das Leben der Schülerinnen und Schüler. Die Themen des Fachs betrachten das Spannungsfeld zwischen historischer Entwicklung und Identität, lokalen, regionalen und globalen Fragen.

Trotz des integrativen Ansatzes kann und soll das Fach auch in die spezifischen Perspektiven, die Zugangs-, Denk- und Arbeitsweisen der beteiligten Dimensionen einführen. Deren Bedeutung und Nützlichkeit erfüllen im integrierten Fach keinen Selbstzweck, sondern werden im Zusammenhang der thematischen Arbeit eingeführt oder vertieft sowie in ihrer Relevanz thematisiert. Es wird deutlich, welche fachspezifischen Perspektiven und Herangehensweisen für welche Fragestellungen sinnvoll und hilfreich sind (vgl. Kapitel 2).

Tipp

Es lernen Kinder und Jugendliche in Ihrer Lerngruppe, die nach der 10. Klasse in die Oberstufe übergehen werden und dort in den entsprechenden Bezugsfächern ihr Abitur erreichen sollen. Diese Schülerinnen und Schüler sollen darauf bestmöglich vorbereitet werden und müssen die jeweiligen fachspezifischen Zugangs-, Denk- und Arbeitsweisen der Bezugsfächer beherrschen.

Die Unterrichtspraxis ist wichtig!

Lehrkräfte sorgen für die Konstituierung eines Fachs sowie für sein Ansehen bei Lernenden und Eltern. Dazu tragen sie vielfältig bei, z.B. durch Absprachen in den schulinternen Curricula, aber vor allem durch ihren konkreten Unterricht, also durch ihren Unterrichtsstil, die Auswahl relevanter Lerngegenstände, die Art der Beteiligung der Lernenden (oder auch ihrer Nichtbeteiligung) oder die Auswahl von Arbeitsformen und Methoden (Gautschi 2019, 12).

Insofern liegt ein großer Teil der Verantwortung für die Akzeptanz dieses Fachs mit an Ihnen als Lehrkraft. Das Fach Gesellschaftswissenschaften kann begeistern! Hierfür will Ihnen dieses Buch Unterstützung und Anregung geben.

Weiterführende Literatur:

Wenzel, Birgit (2016): Das Fach Gesellschaftswissenschaften: Ein Gewinn für die Politische Bildung? In: Wochenschau Sek. I + II, Sonderausgabe: Politikunterricht, August. Schwalbach/Ts., S. 56–64.

Witt, Dirk (2021): Das Fach Gesellschaftswissenschaften. In: Geschichte lernen, Nr. 199: Historisches Lernen im Fächerverbund.

Birgit Wenzel/Dirk Witt

1.3 Integrative Unterrichtseinheiten planen

Sie werden in Ihrer Ausbildung vor der Frage stehen, wie man integrative Unterrichtseinheiten planen sollte. Das folgende Planungsraster soll Ihnen ein Instrument an die Hand geben, das Ihnen hilft, die Unterrichtsplanung zu systematisieren. Das vorgeschlagene Instrument ist eine Möglichkeit von vielen! Erproben Sie die Planung mit diesem Raster und reflektieren Sie, ob es für Sie ein sinnvolles Instrument ist.

<table>
<tr><td colspan="3">1. Bezug zum Bildungsplan und zum schulinternen Curriculum</td><td colspan="3">2. Lerngruppe</td><td colspan="6">3. Lebensweltorientierung</td></tr>
<tr><td colspan="12">4. Entwicklung einer Leitfrage</td></tr>
<tr><td colspan="12">5. Konkrete Planung einer integrativen Unterrichtseinheit</td></tr>
<tr><td colspan="3">Geographische Dimension
(Inhalte, Arbeits- und Denkweisen)</td><td colspan="3">Historische Dimension
(Inhalte, Arbeits- und Denkweisen)</td><td colspan="3">Politische Dimension
(Inhalte, Arbeits- und Denkweisen)</td><td colspan="3">Gegebenenfalls eine weitere Dimension
(Inhalte, Arbeits- und Denkweisen)</td></tr>
<tr><td colspan="12">6. Zu erwerbende Kompetenzen</td></tr>
<tr><td colspan="4">Analysieren</td><td colspan="4">Methoden anwenden</td><td colspan="4">Urteilen</td></tr>
<tr><td colspan="12">7. Aufgabenstellung unter Beachtung der vielfältigen Heterogenitätsmerkmale einer Lerngruppe</td></tr>
<tr><td colspan="12">8. Leistungsmessung und Leistungsbewertung</td></tr>
<tr><td colspan="12">9. Partizipationsmöglichkeiten</td></tr>
</table>

Abb. 2: Planungsraster – integrative Unterrichtseinheit (eigene Darstellung)

Konkretisierungen zum Planungsraster

1. Bezug zum Bildungsplan und zum schulinternen Curriculum

In diesem Schritt geht es darum, Ihre Unterrichtsidee mit den normativen Vorgaben abzugleichen.

Lesen Sie dazu die Vorgaben des Bildungsplans Ihres Bundeslands sowie das schulinterne Curriculum. Stellen Sie dabei fest, ob Ihre Unterrichtsideen mit den verpflichtenden Inhalten übereinstimmen. Dann können Sie diese somit legitimieren. Gibt es keine Übereinstimmung, klären Sie mithilfe der Kompetenzanforderungen des Bildungsplans bzw. des Schulcurriculums, ob Ihre Unterrichtsideen diese ansteuern. Sollte dies sein, klären Sie im Gespräch mit der Fachleitung der Schule und Ihren Mentor*innen, ob Sie diese Unterrichtsideen umsetzen können.

Prüffragen

Ist meine Unterrichtsidee ein verbindlicher Inhalt im Bildungsplan?
Ist meine Unterrichtsidee im Schulcurriculum verankert? Welche Vorgaben macht dieses?
Trägt meine Unterrichtsidee dazu bei, die Anforderungen des Bildungsplans zu erfüllen?
Was und wie wird in den Parallelklassen unterrichtet?

2. Lerngruppe

In diesem Schritt geht es darum, die Lernenden in den Blick zu nehmen.

Die Funktion der Lerngruppendiagnostik (vgl. Kapitel 10) besteht darin, abzuklären, ob und wie Ihre Unterrichtsidee für die Lerngruppe sinnvoll und passend ist. Dabei müssen Sie sowohl überfachliche als auch fachliche Kompetenzen der Lerngruppe erfassen, um die späteren didaktischen und methodischen Entscheidungen auf die Lerngruppe beziehen zu können. Je besser es Ihnen gelingt, die verschiedenen Heterogenitätsdimensionen sowie das Vorwissen und die Wertvorstellungen der Schülerinnen und Schüler zu diagnostizieren, umso adaptiver werden Sie Ihre Unterrichtsplanung umsetzen können (vgl. Kapitel 11).

Prüffragen

Welche überfachlichen und fachlichen Lernvoraussetzungen besitzen die Schülerinnen und Schüler in meiner Lerngruppe?
Welche Heterogenitätsmerkmale weist meine Lerngruppe auf und welche sind von besonderer Bedeutung für meine Unterrichtsidee?
Welches Vorwissen gibt es in meiner Lerngruppe?
Welche Interessen gibt es in meiner Lerngruppe?
Welche Stärken/Ressourcen gibt es in meiner Lerngruppe?

3. Lebensweltorientierung

In diesem Schritt geht es darum, die Alltags- und Lebenswelt der Schülerinnen und Schüler in den Blick zu nehmen.

Die Lebensweltorientierung zielt darauf ab, gesellschaftswissenschaftliche Lerngegenstände mit den Voraussetzungen, den Bedürfnissen und der Gegenwart der Schülerinnen und Schüler in Beziehung zu setzen. Der Nahbereich der Lerngruppe kann Einfluss auf die Gestaltung der Unterrichtseinheit haben, z.B.

anstehende Entscheidungen in der Gemeinde vor Ort, die die Jugendlichen betreffen, oder aktive Vereine sowie Arbeitsgruppen an der Schule. Auch jugendkulturelle Trends können aufgegriffen werden, wenn dieses Vorgehen einen fachlichen Mehrwert verspricht. Die Schülerinnen und Schüler sollen mit in den Planungsprozess einbezogen werden, indem etwa Interessen, Wünsche, Schwerpunkte abgefragt und aufgegriffen werden (vgl. Kapitel 4.2).

Prüffragen

Welche Aspekte aus der Lebenswelt der Schülerinnen und Schüler spielen in der Unterrichtseinheit eine bedeutsame Rolle?
Gibt es Möglichkeiten für Lerngelegenheiten auf der Ebene der Schule bzw. der Gemeinde?
Gibt es Aspekte in der nahen Zukunft, die zur Unterrichtsidee passen und die zu thematisieren sind?

4. Entwicklung einer Leitfrage

In diesem Schritt geht es darum, die verschiedenen Dimensionen unter einer Leitfrage miteinander zu verbinden.

Entwickeln Sie aus Ihrer Unterrichtsidee und den bisherigen Arbeitsschritten eine bedeutsame und sinnstiftende Leitfrage für die Lerngruppe, die die Unterrichtseinheit trägt. Die Überlegungen hierzu bereiten den Prozess der Didaktisierung vor. Er hilft Ihnen, im nächsten Schritt geeignete Lerngegenstände aus den verschiedenen fachlichen Dimensionen zu definieren und sie miteinander zu verbinden.

In höheren Jahrgangsstufen kann die Entwicklung der Leitfrage auch an die Schülerinnen und Schüler abgegeben werden. Dieses Vorgehen setzt ein großes Vorwissen voraus, steigert die Motivation und die Mitgestaltungsmöglichkeiten der Schülerinnen und Schüler aber erheblich. Die Leitfrage dient dazu, im Laufe der Unterrichtseinheit den roten Faden nicht zu verlieren und führt Sie und auch die Schülerinnen und Schüler immer wieder zurück zum Wesentlichen der Einheit. Sie soll am Ende der Unterrichtseinheit differenziert beantwortet werden. Schlussendlich bildet sie den Übergang zur Partizipation der Schülerinnen und Schüler, wenn danach gefragt wird, was nun mit den erworbenen Kompetenzen getan werden kann (vgl. Kapitel 4.1).

Prüffragen

Ist die Leitfrage bedeutsam?
Ist die Leitfrage für Ihre Lerngruppe sinnstiftend?
Kann die Leitfrage diskursiv am Ende des Lernprozesses beantwortet werden?

5. Konkrete Planung einer integrativen Unterrichtseinheit

In diesem Schritt geht es darum, sinnvoll und funktional die verschiedenen Dimensionen des Fachs aufeinander zu beziehen.

Entscheiden Sie, welche Lerngegenstände und welche Arbeits- und Denkweisen der jeweiligen Dimension helfen, um Ihre Unterrichtsidee umzusetzen und die Leitfrage zu beantworten.

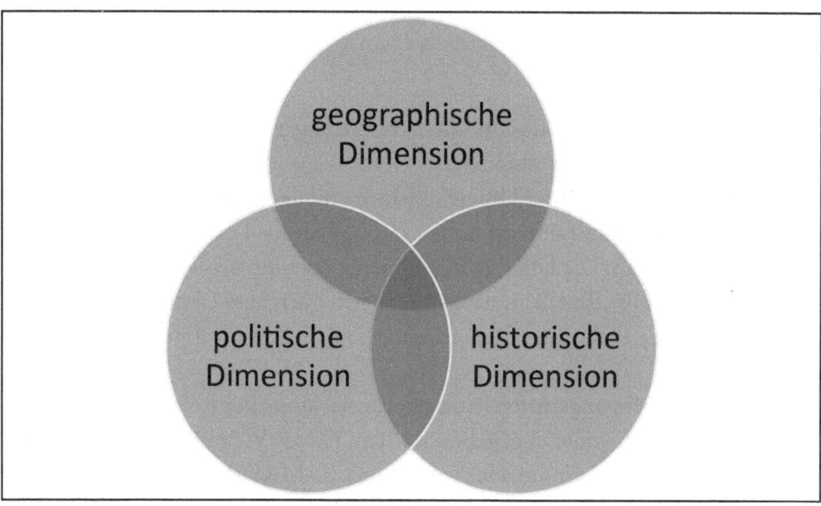

Abb. 3: Schnittmengenmodell (eigene Darstellung)

In den Schnittmengen der jeweiligen Dimensionskreise befindet sich die integrative Unterrichtseinheit (Abb. 3). Mit dem Schnittmengenmodell wird deutlich, dass Sie in der Unterrichtseinheit unterschiedliche Schwerpunkte hinsichtlich der Integration der Dimensionen setzen können, denn es geht nicht darum, immer alle drei Dimensionen in einer Unterrichtseinheit zu integrieren. Zumeist sind es zwei Dimensionen, die besonders gewinnbringend verknüpft werden können.

> Tipp
>
> Oftmals sind die ökonomische, ethische, rechtliche oder religiöse Dimension wichtig, um die Leitfrage beantworten zu können. Ergänzen Sie diese Dimensionskreise bei Bedarf.

Haben Sie die Lerngegenstände der jeweiligen Dimensionen definiert, müssen diese in zwei Schritten geprüft und in Beziehung gesetzt werden.

Zunächst geht es um die Passung zu Ihrer Unterrichtsidee und der Leitfrage. Welche Lerngegenstände gehören hinzu und wie müssen diese didaktisch reduziert werden? Sie werden nicht die Möglichkeit haben, alle gefundenen Teilaspekte eines Themas im Unterricht zu behandeln. Unterricht, der Vollständigkeit in enzyklopädischer Form erreichen will, führt zu unstrukturierter Stoffaddition, wird unübersichtlich und setzt kaum Lernprozesse in Gang. Sie kommen nur zu nachhaltigen Lernergebnissen, wenn Sie Schwerpunkte setzen und prägende Generalisierungen und Übertragbarkeiten (Transfer) erreichen.

In einem zweiten Schritt gilt es die Relevanz der Lerngegenstände zu überprüfen (Abb. 4). Dazu legitimieren Sie diese mit drei Kriterien.

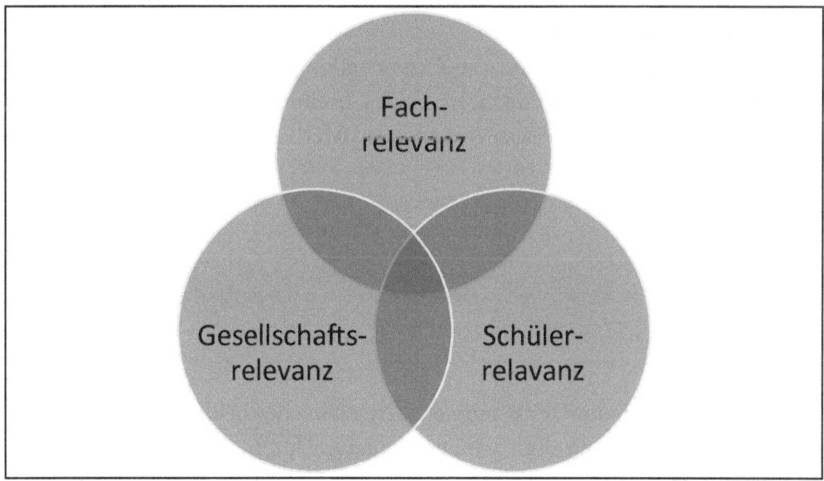

Abb. 4: Relevanzmodell (eigene Darstellung)

Auch in diesem Schnittmengenmodell gilt es, dass Sie wahrscheinlich nicht genau das Zentrum treffen, also das Unterrichtsvorhaben mit allen drei Kriterien legitimieren können.

Tipp

Bedeutsam für gelingenden Unterricht ist die Schülerrelevanz. Je jünger die Lernenden sind, desto stärker muss dieses Kriterium erfüllt sein.

Nach der Auswahl und der Legitimierung müssen Sie die Lerngegenstände in eine sinnvolle Lernreihenfolge bringen.

Prüffragen

Welche Lerngegenstände aus den drei Dimensionen tragen zur Beantwortung der Leitfrage bei?
Welche Arbeits- und Denkweisen sind notwendig, um Analysen und Urteile zu initiieren?
Welche Lerngegenstände sind sinnvoll miteinander zu integrieren?
Wie legitimieren sich die Lerngegenstände?
In welcher Reihenfolge sollen die Inhalte in der Unterrichtseinheit aufeinanderfolgen?

6. Zu erwerbende Kompetenzen

In diesem Schritt geht es darum, die Zielvorstellungen der Unterrichtseinheit zu konkretisieren und zu bestimmen. Im Fach Gesellschaftswissenschaften gibt es die drei Teilkompetenzbereiche: Analysieren, Methoden anwenden und Urteilen (vgl. Kapitel 3.1).

Tipp

Wahrscheinlich werden die Teilkompetenzen in Ihrem Bundesland anders benannt oder definiert. Das Prinzip bleibt aber gleich.

Sie müssen aus allen drei Teilkompetenzbereichen entscheiden, welche Kompetenzen die Schülerinnen und Schüler in dieser Unterrichtseinheit generieren bzw. ausdifferenzieren sollen. Dazu müssen Sie sowohl überfachliche als auch fachliche Kompetenzen ansteuern. In dieser Phase gilt es wiederum einen Bezug zum Bildungsplan bzw. zum schulinternen Curriculum herzustellen, wenn diese konkrete Anforderungen aufführen, die es zu erreichen gilt. In einer Unterrichtseinheit werden mehrere Kompetenzen, die alle Teilkompetenzbereiche umfassen, erworben bzw. geschult.

Prüffragen

Entsprechen die angesteuerten Kompetenzen den Anforderungen des Bildungsplans?
Werden alle Teilkompetenzbereiche beachtet?
Stehen die fachlichen Ziele im Einklang mit den überfachlichen Zielen?

7. Aufgabenstellung unter Beachtung der vielfältigen Heterogenitätsmerkmale einer Lerngruppe

In diesem Schritt geht es darum, komplexe, herausfordernde und offene Aufgaben für eine längere Lernsequenz zu erstellen.

Tipp

Es gehört zu den großen Herausforderungen des Lehrerberufs, Aufgaben zu konzipieren, die selbstständiges Arbeiten der Schülerinnen und Schüler über eine längere Lernzeit initiieren und begleiten. Im Referendariat sollten Sie punktuell hier Erfahrungen sammeln, es wird aber sicherlich nicht Ihr Hauptprofessionalisierungsaspekt sein!

Aufgaben stellen einen Kern von Unterricht dar und steuern die Lernprozesse der Schülerinnen und Schüler. Aufgrund der vielfältigen Heterogenitätsdimensionen innerhalb der Lerngruppe, geht es darum, komplexe Aufgabenformate zu konzipieren, sodass plurale Lernwege möglich werden. Mithilfe von Aufgaben ist es möglich, zu differenzieren und zu individualisieren, denn mit einheitlichen Medien, Methoden und Aufgabentypen werden Sie den Lernenden in einem undifferenzierten Frontalunterricht nicht gerecht (vgl. Kapitel 7).

Ferner spielen die Aufgaben für die Kompetenzentwicklung eine zentrale Rolle. Um diejenigen Kompetenzen zu erreichen, die Sie in ihrer Planung anstreben, benötigen die Schülerinnen und Schüler Aufgaben, die sie auf diesen Weg bringen.

Prüffragen

Steuert die Aufgabe den Lernprozess auf den Kern des Verstehens?
Ermöglicht die Aufgabe plurale Lernzugänge und Lernwege?
Können die Schülerinnen und Schüler Lernprodukte erstellen, um die Aufgabe zu lösen?
Ist die Entwicklung der Kompetenzen durch die Aufgabenstellung abgedeckt?

8. Leistungsmessung und Leistungsbewertung

In diesem Schritt geht es darum, zu klären, woran man Lernfortschritte misst und wie man diese bewertet.

Sie haben als Lehrkraft die wichtige Aufgabe, die Lernprozesse und Lernergebnisse der Schülerinnen und Schüler zu bewerten. Dabei spielen sowohl die fachliche Diagnostik als auch alternative Leistungsmessungen eine besondere Rolle. Deshalb planen Sie eine Vielfalt an unterschiedlichen Gelegenheiten zum Nachweis erreichter Kompetenzen (vgl. Kapitel 10).

Prüffragen

Woran erkenne ich Lernzuwächse?
In welchen konkreten Lernsituationen bzw. mithilfe welcher Lernprodukte kann ich die fachlichen Lernstände diagnostizieren?
Wie können Schülerinnen und Schüler ihren Kompetenzzuwachs unter Beweis stellen?

9. Partizipationsmöglichkeiten

In diesem Schritt geht es darum, zu klären, welche Möglichkeiten der Partizipation und Handlungskompetenz sich als Abschluss der integrativen Unterrichtseinheit anbieten. Das übergeordnete Ziel von Unterricht im Fach Gesellschaftswissenschaften ist der Zugewinn an Handlungskompetenz im Hinblick auf die epochalen Schlüsselprobleme. Schülerinnen und Schüler sollen aus dem erworbenen Wissen sowie mittels ihrer Fähigkeiten und Fertigkeiten bewusste, begründete und nachhaltige Problemlösungen ableiten, die ihnen Partizipation ermöglichen. Die Grundlage ist dabei die Fähigkeit der Schülerinnen und Schüler zum aktiven und reflektierten politischen, geschichtskulturellen und raumwirksamen Handeln.

Tipp

Auch hier sind Ihnen im Referendariat Grenzen gesetzt. Natürlich können Sie nur bedingt längerfristige Projekte oder Vorhaben begleiten. Denkbar sind aber kleinere Partizipationsmöglichkeiten, wie z. B. eine Ausstellung für die Parallelklasse zu organisieren, eine Stellungnahme an die Politik in Form von Briefen zu verfassen etc. Wichtig ist aber, dass Sie diese Zieldimension für den späteren Schulalltag nicht vergessen. Gerade diese Aktivitäten bereichern nicht nur das Lernen der Schülerinnen und Schüler, auch Sie werden mit einer großen Zufriedenheit und mit Stolz auf solche Projekte und Vorhaben zurückblicken!

Handlungskompetenz ist im Kompetenzmodell des Fachs Gesellschaftswissenschaften (vgl. Kapitel 3.1) außerhalb des Fachunterrichts angesiedelt. Damit wird verdeutlicht, dass die aktive Teilhabe an Gesellschaft in aller Regel außerhalb des Unterrichts praktiziert wird und nur in seltenen Fällen unterrichtlich realisierbar sein dürfte. Damit Schülerinnen und Schüler am politischen, wirtschaftlichen und gesellschaftlichen Geschehen teilhaben können, müssen sie dies aber im Schulalltag praktisch einüben. Dies kann bedeuten, dass simulativ gehandelt wird (z.B. im Rahmen eines Planspiels) oder zumindest Handlungsoptionen diskutiert werden. So bietet der Gesellschaftswissenschaftsunterricht eine Probebühne für gesellschaftliche Aushandlungsprozesse (vgl. Kapitel 3.1).

Prüffragen

Welche Methoden des probenden Handelns sind im Unterricht denkbar?
Welche Möglichkeiten der Simulation sind denkbar?
Wie können konkrete Partizipationserfahrungen gemacht werden?

Gunther Graf/Dirk Witt

1.4 Beispielgebende integrative Unterrichtseinheit

Diese Unterrichtseinheit ist für die Jahrgangsstufen 9 bzw. 10 konzipiert worden. Sie werden feststellen, dass der Unterrichtsvorschlag sehr umfangreich ist. Es ist eine idealtypische Unterrichtseinheit im Fach Gesellschaftswissenschaften, die viele Dimensionen integriert. Sie ist aber auch so aufgebaut, dass man bestimmte Sequenzen weglassen bzw. ersetzen kann, sodass Sie diese Unterrichtseinheit Ihrer Lerngruppe und Ihren Zielen anpassen können (vgl. Kapitel 1.3).

Fundamental für eine Unterrichtseinheit im Fach Gesellschaftswissenschaften ist das didaktische Prinzip der Lebensweltorientierung (vgl. Kapitel 4.2). Aus diesem Grunde beginnt die Unterrichtseinheit regelhaft bei den Schülerinnen und Schülern – mit ihrem Vorwissen, ihren Fragen und ihren Wertvorstellungen.

Ebenso bedeutsam für eine Unterrichtseinheit im Fach Gesellschaftswissenschaften ist ihr Abschluss. In diesem soll die Leitfrage diskursiv und differenziert beantwortet werden (vgl. Kapitel 4.1), aber auch mit der Lerngruppe überlegt werden, was nun geschehen muss, sodass Wissen und Fähigkeiten/Fertigkeiten in Partizipationsvorhaben münden, sodass erworbene Kompetenzen angewendet werden müssen. Denkbar wären kleinere Projekte im Schulkontext oder im schulischen Nahbereich. Nicht immer wird die gesamte Klasse dabei sein wollen oder können. Es ist auch viel geschafft, wenn sich einzelne Schülerinnen und Schüler oder kleinere Gruppen mit einem Vorhaben in Gesellschaft, Umwelt oder Politik beteiligen. Unterstützen und würdigen Sie dieses Engagement! Es kann aber wegen des Überwältigungsverbots des Beutelsbacher Konsenses (vgl. Kapitel 4.8) nicht Teil der fachlichen Bewertung sein, ob und in welcher Weise sich Schülerinnen und Schüler engagieren. In der vorgeschlagenen Unterrichtseinheit organisiert die Klasse am Ende des Lernprozesses eine Podiumsdiskussion.

> Tipp
>
> Die Organisation und Durchführung einer Podiumsdiskussion ist nicht nur für die Jugendlichen, sondern auch für Lehrkräfte eine anspruchsvolle und herausfordernde Methode. Gerne möchten wir Sie ermutigen, es auszuprobieren. Ratsam ist es aber auf jeden Fall, weitere Kolleginnen und Kollegen der Schule für dieses Vorhaben zu gewinnen und es im Team vorzubereiten.

Die Unterrichtseinheit nimmt beispielgebend sechs Dimensionen des gesellschaftswissenschaftlichen Fächerverbunds auf:

- die historische Dimension
- die politische Dimension
- die geographische Dimension
- die gesellschaftliche Dimension
- die ökonomische Dimension
- die rechtliche Dimension

Daran ist zu erkennen, dass die Leitfrage aus den unterschiedlichen Dimensionen beleuchtet wird (denkbar wäre auch, dass die ethische/religiöse Dimension integriert werden müsste/könnte), um die Realität komplex im Unterricht darzulegen, vernetzendes Denken bei den Schülerinnen und Schülern zu initiieren sowie einzufordern (vgl. Kapitel 3.1) und dieses für eine differenzierte Urteilsbildung zu nutzen. Vielleicht fragen Sie sich jetzt, wie kann ich das leisten? Dies ist eine idealtypische Unterrichtseinheit, integrieren Sie in Ihrem Unterricht diejenigen Dimensionen miteinander, die augenscheinlich zusammengehören, um die Realität komplexer darzustellen, als es im „reinen Fachunterricht" geschehen würde. Sammeln Sie hierbei Erfahrungen, reflektieren Sie diese und nutzen Sie die gezogenen Schlussfolgerungen zur Weiterentwicklung Ihrer Planungskompetenz.

Ein guter Anfang würde wahrscheinlich so aussehen können: Nutzen Sie Ihre Kompetenzen im studierten Fach. Dieses könnte in der Unterrichtseinheit dominieren und durch Exkurse in die benachbarten Dimensionen angereichert werden. Tauschen Sie sich mit Kolleginnen und Kollegen aus, die andere Fächer studiert haben und versuchen Sie auf diese Weise Ihren Fachblick auszuweiten und weitere Dimensionen in Ihre Planung zu integrieren.

Sammeln Sie Informationen und Unterrichtsvorschläge aus Fachzeitschriften oder aus der Fachliteratur, die zu Ihrer Unterrichtsplanung passen. Auf diese Weise gelangen Sie persönlich zu erweitertem Fachwissen, gleichzeitig schärfen Sie Ihren Blick für mögliche Vernetzungen. Das kommt Ihnen dann bei späteren Planungen wieder zugute.

Ziele der Unterrichtseinheit

Die Schülerinnen und Schüler können

Methoden anwenden

- Fallanalysen methodisch fachgerecht durchführen
- Szenarien interpretieren und einschätzen
- Statistiken methodisch fachgerecht interpretieren und Manipulationsmöglichkeiten beschreiben
- Karten interpretieren
- Textquellen und Bildquellen interpretieren
- Schaubilder interpretieren
- eine Pro- und Kontradiskussion durchführen

analysieren

- Fallbeispiele analysieren und Schlussfolgerungen ziehen
- Szenarien analysieren und Schlussfolgerungen ziehen
- Push- und Pullfaktoren definieren und an Beispielen konkretisieren
- Flucht- und Migrationsbewegungen in der Vergangenheit untersuchen
- Rechtsgrundlagen verstehen und dazu Stellung nehmen
- Argumentationen konstruieren und dekonstruieren
- Informationen in andere Darstellungsweisen umwandeln

urteilen

- Fallbeispiele beurteilen
- Szenarien und ihre Wirkungsabsichten beurteilen
- eigene Sachurteile und Werturteile fällen und begründen
- sich mit anderen Sach- und Werturteilen diskursiv auseinandersetzen
- eigene und fremde Werturteile reflektieren

sich orientieren und verantwortlich gesellschaftlich handeln

- eigene Handlungsweisen beschreiben und begründen
- das Schulleben demokratisch aktiv mitgestalten und dafür Verantwortung übernehmen
- für die freiheitlich-demokratische Grundordnung und Menschenrechte eintreten
- die Perspektive von anderen Menschen und Gruppen einnehmen, verstehen und erklären
- für eine Migrationspolitik eintreten, die sie befürworten
- Chancen von statistischen Manipulationsmöglichkeiten erklären und einschätzen
- die Wirkungsabsichten von Sprache einschätzen

Unterrichtseinheit „Migration"

Lesetipp

Eine Unterrichtssequenz entspricht nicht einer Unterrichtsstunde, sondern ist als eine zusammenhängende Lerneinheit zu verstehen. Sie kann eine Unterrichtsstunde, eine Doppelstunde oder auch bis zu vier/fünf/sechs Unterrichtsstunden betragen.

Leitfrage: Welche Menschen dürfen nach Deutschland kommen und hier leben?	
Unterrichtssequenz	**Was lernen die Schülerinnen und Schüler in dieser Unterrichtssequenz?**
Migration und ich	Die Schülerinnen und Schüler diskutieren in der Klasse ihre Einstellungen und (Voraus-)Urteile. Gleichzeitig aktivieren sie ihr Vorwissen und sammeln ihre Fragen zur Thematik.
Welche Menschen dürfen nach Deutschland kommen und hier leben?	Die Schülerinnen und Schüler diskutieren die Leitfrage, beantworten diese vorläufig und begründen ihre derzeitigen Überlegungen.
Flucht und Migration – Ist das das Gleiche?	Die Schülerinnen und Schüler unterscheiden verschiedene Formen von Migration voneinander.
Sind das Flüchtlinge oder Arbeitsmigrant*innen?	Die Schülerinnen und Schüler führen Fallanalysen durch und begründen, um welche Form von Migration es sich handelt.
Warum verlassen Menschen heute ihre Heimat?	Die Schülerinnen und Schüler analysieren Migrationsursachen und kategorisieren diese in Push- und Pullfaktoren.
Wer verdient mit Migrant*innen Geld?	Die Schülerinnen und Schüler analysieren Migrationsrouten und erarbeiten, wer diese in eigene Geschäftsmodelle umwandelt.
Warum verließen Deutsche ihre Heimat in der Vergangenheit?	Die Schülerinnen und Schüler analysieren historische Migrationsbewegungen und kategorisieren diese in Push- und Pullfaktoren.
Wie viele Menschen haben derzeit ihre Heimat verlassen?	Die Schülerinnen und Schüler analysieren Statistiken, bewerten deren Aussage- und Manipulationskraft und unterscheiden zwischen Binnenmigration und internationaler Migration.
Wie viele Menschen werden wahrscheinlich zukünftig ihre Heimat verlassen?	Die Schülerinnen und Schüler kennen zwei Szenarien, schätzen die zukünftige gesellschaftliche Herausforderung ab.
Asyl oder Abschiebung?	Die Schülerinnen und Schüler analysieren ausgewählte rechtliche Vorgaben in Deutschland sowie der Europäischen Union und stellen einen Zusammenhang zu den Menschenrechten sowie der Genfer Flüchtlingskonvention her.
Vor welchen Herausforderungen steht die Integration von Menschen aus anderen Ländern?	Die Schülerinnen und Schüler bewerten Integrationsmaßnahmen hinsichtlich ihrer Wirksamkeit unter Berücksichtigung aller beteiligten Menschen.

Leitfrage: Welche Menschen dürfen nach Deutschland kommen und hier leben?	
Sollen die Auswirkungen des Klimawandels als Asylgrund gesetzlich aufgenommen werden?	Die Schülerinnen und Schüler führen eine Pro- und Kontradiskussion durch und begründen ihre Überlegungen.
Welche Menschen dürfen nach Deutschland kommen und hier leben?	Die Schülerinnen und Schüler beantworten die Leitfrage differenziert sowie begründet und diskutieren Unterschiede.
Und nun?	Die Schülerinnen und Schüler bereiten eine schulinterne Podiumsdiskussion mit Vertreter*innen verschiedener Parteien, Migrant*innen und Klassenvertreter*innen vor und führen diese durch.

Tab. 1: exemplarische Unterrichtseinheit (eigene Darstellung)

Konkretisierung der Unterrichtseinheit

Diese Unterrichtseinheit umfasst 39 bis 44 Unterrichtsstunden, wenn alle Teilaspekte unterrichtet werden. Stehen Ihnen weniger Stunden zur Verfügung, streichen Sie einzelne Sequenzen oder bieten Sie mehrere Sequenzen als interessengeleitetes Wahlangebot parallel an.

Migration und ich (2 – 3 Unterrichtsstunden)

In dieser Unterrichtssequenz geht es darum, dass die vorhandenen (Voraus-)Urteile und Wertvorstellungen der Schülerinnen und Schüler aktiviert, benannt und diskutiert werden. So wird das subjektive Konzept aller Lernenden geöffnet. Dies kann in Kleingruppen geschehen, die zu vorgegebenen Impulsen, Thesen oder vorhandenen Meinungen diskutieren. Des Weiteren wird in den Kleingruppen mithilfe der Placemat-Methode das Vorwissen aktiviert. Am Ende dieser Unterrichtssequenz werden die Fragen und Wünsche der Schülerinnen und Schüler erhoben und gesammelt, sodass diese im kommenden Unterricht aufgenommen und integriert werden können. Diese Unterrichtssequenz ist für die Diagnostik der Lernausgangslagen der Lerngruppe immens wichtig (vgl. Kapitel 11).

Welche Menschen dürfen nach Deutschland kommen und hier leben? (1 – 2 Unterrichtsstunden)

Die Schülerinnen und Schüler setzen sich erstmalig mit der Leitfrage der Unterrichtseinheit auseinander. Dazu wird die Plenumsdiskussion mit der DAB-Methode („think-pair-share“) vorbereitet, wobei die erste Einzelarbeitsphase in schriftlicher Form stattfindet, um die notwendige Durchdringungstiefe zu erreichen. In der Plenumsdiskussion werden die aufgeworfenen Kontroversen schriftlich notiert, um diese für die Weiterarbeit nutzen zu können. Des Weiteren werden die Schriftprodukte der einzelnen Schülerinnen und Schüler eingesammelt, um sie am Ende des Lernprozesses neu zu bewerten und Lernfortschritte sichtbar zu machen.

Flucht und Migration – Ist das das Gleiche? (2 Unterrichtsstunden)
Die Schülerinnen und Schüler setzen sich mit den Begriffen auseinander, um sie unterscheiden zu können. Dazu lernt die Klasse im Partnerpuzzle mit dem Ziel, dass Begriffsdefinitionen formuliert werden.

Sind das Flüchtlinge oder Arbeitsmigrant*innen? (2 Unterrichtsstunden)
Die Schülerinnen und Schüler wenden ihr erworbenes Wissen an, indem sie in Partnerarbeit Fallbeispiele analysieren und bewerten, um welche Form von Migration es sich handelt. Dabei wird deutlich, dass eine eindeutige Zuschreibung in der Regel nicht gelingt, da es sich immer um Ursachengeflechte handelt, warum Menschen ihre Heimat verlassen. Dies wird mithilfe eines neuen Fallbeispiels im Plenum erörtert. Das Gelernte wird mithilfe der Interpretation von Karikaturen angewendet, indem herausgearbeitet wird, auf welchen Begriff die*der Zeichner*in abzielt und warum sie*er dies tut.

Warum verlassen Menschen heute ihre Heimat? (3 Unterrichtsstunden)
Die Schülerinnen und Schüler erschließen sich eine Karte zur Ausbreitung der Menschheit über die Erde und erfahren auf diese Weise, dass Menschen seit jeher in Bewegung gewesen sind. Sie stellen Vermutungen über die Ursachen an und lernen wissenschaftliche Hypothesen dazu kennen. Anschließend analysieren sie aktuelle Fallbeispiele hinsichtlich von Migrationsursachen und unterscheiden dabei kategorial in Push- und Pullfaktoren. Diese werden in Partnerarbeit in einem Schaubild dargestellt und in Karten verortet. Die Karten sowie die Schaubilder werden mithilfe der Gallery-Walk-Methode in der Klasse diskutiert.

Wer verdient mit Migrant*innen Geld? (2 Unterrichtsstunden)
Die Schülerinnen und Schüler untersuchen authentische Migrationsbiografien aus dem Internet oder mithilfe von realen Zeitzeuginnen und Zeitzeugen hinsichtlich ihrer Migrationsgeschichten und den finanziellen Herausforderungen in dieser Zeit, verorten diese auf Karten und bewerten diese.

Warum verließen Deutsche ihre Heimat in der Vergangenheit? (2–3 Unterrichtsstunden)
Die Schülerinnen und Schüler tauschen sich über Bekannte und Familienangehörige aus, die in den letzten Jahren ins Ausland gezogen oder von dort zurück-

gekehrt sind, lernen aktuelle Migrationszahlen von Deutschen kennen und analysieren an Fallbeispielen (deutsche Auswanderung im 19. Jahrhundert, Flucht und Vertreibung 1944–45, Flucht aus der DDR) der Vergangenheit Migrationsbewegungen. Dazu führt die Klasse ein Gruppenpuzzle durch. Die Lernenden erkennen, dass Migration ein überzeitliches Phänomen ist und dass auch Deutsche zu jeder Zeit Migrantinnen und Migranten gewesen sind – in einigen historischen Phasen sogar in sehr großer Zahl. Gleichzeitig werden die Kategorien von Push- und Pullfaktoren nochmals angewendet und dargestellt.

Wie viele Menschen haben derzeit ihre Heimat verlassen? (3–4 Unterrichtsstunden)

Die Schülerinnen und Schüler analysieren Statistiken. Dazu führen sie ein Gruppenpuzzle durch, in welchem verschiedene Maßstabsebenen (Deutschland, Europa, Welt) thematisiert werden. In dieser Unterrichtssequenz wird anhand von Statistiken verdeutlicht, wie groß der Anteil der weltweiten Binnenmigration ist. Mithilfe des erworbenen Wissens setzen sich die Schülerinnen und Schüler in Kleingruppen mit Zeitungsartikeln auseinander, die sich auf statistische Angaben beziehen und arbeiten heraus, welche Absichten die*der Verfasser*in verfolgt und worin Manipulationsmöglichkeiten mit dem Medium Statistiken liegen.

Wie viele Menschen werden wahrscheinlich zukünftig ihre Heimat verlassen? (4 Unterrichtsstunden)

Die Schülerinnen und Schüler analysieren gegebenenfalls mit Hilfestellung arbeitsteilig in zwei Gruppen zwei verschiedene einfache Szenarien, wie sich die Migrationsbewegung in der Zukunft möglicherweise darstellen wird. Beide Gruppen bereiten eine Kurzpräsentation vor und bewerten aufgrund ihres Szenarios die zukünftige Herausforderung für die Gesellschaft und die Politik. Die Lernenden erkennen somit, dass Migration ebenso ein Phänomen in der Zukunft sein wird.

Asyl oder Abschiebung? (3 Unterrichtsstunden)

Die Schülerinnen und Schüler setzen sich in Kleingruppen mit ausgewählten Beispielen der Asylrechtsprechung in Deutschland auseinander. Mithilfe der Fallbeispiele aus den vorhergehenden Lernsequenzen wenden die Lernenden ihr erworbenes Wissen an und entscheiden, ob ein Asylgrund vorliegt oder nicht bzw. ob eine vorliegende Asylentscheidung nach ihrer Auffassung gerechtfertigt ist oder nicht.

Vor welchen Herausforderungen steht die Integration von Menschen aus anderen Ländern? (3 – 4 Unterrichtsstunden)

Die Klasse sammelt im Plenum ihnen bekannte Maßnahmen zur Integration von Menschen aus anderen Ländern und kategorisiert diese anschließend hinsichtlich der verschiedenen Maßstabsebenen (Schule, Gemeinde, Bundesland). Diese drei Ebenen werden in Kleingruppen anschließend differenzierter betrachtet, indem sich die Kleingruppen mit entsprechenden Lernmaterialien zu Fallbeispielen auseinandersetzen, ihre Erkenntnisse in Schaubildern darstellen und der Klasse präsentieren. Am Ende werden eigene Handlungsoptionen entworfen, begründet und diskutiert.

Sollen die Auswirkungen des Klimawandels als Asylgrund gesetzlich aufgenommen werden? (4 Unterrichtsstunden)

Wichtig: Diese Unterrichtssequenz setzt voraus, dass im Fach Gesellschaftswissenschaften der Klimawandel bereits thematisiert wurde!

In zwei Gruppen sammeln die Schülerinnen und Schüler Pro- und Kontraargumente zur Streitfrage. Anschließend wird in der Klasse die Diskussion vorbereitet und durchgeführt. Im Reflexionsgespräch wird die Gesetzgebung als politischer Aushandlungsprozess thematisiert und der Zusammenhang zu den vorangegangenen Unterrichtssequenzen hergestellt.

Welche Menschen dürfen nach Deutschland kommen und hier leben? (2 Unterrichtsstunden)

Die Schülerinnen und Schüler sichten ihre Aufzeichnungen zur Beantwortung der Leitfrage und erarbeiten sich ein differenziertes Urteil. Anschließend wird die Leitfrage im Plenum plural diskutiert. Am Ende lesen die Schülerinnen und Schüler ihr Urteil aus der zweiten Unterrichtssequenz und arbeiten heraus, worin der individuelle Lernfortschritt liegt und ob und wie sich ihr Urteil verändert hat.

Und nun? (6 Unterrichtsstunden, ideal als Projekttag)

Die Schülerinnen und Schüler bereiten arbeitsteilig in Kleingruppen eine Podiumsdiskussion vor. Diese soll in der Schulöffentlichkeit durchgeführt werden. Diskutieren sollen sowohl Politikerinnen und Politiker aus der Gemeinde, Migrantinnen und Migranten als auch Schülerinnen und Schüler der Klasse.

Dirk Witt

2. Didaktische Kerne der Bezugsfächer

2.1 Historisches Denken und Lernen

Was ist „Geschichte"?

Anfang der Sechzigerjahre des 20. Jahrhunderts zog die angehende Lehrerin Bärbel Knigge aus Göttingen nach Kiel. Ist das ein „historisches Ereignis"? Das würden die meisten mit Recht verneinen. Es ist schlicht ein Ereignis, das in der Vergangenheit liegt. Es hat für die allermeisten Menschen keine Bedeutung, keinen übergeordneten Sinn. Für die Familiengeschichte der Knigges ist es allerdings hoch bedeutsam. Es beschreibt den Prozess, in dem Norddeutschland und die Ostsee zur Heimat für die nächste Generation der Knigges wurden.

Ob etwas also schlicht „Vergangenheit" ist oder aber „Geschichte", hängt davon ab, wer die „Geschichte" erzählt und wem sie erzählt wird. Geschichte als Historie hat in dieser Hinsicht die gleichen Eigenschaften wie eine fiktionale Geschichte: Sie ist adressatenbezogen, sie ist gestaltet und transportiert einen tieferen Sinn. Der Unterschied der Geschichte als Historie zu einer fiktionalen Geschichte ist, dass ihr Gegenstand immer die Verarbeitung tatsächlicher Ereignisse der Vergangenheit ist. Welche Ereignisse bedeutsam sind und für wen sie bedeutsam sind, ändert sich nach dem Gegenstand der Erzählung: Handelt es sich um die Geschichte einer Familie, die Geschichte eines Orts, die Geschichte einer Tätigkeit, die Geschichte einer Staatsform, die Geschichte einer Weltanschauung oder die Geschichte eines Lands? Gruppen konstituieren sich rund um solche Erzählungen und formen sie zugleich.

Historisches Lernen in der Schule hat dabei eine besondere Funktion: Es soll einen Pool von Erzählungen schaffen, rund um den sich unsere Gesellschaft konstituiert. War das in der Vergangenheit eine Einheitserzählung von der Glorie des Nationalstaats, siegreichen Schlachten und großen Herrschern, ist die Zielrichtung des historischen Lernens heutzutage die Entwicklung von demokratischem und kritischem Geschichtsbewusstsein. Das bedeutet, dass Schülerinnen und Schüler befähigt werden sollen, Geschichtserzählungen zu verstehen, zu hinterfragen und zu konstruieren.

Geschichtsbewusstsein

Der historische Lernprozess beginnt oder endet nicht in der Schule. Die Entwicklung von Geschichtsbewusstsein ereignet sich in unterschiedlichen Sphären und Stufen. Von Borries und Körber unterscheiden vier Ebenen: Biografische

Erfahrung, soziales Gedächtnis, kulturelle Überlieferung und methodisierte Wissenschaft. Biografische Erfahrung meint die Ordnung der eigenen Biografie in Sinnabschnitte und Sinnzusammenhänge („schon damals ..., und noch heute ...“ oder „damals zwar, ... dann aber“). Das soziale Gedächtnis umfasst auch Familienerzählungen. Insbesondere für die Zeitgeschichte und ihre Deutungen ist es erste Quelle von Geschichtsbewusstsein. In der kulturellen Überlieferung spiegeln sich die offizielle Gedenkkultur wie Gedenktage, Denkmäler oder Museen sowie Filme, Literatur und Kunst, und auch die „offiziellen“ Versionen widersprechenden Erzählungen von Subkulturen. Die Wissenschaft hingegen hat in ihrer Methodik den Anspruch, in ihren Erzählungen zugleich „universalistischer und pluralistischer“ als die kulturspezifischen Überlieferungen zu sein (von Borries 1999).

Schülerinnen und Schüler bringen insbesondere ihre biografischen Erfahrungen, das soziale Gedächtnis ihrer Familie sowie zahlreiche geschichtskulturelle Eindrücke, von Kinderbüchern über Filme hin zu Computerspielen, mit in den Unterricht. Es geht also bei der Entwicklung von Geschichtsbewusstsein in der Schule nicht darum, bei null zu beginnen und systematisch Puzzleteil zu Puzzleteil zu legen, bis ein vorher feststehendes Bild erfolgreich reproduziert wurde. Es geht darum, relevante Themen zu identifizieren, Vorstellungen aufzugreifen, die bereits vorliegen, sie zu elaborieren und nötigenfalls zu korrigieren. Die dafür notwendigen Denkleistungen, namentlich die Fähigkeit, Fragen aufzuwerfen, historische Sachverhalte zu untersuchen, Urteile zu fällen und daraus Handlungen abzuleiten, sollen von der 5. Klasse an geübt werden. Historisches Lernen muss natürlich auch Kenntniszuwachs bedeuten. Das kann auch heißen, Leerstellen aufzufüllen, aber gerade bei Themen, zu denen die Schülerinnen und Schüler bislang keinen Bezug hatten, ist es der erste Schritt, diesen herzustellen.

Dumme, ignorante Einwanderer*innen – ein Beispiel für relevante Geschichtserzählungen

> „Diejenigen, die hierherkommen, sind im Allgemeinen von der ignorantesten, dümmsten Sorte ihrer Nation. Es ist fast unmöglich, ihnen überkommene Vorurteile wieder zu nehmen.“

Thilo Sarrazin hätte es nicht prägnanter formulieren können. Und doch ist das Zitat nicht auf Türken in Deutschland gemünzt. Es stammt von Benjamin Franklin, einem der Gründerväter der Vereinigten Staaten. Franklin schreibt die wenig schmeichelhafte Einschätzung in einem Brief des Jahres 1753 – über deutsche Einwanderer in die damals noch englische Kolonie Pennsylvania. (Seidel 2010)

Und diese Äußerung ist keine zufällige Entgleisung, sondern Ausdruck einer tief sitzenden Abneigung. In einem ausführlichen Gutachten für den Gouverneur von Pennsylvania hat Benjamin Franklin Vorurteile und Stereotype über deutsche Einwanderer*innen gesammelt und ausdrücklich geteilt.

Den Deutschen wird von den britischen Pennsylvanier*innen vorgeworfen:

- Überfremdung (drohende Zweisprachigkeit, gar Majorisierung im eigenen Land),
- Unterbietung auf dem Arbeitsmarkt (unfaire Konkurrenz),
- Hässlichkeit (besonders der Frauen),
- Frauenunterdrückung,
- Kulturlosigkeit (Aberglaube, Unaufgeklärtheit, Rückständigkeit, Gewaltneigung),
- Verslumung (Bedürfnislosigkeit und Sinken von Grundstückspreisen und Mieten). (von Borries 2008, 146)

An diesem Beispiel lassen sich zahlreiche Kategorien historischen Lernens veranschaulichen:

- Emotionaler Bezug
- Problemorientierung
- Gegenwartsbezug
- Exemplarität
- Identität
- Multiperspektivität
- Narrativität

Emotionaler Bezug

Historisches Lernen gelingt, wenn sein Gegenstand für die Lernenden relevant ist. Relevanz bedeutet hier insbesondere, dass der historische Kontext auf ein Gegenwartsproblem verweist, das die Lernenden emotional berührt: „Kein Geschichtslernen ohne Emotion […]" (von Borries 2008, 81 ff.)

Die emotionale Bedeutsamkeit des Franklin-Beispiels speist sich aus mehreren Quellen und die Affekte werden bei unterschiedlichen Schülerinnen und Schülern unterschiedlich ausfallen: Einige werden sich mit den deutschen Einwanderer*innen identifizieren. Sie könnten Franklins Urteile als persönliche Beleidigungen auffassen, sich aufgefordert fühlen, ihnen zu widersprechen („hässliche Frauen") oder historische Gegenbeweise anzutreten („Kulturlosigkeit"). Schülerinnen und Schüler mit internationaler Geschichte könnten Vorurteile wiedererkennen, die ihnen persönlich, ihrer Familie oder ihrer Community entgegengebracht worden sind, was möglicherweise Empathie, Schadenfreude oder

Verblüffung über die Abwertung der Deutschen in diesem Beispiel auslösen kann. Erfolgreiches historisches Lernen soll sicher nicht auf die Entwicklung von Schadenfreude hinauslaufen, aber es kann sehr wohl damit beginnen, dass ein solches Gefühl empfunden und geäußert wird. Ein ernstes Problem ist hingegen Gleichgültigkeit. Wenn Sie zu der Auffassung gelangen, dass ein Lernanlass die Schülerinnen und Schüler kaltlassen oder nur intellektuell anregen wird, wählen Sie einen anderen.

Identität und Multiperspektivität

Von welcher Seite sich Schülerinnen und Schüler einem Problem nähern, ist eine Frage ihrer individuellen und ihrer kollektiven Identität. Historisches Lernen hat diese Identität zur Voraussetzung, aber auch zum Gegenstand. Insbesondere nationale Identitäten, die im vorliegenden Beispiel eine zentrale Rolle spielen, sollten immer in ihrer historischen Bedingtheit betrachtet und ausdifferenziert werden: Was bedeutete es im Jahr 1753 in Pennsylvania „deutsch" zu sein, was bedeutet es für Jugendliche im 21. Jahrhundert in der Bundesrepublik? Die Fragen, wer bin ich, zu welcher Gruppe gehöre ich und welche Eigenschaften schreibe ich meiner eigenen und anderen Gruppen zu, sind zentrale Triebfedern historischen Lernens. Das Ziel ist es, dass die Schülerinnen und Schüler in der Lage sind, differenzierte Antworten auf diese Grundfragen zu finden. Dabei liegen Identifikationsangebote auf zahlreichen unterschiedlichen Ebenen, die ihrerseits dem historischen und politischen Wandel unterliegen: Lag der Fokus historischen Interesses im Kaiserreich auf „großen Männern" und siegreichen Schlachten, so ist heute die Geschichte demokratischer Bewegungen ein roter Faden historischen Lernens. Identifikationsangebote machen heutige Geschichtsbücher eher beim Dritten Stand als bei Ludwig XVI. Auch in Darstellungen der Industriellen Revolution wird eher eine soziale Identität verstärkt, indem beispielsweise die Bedingungen der Frauen- und Kinderarbeit problematisiert werden. Daneben werden allerdings auch große Erfinder, vermehrt auch Erfinderinnen, oder Unternehmer (selten: Unternehmerinnen) als Vorbilder angeboten. Zu den bislang schwach ausgeprägten Identifikationsangeboten zählt zum Beispiel das Konzept einer europäischen Identität – in Darstellungen der Kolonialepoche, die auch als Herrschaft Europas über die Welt gedeutet werden kann, kommt es gelegentlich zum Tragen. Aus diesen Beispielen sollte ersichtlich werden, dass „Identität" im Sinne historischen Lernens ein mehrdimensionaler, sehr facettenreicher Begriff ist, der sehr viele, auch widersprüchliche Identifikationen zulässt.

> Historische Identität meint eine Selbstlokalisierung von sozialen Gruppen und ihren Mitgliedern im historischen Prozess. Vom Individuum her meint sie eine selbstidentifikatorische Zuordnung zum historischen Selbstverständnis sozialer Bezugsgruppen. [...] [G]enaue Kenntnis historischer Zusammenhänge, Verläufe, Entscheidungen liegt solcher Selbstlokalisierung selten zugrunde. [...] [N]ach dem Identitätskonzept angelegter Geschichtsunterricht [...] ist nicht parteiisch, aber er hilft Schülern, Partei ergreifen zu lernen. Er anerkennt keine Höherwertigkeit einer Identifikationsbasis gegenüber einer anderen, anerkennt aber die Notwendigkeit, verschiedene Identifikationsbasen anzubieten. (Bergmann 1975, 22–25)

Die andere Seite einer differenzierten Identitätsbildung ist die Befähigung zum Perspektivwechsel durch eine multiperspektivische Ausgestaltung des Unterrichts. Im Franklin-Beispiel scheint sie bereits auf: Aus einer Gegenwartssituation heraus, in der von manchen Deutschen rassistische Vorurteile gegen Zuwandererinnen und Zuwanderer geäußert werden, erhalten Schülerinnen und Schüler Einblick in eine historische Realität, in der Deutsche rassistisch angefeindet wurden. Um dem Anspruch der Multiperspektivität gerecht zu werden (vgl. Kapitel 4.5), müsste beispielsweise die Sicht deutscher Einwandererinnen und Einwanderer auf die Zustände in Pennsylvania im Unterricht behandelt werden. Für den Unterricht im Fach Gesellschaftswissenschaften ist es darüber hinaus zwingend, den Vergleich zur Gegenwart und Lebenswelt der Schülerinnen und Schüler anzustellen (vgl. Kapitel 4.2).

Kontroversität und Urteilsbildung

Multiperspektivität ist darüber hinaus auch notwendig, um den Schülerinnen und Schülern ein eigenes Urteil und darauf fußend die Entwicklung einer eigenen Erzählung zu ermöglichen. Es sei hier an den Beutelsbacher Konsens erinnert (vgl. Kapitel 4.9): Was in der Gesellschaft kontrovers ist, muss auch im Unterricht kontrovers erscheinen. Das Thema Migration ist davon in besonderer Weise betroffen. So ist die Frage, ob Zuwanderung wünschenswert ist oder nicht, in der Gesellschaft umstritten. Schülerinnen und Schüler müssen hinterfragen dürfen, ob Zuwanderung nach dem Ende der Vollbeschäftigung in Deutschland im Interesse der Bundesrepublik lag und müssen dafür auch die entsprechenden Informationen, beispielsweise über die Entwicklung der Arbeitslosigkeit seit den 1980er Jahren, erhalten. Zugleich ist die Achtung der Menschenrechte nicht kontrovers, sondern Teil des Lehrerauftrags, und der Unterricht muss darauf ausgerichtet sein, das friedliche Zusammenleben der Schülerinnen und Schüler zu fördern (vgl. Kapitel 4.7). Vorurteilen entgegenzuwirken, indem z.B. die Abwertung von Gastarbeiter*innen und ihren Familien in den Siebzigerjahren (z.B. durch Beleidigungen wie „Spaghettifresser") aus heutiger Sicht kritisiert wird, ist darum kein Verstoß gegen das Überwältigungsverbot, auch wenn es noch heute ähnliche Haltungen in der Gesellschaft gibt.

Problemorientierung und Narration

Das Fach Gesellschaftswissenschaften ist immer problemorientiert (vgl. Kapitel 4.6). Die Auseinandersetzung mit historischen Gegenstandsbereichen legitimiert sich dadurch, dass sie Schülerinnen und Schüler befähigen, sich aktiv handelnd mit Problemen der Gegenwart auseinanderzusetzen. Im vorliegenden Beispiel ist es die Auseinandersetzung mit Problemen, die im Gefolge von Migration entstehen. Dabei können hier durchaus unterschiedliche Problemkreise identifiziert und behandelt werden: die Entstehung von Vorurteilen auf der einen Seite und reale, soziale Problem auf der anderen Seite. So könnte es zum Beispiel Gegenstand einer historischen Aufarbeitung sein, die tatsächliche Wohnsituation der deutschen Migrant*innen in Pennsylvania zu untersuchen: Traf der von Franklin erhobene Vorwurf einer Konzentration der Deutschen auf bestimmte Viertel zu? Welche Faktoren führen in der Gegenwart zur Konzentration von migrantischen Bevölkerungsgruppen auf bestimmte Stadtteile und welche Probleme gehen damit einher? Wie hat sich die Situation der deutschen Bevölkerung in den amerikanischen Kolonien und späteren USA entwickelt? Lassen sich daraus Gelingensbedingungen für einen langfristig erfolgreichen Integrationsprozess in Deutschland ableiten?

Die letzteren Schritte beschreiben bereits das, was der Geschichtsdidaktiker Jörn Rüsen als „Sinnbildung durch Zeiterfahrung" (1994, 64f.) bezeichnet hat, nämlich den Übergang von der problemorientierten Untersuchung eines historischen Gegenstandsbereichs zur Entwicklung einer historischen „Erzählung" („Narration"), die Handlungsoptionen für die Gegenwart bereithält. Wie eine solche „Narration" aussehen kann, zeigt exemplarisch das folgende Zitat. Zunächst wird die Geschichte einer 1794 äußerst knapp gescheiterten Petition im US-Bundesstaat Virginia geschildert, Gesetze auch auf Deutsch auszufertigen. Frederick Muhlenberg, selbst Sohn deutscher Einwanderer, hatte sich in der entscheidenden Ausschusssitzung der Stimme enthalten und begründete dies so:

> „Je eher die Deutschen Amerikaner werden, desto besser ist es", erklärte Muhlenberg. Und das beste Mittel dafür sei die Beherrschung der englischen Sprache. Er sollte Recht behalten. Beim nationalen Census zum Millenniumswechsel gaben mehr als 49,2 Millionen von seinerzeit 282 Millionen Amerikanern an, von Deutschen abzustammen. Damit stellen sie die größte Einwanderergruppe überhaupt. Obwohl sich auf genuin englische Wurzeln nur 26,9 Millionen US-Bürger zurückführen, haben sich von der deutschen Sprache nur noch Spurenelemente erhalten. Ein besseres Argument für den schnellen und umfassenden Spracherwerb in der aktuellen Debatte über Integration lässt sich kaum finden. (Seewald 2016)

Die Erzählung des Journalisten ist hier also: Die Geschichte der USA hat gezeigt, dass die Bildung einer integrierten Gesellschaft gelingt, wenn Einwanderer*innen ihre Herkunftssprachen möglichst vollständig zugunsten einer gemeinsamen Verkehrssprache (in den USA: Englisch) ablegen. Seine Schlussfolgerung für die Gegenwart: Sonderregelungen für Zuwanderersprachen sind abzulehnen, der Erwerb der gemeinsamen Sprache massiv zu fördern. Ziel des historischen Lernens im Fach Gesellschaftswissenschaften ist es, die Schülerinnen und Schüler zu befähigen, solche „Narrationen" zu verstehen, zu hinterfragen und letztendlich aus der Auseinandersetzung mit Geschichte und Gegenwart eigene zu entwickeln.

Vielfältig, aber nicht beliebig: Triftigkeit von historischen Erzählungen

Die Konditionierung von Schülerinnen und Schülern auf vorgegebene Erzählungen widerspricht dem demokratischen Anspruch des Fachs. Daraus ergibt sich aber nicht, dass historische Erzählungen beliebig sein dürften. Jörn Rüsen unterscheidet drei „Wahrheits- und Triftigkeitskriterien von Geschichten" (1983, 82 ff.):

- Empirische Triftigkeit: „Geschichten begründen ihren Geltungsanspruch, in dem sie darlegen, dass das von ihnen erzählte Geschehen in der Vergangenheit sich wirklich so ereignet hat, wie sie es erzählen." Damit ist vor allem die Belegstruktur, insbesondere der Nachweis durch Quellen gemeint. Haben die männlichen, deutschen Einwanderer in den amerikanischen Kolonien wirklich ihre Frauen mehr diskriminiert als die britischstämmigen Kolonisten? Was verraten z.B. Briefe von Auswanderer*innen und zeitgenössische Quellen aus Amerika darüber?
- Normative Triftigkeit: „Normativ triftig sind Geschichten, wenn die in ihnen behaupteten Bedeutungen durch geltende Normen gesichert sind."

In einer offenen Gesellschaft wie der unseren muss nicht jede Erzählung für jede*n Adressat*in normativ triftig sein, aber es gibt Grenzen des Zulässigen. Seewalds Erzählung ist normativ triftig für Adressat*innen, für die gelingende Integration ein leitendes Ziel ist. In einer Gesellschaft, die ethnisch homogene Nationalstaaten propagiert, würde sie hingegen zurückgewiesen werden. Erzählungen, die demokratischen Grundsätzen widersprechen, erfüllen in unserer Gesellschaft nicht den Anspruch normativer Triftigkeit. So werden Geschichtserzählungen, deren Sinn es ist, Gewalt gegen Minderheiten zu rechtfertigen, z.B. einen „Rassenkrieg" historisch zu begründen und auszurufen, aus normativen Gründen zurückgewiesen werden müssen.

- Narrative Triftigkeit: „Narrativ triftig sind Geschichten, wenn der von ihnen als Kontinuität im Zeitfluss dargestellte Sinnzusammenhang zwischen Tatsachen und Normen [...] gesichert ist." Im oben genannten Beispiel ist es die entscheidende Frage für die narrative Triftigkeit, ob die Integration der Deutschen in den USA durch die Ausfertigung von Gesetzen auf Deutsch behindert worden wäre.

Entgegen einem weit verbreiteten Missverständnis geht es beim historischen Lernen also nicht im Kern darum, „objektive Tatsachen" über die Vergangenheit zu erfassen, die unhinterfragbar richtig sind. Dies bedeutet nicht, dass es keine Tatsachen gibt. Die empirische Triftigkeit von Erzählungen lässt sich (oft) anhand von Quellen überprüfen. Aber die Quellen sind nur die Grundlage historischen Lernens, das Rohmaterial, aus dem oft unterschiedliche Geschichten konstruiert werden können.

Wie oben bereits angedeutet, ließe sich die narrative Triftigkeit von Seewalds Behauptung anhand der Gegenwart in Deutschland diskutieren: Wo werden Einwanderersprachen zurzeit verwendet (z.B. muttersprachlicher Unterricht), ist das für die Integration förderlich oder schädlich? Historisch ließen sich andere Faktoren für die gelungene Integration der deutschen Einwanderer*innen in Amerika anführen, z.B. die Loyalität zu den USA im Unabhängigkeitskrieg. Geschichte ist ein diskursiver Prozess. Ziel des historischen Lernens ist es, die Schülerinnen und Schülern zu befähigen, Erzählungen nachzuvollziehen, Erzählungen auf ihre Triftigkeit hin zu überprüfen und schließlich selbst triftige Erzählungen anzubieten.

Exemplarisches Prinzip

Ein weiteres Missverständnis ist die Vorstellung, Geschichte müsse und könne als Ganzes erfasst oder chronologisch angeeignet werden. Geschichte soll Schülerinnen und Schülern Orientierung bieten, insbesondere in der Entwicklung ihrer Identität und ihrer Fähigkeit zur kritischen Auseinandersetzung (vgl. Kapitel 3). Dazu sind Kenntnisse zwingend notwendig und auch Strukturen, um die Kenntnisse zu ordnen. Aber letztlich lassen sich die Ziele des historischen Lernens nur durch die Vertiefung von gut gewählten Beispielen erreichen und nicht durch die Anhäufung von unverarbeiteten Fakten.

Die Rolle der Curricula

Falsch verstandene Schülerorientierung könnte bedeuten, dass Schülerinnen und Schüler nicht mit für sie unbekannten Lerngegenständen konfrontiert würden. In der Praxis dominiert jedoch ein anderes Phänomen: Die immer gleiche Abfolge von Standardthemen.

Nun ist es die Aufgabe von Bildungsplänen, Standards festzuschreiben. So ist es fraglos richtig, dass Schülerinnen und Schüler die Funktionsweise unserer Demokratie in der Schule erlernen, dass sie lernen Demokratie wertzuschätzen und dass sie diese auch in ihrem Alltag wiederfinden. Die Auseinandersetzung mit der Französischen Revolution kann dazu wichtige Beiträge leisten, beispielsweise Grundbegriffe demokratischer Institutionen, die Erkenntnis, dass Demokratie (fast) immer erkämpft wurde, dass die Menschenrechte nicht selbstverständlich und dass Demokratie und Menschenrechte zerbrechlich sind. Aus diesem Ziel legitimiert sich aber nicht eine chronologische Erarbeitung des Ablaufs der Jahre 1789 bis 1799 oder gar 1815 einschließlich aller wichtigen Personen und Institutionen. Dem Fach Gesellschaftswissenschaften ist es sehr viel angemessener, beispielsweise mit den Menschenrechten oder den Mitwirkungsrechten der Schülerinnen und Schüler zu beginnen oder ein aktuelles Beispiel von Menschenrechtsverletzungen aufzugreifen, das die Schülerinnen und Schüler berührt, und von dort aus die Frage aufzuwerfen, wo diese Rechte überhaupt herkommen, die sie als so selbstverständlich erachten (vgl. Kapitel 1.3 und 1.4). Solche Exkurse werden natürlich auch im Unterrichtsfach Geschichte unternommen. Der Unterschied zum Einzelfach ist einer der Gewichtung: Im Fach Gesellschaftswissenschaften ist die Funktionsweise der Demokratie in der Gegenwart kein Exkurs, sondern ebenso Teil des Fachs wie der historische Gegenstandsbereich.

Unterschiedliche Zuschnitte historischen Lernens

Der chronologisch-genetische Ansatz

Die meisten Bildungspläne für das Unterrichtsfach Geschichte sind chronologisch angeordnet. Daraus spricht die Überzeugung, dass historisches Lernen Schritt für Schritt in der Zeitlinie systematisch (genetisch: das Folgende ergibt sich aus dem Vorhergehenden) aufgebaut werden müsse. Dieser Ansatz ist für viele Gegenstandsbereiche zielführend: So kann der Aufbau der NS-Diktatur besser verstanden werden, wenn die Schritte, in denen die Demokratie zerstört wurde, in ihrer chronologischen Reihenfolge behandelt werden. Problematisch ist es aber, diesen Ansatz zu verabsolutieren. Das Geschichtsbewusstsein von Schülerinnen und Schülern entwickelt sich nicht anhand von Chronologien, sondern anhand von für sie bedeutsamen Erzählungen. Im Unterricht im Fach Gesellschaftswissenschaften sollten daher viele unterschiedliche Zuschnitte historischen Lernens angewendet werden.

Längsschnitte

Mit Längsschnitten wird die Methode bezeichnet, ein bestimmtes Thema über mehrere Zeitabschnitte zu verfolgen. So könnte z.B. eine Einheit zur Geschichte der Migration in Deutschland mit der Thematik der sogenannten „Ruhrpolen" im 19. Jahrhundert beginnen, mit den Ostflüchtlingen nach dem Zweiten Weltkrieg fortfahren, die Einwanderung der sogenannten „Gastarbeiter*innen" in den Fünfziger- bis Siebzigerjahren beleuchten, die „Asyldebatte" der Neunzigerjahre nachzeichnen und schließlich die Flüchtlingskrise von 2015 in den Blick nehmen. Ziel eines solchen Längsschnitts ist es, die Entwicklung eines bestimmten historischen Gegenstandsbereichs unter einer festgelegten Fragestellung zu analysieren. Dabei werden die historischen Rahmenbedingungen nur insoweit behandelt, als es notwendig ist, um das Längsschnittthema zu verstehen. Längsschnitte beginnen und enden meist in der Gegenwart und erleichtern so den Lebensweltbezug (vgl. Kapitel 4.2)

Querschnitte

Ein Querschnitt bedeutet im historischen Lernen, dass unterschiedliche Aspekte desselben Zeitabschnitts oder Zeitpunkts untersucht werden, um ein Gesamtbild zu zeichnen. Ein dankbares Thema für den Querschnitt ist die Industrielle Revolution: So kann man sich die Erfindungen des 19. Jahrhunderts ansehen sowie einzelne Unternehmerpersönlichkeiten, die Situation auf dem Land und die soziale Lage der Arbeiterinnen und Arbeiter derselben Epoche. Ziel dieses Vorgehens ist es, die Zusammenhänge zwischen diesen Aspekten zu erfassen und den Prozess in seiner Komplexität zu begreifen.

Fallbeispiel

Das Fallbeispiel ist eine Methode der Verdichtung und Veranschaulichung. So wäre es für die „Geschichte des kolonialen Rassismus" denkbar, sich auf eine einzelne australische Ureinwohnerin zu konzentrieren, die verschleppt und im Zoo von Wuppertal unter dem Fantasienamen „Suzzy Dakaro“ im Rahmen von Menschenschauen ausgestellt wurde, bis sie an einer Krankheit verstarb. Fallbeispiele haben den Vorzug, dass sie große Genauigkeit und auch emotionale Beteiligung erlauben und zugleich Aufschluss über große Strukturen bieten können.

Vergleich

Der historische Vergleich hat viele Anwendungsmöglichkeiten, so können historische Gegenstände mit der Gegenwart verglichen werden, vergleichbare Gegenstände zu unterschiedlichen Zeiten oder unterschiedliche Gegenstände zum selben Zeitpunkt miteinander. Dieser Ansatz bietet für das Fach Gesellschaftswissenschaften sehr ergiebige Möglichkeiten: So ist es beispielsweise interessant, die Aufnahme der Flüchtlinge in Schleswig-Holstein nach 1945, als diese ca. 50 % der Bevölkerung ausmachten, mit der Flüchtlingskrise von 2015 zu vergleichen. Entgegen weit verbreiteten Annahmen waren die Ostflüchtlinge als Deutsche nämlich keineswegs von einer breit getragenen „nationalen Solidarität“ empfangen worden, sondern es wurden ihnen massive Vorurteile entgegengebracht, sie wurden als „Polen“ beschimpft und ihre Kinder in der Schule als „Lagerkinder“ bezeichnet.

Anlässe und Medien für historisches Lernen

Das elementare Medium des historischen Lernens ist natürlich die Quelle, dieser ist darum ein eigener Abschnitt gewidmet (vgl. Kapitel 5.2). Die Auswertung von Zeugnissen der Vergangenheit in Bild, Schrift und Überresten liefert das Baumaterial und die Stützpfeiler für historische Erzählungen. Die Quellen haben das „Vetorecht“ über die empirische Triftigkeit einer Erzählung. Gleichwohl gibt es im Unterricht noch eine Reihe von anderen Anlässen und Medien, die historisches Lernen befördern können.

Historische Spielfilme und Dokumentationen

Historische Spielfilme können erstklassige Lernanlässe sein. Die Gefahr beim Einsatz von Spielfilmen ist allerdings die der Überwältigung: Das Gezeigte wird als historische Tatsache akzeptiert. Zu beachten ist daher, dass der Film selbst auch als Narration der Kritik und der Prüfung auf Triftigkeit unterworfen wird: Welche Quellen gibt es für diese Darstellung? Was ist die Intention der Regisseurin oder des Regisseurs und durch welche filmischen und dramaturgischen Mittel wird diese Intention verdeutlicht? Viele gute Spielfilme liefern triftige Erzählungen – trotzdem ist den Schülerinnen und Schülern zu veranschaulichen, worin die Konstruktion besteht. Dokumentationen zu hinterfragen ist deutlich anspruchsvoller, insbesondere wenn sie seriös und differenziert gemacht sind. Trotzdem ist zumindest in höheren Klassenstufen und bei offensichtlich meinungsstarken Dokumentationen die gleiche Vorgehensweise anzuwenden. Einen guten Anlass für eine solche Kritik bietet es, veraltete Dokumentationen, z.B. aus dem Kalten Krieg, oder Lehrfilme aus dem NS oder der DDR zu nehmen oder offensichtlich stark eingefärbte, wie sie zahllos auf YouTube zu finden sind.

Spiele als Mittel historischen Lernens

Spiele sind eines der motivierendsten Mittel historischen Lernens. Planspiele und Simulationen können elementare Zusammenhänge verdeutlichen, Rollenspiele die Möglichkeit zum empathischen Nachempfinden und zum vertieften Verständnis historischer Situationen bieten. Als ein besonders gelungenes Beispiel sei das Spiel „Bürokratopoly“ erwähnt, ein in der DDR verbotenes Spiel über Karriere in der DDR, das überzeugend für den Schuleinsatz aufbereitet wurde. Ebenso wie bei Filmen ist bei Spielen die Triftigkeit ihres Grundaufbaus und ihres (oft fiktiven, von der Realität abweichenden) Verlaufs zu diskutieren: War das Setting eine realistische Simulation? Was wurde verstärkt, was wurde ausgeblendet? Warum wich der Verlauf von der historischen Realität ab oder warum nicht? „Bürokratopoly“ darf auch deshalb als so gelungen gelten, weil es genau diese Konstruktionsprozesse in einem online verfügbaren, ausgezeichnet aufbereiteten Begleitmaterial durch Interviews mit den historischen Machern und Arbeitsblätter verdeutlicht.

Musik

Kein historisches Lernen ohne Emotion und kaum ein Medium, das Emotionen so gut anspricht und verdeutlicht, aber eben auch analysierbar macht, wie Musik. Von Liedern der Französischen Revolution über die Hymnen von Kaiserreich und NS bis zu den Schlagern des Kalten Kriegs oder den Protestliedern der Studentenbewegung: Es gibt nahezu jedes Lied heute online. Es empfiehlt sich immer, den Text, gegebenenfalls auch eine deutsche Übersetzung, schriftlich an die Schülerinnen und Schüler auszugeben.

Konkretisierung historischen Lernens

Sachhintergründe zur Irrfahrt der St. Louis

Im Mai 1939 stach die St. Louis vom Hamburger Hafen aus in See. Mit an Bord waren 937 Passagier*innen, die meisten von ihnen jüdisch. Vor allem nach den Ereignissen der Reichspogromnacht vom November 1938 setzte eine neue Auswanderungswelle unter der jüdischen Bevölkerung ein. Amerika als Ziel war interessant, aber schwer zu erreichen. Die USA hatten eine Quotenregelung zur Aufnahme von möglichen Einwanderer*innen entwickelt. Nach einer Prüfung bekam man eine Einreisenummer zugewiesen. Die Aufnahmemenge der Vereinigten Staaten war gering, je niedriger die Nummer war, desto eher hatte man Chancen, aufgenommen zu werden. Im Jahr 1938 wurden so knapp 30.000 deutsche Jüdinnen und Juden aufgenommen. Dem standen 300.000 Anträge gegenüber.

Kuba erschien dabei als Zwischenstation eine Möglichkeit. Hier durfte man bis 1939 recht problemlos einreisen, das Land wurde quasi als Wartesaal für die Aufnahme in den USA genutzt. Danach entwickelte sich aber die Stimmung gegenüber den Flüchtenden sehr negativ, die Regierung reduzierte die Aufnahme strikt. Im Fall der St. Louis wurden den Reisenden Visa verkauft, obwohl diese gar nicht gültig waren. Erst während der Fahrt wurde Kapitän Schröder bekannt, dass die kubanischen Behörden die ausgestellten Visa nicht anerkennen würden.

Tatsächlich verweigerten die Behörden am 27. Mai die Anlandung. Kapitän Schröder bemühte sich, in Verhandlungen mit der kubanischen Regierung eine Lösung zu finden, blieb aber erfolglos. Lediglich 29 Passagier*innen durften von Bord.

Am 2. Juni stach das Schiff wieder in See, Ziel war diesmal Florida. Kapitän Schröder hatte die Hoffnung, nach Kontakten mit der Gattin von Präsident Roosevelt eine Anlegemöglichkeit zu finden.

Aber auch diese Hoffnung zerschlug sich. Die St. Louis bekam keine Erlaubnis, amerikanische Hoheitsgewässer zu befahren. Die Schiffsleitung beschloss daraufhin, umzudrehen und wieder in Richtung Europa zu fahren.

Während der Rückfahrt bemühten sich internationale jüdische Organisationen intensiv um eine Möglichkeit, die Passagier*innen in ein sicheres Land zu bringen. Unter den Gästen kam die Befürchtung auf, dass man wieder nach Hamburg zurückfahren müsste. Die deutsche Regierung drohte, die Passagier*innen nach der Landung in Konzentrationslager zu deportieren.

Am 17. Juni schließlich legte die St. Louis im Hafen von Antwerpen an. 288 Flüchtlinge kamen nach Großbritannien, die Niederlande nahmen 181 auf, Belgien gewährte 214 Passagier*innen Zuflucht und Frankreich war für 224 das scheinbar sichere Ende der Reise.

Infolge des Zweiten Weltkriegs und der damit verbundenen Besetzung Belgiens, der Niederlande und Frankreichs wurden zahlreiche dieser Personen von den Nationalsozialisten verhaftet und deportiert. Laut United States Holocaust Memorial Museum kamen 254 Menschen dabei ums Leben.

Die St. Louis fuhr danach nach New York, wo der Kapitän auf Anordnung der Hapag-Reederei Vergnügungsreisen für Tourist*innen unternahm. Mit Kriegsbeginn kehrte Schröder auf abenteuerliche Weise nach Deutschland zurück und wurde zur Deutschen Seewarte versetzt.

Nach dem Zweiten Weltkrieg ehrte ihn die Gedenkstätte Yad Vashem als „Gerechter unter den Völkern".

Didaktische Relevanz des Themas

Nun stellt sich die Frage, inwieweit die hier beschriebene Thematik sich dafür eignet, bei Jugendlichen einen historischen Lernprozess in Gang zu bringen.

Emotionalität

Ein emotionaler Bezug zu dieser Thematik ist offensichtlich. Indem die Schülerinnen und Schüler Einblicke in die Gedanken der Betroffenen und auch des Kapitäns erhalten, können sie einen emotionalen Bezug herstellen. Sie setzen sich mit den Gedanken und Gefühlen der handelnden Personen auseinander und bauen so eine Beziehung zum Lerngegenstand auf.

Gegenwartsbezug

Im Laufe der letzten Jahre werden im Mittelmeer zahlreiche Flüchtlinge aufgegriffen, die aus unterschiedlichen Gründen in Seenot geraten sind. Die Schiffe mit den Flüchtlingen an Bord haben aufgrund der politischen Einstellungen einiger Regierungen zum Teil massive Probleme, einen Hafen anzusteuern und dort die Geflüchteten von Bord gehen zu lassen. Diese Situation ist natürlich nicht identisch mit der Irrfahrt der St. Louis – schließlich waren die Passagier*innen nicht in Seenot. Gleichwohl zeigen sich Ähnlichkeiten im Verhalten der Staaten, die um Hilfe gebeten werden. Kuba verbot damals ein An-Land-Gehen der Jüdinnen und Juden, ebenso verhinderten die USA, dass das Boot den Häfen zu nahe kam. Während der Irrfahrt unternahm der Kapitän der St. Louis zahlreiche Verhandlungen mit verschiedenen Staaten, um einen Anlegehafen für das Schiff zu finden und damit verbunden eine sichere Aufnahme der Flüchtlinge zu organisieren.

Geschichtsbewusstsein

Die Geschichte von der Irrfahrt der St. Louis bezieht ihre Kraft aus einem Spannungsverhältnis von Alltagsmoral („Menschen in Not muss man helfen") und administrativem politischen Handeln, das häufig moralischen Grundsätzen zuwiderläuft. Die kulturelle Überlieferung von den USA als einem sicheren Hafen für die Verfolgten des NS kann durch die Irrfahrt der St. Louis differenziert und hinterfragt werden. Zugleich werden dadurch Identitätsfragen für Europa und die USA in der Gegenwart aufgeworfen („Europa: Sicherer Hafen für die Menschenrechte?"). Die Irrfahrt der St. Louis kann Schülerinnen und Schülern ermöglichen, Schwarz-weiß-Bilder in ihrem Geschichtsbewusstsein aufzubrechen.

Zunächst einmal gelingt es an diesem Beispiel recht leicht, den Sachverhalt analytisch zu erschließen. Die Anlässe, die die Menschen zur Auswanderung bewogen, die Fahrt der St. Louis, die Schwierigkeiten bzw. die Verweigerung Kubas, die Jüdinnen und Juden aufzunehmen, die Irrwege, die Suche nach einer Lösung und schließlich das Ende der Fahrt – all das sind grundlegende Tatsachen, die aus Quellen und Darstellungstexten mithilfe einer Karte gut zu recherchieren sind.

Um die Beweggründe der einzelnen Personengruppen zu verstehen, begeben sich die Lernenden auf eine Sachurteilsebene. Sie versuchen, das jeweilige Handeln aus der damaligen Zeit heraus zu verstehen.

Fußend auf dem Gegenwartsbezug kommen die Jugendlichen an diesem Unterrichtsgegenstand zu einer eigenen Stellungnahme, zu einem Werturteil. Dieses Werturteil führt zwingend zu den Dilemmata und den Entscheidungen der Zeitgenoss*innen und Zeitgenossen zurück – und zu den Übertragungen der gleichen moralischen Fragen auf die Gegenwart.

Multiperspektivität

Wie bei allen Ereignissen gibt es auch hier verschiedene Akteur*innen, verschiedene Sichtweisen. Die fliehenden Jüdinnen und Juden sahen in dieser Fahrt ihre Rettung, gleichzeitig auch den Verlust ihres bisherigen Lebens. Das Deutsche Reich und der dort herrschende Nationalsozialismus waren für sie lebensbedrohend. Die Ereignisse um den 9. November 1938 und eine oft damit verbundene KZ-Haft hatten vielen von ihnen die Dringlichkeit einer Flucht deutlich werden lassen, gleichzeitig auch die Hoffnung auf ein erträgliches Leben in der vertrauten Umgebung genommen.

Der Kapitän und seine Mannschaft hatten diese Fahrt zunächst als berufliche Pflicht wahrgenommen. Erst im Laufe der Zeit entwickelte sich nachweislich bei Kapitän Schröder eine über die Pflichterfüllung hinausgehende Hilfseinstellung.

Die verantwortlichen Regierungen in Kuba und in den USA gingen allem Anschein nach nicht auf die individuellen Schicksale ein. Vielmehr waren sie bemüht, ihre eigenen gesetzlichen Vorgaben strikt umzusetzen.

Die aufnehmenden europäischen Staaten Belgien, die Niederlande, Frankreich und Großbritannien zeigten mit ihrer Handlung zwar ein humanitäres Bewusstsein. Genauere Gedanken und Beweggründe sind hier – wie auch bei Kuba und den USA – leider bis heute nicht bekannt.

Die Haltung der deutschen Regierung zeigt einmal mehr die Brutalität des nationalsozialistischen Regimes. Mit der Androhung, die Jüdinnen und Juden nach ihrer Landung in Deutschland in Konzentrationslager zu verschicken, bekräftigte sie die Befürchtungen der Irrfahrenden.

Problemorientierung und Narration

Im Rahmen der Vorbereitung muss man sich das grundlegende Problem der Stundenthematik immer wieder bewusst machen (vgl. Kapitel 4.1 und 11). Die Irrfahrt der St. Louis ist ein Lernanlass zu verschiedenen Ansätzen. Naheliegend ist die Frage, inwieweit man sich mitschuldig macht, wenn man Flüchtende abweist.

Wie kann man helfen? Wie kann man mit lebensbedrohlichen Situationen umgehen? Welchen Handlungsspielraum haben Einzelne? Welche Handlungsspielräume und welche Verantwortung haben staatliche Akteur*innen in solchen Krisen?

Indem man über die konkrete Situation hinausgeht und nach einer Fragestellung, nach einer Thematik sucht, die gleichsam hinter den Ereignissen steht, nähert man sich einer die Stunde tragenden Problemstellung an.

Triftigkeit

Inwiefern entspräche nun eine Erzählung von der „Irrfahrt der St. Louis", die dem Narrativ folgt „Wer Flüchtende abweist, macht sich mitschuldig an ihrem Schicksal" den Anforderungen der Triftigkeit?

Sie ist empirisch triftig, weil es Quellen gibt, die zweifelsfrei belegen, dass die Passagier*innen der St. Louis von den USA abgewiesen und viele von ihnen später ermordet wurden.

Normativ triftig ist sie für alle, die die Einhaltung von Verwaltungsregeln für nachrangig gegenüber den moralischen Regeln der Menschlichkeit halten.

Narrativ triftig ist sie, wenn ein schuldhafter Zusammenhang zwischen der Abweisung und der späteren Ermordung der Passagier*innen besteht.

Mehrere dieser Triftigkeitskriterien sind diskussionswürdig und sollten – je nach Leistungsstand der Lerngruppe – auch im Unterricht diskutiert werden: Kann man das Verhalten der Entscheider*innen in den USA schuldhaft nennen? Kann es schuldhaft sein, Regeln zu folgen? War es für die Akteur*innen in den USA erkennbar, dass sie den Tod der Passagier*innen riskierten?

Abschluss: Sinnbildung durch Zeiterfahrung

In den oben aufgeführten Fragen liegt die Gegenwarts- und Zukunftsbedeutung der Erzählung von der Irrfahrt der St. Louis. Die Schülerinnen und Schüler müssen befähigt werden, ein historisch begründetes Urteil zu fällen und dies auf die Gegenwart zu übertragen. Im Fach Gesellschaftswissenschaften wäre es naheliegend, mit einen historischen Vergleich zu einem aktuellen Fall die Sequenz zu beenden. Dabei sollte man möglichst konkret bleiben, also z.B. die Situation auf einem bestimmten Schiff thematisieren, das Flüchtlinge im Mittelmeer aufgenommen hat und versucht, in einem Hafen der Europäischen Union anzulanden. Die Schülerinnen und Schüler sollen in die Lage versetzt werden, die Unterschiede und die Parallelen beider Vorgänge herauszuarbeiten und aus ihrer Auseinandersetzung mit der Geschichte der Irrfahrt der St. Louis Handlungsoptionen für die Gegenwart abzuleiten.

Weiterführende Literatur:

Gautschi, Peter (2009): Guter Geschichtsunterricht. Grundlagen, Erkenntnisse, Hinweise. Schwalbach/Ts.

Barricelli, Michele/Lücke, Martin (Hg.) (2017): Handbuch Praxis des Geschichtsunterrichts. 2 Bände, Schwalbach/Ts.

Mayer, Ulrich/Pandel, Hans-Jürgen/Schneider, Gerhard (Hg.) (2007): Handbuch Methoden im Geschichtsunterricht. Schwalbach/Ts.

Johann Knigge-Blietschau/Christian Sieber

2.2 Politisches Denken und Lernen

Schülerinnen und Schüler sollen befähigt werden, an Gesellschaft und Politik als mündige Bürgerinnen und Bürger teilzuhaben. Das Fach Gesellschaftswissenschaften hat bei dieser Aufgabe eine besondere Funktion: Es vernetzt das politische Denken mit dem historischen und geographischen und ermöglicht es den Schülerinnen und Schülern so, in einer komplexen Welt handlungsfähig zu werden.

> Das Ziel des politischen Lernens im Fach Gesellschaftswissenschaften ist es, politisches Handeln zu verstehen, zu beurteilen und selbst handlungsfähig zu werden. Die Schülerinnen und Schüler sollen darin unterstützt werden, mündige Bürgerinnen und Bürger zu werden.

Angesichts der Komplexität und des stetigen Wandels politischer Gegenstände kann das Ziel der Urteilsfähigkeit in der politischen Bildung nicht heißen, über alle wichtigen politischen Fragen urteilen zu können. Vielmehr müssen den Schülerinnen und Schülern Kriterien zur Beurteilung politischer Prozesse und Entscheidungen an die Hand gegeben werden. Dabei muss es der Unterricht ermöglichen, dass die Schülerinnen und Schüler zu unterschiedlichen Urteilen kommen. Urteilsbildung kann und darf auch nicht Schülerinnen und Schülern einer bestimmten Alters- oder gar Kompetenzstufe vorbehalten bleiben, sondern muss von Anfang an mit allen geübt werden, da sie das Fundament und der Kern politischer Bildung ist. Ihre Aufgabe ist es, an den Urteilskategorien der Lernenden anzusetzen, diese zu erweitern, auszudifferenzieren und zu ergänzen. So kann verhindert werden, dass aus Vorausurteilen, die Lernende mitbringen und die auf einer geringen Sachkenntnis und kaum reflektierten Kategorien beruhen, Vorurteile werden, die Argumenten kaum mehr zugänglich sind. Ziel politischer Bildung ist es, die Qualität politischer Urteile zu verbessern, d.h. die Komplexität der Urteilskriterien sowohl auf Sach- als auch auf Wertebene, denn politische Urteile sind immer sowohl Sach- als auch Werturteile, zu erhöhen (Massing 1997, 115 ff.).

Was ist Politik?

„Politik ist jenes menschliche Handeln, das allgemein verbindliche und am Gemeinwohl orientierte Entscheidungen und Regelungen in und zwischen Gruppen von Menschen vorbereitet und herstellt.“ (Weißeno et al. 2010, 29)

Das politische Lernen im Fach Gesellschaftswissenschaften soll auf politische Partizipation vorbereiten. Darum steht die Untersuchung des politischen

Handelns und der politischen Akteur*innen im Zentrum des Unterrichts. Die Schülerinnen und Schüler sollen Kategorien dafür entwickeln, was als politisches Handeln zu verstehen ist. Die Theorie unterscheidet die folgenden Teilaspekte von Politik:

> Politik lässt sich verstehen als:
>
> 1. ein Funktionszusammenhang von Institutionen und deren Regeln und wird mit dem englischen „polity" bezeichnet – Wie kommt ein Gesetz zur Flüchtlingspolitik zustande?
> 2. ein interessenbedingtes Miteinander und Gegeneinander von Gruppen, deren Widersprüche sich in manifesten Konflikten äußern. Dies wird mit dem englischen „policy" bezeichnet – Welches ist die richtige Flüchtlingspolitik?
> 3. Handeln von Individuen und Gruppen in politischen Systemen, z. B. bei der Problemlösung durch Konsensfindung in der repräsentativen pluralistischen Demokratie und wird mit dem englischen „politics" bezeichnet – Wie kam es zur Verschärfung des Asylrechts? (Breit/Weißeno 2002, 16)

Im Folgenden werden für die Teilaspekte von Politik Planungsinstrumente vorgestellt, die helfen können, charakteristische Merkmale von politischen Prozessen zu erschließen.

Politik als Funktionszusammenhang von Institutionen und deren Regeln – Das Instrument Politikzyklus

Funktionszusammenhänge von Institutionen erschließen sich über konkrete Entscheidungsverläufe. Diese bestehen aus einer Vielzahl von Ereignissen, Akteur*innen und Kausalzusammenhängen. Es ist notwendig, diese in einen verstehbaren Zusammenhang zu bringen. Eine naheliegende Möglichkeit ist dafür die chronologische Anordnung der Ereignisse. Aus der beschreibenden Politikwissenschaft stammt die Darstellungsform Politikzyklus (Abb. 5), der die Beobachtung zugrunde liegt, dass es typische Muster für Entscheidungsabläufe gibt, nämlich eine Abfolge von Stationen, die entweder in der Lösung des Problems enden oder in einem neuen Durchlaufen der Stationen. Im Unterricht werden einzelne Ereignisse einer Entscheidungsfindung den Stationen des Politikzyklus zugeordnet:

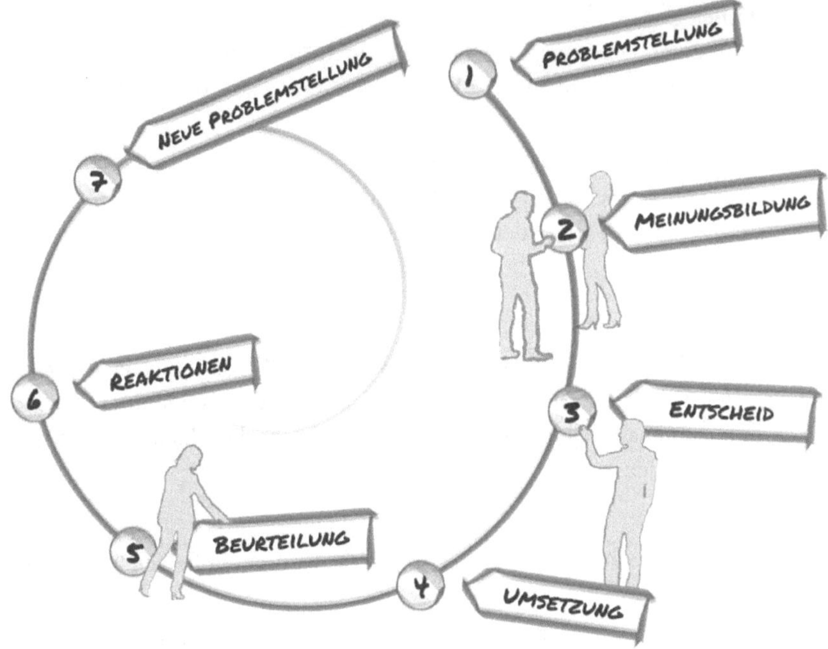

Abb. 5: Politikzyklus (eigene Darstellung)

- Problemstellung
  Beschluss einer*s politischen Akteur*in (z.B. einer Partei, der Presse oder einer Bürgerinitiative), sich mit einem Problem zu beschäftigen.

  (Beispiel: In einer Schule ist der Anteil an Kindern mit keinen bzw. geringen Deutschkenntnissen sehr hoch. Diese erhalten nur wenige Stunden DAZ-Unterricht in der Woche, da die Schule nicht genug Lehrpersonal zur Verfügung hat. Die Eltern machen sich Sorgen, dass dies den Lernfortschritt der deutschsprachigen Kinder behindert und die Integration der anderen verhindert. Sie gehen damit an die Presse.)

- Meinungsbildung
  Das Problem wird auf die politische Tagesordnung gesetzt und diskutiert.

  (Beispiel: In den Medien und in verschiedenen gesellschaftlichen Gruppen wird das Problem diskutiert und auch im Stadtrat auf die Tagesordnung gesetzt. Verschiedene Lösungsmöglichkeiten werden diskutiert.)

- Entscheidung
  Die Auseinandersetzung zwischen den Akteur*innen führt zu einem Ergebnis. Das Problem wird auf eine bestimmte Weise gelöst oder eine Problemlösung wird verhindert.

  (Beispiel: Der Stadtrat beschließt mit der Finanzierung von externen Lehrkräften und der Schaffung eines Nachmittagsangebots zusätzliche Angebote für die Deutsch lernenden Kinder zu schaffen.)

- Umsetzung
  Wie wird das Ergebnis umgesetzt?

  (Beispiel: In Kooperation mit der VHS bietet die Stadt täglich ein bis zwei Stunden DAZ-Unterricht in der Schule an. Für den Nachmittagsbereich konnten ehrenamtliche Helferinnen und Helfer aus der Flüchtlingshilfe gewonnen werden.)

- Beurteilung
  Prüfung, ob die Folgen der Umsetzung die gewünschten Folgen haben oder Fehler aufweisen.

  (Beispiel: Nach einem Jahr ergeben Umfragen in den ausführenden Schulen, dass deutlich mehr DaZ-Schülerinnen und Schüler dem Regelunterricht folgen können. Nach wie vor ist jedoch bei vielen differenzierendes Unterrichtsmaterial und differenzierte Leistungsmessung notwendig.)

- Reaktionen
  Welche Reaktionen ruft das Ergebnis hervor?

  (Beispiel: Die Partei „Bürger in Sorge“ startet eine Kampagne, um die Einschulung nicht deutschsprachiger Kinder zu verhindern bzw. ältere Kinder ohne ausreichende Sprachkenntnisse in getrennten Klassen von deutschsprachigen Kindern zu unterrichten. Verschiedene Parteien und Bürgerinitiativen starten Gegenkampagnen.)

- Redefinition oder Terminierung
  Wird Veränderungsbedarf festgestellt, kommt es zu einem erneuten Durchlauf. Andernfalls kann ein politisches Vorhaben beendet werden (Breit/Weißeno 2002, 22).

  (Beispiel: Das weitere Vorgehen bzw. die Klärung, ob Handlungsbedarf besteht, wird in den einzelnen Fraktionen des Stadtrats diskutiert und im Stadtrat beraten.)

Politisches Lernen ist wie alle Dimensionen des Fachs Gesellschaftswissenschaften exemplarisch. Eine vollständige Erfassung aller politischen Prozesse ist unmöglich und wird auch nicht angestrebt. Die Auswahl adressatengerechter Beispiele soll dazu führen, dass die Schülerin und der Schüler vom konkreten Fall verallgemeinern, Prozesse in ihrer Mehrdimensionalität und Komplexität verstehen und gesellschaftliche Aushandlungsprozesse aus der Perspektive unterschiedlicher Akteur*innen wahrnehmen kann.

Der Politikzyklus ermöglicht nicht nur einen geordneten Überblick, sondern auch Einblick u.a. in die Prozesshaftigkeit politischer Entscheidungen und die notwendige Veränderbarkeit von Beschlüssen. Er ist vor allem auf Entscheidungen in nationalen politischen Systemen mit Gewaltenteilung anwendbar. Gründe für einen bestimmten Ablauf (z.B. Machtverhältnisse) können nur begrenzt erschlossen werden.

Für das politische Lernen im Fach Gesellschaftswissenschaften sind diese drei didaktischen Prinzipien von hoher Bedeutung:

Abb. 6: didaktische Prinzipien für die politische Dimension (eigene Darstellung)

Politik als System aufeinander bezogener Handlungen – Problemorientierung

Der problemorientierte Ansatz geht davon aus, dass jeder Mensch über Politik nachdenkt, dass er zu Urteilen kommen will und dass diese sein Leben und sein Verhalten bestimmen. Lehrkräfte sollen den Schülerinnen und Schülern nicht beibringen, welche politischen Meinungen sie äußern oder welche politischen Urteile sie fällen sollen, sondern wie sie ihre Meinungen und Urteile anhand von Argumenten überprüfen und präzisieren oder gegebenenfalls ändern können.

In der Schule geschieht dies durch eine Erweiterung des Fragehorizonts, mit dem Ziel die Meinungs- und Urteilsfähigkeit zu verbessern. Bei der Auswahl der Probleme für das politische Lernen im Fach Gesellschaftswissenschaften muss Folgendes berücksichtigt werden:

1. Probleme sind eine Frage der Definition. Es gibt sie nicht naturwüchsig. Bestimmte Erscheinungen werden zum Problem, wenn sie mit öffentlicher

Wirkung zur Sprache gebracht werden (z.B. Migration nach Deutschland – Asyl oder Abschiebung?).

2. Die Relevanz von Problemen ergibt sich durch komplexe Bezüge mit den epochalen Schlüsselproblemen. Diese Verbindungen herzustellen und für die Schülerinnen und Schüler transparent zu machen, erfordert eine hohe fachliche Kompetenz der Lehrerin oder des Lehrers. Themen mit Bezügen zu den folgenden Bereichen sollten in der Auswahl der Lerngegenstände bevorzugt werden: Frieden und Gewalt/Herrschaft und politische Ordnung/Arbeit und Freizeit/Ungleichheit der Lebensverhältnisse/Umwelt und ihre Erhaltung/Verhältnis der Geschlechter und Generationen (Sander 2009, 57f.).
3. Es gibt nicht nur eine Definition eines Problems, sondern verschiedene interessenorientierte Definitionen von Problemen (Asyl, Migration, Fluchtursachen, …).
4. Die Standpunkte, die Schülerinnen und Schüler in der Behandlung aktueller Probleme entwickeln, und die Aspekte, die im Unterricht beleuchtet werden, können den vorherrschenden Denkmustern in den Familien der Schülerinnen und Schüler und anderen Lebensbereichen widersprechen und zu schwierigen Auseinandersetzungen führen (Welche Menschen dürfen nach Deutschland kommen und hier leben?). Das bedeutet nicht, dass auf konfliktträchtige Themen verzichtet werden soll, im Gegenteil. Wichtig ist aber, sie im Vorfeld zu reflektieren und das Überwältigungsverbot des Beutelsbacher Konsenses zur Planungsgrundlage zu machen (vgl. Kapitel 4.8).

Für die Strukturierung einer Unterrichtssequenz kann das fachwissenschaftliche Modell des Politikzyklus nützlich sein. Die Abfolge von Problem – Auseinandersetzung – Entscheidung – Bewertung/Reaktionen – Ende des Themas oder neue Problemsicht usw. macht Politik als Prozess der Problembearbeitung anschaulich. Als heuristisches Instrumentarium kann der Politikzyklus also Probleme strukturieren helfen.

Politik als interessenbedingtes Miteinander und Gegeneinander von Gruppen – Konfliktorientierung

Der konfliktorientierte Ansatz betrachtet Probleme, die sich zu einem aktuellen Konflikt verdichtet haben. Es geht um die Untersuchung der Akteur*innen und ihrer Interessenlagen sowie der Entwicklung des Konflikts.

Hilfreich ist hier ein Konzept zur Analyse von Konflikten mit Kategorien bzw. Fragestellungen (vgl. Giesecke 318–338):

1. Worin besteht der Kern der aktuellen Auseinandersetzung (Problem)?
2. Worum geht es im Einzelnen (Konkretheit)?
3. Welchen Einfluss kann wer geltend machen (Macht)?
4. Welche Rechtslage liegt dem Handeln der Beteiligten zugrunde (Recht)?
5. Inwiefern bin ich selbst betroffen (Interesse)?
6. Mit wem muss ich mich zur Wahrung meiner Interessen verbünden (Solidarität)?
7. Welche Möglichkeiten der Mitwirkung habe ich (Mitbestimmung)?
8. In welchem politischen Zusammenhang bewegt sich das zu beurteilende Handeln und welche Folgen wird es deshalb voraussichtlich haben (Funktionszusammenhang)?
9. Welche prinzipiellen Begründungen werden von den verschiedenen Akteur*innen ins Feld geführt (Ideologie)?
10. Welche geschichtlichen Tatsachen und Erfahrungen fließen in das politische Handeln ein (Geschichtlichkeit)?
11. Werden Grundsätze der Menschenwürde berührt (Menschenwürde)? (Reinhard 2005, 79 f.)

Die Kategorien sind nicht aus einem übergeordneten Prinzip abgeleitet, sondern ergeben sich aus pragmatischer Plausibilität. Die Anzahl der verwendeten Kategorien können bei dem jeweiligen Konflikt reduziert, aber auch erweitert werden.

Einige dieser Fragen werden Schülerinnen und Schüler schon zu Beginn ihres Lernprozesses aufwerfen, andere Fragen nicht. Neue Fragen zu stellen, mithin neue Kategorien an einen Konflikt anzulegen, ist ein wichtiger Lernfortschritt.

Politik als Handeln von Individuen und Gruppen in politischen Systemen – Adressatenorientierung

Das Handeln von Individuen und Gruppen in politischen Systemen ist meist Teil von Entscheidungsfindungen und/oder Konflikten. Hier soll das Handeln der Lernenden verstärkt in den Blick genommen werden.

Der adressatenorientierte Ansatz stellt das Prinzip der Schülerorientierung in den Mittelpunkt. Das heißt bei der Themenauswahl ist auf Aktualität zu achten, bei der Darstellung der Inhalte auf Anschaulichkeit und bei der Konkretisierung auf Lebensweltbezüge.

Die Lebenswelt der Schülerinnen und Schüler ist durch politische Einflüsse bestimmt – Schulleben, Regeln und Pflichten und die Regelung von Konflikten sind im Fach Gesellschaftswissenschaften Gegenstände des Unterrichts.

Den Schülerinnen und Schülern sind die Grundstrukturen des Politischen somit immanent, sie müssen jedoch in der Schule vernetzt und abgerufen, erweitert und infrage gestellt werden. Anknüpfungspunkte gibt es somit ausreichend, denn jede*r Schüler*in trägt ein Bürgerbewusstsein in sich, das je nach schulischer, familiärer, räumlicher und wirtschaftlicher Sozialisation unterschiedlich ausgestaltet ist.

Nur wenn Schülerinnen und Schüler erkennen, welchen Einfluss politische Prozesse und Probleme auf ihr Leben haben, werden sie motiviert sein, Argumente abzuwägen und Entscheidungen nachzuvollziehen, zu kritisieren und vor allem selbst zu treffen. Ernst genommen und als wertiges Mitglied der Gesellschaft verstanden zu werden, ist die Grundlage, um sich politisch zu engagieren.

In einer heterogenen Lerngruppe kann es sich als schwierig erweisen, außerhalb von Schule einen gemeinsamen Startpunkt zu definieren, da wir nicht von einer gemeinsamen Lebenswelt der Schülerinnen und Schüler sprechen können. Zu unterschiedlich sind Familienstrukturen, Bildungshintergründe und wirtschaftliche Situationen. Es bietet sich somit an, den Ansatz nicht auf einen gemeinsamen Nenner in der Lebenswelt, also der Lebenserfahrung, zu legen, sondern über gemeinsame Interessen der Jugendlichen zu kommunizieren. Diese Kommunikation setzt voraus, sich auf die Alltagsrealität und speziellen Adressatenwünsche der Jugendlichen einzulassen (vgl. Kapitel 4.2).

Die Lehrkraft gibt die konkreten Gegenstände des Unterrichts nicht vor, sondern sie werden zusammen mit den Schülerinnen und Schülern festgelegt, zunächst durch die gemeinsame Formulierung einer Leitfrage (vgl. Kapitel 4.1). Dieser Ansatz erfordert eine hohe Flexibilität aufseiten der Lehrkraft, stärkt aber genau diejenigen Kompetenzen aufseiten der Schülerinnen und Schüler, die das leitende Ziel darstellen: eigenständige Urteilsfähigkeit und Handlungsfähigkeit, mithin die Entwicklung von Mündigkeit.

Methodische Entscheidungen

In einer sich stetig wandelnden Gesellschaft mit immer neuen Herausforderungen, ist es nicht möglich, vorherzusagen, mit welchen Problemen und Konflikten die Schülerinnen und Schüler in Zukunft konfrontiert sein werden und welches konkrete Wissen sie zu deren Bewältigung dann brauchen werden. Es kann also nicht primär um das Vermitteln von Fachgegenständen gehen, sondern es gilt, die Jugendlichen in die Lage zu versetzen, sich eigenes Wissen anzueignen, gezielt die dazu benötigten Informationen auszuwählen bzw. kritisch zu hinterfragen, aber auch die eigene politische Handlungsfähigkeit stetig zu erweitern und zu verbessern. Und so sind Methoden in der politischen Bildung nicht nur Instrumente zur Wissensvermittlung, sondern selbst Lerngegenstand. (Sander 2008, 105/213)

In Bezug auf die Methodenwahl wird Ihnen – im Gegensatz zum Kompetenz- oder Gegenstandsbereich – eine große Wahlfreiheit zugestanden. Dies ist mit Sicherheit nicht zuletzt der Tatsache geschuldet, dass nicht alle Methoden hinsichtlich der Fähigkeiten und der Persönlichkeit zu allen Lehrerinnen und Lehrern passen. Es ist also durchaus legitim, wenn Sie sich Ihren eigenen „Methodenkoffer" zusammenstellen. Dennoch ist diese individuelle Passung nicht gleichzusetzen mit Beliebigkeit, und die politikdidaktische Diskussion verweist ausdrücklich auf einige unumstößliche Kriterien bei der Methodenwahl. Eines dieser Kriterien ist der Inhaltsbezug, d.h. eine Methode wird nie um ihrer selbst willen ausgewählt, sondern immer vom Lerngegenstand ausgehend. Denn die Lernenden können die angestrebte Analyse-, Urteils- und Handlungskompetenz nur erwerben, indem sie möglichst authentische und exemplarische Fragestellungen, Konflikte und Probleme bearbeiten (Frick 2015, 3).

Eine Hilfestellung in der Wahl der Methode in Bezug auf einzelne Unterrichtssequenzen kann die analytische Trennung des politischen Urteils in Sach- und Werturteil geben. Im Ergebnis wird aber ein politisches Urteil immer beides sein. Sachurteile beruhen eher auf der Analyse und Interpretation von Daten, Fakten und Sachzusammenhängen. Werturteile messen politische Entscheidungen, Prozesse, Programme etc. an moralischen Maßstäben. Die Fähigkeit zu vermitteln, beides unterscheiden zu können, sollte Ziel politischer Bildung sein.

Der Begriff Methode stammt vom griechischen Wort „methodos" und bedeutet „der Weg zu etwas hin". Damit wird deutlich, dass Methoden nie isoliert zu sehen sind, sondern, dass sie den Unterrichtsgegenstand strukturieren und somit zentral für die Organisation des Lernprozesses sind (Mickel 1999, 336).

Die Methode soll auf folgende Fragen Antworten geben können:

- Wie gewinne ich Informationen und Kenntnisse?
- Wie verarbeite ich sie zu Urteilen?
- Wie erwerbe ich eine begründete Position?
- Wie kooperiere und diskutiere ich mit anderen?
- Welche (Handlungs-)Möglichkeiten stehen mir zur Verfügung

(Frech/Kuhn/Massing 2006, 7 f.)

Die Liste der Fähigkeiten, die für die politische Urteilsbildung notwendig sind, ist lang und kann hier nicht umfassend dargestellt werden. Auch sind hier Fähigkeiten mit eingeschlossen, deren Vermittlung Aufgabe von Schule als Ganzes ist und nicht nur der politischen Bildung.

Um die notwendige methodische Vielfalt zu verdeutlichen, gibt Sander (2008, 201 ff.) einen Überblick über Lernmethoden (Tab. 2), die er den zwölf Grundsituationen des Lernens zuordnet. Diese ermöglichen es Ihnen, folgende Planungsfragen zu beantworten: In welche Situation werden die Lernenden hier gebracht? Was tun sie? Und welche Lernmöglichkeiten eröffnen sich hierbei?

Man kann etwas über Politik lernen ...		
... indem man sich aus Quellen über Politik informiert: *Recherchieren*	... indem man in Gesprächen mit anderen Menschen Wissen austauscht: *Miteinander sprechen*	... indem man anderen etwas über Politik präsentiert: *Etwas darstellen*
Lesetechniken als basale Arbeitstechniken Auswertung von Printmedien, elektronischen Datenbanken, Rundfunk- und Fernsehsendungen Informationssuche im Internet, Museen, Befragungen von Expert*innen, Akteur*innen, Zeug*innen	Moderationsmethode Aquarium/Fishbowl Pro- und Kontradiskussion Sokratisches Gespräch Podiumsdiskussion, gegebenenfalls mit externen Expert*innen	Referate Präsentation von (Gruppen-) Arbeitsergebnissen, möglichst in Verbindung mit Visualisierungen Standbild Szenische Präsentation: Sketch, Pantomime, Theater
Man kann etwas über Politik lernen ...		
... indem man sich mit dem, was andere über Politik präsentieren, gedanklich auseinandersetzt und dem Vorgetragenen Informationen entnimmt, die in das eigene Wissensnetz integriert werden können: *Aktives Zuhören*	... indem man ein Produkt herstellt, in dem sich die Resultate des Lernens dokumentieren: *Etwas herstellen*	... indem man abstrakte Zusammenhänge anschaulich macht: *Veranschaulichen*
Sich Notizen machen als basale Arbeitstechnik Protokoll Schriftlicher oder mündlicher Bericht über das Gehörte Fragen an Referent*innen formulieren Vorgetragene Positionen vergleichen, gegebenenfalls Gegenposition erarbeiten	Eine Ausstellung gestalten Multimediapräsentation erarbeiten Video drehen Hörstück aufnehmen Schriftliche Dokumentation erstellen und gegebenenfalls veröffentlichen Beiträge in Schülerzeitung/örtlichen Zeitungen u.a. Lernergebnisse in Lern- und Arbeitsmaterial für andere umsetzen (z.B. Lexikon, kommentierte Linklisten)	Referate und andere mündliche Beiträge visualisieren (Tafel, Wandzeitung, OHP-Folien, Computerpräsentation u.a.m.) Komplexe Zusammenhänge und Strukturen visualisieren (z.B. Mindmapping, Textgrafiken, Diagramme, Tabellen) Abstrakte Zusammenhänge an konkreten Beispielen erarbeiten (Situationen, Vorfälle, Biografien)

Man kann etwas über Politik lernen ...		Man kann in der politischen Bildung erworbene Kompetenzen und neu erlerntes Wissen ...
... indem man politisch bedeutsame Situationen selbst erforscht: *Erforschen*	... indem man politisch bedeutsame Situationen simuliert: *Probehandeln*	... besser behalten und für sich nutzen, wenn man übt und wiederholt: *Üben und Wiederholen*
Systematisches Beobachten Umfragen (Interviews oder mit standardisiertem Fragebogen) Erkundungen Praktika	Rollenspiele Talkshows Planspiele Computersimulationen	Spielerisches Üben: Rätsel, Puzzle, Quiz, Memory Lückentexte Wortkarteien mit Fachbegriffen Computergestütztes Üben Training des öffentlichen Auftretens (Rhetorik, Präsentation)
Man kann in der politischen Bildung erworbene Kompetenzen und neu erlerntes Wissen ...		
... besser für sich nutzen und weiter verbessern, wenn man Erlerntes in neuen Situationen anwendet: *Anwenden*	... besser lernen, wenn man qualifizierte Rückmeldungen über das eigene Lernen erhält: *Feedback und Evaluation*	... wenn man Wissen über sein eigenes Wissen und Lernen gewinnt und sein Lernen bewusst steuern kann: *Selbstreflexion*
Die bisher genannten Methoden. Für diese Lernsituation gibt es keine spezifischen eigenen Methoden, denn sie wird nicht durch spezifische Methoden konstruiert, sondern durch die Auseinandersetzung mit neuen Lerngegenständen, in der Gelerntes unter Nutzung bekannter Methoden angewendet, erprobt und verbessert wird.	Blitzlicht Ein-Punkt-Abfragen aus der Moderationsmethode Einfache und komplexe Fragebögen Videoaufzeichnungen von Lernsituationen Mündliche oder schriftliche Rückmeldungen von Lehrenden an Lernende zu deren Arbeitsergebnissen, mit Hinweisen auf Stärken, Schwächen und Verbesserungsmöglichkeiten	Brief an sich selbst Lerntagebuch Techniken der Arbeits- und Zeitplanung und des Selbstmanagements

Tab. 2: beispielhafte Lernmethoden in den zwölf Grundsituationen (eigene Darstellung)

Mikro- und Makromethoden

Methoden lassen sich unterscheiden in Mikro- und Makromethoden. Makromethoden bestimmen den gesamten Lernprozess und stehen im Zentrum einer Unterrichtseinheit. Mikromethoden unterstützen die einzelnen Phasen des Lernprozesses, leiten diese ein oder schließen sie ab. Von den methodischen Großformen, die die Makrostruktur des Unterrichts bestimmen und den Arbeitsweisen, die die Mikrostruktur kennzeichnen, lassen sich die Arbeitstechniken unterscheiden, also die Werkzeuge, die Schülerinnen und Schüler benötigen um das politische Handlungsfeld erschließen und mitgestalten zu können. Sander nennt als Kriterien für Makromethoden, dass sie in ihrer Reichweite die oben genannten Grundsituationen des Lernens überschreiten und ganze Unterrichtseinheiten oder mindestens größere Teile von Unterrichtssequenzen strukturieren und jeweils mehrere Grundsituationen mit verschiedenen Teilmethoden umfassen (Sander 2008, 215 f.).

Der Fachdidaktiker Dirk Lange gliedert die Makromethoden in drei Segmente, denen unterschiedliche Methoden zuzuordnen sind:

- Methoden politischen Forschens: Sozialstudie, Fall, Recherche, Erkundung
- Methoden politischer Intervention: Projektarbeit, Politikwerkstatt, Mediation, Zukunftswerkstatt
- Methoden politischer Simulation: Moralische Dilemmata, Rollenspiel, Fallstudie, Szenisches Spiel, Planspiel, Pro-Kontradebatte, Talkshow (Kremb 2012, 34 f.)

Ähnlich findet sich diese Liste bei Sander (2008, 215 f.), der noch die Studienfahrt und die Tagung/den Kongress nennt.

Mikromethoden des politischen Lernens betreffen beispielsweise den Einsatz von Materialien und Medien (z. B. Karikaturen, Statistiken, Internet).

In der politischen Bildung kommt dem Gespräch eine herausragende Stellung zu, was nicht zuletzt in dem engen Zusammenhang von Gespräch und Demokratie begründet liegt (Massing 2005, 501). Das Unterrichtsgespräch kann ‚empirisch und normativ' als zentrale Handlungsform in der Schule gesehen werden. Unterrichtsgespräche über Politik dienen dem Meinungsaustausch, dem Informationsaustausch, dem systematischen Lernen, der Ideologiekritik, der emotionalen Auseinandersetzung und der Einübung in öffentliches, politisches Diskussionsverhalten.

Das Unterrichtsgespräch im Politikunterricht definiert der Karlsruher Politikdidaktiker Georg Weißeno wie folgt:

> Wir wollen deshalb von einem Unterrichtsgespräch nur sprechen, wenn es der dialogischen und diskursiven Verständigung über politische Gegenstände in einer Atmosphäre der Freiheit und Anerkennung dient und die hinter den Positionen stehenden Interessenlagen systematisch bearbeitet. (2006, 52)

Weißeno unterscheidet die Gesprächsformen zum einen nach den Beteiligten:

- Schülerinnen-Schüler-Gespräche: Dies können sowohl nach festen Regeln ablaufende Makromethoden wie Pro-Kontradebatte als auch Arbeitstechniken wie das Partnergespräch sein.

- Lehrer-Schülerinnen-Gespräche: Hier sind sachklärende, interpretierende, meinungsbildende oder Metagespräche z.B. über einen Gesprächsverlauf gemeint.
- Gesprächsformen mit Dritten: Dies sind oft Gespräche, die an anderem Lernort stattfinden wie Parlamentsbesuch, Expertenbefragung, Zeitzeugenbefragung o.ä.

Zum anderen unterscheidet Weißeno Gespräche nach inhaltlichen Gesichtspunkten:

- Nach der Unterrichtsphase: Assoziations-, Einstiegs-, Deduktions-, Erarbeitungs-, Lehr-, Wiederholungs-, Koordinations-, Kontroll-, Schlussgespräch usw.
- Nach der Organisation: Kreis, Gruppen-, Zweier-, Partner-, Rundgespräch
- Nach der Lenkungsaktivität: offenes, freies, kaum/stark gelenktes, fragendentwickelndes, Impulse setzendes oder sokratisches Gespräch etc.

Die Talkshow

Die Talkshow ist eine Makromethode im Politikunterricht, bei der politische Themen personalisiert und kontrovers in unterhaltsamer Weise präsentiert werden. Ein Moderator bzw. eine Moderatorin setzt die Gesprächsimpulse, die Gäste (Politiker*innen, Interessenvertreter*innen, Betroffene, Expert*innen) stellen ihre Position prägnant dem Publikum vor (Kuhn 2006, 117).

Die Methode ist der medialen Inszenierung nachempfunden, die den Jugendlichen aus dem Fernsehen vertraut ist. Ihre formale Vorbereitung benötigt dadurch oft weniger Zeit als andere handlungsorientierte Methoden. Um die Methode tatsächlich für politische Lernprozesse nutzbar zu machen und sie nicht zur reinen Unterhaltung bzw. zum reinen Schlagabtausch verkommen zu lassen, gilt es jedoch, sich die Unterschiede zwischen Talkshows im Fernsehen und im Unterricht bewusst zu machen.

Das Format Talkshow dient in erster Linie dazu, Konfliktlinien herauszuarbeiten und gegensätzliche Positionen darzustellen, und ist deshalb besonders geeignet, auf eine aktuelle politische Diskussion, wie z.B. „Seenotrettung – ein Verbrechen?!“, einzugehen. Es ist nicht Ziel, die*den Gesprächspartner*in zu überzeugen, einen Konsens zu finden und eine Problemlösung anzubieten. Auch ist es nicht möglich, die Thesen der Talkgäste auf ihren Wahrheitsgehalt zu überprüfen. Beides sollte im weiteren Verlauf der Unterrichtseinheit berücksichtigt und aufgegriffen werden. So könnten die Schülerinnen und Schüler im Nachgang einen „Faktencheck“ durchführen.

Planungsschritte zum Durchführen einer Talkshow

Material

Aktuelles Material kann aus Zeitungen und Internet genutzt werden. Es sollten unterschiedliche Materialien wie Nachrichten, Kommentare, Statistiken etc. verwendet werden. Interviews eignen sich besonders gut für die Vorbereitung der Moderatorenrolle. Zur Vorbereitung in Kleingruppen erhalten die Gäste lediglich auf ihre Rolle bezogenes Material, mithilfe dessen sie ihre Position herausarbeiten. Bei der Auswahl der Materialien und der Einbeziehung der Schülerinnen und Schüler in die Recherche ist der Lernstand der Gruppe unbedingt im Blick zu haben (vgl. Kapitel 6 und 10). Zur Differenzierung kann die Informationsmenge auf den Rollenkarten der Gesprächsteilnehmerinnen und -teilnehmer variieren bzw. eine Liste mit Pro- und Kontraargumenten durch die Lehrkraft vorgegeben werden.

Rollen

Diese ergeben sich aus dem Thema der Talkshow. Wichtig ist, dass unterschiedliche Positionen und Zielsetzungen der Akteur*innen deutlich werden. Bei dem Thema Seenotrettung bietet es sich an, Vertreter*innen einer NGO (z.B. Sea-Watch) oder Menschen mit Fluchterfahrung einzuplanen. Eine Expertin bzw. ein Experte könnte die verfassungsrechtliche Seite deutlich machen. Bei der Auswahl von Parteienvertreterinnen bzw. -vertreter ist es nicht notwendig, alle Parteien zu Wort kommen zu lassen. Um dem Kontroversitätsgebot Rechnung zu tragen, müssen lediglich die unterschiedlichen Auffassungen zur Problematik deutlich werden (vgl. Kapitel 4.8).

Moderatorin bzw. Moderator: Diese Rolle ist sowohl in der Vorbereitung (alle Materialien müssen bearbeitet werden) und in der Durchführung am anspruchsvollsten. Sie müssen die Diskussion lenken können, sowohl um sie anzuheizen oder, wenn nötig, um sie abzubremsen. Hier können und müssen Sie gegebenenfalls unterstützen, indem Sie z.B. Karteikarten mit Gesprächsimpulsen eingeben.

Gäste: Die Anzahl der Gäste sollte auf ca. fünf Teilnehmerinnen und Teilnehmer begrenzt werden, damit die einzelnen Positionen deutlich werden können und Dopplungen vermieden werden. Vorzugsweise sollten die Schülerinnen und Schüler eine ‚fremde' Position übernehmen, da die Auseinandersetzung mit neuen Informationen und Meinungen mehr Lernchancen bietet.

Auswertung

Da die Durchführung einer Talkshow oft mit starken Emotionen verbunden ist, muss darauf geachtet werden, dass die Schülerinnen und Schüler vor der Auswertung die Möglichkeit haben, sich von ihrer Rolle zu distanzieren, gegebenenfalls durch eine kurze Pause. Die Auswertung sollte sich dann sowohl auf Fragen beziehen, die sich aus der Simulation ergeben haben, zum anderen auf vorbereitete Beobachtungsaufgaben. Diese können sich auf einzelne Akteur*innen oder politische Kategorien, sollten sich aber keinesfalls nur auf rhetorische und argumentative Fähigkeiten beziehen. Es geht also darum, die Erkenntnisse aus der Talkshow am Ende zu verallgemeinern, um politisches Lernen möglich zu machen (Kuhn 2006, 141 ff.).

Weiterführende Literatur:

Achour, Sabine/Frech, Siegfried/Massing, Peter/Straßner, Veit (Hg.) (2019): Methodentraining für den Politikunterricht. Frankfurt/M.

Reinhardt, Sibylle (2005): Politik-Didaktik. Praxishandbuch für die Sekundarstufe I und II. Berlin.

Eva Glaser/Gunther Graf

2.3 Räumliches Denken und Lernen

Eine geographische Sicht auf die Welt sowie die Entwicklung geographischer Denk- und Argumentationsweisen sind wesentliche Bestandteile des Unterrichts im Fach Gesellschaftswissenschaften, welches neben der historischen und politischen Dimension auch die oben genannten Bestandteile geographischer Betrachtungen der Gesellschaft aufgreift. Räumliches Denken findet dabei sowohl aufseiten der Lehrkräfte als auch aufseiten der Lernenden oft schon unbewusst statt. „Wir alle agieren [...] in unserer jeweiligen Rolle als Mitglied der Öffentlichkeit oder Bürger – mit Hintergrundinformationen darüber, wie die Welt organisiert ist oder in einer besseren Zukunft organisiert sein könnte" (Massey 2013, 304). Schon bei alltäglichen Gesprächen fallen Worte, die einer meist unbewussten geographischen Betrachtung entspringen. Wenn wir von Einheimischen sprechen oder von Migrant*innen und Asylsuchenden, nehmen wir schon eine räumliche Einordnung vor, nämlich indem wir sortieren, wer zu einem Raum gehört (Einheimische) und wer, aus anderen Räumen kommend, einen von uns bestimmten (konstruierten) Raum aufsucht (Asylsuchende, Migrant*innen). Dabei lassen wir uns beim räumlichen Denken zum einen von individuellen Vorstellungen, zum anderen aber auch von sozialen Gruppen und schlussendlich von politischen und gesellschaftlichen Vorgaben leiten. Die dafür von uns selbst zugrunde gelegten räumlichen Denkstrukturen sind dabei jedoch nichts anderes als Konstrukte, mit deren Hilfe wir unsere Vorstellungen und Ansichten zu ordnen und zu organisieren versuchen. Dabei entstehen nicht selten widersprüchliche Sichtweisen auf ein und dasselbe Thema. Massey verdeutlicht das am Beispiel der lokalen Bevölkerung Amazoniens, indem sie die Frage stellt: „Inwiefern sollte die lokale Bevölkerung einen Anspruch auf und die Kontrolle über den Ort haben, an dem sie lebt?" (ebd., 303) Zweifellos zeigen sich viele Menschen solidarisch mit indigenen Völkern, indem sie die Bedrohung von deren Lebensraum und kultureller Lebensweise durch wirtschaftliche Interessen großer, oft ausländischer Konzerne anprangern. Gleichzeitig ist dies aber unter der oben formulierten Frage mit der Vorstellung vergleichbar, „die in Europa verbreitet wird, um beispielsweise strikte Immigrationskontrollen zu rechtfertigen oder in Kalifornien, um sich gegen die Flüchtlinge Lateinamerikas zu wehren, die aufgrund von Armut und Unterdrückung ihre Länder verlassen" (ebd., 304). Der Unterschied ist hier der Maßstab des zu betrachtenden Raums. Ein Stamm eines indigenen Volks ist nur schwer vergleichbar mit einem Bundesstaat oder einem ganzen Kontinent. Solche Widersprüche herauszustellen, die durch geographische Denkweisen entstehen und auch Einfluss auf politische und gesellschaftliche Entscheidungen haben, ist ein wichtiger Bestandteil räumlichen Lernens. Es gilt diese Widersprüche zu hinterfragen, indem Schule und Unterricht diese Denkweisen zum Thema machen und aufzeigen, dass räumliches Konstruieren nicht frei von Zwängen ist, die durch gesellschaftliche Strukturen und Machtgefüge bestehen.

> Der Raum ist ein zentraler Begriff in der Geographie, da die Geographie – zumindest in neuerer Terminologie – als Raumwissenschaft verstanden wird. Das Nachdenken über ‚Raum' ist nicht nur eine fachliche Notwendigkeit, sondern auch ein für Geographiedidaktiker äußerst lohnendes Unterfangen. (Dickel/Scharvogel 2013, 57)

Was veranlasst Dickel und Scharvogel zu der Annahme, dass sich das Nachdenken über und somit die Betrachtung von Raum lohnen würde? Raum ist nicht gleich Raum, wie auf den folgenden Seiten noch dargelegt werden wird, und nicht jeder Raum wird von jedem Individuum auf die gleiche Art und Weise wahrgenommen. Es besteht daher eine bis in die Gegenwart andauernde fachwissenschaftliche Auseinandersetzung über den Begriff Raum und den Umgang mit ihm (Budke 2009, 3). Das liegt auch nicht unwesentlich darin begründet, dass Raum als gemeinsamer Nenner auserkoren wurde, an dem sich die einzelnen geographischen Fachrichtungen ausrichten. Gebhardt spricht in diesem Zusammenhang von einer verbindenden Klammer zur raumwissenschaftlichen Theoriebildung (Blotevogel 2007, 51). Raum ist aber auch außerhalb der Geographie ein „bedeutsames erkenntnisleitendes Beobachtungsschema, z.B. in den Sozial-, Kultur- und Geisteswissenschaften, besonders in Soziologie, Geschichte, Medien- und Literaturwissenschaft" (Fuchs/Rolfes 2013, 444). Das räumliche Denken und Lernen im Fach Gesellschaftswissenschaften beschränkt sich darum nicht ausschließlich auf die geographische Perspektive, sondern stellt viel mehr eine weitere Stütze für den integrativen Ansatz dieses Schulfachs mit dem Raum als verbindendes und kommunikatives Element. Dies ist unter anderem der Tatsache geschuldet, dass der erdkundliche Charakter des Fachs Geographie an der Schule mit dem physisch-materiellen Raum „als erklärende Variable für gesellschaftliche Vorgänge und Phänomene" (ebd.) in den letzten drei Dekaden immer mehr in den Hintergrund getreten ist, um einer spezifischen Raumbetrachtung unter sozialen, ökonomischen und politischen Aspekten mehr Platz einzuräumen. Die Geographiedidaktik greift diese fachwissenschaftlichen Diskussionen auf und der Begriff Raum ist ein elementares Motiv im Geographieunterricht, wie Rahmenlehrpläne (MBWK 2002, MBJS 2015a, MBWWK 2016, MBWFK 2015) und die Bildungsstandards für das Fach (DGfG 2017, 5) belegen. Anhand der Themen, die für den Geographieunterricht in den Rahmenlehrplänen der Bundesländer zu finden sind, wird die Schwerpunktsetzung auf humangeographische Lerngegenstände deutlich, auch wenn physisch-geographische Wissensvermittlung ein elementarer Bestandteil des räumlichen Lernens bleibt.

Raumbewusstsein und Raumverantwortung

Längst sind die Folgen des Klimawandels nicht nur mehr utopische Vorstellungen. Dicht aufeinander folgende Hurrikans, anhaltende Dürreperioden, Flutkatastrophen oder das Abschmelzen der Gletscher an den Polen, in den Alpen oder im Himalaja halten uns vor Augen, dass dringend Handlungsbedarf besteht. Auch für die anderen allgegenwärtigen Herausforderungen unserer Zeit wie Migration, Globalisierung oder dem Umgang mit den Ressourcen ist die Bildung eines Raumbewusstseins und der daraus resultierenden Raumverantwortung die zentrale Aufgabe des Geographieunterrichts.

Geographie als Raumwissenschaft soll im Unterricht den Schülerinnen und Schülern Raumbewusstsein vermitteln und sie zu einem verantwortlichen Umgang mit dem Raum anleiten (Handlungskompetenz), Problemlösungs- und handlungsorientierte Fragestellungen sind dafür unerlässlich. Nur wenn Schülerinnen und Schüler die Welt als komplexes und vernetztes System verstehen, werden sie in die Lage versetzt, an der Gestaltung und Bewahrung des Raums beteiligt zu sein.

> Die Dimensionen der Herausforderungen sind klar zu erkennen, die Zeit ist knapp und der bisher eingeschlagene Weg, Bewusstsein zu bilden und Verhaltensweisen zu erwarten, hat sich nur bedingt als erfolgreich erwiesen. International wird daher seit Längerem eine Diskussion über „Action or Awareness", also Handeln oder Bewusstseinsbildung geführt. (Hoffmann 2018, 4)

Diese Beobachtung gründet darauf, dass es für viele ein großes Hindernis darstellt, den ersten Schritt zur Verhaltensänderung oder gar zum Handeln zu unternehmen. Nicht selten sind Aussagen wie „Wenn ich alleine auf den Ausstoß von CO_2 achte, wird das am Klima noch nichts verändern." im Unterricht zu hören. Hier hilft es, gemeinsame Projekte mit der Klasse zu initiieren und diese nach Abschluss zu reflektieren.

> Vor dem Hintergrund der erfahrenen Selbstwirksamkeit, ist der Schritt zur nächsten Handlung vergleichsweise leichter. *Handeln statt hoffen*, wie Regula Kyburz-Graber (2010) treffend formulierte, muss mit Blick auf die künftige Entwicklung von Schule und Unterricht daher deutlich an Bedeutung gewinnen. (ebd., 7; Herv. i.O.)

Die seit Anfang 2019 durch die schwedische Schülerin Greta Thunberg initiierten Schülerdemonstrationen gegen den Klimawandel beruhen auf genau diesem Prinzip: Handeln statt hoffen.

Raumkonzepte nach Wardenga

Ute Wardenga fasst die Betrachtungen des Raums in vier Konzepten zusammen, die aber durch unterschiedliche Betrachtungsweisen auch miteinander verknüpfbar sind, wie Wardenga betont (2002, 47). Dabei ist zu unterscheiden, dass Räume nicht mit Orten gleichzusetzen sind. Orte lassen sich als eine territoriale Einheit betrachten (Scharvogel/Gerhardt 2009, 53), wo eine ganzheitliche Struktur von Objekten besteht und alltägliches Leben stattfindet (Dröge/Müller 1998; zit. in ebd.). Ein Raum dagegen ergibt sich aus „Wahrnehmung, Vorstellung, Leben und Erleben von Räumlichkeit" (ebd.). Scharvogel und Gerhardt fassen diesen Unterschied sehr schön in einem Satz zusammen: „Derselbe Ort kann mit unterschiedlichsten Räumen überzogen werden." (ebd.)

Der Raum als Container

Hierbei handelt es sich um die sicherlich klassischste Form der Raumbetrachtung. Gleich einem Container sind die Grenzen des Raums genau festgelegt und bei der Betrachtung desselben gilt nur das, was innerhalb dieser Grenzen zu sehen und zu analysieren ist. Jegliche Einflüsse, die möglicherweise von jenseits der festgelegten Grenzen auf den Raum einwirken, bleiben bei der Untersuchung unberücksichtigt. Ebenso bleiben die Auswirkungen der im „Container" befindlichen Vorgänge und Eigenschaften auf die ihn umgebenden Bedingungen außen vor. Diese traditionelle Sichtweise auf den Raum ist nach wie vor ein Bestandteil der geographischen Perspektive im Unterricht, kann jedoch in erster Linie nur Informationen über die physisch-materielle Welt innerhalb des zu betrachtenden Raums geben. Aussagen über die Entstehung dieser Welt bzw. über deren weitere Entwicklung, sind mit diesem Raumkonzept nicht möglich. Der Fokus liegt auf dem Ist-Stand. „In diesem Sinne werden ‚Räume' als Wirkungsgefüge natürlicher und anthropogener Faktoren verstanden, als das Ergebnis von Prozessen, die die Landschaft gestaltet haben oder als Prozessfeld menschlicher Tätigkeiten" (Wardenga 2002, 47).

Raum als System von Lagebeziehungen

Ganz anders sieht es bei der Betrachtung des Raums als System von Lagebeziehungen aus. Hier wird sehr wohl der Einfluss der zu betrachtenden Räume auf andere Räume berücksichtigt bzw. deren gegenseitiges Einwirken auf die zu analysierenden Vorgänge innerhalb eines Raums. Genauso gilt die Aufmerksamkeit aber auch einzelnen (Stand-)Orten innerhalb eines Raums, ihrer Beziehung zueinander, aber auch wie die Orte innerhalb des zu betrachtenden Raums verteilt und voneinander entfernt sind. Dabei liegt der „Akzent der Fragestellung besonders auf der Bedeutung von Standorten, Lage-Relationen und Distanzen für die Schaffung gesellschaftlicher Wirklichkeit“ (ebd.). Die Art und Weise der Betrachtung eines Raums unter diesem Blickwinkel erlaubt es der*m Betrachter*in, mögliche „Gesetzmäßigkeiten räumlicher Verteilungen festzustellen“ (Dickel/Scharvogel 2013, 61)

Raum als Kategorie der Sinneswahrnehmung (Wahrnehmungsraum)

Dieses Konzept erlaubt jeder*m Betrachter*in eine ganz individuelle Aufnahme des Raums. Derselbe Raum, aber auch der derselbe Ort werden nicht von jedem Menschen auf die gleiche Art und Weise wahrgenommen. Was den einen an einem Ort gefällt, stößt einen anderen vielleicht ab. Ein Tag am Meer kann ein wunderbares Erlebnis sein, aber auch das langweiligste Ereignis, dass man sich vorstellen kann. Alte verfallene Häuser sind für einige Teilnehmer*innen der Gesellschaft Schandflecke, die den Wert eines Orts mindern, für andere sind es Anreize, den eigenen Forschungsdrang anzuregen und sich mit der Geschichte der Gebäude auseinanderzusetzen, vielleicht noch in ihnen das Abenteuer zu suchen oder einfach das Vergängliche mit Romantik und Melancholie zu verbinden. Diese unterschiedliche Konstruktion desselben Raums führt an das vierte von Wardenga aufgeführte Raumkonzept heran.

Raum als soziale Konstruktion

Wie das vorhergehend vorgestellte Raumkonzept des Wahrnehmungsraums zeigt, wird jeder Raum von jedem Individuum unterschiedlich wahrgenommen. Eine Grundlage dafür ist nicht nur die Sozialisation in der Familie oder in anderen Peergroups; Räume und ihre Funktionen und daraus folgend das eigene Verhalten in diesen Räumen können auch durch Normen und Werte einer Gesellschaft bestimmt werden. Das hat zur Folge, dass Menschen ohne explizite Aufforderungen in bestimmten Räumen und an bestimmten Orten ein Verhalten zeigen, dass sie an anderen Orten so nicht zeigen würden, bzw. wenn Verhaltensweisen an bestimmten Orten den gesellschaftlichen Vorgaben zuwiderlaufen, bergen sie ein Konfliktpotenzial in sich, mit dem sich im Unterricht problemorientiert arbeiten lässt. Als Beispiel seien hier das Joggen auf dem Friedhof, der Besuch eines Museums auf dem Skateboard oder ein Picknick in einer Kirche aufgeführt. Es muss also danach gefragt werden, „wer unter welchen Bedingungen und aus welchen Interessen wie über bestimmte Räume kommuniziert und sie durch alltägliches Handeln fortlaufend produziert und reproduziert“ (Wardenga 2002, 47). Bei diesem Raumkonzept tritt der gesellschaftswissenschaftliche Aspekt sehr deutlich zutage. „Im Rahmen der Sozialisation werden uns Ordnungsmuster, Begrifflichkeiten und Wertkategorien [von der Gesellschaft, in der wir leben] mitgegeben, die wir als Raster zur Begegnung mit der Welt (unbewusst) einsetzen“ (Dickel/Scharvogel 2013, 62; Anm. d. A.). Auf diese gesellschaftlichen Vorgaben treffen wir in erster Linie in den Medien, die uns eine kollektive Sichtweise auf die Verhaltensnormen präsentieren, die letztendlich die individuelle Sichtweise verdrängen oder zumindest in den Hintergrund drängen. Gehen die individuellen Konstrukte mit den kollektiven Konstrukten nicht konform, kommt es zum Hinterfragen des eigenen Verhaltens bzw. des Verhaltens der anderen, was final auch zu Konflikten mit Mitmenschen und gesellschaftlichen Institutionen führen kann.

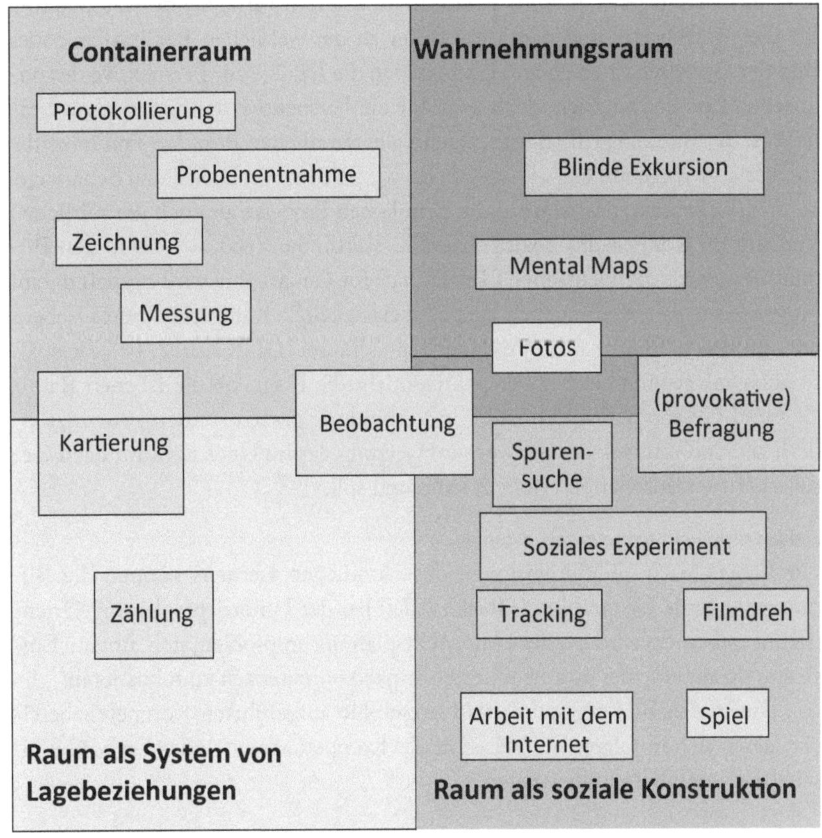

Abb. 7: Die Raumkonzepte am Beispiel von Exkursionsmethoden (Budke 2009, 16)

Die Raumkonzepte im gesellschaftswissenschaftlichen Kontext

Lehrkräfte, die die geographische Perspektive auf ein Unterrichtsthema richten, sind gut beraten, sich die Raumkonzepte als Handwerkszeug bei der Planung ihres Unterrichts nutzbar zu machen. Räume entstehen durch Handlungen und Kommunikation und sind folglich gesellschaftliche Konstrukte, die auf unterschiedliche Art und Weise wahrgenommen und bewertet werden können. Dadurch kann es auch zu sehr unterschiedlichen Instrumentalisierungen von Räumen kommen. Diese Problemorientierung und Multiperspektivität, die auch wesentliche Prinzipien gesellschaftswissenschaftlichen Unterrichts sind (vgl. Kapitel 4.5 und 4.6), lassen sich mithilfe der Raumkonzepte bei Aufgabenstellungen oder der Auswahl der in den Schulstunden einzusetzenden Medien (Bilder, Videos, Umfragen etc.) sehr gut umsetzen, da nicht die einseitige Betrachtung der Lerngegenstände im Fokus steht, sondern vernetzende Kausalketten ein breit gefächertes und damit ein näher an der weltlichen Realität liegendes Bild der Gesellschaft zeichnen. Hier werden die Bezüge zur Perspektive des politischen Lernens deutlich, doch auch für die Perspektive des historischen Lernens ist der Raumbegriff relevant, „denn alle räumlichen Prozesse sind in zeitliche Verläufe eingebunden“ (Dickel/Scharvogel 2013, 60). Dickel und Scharvogel betonen außerdem, dass sowohl die räumlichen Prozesse als auch die zeitlichen Verläufe im Kontext des Soziokulturellen stattfinden (ebd.). Auch in den Bildungsstandards der Deutschen Gesellschaft für Geographie wird explizit darauf hingewiesen, dass Raum neben Zeit eine existenzielle Kategorie unseres Lebens und die Beschäftigung mit ihm daher zwingend sei (DGfG 2017, 10). Es ist also auch aus geographischer Perspektive nicht die Frage, ob die Ebenen Raum, Zeit und Gesellschaft miteinander in Verbindung gesetzt werden können, sondern wie und mit welcher Schwerpunktsetzung das im Unterricht im Fach Gesellschaftswissenschaften erfolgen kann und soll.

Zieldimensionen/Kompetenzerwartungen

Für Fragen nach Zieldimensionen des räumlichen Lernens können die Bildungsstandards Geographie (DGfG 2017) bei der Unterrichtsplanung Orientierung geben. So wird bei der Unterrichtsplanung empfohlen, sich für eine Einzelstunde auf eine der ausformulierten Einzelkompetenzen zu fokussieren.

Die in den Bildungsstandards Geographie aufgeführten Kompetenzbereiche lassen sich in folgender Weise auf das Kompetenzmodell des Fachs Gesellschaftswissenschaften übertragen:

Kompetenzbereich in den Bildungsstandards Geographie	Kompetenzbereich im Kompetenzmodell des Fachs Gesellschaftswissenschaften
Fachwissen	Analyse
Erkenntnisgewinnung/Methoden	Methoden
Kommunikation	Methoden
Beurteilung/Bewertung	Urteil
Handlung	Handlung

Die Bildungsstandards liefern aber auch Hinweise zur Vernetzung mit den benachbarten Disziplinen. So heißt es, die oben genannten Teilkompetenzen bilden „die Grundlagen eines systematischen Wissensaufbaus unter fachlicher und gleichzeitig lebensweltlicher Perspektive. Dabei dienen sie der vertikalen Vernetzung des im Unterricht erworbenen Wissens, indem die Schülerinnen und Schüler z.B. in nachfolgenden Unterrichtsstunden ähnliche Strukturen und Prozesse in anderen Räumen oder Zusammenhängen entdecken. Gleichzeitig sind die Konzepte eine Basis zur horizontalen Vernetzung von Wissen, indem sie für die Lernenden Verbindungen zu anderen Sachverhalten und Fächern deutlich machen" (ebd., 12).

Wichtige Elemente räumlichen Lernens

Mental Maps

Mental Maps, kognitive Karten, geben vereinfachte und subjektive Raumvorstellungen und Raumorientierungen wieder. Da Karten im Allgemeinen Konstrukte sind und niemals die Wirklichkeit abbilden, sind Mental Maps ausschließlich subjektive Vorstellungen eines Raums. In der Regel stimmen die Vorstellungen nicht mit den realen Verhältnissen überein. Die Kenntnisse zum eigenen Konstrukt eines Raums erlangt man unter anderem über Reiseberichte, Karten, Bilder, Raumbeschreibungen sowie über die abgespeicherten Informationen im Gedächtnis, die durch reale Kontakte auf beispielsweise Exkursionen oder durch Medien beeinflusst werden (Rinschede 2007, 86).

Die Elemente des Stadtbilds nach Lynch (1960, 60 ff.) sind Wege, Grenzlinien, Bereiche, Brennpunkte und Landmarken. Diese Elemente werden im Kopf in Beziehung gesetzt und bilden Mental Maps.

Wege sind für fast alle Menschen die bestimmenden Elemente in einer Stadt. In Straßen und Gassen, auf Gehwegen oder in öffentlichen Verkehrsmitteln bewegen sie sich regelmäßig, gelegentlich oder zufällig. Der Raum wird entlang dieser Wege wahrgenommen. Bedeutsam für diese Wahrnehmung sind insbesondere die Beschaffenheit eines Wegs (Dimension, Material etc.) und die Menge der Menschen auf diesem Weg.

Grenzlinien oder *Ränder* sind linienhafte Elemente, die nicht (oder nicht nur) als Wege benutzt oder bewertet werden. Grenzlinien existieren beispielsweise zwischen zwei unterschiedlich bebauten Gebieten, fügen aber als Saum auch verschiedene Gebiete zusammen.

Unter *Bereichen* versteht man mittelgroße bis große flächenhafte Abschnitte einer Stadt. Sie werden als Gebiete wahrgenommen, in die man hineingeht oder die man verlässt.

Brennpunkte sind signifikante Punkte, an denen Menschen zusammenkommen, beispielsweise ein Marktplatz. Es kann sich aber auch um das Zusammentreffen mehrerer Straßen handeln, wie z.B. an einer großen Kreuzung oder in einem Kreisverkehr.

Landmarken oder Wahrzeichen sind optisch auffällige Bezugspunkte, zum Beispiel auffallende Bauwerke wie Brücken und Türme, oder besondere Landschaftselemente wie Gesteinsformationen, Bergketten oder außergewöhnliche Bäume.

Mental Maps zeichnen sich dadurch aus, dass sie gegenüber dem Raum, den sie abbilden, verzerrt sind, Vereinfachungen gegenüber der Wirklichkeit aufweisen, gruppenspezifisch sind und aus einer kleinen Gruppe von Grundelementen zusammengesetzt sind (Rinschede 2007, 86). Diese kognitiven Karten helfen uns in Zusammenhang mit räumlicher Orientierung und räumlicher Ordnung. Eine Hilfe ist dabei die Erstellung von Faustskizzen oder Field Sketches. Bei der Faustskizze wird aus der Hand eine vereinfachte Darstellung einer bestimmten Region gezeichnet (Domdey et al. 2015, 50). Sie dient der ersten Orientierung und enthält die wichtigsten Informationen wie z.B. Städte, Flüsse oder Seen. Field Sketches dagegen sind Skizzen eines geographischen Gegenstands, der sich bei der Betrachtung einer Landschaft zeigt. Dieser Gegenstand wird beispielsweise bei einer Exkursion interpretiert und in eigene Wahrnehmungen übersetzt bzw. interpretiert. Das passiv Gesehene wird aktiv als Zeichnung zu Papier gebracht (Holmes/Farbrother 2000, 34) und kann noch um Informationen ergänzt werden. Dabei ist es unerheblich, ob es sich bei dem Gegenstand um geomorphologische Strukturen wie Berge oder Flusstäler handelt oder um eine Skizze einer Industriebrache am Stadtrand.

Topografisches Lernen am ausgewählten Beispiel

„Erdkundeunterricht" wird von vielen Menschen gleichgesetzt mit topografischem Lernen. Die Schülerinnen und Schüler bekommen eine Liste mit Städten, Flüssen, Gebirgen und Tälern, die es zu lernen gilt, oder sollen spontan Orte zuordnen können, auf der Karte zeigen oder auf einer stummen Karte eintragen können.

Aber räumliches Lernen ist viel mehr. Neue Konzepte verknüpfen topografische Inhalte mit aktuellen oder schülerrelevanten Themen. So findet topografisches Lernen beispielswiese dann statt, wenn es um Fluchtrouten geht. An diesem Lerngegenstand wird topografisches Wissen funktional angedockt und eben nicht separat im Vorfeld gelernt. Für die Stoffauswahl sollte das exemplarische Prinzip angewendet werden (Rinschede 2007, 59). Ein Bezug zum Realraum (s.u.) ist für die Schülerinnen und Schüler ausgesprochen hilfreich, um Wirklichkeit und Karte und Karte und Wirklichkeit aufeinander zu beziehen (ebd., 361).

Realraum/Realbezug und Exkursionen

Die Begegnung mit dem Realraum kann sehr gut über Medien „ins Klassenzimmer" geholt werden. Über Filme, Bilder, Fotos usw. können die Schülerinnen und Schüler Vorstellungen entwickeln, Beziehungen verstehen und Zusammenhänge herstellen. Dennoch ist der mediale Einsatz lediglich ein Ersatz für die Begegnung mit dem Realraum. Auch hier ist richtig, was für alle Dimensionen des Fachs Gesellschaftswissenschaften gilt: „Wann und wo immer es möglich ist, ist der originalen Begegnung der Schülerinnen und Schüler mit den Lerngegenständen der Vorzug zu geben" (Haversath 2012, 252), denn Unterrichtsgänge ermöglichen den Schülerinnen und Schülern die aktive Erkundung der eigenen Lebenswelt und den Realbezug zu den schulisch behandelten Themenfeldern.

Alle Rahmenpläne des Fachs Gesellschaftswissenschaften fordern als methodischen Ansatz die Begegnung der Kinder und Jugendlichen mit dem Lerngegenstand. Dies ist sowohl verstärkend für den Lebensweltbezug als auch für die Differenzierung, insbesondere im Kontext der Inklusion (vgl. Kapitel 9).

„Des Geographen Anfang und Ende ist und bleibt das Gelände" (Budke/Kanwischer 2006). Dieses Zitat macht sehr gut deutlich, dass das Arbeiten draußen vor Ort ein unerlässlicher Bestandteil geographischer Bildung ist, erlaubt es doch einen direkteren und konkreteren Zugang zur alltäglichen Lebenswelt durch die Realbegegnung. Das trifft nicht nur auf die geographische Perspektive zu. Wie es bereits auch in den vorherigen Ausführungen zum Realraum und Realbezug anklang, motiviert der Wunsch nach originaler und unmittelbarer Begegnung mit „echten" Fragen und Problemen vor Ort die Lernenden, diesen

Problemen und Fragen auf den Grund zu gehen, sie zu erforschen und gegebenenfalls zu klären. Dabei soll nicht die klassische Überblicksexkursion im Fokus stehen, bei der an jedem Standort ein Vortrag gehalten und von den Zuhörer*innen mitgeschrieben wird. Für einen erfolgreichen Erkenntnisgewinn und sinnstiftenden Auf- und Ausbau der Kompetenzen aller Beteiligten ist es sinnvoll, die Exkursionen schülerzentriert zu planen und durchzuführen, um jeder*m die aktive Teilhabe an der Erkundung außerschulischer Lernorte – sei es in Gruppen-, Partner- oder Einzelarbeit – zu ermöglichen. Teilnehmer- und themenzentrierte Exkursionen sind ein probates Mittel, um Bildungsprozesse in der Geographie und letztendlich im gesellschaftswissenschaftlichen Unterricht zu stimulieren und die Lernenden zu befähigen, zu einer umfassenden, differenzierten geographischen Haltung zu kommen. Dafür bedürfen die Exkursionen keines großen Zeitaufwands. Schon innerhalb von 45 oder 90 Minuten lässt sich das unmittelbare Schulumfeld anhand eines gesetzten Schwerpunkts methodisch erschließen. Themen wie Verkehrsführung, neue Bau- oder Umbauprojekte, Sanierungsstand, Müllentsorgung oder die funktionale Gliederung eines Viertels lassen sich an nahezu allen Schulstandorten durch kurze Exkursionen direkt vor der „Haustür" untermauern und untersuchen.

Der Realraum kann aber auch virtuell und kognitiv durch die Einbindung der Schülerinteressen an aktuelle und/oder lebensnahe Themen hergestellt werden. Durch die Verknüpfung der Lebenswelt der Schülerinnen und Schüler mit dem Unterrichtsstoff wird den Lerner*innen die Bedeutsamkeit des Unterrichtsthemas bewusst, was sich wiederum positiv auf die Motivation auswirkt (vgl. Kapitel 4.2). Zudem können sie sich Zusammenhänge besser erschließen und multiperspektivisch analysieren, inwiefern Ursachen und Wirkung miteinander verknüpft sind und daher eine Kontinuität oder einen Wandel hervorrufen können. Eine sinnvolle Anlage für ein vernetzendes Denken (vgl. Kapitel 3.1).

Vernetzendes Denken

Das vernetzende Denken stellt eine der Grundlagen des Fachs Gesellschaftswissenschaften dar. Auch in der Geographiedidaktik spielt es schon lange eine zentrale Rolle.

Beim vernetzenden Denken handelt es sich um

> eine Denkstrategie, eine Denkhaltung oder -einstellung, deren Ziel in der absichtsvollen, möglichst vielseitigen Verknüpfung analytischer Denkakte oder Denkobjekte besteht. D.h. die Realität, die von uns analysiert wird, ist „vernetzt", unser analytisches Denken ist jedoch „vernetzend". (Rinschede 2007, 195)

Daher ist Rinschede zuzustimmen, wenn er vorschlägt, der Formulierung vom vernetzten Denken jene vom vernetzenden Denken vorzuziehen. Im Zusammenhang mit vernetzendem Denken ist oft auch von systemischem und systematischem Denken die Rede (Köck 2001). Letzteres bedeutet nichts anderes, als dass sich die Lernenden ein genaues Bild von einem System aneignen müssen, um die Vor- und Nachteile eines Eingriffs in dieses System beurteilen zu können. Nimmt man die Systemdefinition von Frischknecht-Tobler et al., die es als soziales System im Austausch mit seiner Umwelt befindlich und sich selbst organisierend definieren (2008, 14), können Räume als Systeme betrachtet werden. Um Systeme zu erkennen, müssen sie voneinander abgrenzbar sein, aber kein System „ist unabhängig von seiner Umwelt – sie beeinflusst das System und umgekehrt hinterlässt auch jedes System Spuren in seiner Umwelt" (ebd.). Nichts anderes als das findet sich auch in den Raumkonzepten (s.o.) wieder. Generell steht beim vernetzenden Denken die Absicht im Zentrum möglichst viele Ursache-Wirkungsbeziehungen eines komplexen Systems zu identifizieren, um gestellte Problemfragen beantworten zu können. Die wohl am meisten verbreitete Methode, um vernetzendes Denken anzuregen, ist die Mindmap, die im Falle der geographischen Perspektive beispielsweise „das assoziative Verständnis durch Vernetzen chaotisch springender Gedanken und das räumliche Verständnis durch Vernetzen der Lage von Erdsachverhalten sowie das transdisziplinär vernetzte Denken [...] herstellt" (Rinschede 2007, 195). Köck (2001) sieht das vernetzende Denken als eine Schlüsselqualifikation an. Im Hinblick auf die Raumkonzepte lässt sich sagen, dass der Raum als System von Lagebeziehungen oder als soziales Konstrukt sich ohne vernetzendes Denken nicht analysieren und begutachten lässt. Ein weiterer Bereich, in welchem das Prinzip des vernetzenden Denkens unverzichtbar ist, ist die Bildung für nachhaltige Entwicklung, wie der nachfolgende Abschnitt verdeutlichen wird.

Bildung für nachhaltige Entwicklung

Die Realisierung von Nachhaltigkeit zählt zu den epochalen Schlüsselproblemen, mit denen sich das Fach Gesellschaftswissenschaften befasst. Für die geographische Perspektive ist sie von besonderer Bedeutung.

Sucht man nach den Bedeutungen des Worts „nachhaltig", finden sich Erklärungen wie „sich auf längere Zeit stark auswirkend" (Duden) oder Synonyme wie „anhaltend, auf lange/längere Sicht, dauerhaft, fortwährend, fühlbar, für lange/längere Zeit, spürbar, wirksam" (ebd.). Eine Bildung für nachhaltige Entwicklung (BNE) müsste also darauf ausgerichtet sein, den Schülerinnen und Schülern Werkzeuge in Form von Kompetenzen in die Hand zu geben, die ihnen als Gesellschaftsteilnehmer*innen und Verbraucher*innen eine erfolgreiche Teilnahme an der Umsetzung dauerhafter und auf lange Zeit ein- bzw. nachwirkender Entwicklungen ermöglichen. Das heißt, die Kinder sollen in der Lage sein, die Möglichkeiten nachhaltiger Prozesse zu erkennen und weiterführend aktiv mitzugestalten, sodass ihr Verhalten „den Bedürfnissen der heutigen Generationen entspricht, ohne die Möglichkeiten künftiger Generationen zu gefährden, ihre eigenen Bedürfnisse zu befriedigen und ihren Lebensstil zu wählen" (WCED 1987: XV; zit. in Bahr 2013, 17).

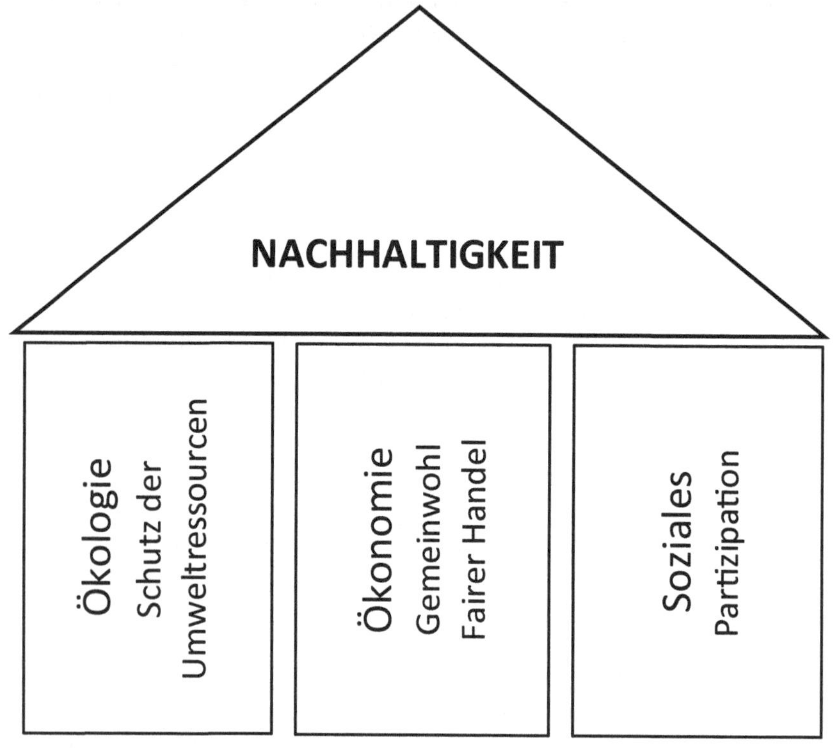

Abb. 8: Die drei tragenden Säulen der Nachhaltigkeit sind Ökologie, Ökonomie und Soziales (eigene Darstellung)

Nachhaltigkeit muss also grundsätzlich in gesellschaftlicher, ökonomischer und ökologischer Dimension betrachtet werden. Stoltenberg ergänzt noch die kulturelle Dimension (2010, 293 ff.). Dieses Vorgehen begründet sie mit unterschiedlichen kulturellen Sichtweisen, die unterschiedliche Auswirkungen auf die Wirtschafts- und Lebensweise, auf Religion und Weltsicht ethnischer Gruppen haben können. Egal, ob drei oder vier Säulen die Nachhaltigkeit stützen, es ist ein wesentlicher Aspekt der BNE, diese Säulen nicht getrennt voneinander zu betrachten. Sie sind miteinander vernetzt. Menschen in einer sozial schwachen bzw. instabilen Gesellschaft werden sich beispielsweise weniger Gedanken über eine umweltverträgliche Lebensweise machen als wirtschaftsorientiert über eine Erhöhung des eigenen Lebensstandards. Das heißt, die Suche nach gut bezahlten Arbeitsplätzen steht in der Rangfolge über den Bedenken, ob die Betriebe, die das gewünschte Lohnniveau garantieren können, auch ressourcenschonend arbeiten. Um also Lösungen für eine nachhaltige Entwicklung zu entwerfen, müssen zur Lösung sozialer und ökologischer Probleme auch ökonomische Aspekte miteinbezogen werden. Deutlich tritt hier die Notwendigkeit vernetzenden Denkens zutage, welches im vorherigen Abschnitt bereits erläutert wurde.

In der Schulpraxis tritt die BNE oft gemeinsam mit dem Ansatz des Globalen Lernens in Erscheinung. Darunter

> wird ein pädagogisch-didaktisches Konzept verstanden, mit dem auf die Herausforderungen reagiert wird, die sich aus den fortschreitenden Globalisierungsprozessen ergeben. Globales Lernen definiert sich in sachlicher Perspektive über seine Themenbereiche, die bezogen sind auf globale Zusammenhänge – wie Entwicklung, Umwelt, Migration und Frieden – und unter dem Leitbild weltweiter Gerechtigkeit bearbeitet werden. (Asbrand/Scheunpflug 2005, 469)

Es kann folglich als die pädagogische Antwort auf die Notwendigkeiten einer nachhaltigen Entwicklung der Gesellschaften angesehen werden (Bahr 2013, 22).

Modelle

Gemeint sind hier gegenständliche veranschaulichende Nachbildungen in verkleinertem Maßstab, die einen Erdausschnitt (z.B. Modell eines Deichs), die Erde selbst (z.B. Globus) oder das Planetensystem (Tellurium) darstellen.

Unterschieden werden Modelle z.B. nach *Handlungsmodellen* wie Modelle der Anschauung, wie das Modell eines Schichtvulkans oder ein Höhenstufenmodell. Ein weiteres Unterscheidungsmerkmal von Modellen sind ihre Funktionen, wenn beispielsweise über ein Modell die Funktion einer Schleuse oder die Wirksamkeit einer Deichanlage erläutert wird. Modelle von Versuchsvorgängen zum Beispiel zur Erosion durch Wasser oder Modelle zu Planungsvorgängen, z.B. dem Bau eines neuen Stadtviertels, sind ebenfalls Handlungsmodelle.

Mit *Sandkastenmodellen* wird in der Regel hauptsächlich in das Kartenverständnis eingeführt, indem Landschaften visualisiert werden. Höhenlinien oder das Zeichnen eines Profils sind hier weitere Einsatzmöglichkeiten.

Im Unterricht können die Schülerinnen und Schüler durch den Bau eines eigenen Modells ein vertiefendes Verständnis für einen geographischen, komplexen Lerngegenstand erlangen. Die verschiedenen Arten der Plattentektonik und der damit verbundenen Erdbeben lassen sich beispielsweise mit Styroporplatten und Papierbögen ganz leicht nachstellen. Gleiches gilt für einen Vulkanausbruch, der durch einen mit einer Luftpumpe verbundenen Luftballon unter einem Sandhügel nachempfunden werden kann (vgl. Kapitel 4.4).

Experimente/Versuche

Neben Modellen veranschaulichen Experimente naturräumliche Phänomene. Schon Ende der 1970er Jahre war man überzeugt, dass es „unter dem Aspekt der Erreichung von Qualifikationen, die bei der Bewältigung gegenwärtiger und zukünftiger Lebenssituationen helfen sollen, […] eben nicht [genügt], nur theoretisch über bestimmte Dinge Bescheid zu wissen" (Niemz 1978, 85). Während hier der Fokus in erster Linie auf physisch-geographischen Inhalten liegt, gibt es auch bei problemorientiertem gesellschaftswissenschaftlichem Unterricht vielfältige Möglichkeiten, die sich durch soziale Experimente (Schällig 2009) für entdeckendes Lernen und Schülerselbsttätigkeit bieten. Ob physisch- oder humangeographisch, der Beitrag von Experimenten zur Schulung logischen Denkens hat im Unterricht eine besondere Bedeutung. Gegenüber anderen handlungsorientierten Unterrichtsformen wie Exkursionen haben Experimente den Vorteil, dass sie zumeist auf dem Schulgrundstück und oft auch im Klassenraum selbst durchführbar sind. Die Schülerinnen und Schüler können bestimmte räumliche Phänomene und Prozesse in einer gegenüber der Realität vereinfachten Form untersuchen.

Das Vorgehen bei Experimenten folgt im Grunde genommen dem methodischen Gang von problemorientiertem Unterricht: Problempräsentation – Hypothesenbildung – Vorschläge bzw. Erläuterungen zum Versuchsaufbau – Durchführung des Experiments (Demonstrations- oder Schülerexperiment) – Verifizierung oder Falsifizierung von Hypothesen – kritische Erörterung zur Transferierbarkeit auf die geographischen Raumkonzepte.

Bei der Durchführung des Experiments ist zu beachten, dass es mindestens zweimal zur Durchführung kommt, wobei bei der zweiten Durchführung ein Parameter verändert werden muss. So kann zum Beispiel beim Experiment zur Lawinengefahr (Styroporplatte, Mehl, Zahnstocher) entweder die Menge der Zahnstocher oder die „Hangneigung" verändert werden. In Bezug auf das Thema Migration können Naturgewalten als Auslöser von Fluchtbewegungen in Experimenten und Modelversuchen nachgestellt werden.

Unterrichtsbeispiele

Ein Wort zuvor: Zum Thema Migration gibt es eine Fülle von Unterrichtsmaterialen, die im Netz über die verschiedensten NGOs bereitgestellt werden. Einige dieser Materialien sind auch mögliche Hilfsmittel und Anregungen für die folgenden Unterrichtsbeispiele (vgl. Kapitel 1.4).

Soll ich bleiben oder gehen? – Warum müssen Menschen ihre Heimat verlassen?

In dieser Stunde untersuchen die Klassen die „Eckpunkte" des Lands, aus dem geflüchtet wird, und jenem Land, in das geflüchtet wird. Der Fokus liegt dabei auf den wirtschaftlichen Merkmalen (z.B. Industrialisierung, Monokulturen, Arbeitslosigkeit), den politischen Merkmalen (z.B. politische Stabilität, Staatsform) und den sozialen Merkmalen (z.B. Bildungsniveau, Lebenserwartung, Besitz- und Einkommensverteilung). Indem die entsprechenden Länder als Containerräume hinsichtlich ihrer Beschaffenheit untersucht werden, ist eine leichtere Vergleichbarkeit der Start- und Zielländer der Flüchtenden möglich. Im Sinne des kompetenzorientierten Unterrichts können die Kinder zunächst einzelne Funktionen von Faktoren erklären und Zusammenhänge in Systemen erläutern. In einem weiteren Schritt sollen sie dann in der Lage sein, räumliche Auswirkungen und die möglichen Handlungsoptionen zu reflektieren, zu begründen und zu bewerten, indem sie konstatieren, was Menschen zur Flucht veranlasst bzw. in Bezug auf die Zielländer, wie die Aufnahme der Geflüchteten erfolgt und inwiefern die Auswirkungen sich im Verhalten der Anwohner*innen und der Flüchtlinge widerspiegeln. Wir treffen hier auf die Charakterisierung des Raums als Sinneswahrnehmung.

Zeig mir den besten Weg! – Welches ist der sicherste, schnellste, günstigste Weg?

In dieser Stunde geht es um den Raum als System von Lagebeziehungen. Die Schülerinnen und Schüler lokalisieren die Lage zweier Länder; zum einen des Herkunftslands und zum anderen des Lands, welches die Flüchtenden zu erreichen suchen. Indem die Lernenden die Lage der betreffenden Staaten in Beziehung zu weiteren geographischen Bezugseinheiten (z.B. politische Grenzen, natürliche Barrieren wie Flüsse, Gebirge, Meere) setzen, verschaffen sie sich einen Eindruck von der Machbarkeit der Flucht und können den möglichen Erfolg oder Misserfolg bei der Wahl der Fluchtrouten abwägen. Schlussendlich können die Schülerinnen und Schüler anhand der gewonnenen Kenntnisse fachliche Aussagen in einer Diskussion begründend und zielorientiert formulieren, um zu erläutern, auf welcher Route eventuell eine sichere bzw. schnelle bzw. günstige Flucht möglich sein könnte.

Was brauchen wir wirklich? – Wieviel kann ich tragen?

Hier erfolgt ein Perspektivwechsel, in dem die Jugendlichen sich für einen Moment selbst in die Vorstellung begeben, flüchten zu müssen. Es stellen sich dabei die Fragen: „Was würde jede*r Einzelne von uns mitnehmen, wenn sie*er fliehen müsste?", „Welche Gegenstände, welche Gewohnheit und welche Rechte möchte ich persönlich auf keinen Fall zurücklassen?" Die Lernenden sollen durch diesen Perspektivwechsel Empathiefähigkeit entwickeln, ohne dabei überwältigt zu werden (vgl. Kapitel 4.8). Es geht hier einmal mehr um die Kompetenz, aus fachlichen Aussagen in einer Diskussion begründend und zielorientiert eine eigene Meinung zu formulieren und zu verdeutlichen, was man selbst in einen Fluchtkoffer packen würde und auf dem Weg für sich beanspruchen würde.

Wann und wo sind Orte sicher? – Verteilung der Flüchtlinge auf der Welt

Im Rahmen der Auseinandersetzung mit der Leitfrage sollen in dieser Stunde die Verteilung der Weltbevölkerung auf den einzelnen Kontinenten und die Verteilung des Bruttoinlandsprodukts (BIP) ebenda untersucht werden. Hierfür lässt sich z. B. unter dem folgenden Link geeignetes Material finden, welches die Verteilung der Weltbevölkerung methodisch mit Stühlen umsetzt, von denen im Klassenraum genügend zur Verfügung stehen.

Link für die Methode Refugee chair: http://baustein.dgb-bwt.de/PDF/C8-Refugee Chair-2018.pdf

Dem soll dann anschließend die weltweite Verteilung von Menschen, die in ein anderes Land fliehen, gegenübergestellt werden, damit die Schülerinnen und Schüler die Verteilung der Weltbevölkerung und das BIP auf den einzelnen Kontinenten mit der Anzahl der Menschen, die in ein anderes Land fliehen, in Beziehung setzen können. Der Lerngegenstand dieser Stunde bezieht sich auf die Migration aus wirtschaftlichen Gründen und müsste bei der Thematisierung kriegerischer Fluchtursachen natürlich abgeändert werden. Hierfür böte sich dann u. a. Material der Karl-Kübel-Stiftung an, welches unter dem folgenden Link zu finden ist: https://www.kkstiftung.de/fileadmin/downloads/Entwicklungspolitische_Bildungs arbeit/Lernstation10-Fluchtbewegungen.pdf (Zugriff am 24.7.2019)

Ankommen in der neuen Heimat – Empfangen wir die Flüchtlinge richtig?

In dieser ersten Stunde zum Thema werfen wir einen Blick auf den gegenwärtigen Stand der Flüchtlingspolitik in Deutschland. Schülerinnen und Schüler sollen Fragen wie „Wo entstehen Flüchtlingsheime in Deutschland?", „Wie wird das Einrichten eines Flüchtlingsheims bei den Anwohner*innen aufgenommen?", „Welche Meinungen werden in der Öffentlichkeit dazu laut geäußert?" in entsprechend operationalisierten Aufgabenstellungen nachgehen und die zu untersuchenden Räume im Sinne der Raumkonzepte nach Wardenga als soziale Raumkonstruktionen betrachten.
Die Lernenden sollen dabei Aussagen, Behauptungen oder Maßnahmen im Zusammenhang auf ihre Stichhaltigkeit bzw. Angemessenheit prüfen und dabei die angewendeten Kriterien benennen können, bevor sie dann abschließend persönlich Stellung dazu beziehen und die Leitfrage aus ihrer Sicht beantworten bzw. diskutieren.

Sind Flüchtlinge eine Erscheinung unserer Zeit? – Migration im Lauf der Geschichte

Menschen sind schon immer gewandert. Welche Gründe gab es in der Vergangenheit? Welche sozialen und politischen Konsequenzen sowohl für die wandernde Bevölkerungsgruppe als auch für die sie aufnehmende Gesellschaft folgten daraus? Das sind Fragen, die sich in der das Thema abschließenden Unterrichtsstunde bearbeiten lassen könnten. Wie zuvor erwähnt, könnte diese Stunde auch an anderer Stelle der Unterrichtsreihe stehen. Am Anfang würde sie beispielsweise nicht weniger sinnvoll sein.
Die Schülerinnen und Schüler sollen einzelne Migrationsströme zeitlich zuordnen und gegebenenfalls auf einer Karte lokalisieren. Außerdem sollen sie in der Lage sein, die Motive und Auswirkungen der Migration vergangener Bevölkerungsbewegungen mit denen unserer Zeit ins Verhältnis zu setzen.

Weiterführende Literatur:

Jahnke, Holger/Schlottmann, Antje/Dickel, Mirka (Hg.) (2017): Räume visualisieren. Münster.

Schmeinck, Daniela (2017): Wie Kinder die Welt sehen – Eine empirische Ländervergleichsstudie zur räumlichen Vorstellung von Grundschulkindern. Bad Heilbrunn.

Ursula Tilsner/Maik Wienecke

2.4 Ökonomisches Denken und Lernen

Im Dreiklang des Fachs Gesellschaftswissenschaften aus Geographie, Geschichte und Politik tritt die ökonomische Bildung nicht als eine eigene Dimension auf. Gleichwohl ist der Anspruch des Fachs, Schülerinnen und Schüler zu befähigen und sich mit epochalen Schlüsselproblemen auseinanderzusetzen, nicht ohne ökonomische Bildung einlösbar. Schon der Lebensweltbezug des Fachs Gesellschaftswissenschaften (vgl. Kapitel 4.2) macht es unverzichtbar, ökonomische Fragestellungen zu betrachten. Die Bedeutung ökonomischer Bildung für die Lebenswelt zeigt auch der folgende berühmt gewordene Kommentar einer Schülerin:

Abb. 9: Tweet einer Schülerin (Duchateau 2015)

Diese Alltagsbedeutung ökonomischen Denkens formuliert die Gesellschaft für ökonomische Bildung (DEGÖB) so:

> Ökonomische Bildung ist ein unverzichtbarer Bestandteil der Allgemeinbildung. Dies ist in erster Linie begründet durch die Bedürfnisbefriedigung eines jeden Individuums, die in arbeitsteiligen Gesellschaften selten konfliktfrei erfolgt. Jedes Individuum muss wirtschaften, es muss also Abwägungsentscheidungen über gegenwärtige und zukünftige Kosten, Nutzen und Risiken treffen. Dabei ist die individuelle Bedürfnisbefriedigung nicht unabhängig von der Art und Weise, wie die ökonomischen Koordinationsprozesse geordnet und gestaltet sind. Alle Individu-

> en sind in solche Wirtschaftsprozesse eingebunden. Sie agieren und reagieren in ihren wirtschaftlichen Rollen als Konsumenten und Produzenten, als Anbieter und Nachfrager, als Arbeitnehmer und Selbstständige, als Sparer und Investoren, als Steuerzahler und Transferempfänger sowie als Zivil-, Staats- und Wirtschaftsbürger. Sie beachten und nutzen dabei die vielfältigen Wechselbeziehungen zwischen Haushalten, Unternehmen, Staat und Ausland und reproduzieren sie zugleich. Sie sind eingebunden in die Prozesse der Güter- und Einkommensentstehung sowie der Güter- und Einkommensverwendung, die von ihnen Entscheidungen und Handlungen verlangen. Wirtschaften als bewusster Umgang mit knappen Mitteln ist eine Grundkonstante menschlichen Daseins. Wirtschaften stellt permanente Anforderungen an Orientierung, Urteilen und Handeln der Menschen und konfrontiert sie darüber hinaus mit neuen Herausforderungen. Die Kompetenzen, die sie zur Bewältigung dieser Anforderungen und Herausforderungen benötigen, entwickeln sich nicht von selbst. Vielmehr verlangen Komplexität, Differenzierung und Dynamik des modernen ökonomischen Systems den systematischen Erwerb von Kompetenzen, die es dem Individuum ermöglichen, sich im wirtschaftlichen Dasein zu orientieren, dieses zu verstehen, es zu beurteilen und mündig, sachgemäß und verantwortlich mitzugestalten. Somit trägt die ökonomische Bildung zur Selbstverwirklichung und zur Persönlichkeitsentwicklung bei. (2004, 3)

Lernende müssen die verschiedenen gesellschaftlichen Positionen und wissenschaftlichen Perspektiven kennenlernen und so ihre Urteilskraft schulen. Die Wirtschaftswissenschaften stellen nur eine von mehreren Bezugsdisziplinen ökonomischer Allgemeinbildung dar. In der Demokratie müssen wirtschaftliche Themen zugleich der sozialwissenschaftlichen Reflexion und der politischen Urteilsbildung unterliegen. Das kann besser gewährleistet werden, wenn die ökonomische Dimension auch den Prinzipien einer sozialwissenschaftlichen Demokratiebildung unterliegt, wie dies im Fach Gesellschaftswissenschaften der Fall ist.

Didaktische Grundsätze

Der zentrale Begriff ökonomischer Bildung ist die „Knappheit". Ausgangspunkt des Lernens im Bereich der Ökonomie ist die Frage: „Warum müssen Menschen wirtschaften?" Die Antwort liegt im Spannungsverhältnis zwischen potenziell unbegrenzten Bedürfnissen von Menschen und den begrenzten Ressourcen der Erde, aber auch in der begrenzten Möglichkeit der Bedürfnisbefriedigung mangels Tauschmitteln, die der*m Einzelnen zur Verfügung stehen. Ökonomische Bildung versucht nun Wege aufzuzeigen, wie das Spannungsverhältnis gering gehalten werden kann.

In jedem Falle geht es also um die effiziente Nutzung begrenzter Ressourcen. Oft umfassen wirtschaftliche Problemstellungen Abwägungsentscheidungen darüber, wofür Ressourcen eingesetzt werden können.

Mit der Analyse von grundlegenden Problemen der Gegenwart und von erkennbaren Herausforderungen der Zukunft fördert das ökonomische Denken ein differenziertes Verständnis der ökonomischen Inhalte, Bedingungen und Prozesse sowie der durch die „Wirtschaftsverfassung" gegebenen Voraussetzungen. Ökonomische Bildung zeigt zugrunde liegende wirtschaftshistorische Ideen und ihre Legitimationen in historischer Perspektive auf.

Durch die Aneignung systematischen und strukturierten Wissens werden die Schülerinnen und Schüler befähigt, die ökonomische Realität vor dem Hintergrund politischer, rechtlicher, gesellschaftlicher und, soweit erforderlich, technischer Gegebenheiten auf die zugrunde liegenden systemischen Zusammenhänge und Legitimationen zu analysieren. Dies ermöglicht ihnen, auf Sachkenntnis beruhende begründete, selbstständige und reflektierte Urteile zu bilden und Entscheidungen zu treffen sowie sich mögliche (auch persönliche) Handlungsräume zu eröffnen. Damit leistet das ökonomische Lernen einen wichtigen Beitrag zur Urteils-, Mitsprache- und Partizipationsfähigkeit. Diese Fähigkeiten sind Voraussetzungen dafür, die eigenen Interessen wahrnehmen und Verantwortung als Teilnehmer*in an Wirtschaftsprozessen übernehmen zu können (vgl. Kapitel 3.1).

> Im Sinne lebensbegleitenden Lernens ist ein Prozess der Kompetenzentwicklung einzuleiten, der über die Schulzeit und Berufsausbildung hinausreicht. Schülerinnen und Schüler bringen schon Einstellungen zum wirtschaftlichen Leben mit und beurteilen die wirtschaftliche, politische und gesellschaftliche Realität auf der Grundlage ihrer Einstellungen und ihres Vorwissens. Im Unterricht wird dieses Wissen vertieft und systematisiert sowie die methodische und ökonomische Urteils- und Handlungskompetenz weiter entwickelt. Die Schülerinnen und Schüler erlangen eine umfassende ökonomische Bildung, die sie insbesondere zu lebenslangem Lernen qualifiziert. (KMK 2006, 7)

Unverzichtbar für die Behandlung von ökonomischen Fragestellungen sind die Grundsätze des Beutelsbacher Konsenses (vgl. Kapitel 4.8):

- Überwältigungsverbot
- Kontroversitätsgebot
- Berücksichtigung der Interessenlagen der Schülerinnen und Schüler

Zentrale Begriffe

Knappheit

Im Gegensatz zur Umgangssprache gilt in der Ökonomie alles als knapp, was nicht frei verfügbar ist. Was als knapp angesehen wird, kann sich je nach Betrachtung und nach Rahmenbedingungen ändern. In der Betrachtung eines Kinds am Strand ist Sand keine knappe Ressource. Es kann sich (nahezu) unbegrenzt bedienen, um eine Sandburg zu bauen. In der Betrachtung der globalen Bauwirtschaft ist es hingegen eine knappe Ressource, um deren Erschließung weltweit gerungen wird.

Bedürfnisse

Bedürfnisse sind in der ökonomischen Theorie potenziell unendlich, es geht daher zumeist nicht darum, sie vollständig zu befriedigen, sondern eine Abwägung zu treffen, inwieweit sich die Bedürfnisse mit den vorhandenen Ressourcen bestmöglich befriedigen lassen. Die „Bedürfnispyramide" nach Maslow (Abb. 10) geht davon aus, dass es elementare und sekundäre Bedürfnisse gibt:

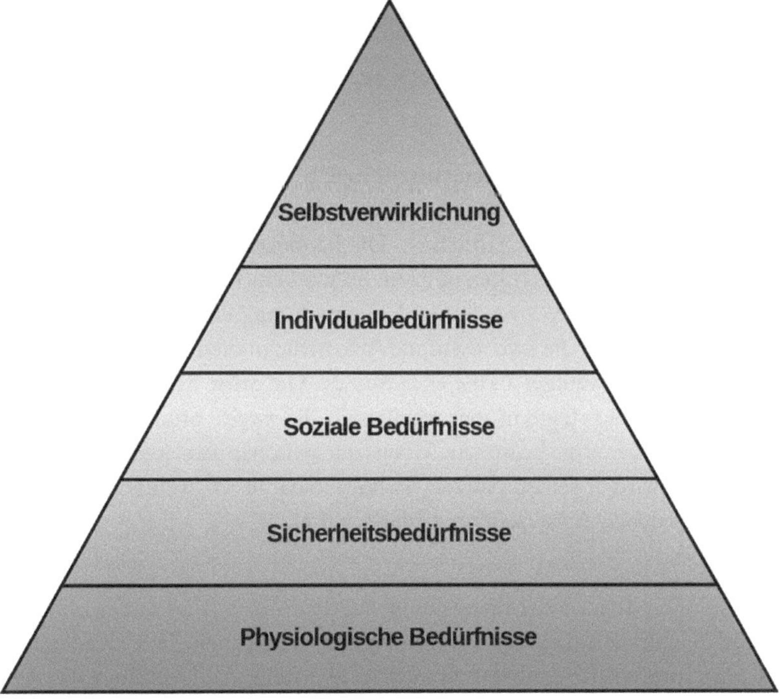

Abb. 10: Bedürfnispyramide nach Maslow

Wirtschaftlichkeit

Unterschieden werden zwei Prinzipien von Wirtschaftlichkeit:

1. Minimalprinzip – Ein gegebener Output wird mit minimalem Ressourceneinsatz erreicht.
2. Maximalprinzip – Mit einem gegebenen Ressourceneinsatz wird ein maximaler Output erreicht.

Falsch ist hingegen die verbreitete Formulierung, Wirtschaftlichkeit bedeute, mit „minimalem Input" „maximalen Output" zu erreichen, weil dies formallogisch unmöglich ist.

Homo oeconomicus

In der ökonomischen Perspektive wird der Mensch als Nutzenmaximierer gesehen, das heißt, man nimmt an, dass er Entscheidungen grundsätzlich so treffen wird, dass er für sich den maximalen Nutzen erzielt. Tatsächlich lässt sich mit einfachen psychologischen Experimenten (z.B. „Ultimatumspiel") zeigen, dass Menschen neben dem Ziel der Nutzenmaximierung auch andere Entscheidungskriterien haben und insbesondere Gerechtigkeitsvorstellungen ihre Entscheidungen beeinflussen. Dennoch sei die Annahme, dass der Mensch ein Homo oeconomicus ist, wichtig, um ökonomische Entscheidungssituationen zu modellieren.

Grenzkosten und Grenznutzen

Bei vielen wirtschaftlichen Problemen geht es darum, bis zu welcher Menge ein bestimmtes wirtschaftliches Verhalten, z.B. ein Angebot oder der Einsatz einer bestimmten Ressource, wirtschaftlich ist. Die häufigste Grundannahme ist dabei der sogenannte sinkende Grenznutzen. So wird ein Feld, auf dessen Bestellung eine Stunde Arbeit verwendet wird, bereits Ertrag erbringen. Bei sinkendem Grenznutzen wird die zweite Stunde Arbeit, die in die Feldarbeit geht, den Ertrag steigern, aber weniger als die erste Stunde. Die dritte Stunde Arbeit wird wiederum den Ertrag steigern, aber weniger als die zweite Stunde und so fort. Wenn nun der Bauer seine begrenzte Arbeitszeit zwischen zwei gleichen Feldern aufteilen muss, wird er seinen Nutzen (Ertrag) maximieren, wenn er beide Felder mit dem gleichen Arbeitseinsatz bewirtschaftet.

Preisbildung

Zentral ist in der Theorie der Preisbildung auf dem freien Markt, dass sich Angebot und Nachfrage bei einem bestimmten Preis angleichen, dem sogenannten Gleichgewichtspreis. Ist der Preis zu niedrig, übersteigt die Nachfrage das Angebot und der Preis beginnt zu steigen, weil das Gut nicht in dem Maße angeboten wird, wie es nachgefragt wird. Ist der Preis zu hoch, wird das Angebot nicht nachgefragt und der Preis beginnt zu sinken, bis Angebot und Nachfrage wieder gleich hoch sind.

Gerechtigkeitsprinzipien

Eine „gerechte Verteilung“ ist sowohl in der Wirklichkeit wie in der ökonomischen Theorie ein Leitziel. Um mit Schüler/innen darüber verhandeln zu können, ob eine Verteilung „gerecht“ ist, ist es aber notwendig, sich zunächst über den Maßstab zu verständigen, an dem Gerechtigkeit gemessen werden soll. Dabei geht es darum, den Schülerinnen und Schülern zu verdeutlichen, dass Gerechtigkeitskriterien sehr unterschiedlich sein können. Je nachdem, welcher Maßstab angelegt wird, kann die gleiche Situation als gerecht oder ungerecht beurteilt werden. Folgende Gerechtigkeitsprinzipien kommen in Betracht:

Leistungsgerechtigkeit/Leistungsprinzip: Jeder soll nach seiner Leistung entlohnt werden. Dieses Prinzip ist eine zentrale Grundlage unserer Gesellschaft. Es lohnt sich allerdings, mit den Lernenden in eine Diskussion einzusteigen, was Leistung überhaupt definiert (Arbeitszeit, Härte der Arbeit, Qualifikation, Output unabhängig von der Arbeitsleistung, ...), denn tatsächlich gibt es keine allgemein anerkannte Definition.

Verteilungsgerechtigkeit/Sozialprinzip: Das Sozialprinzip lässt sich mit dem Grundsatz „Jeder*m das Gleiche“ übersetzen. Es ist neben dem Leistungsprinzip am wirkmächtigsten in unserer Gesellschaft. Wird von den meisten Menschen anerkannt, dass unterschiedliche Leistung unterschiedlich entlohnt werden sollte, so gibt es trotzdem bei vielen eine ethische Grenze, wie stark sich soziale Unterschiede ausprägen dürfen. Diese Grenze lässt sich mit Schülerinnen und Schülern am besten anhand eines konkreten Beispiels diskutieren.

Bedarfsgerechtigkeit: Das Prinzip der Bedarfsgerechtigkeit hat als Zielperspektive die möglichst weitgehende Erfüllung aller Bedürfnisse. So wäre eine bedarfsgerechte Bereitstellung von Kita-Plätzen daran zu messen, ob das Bedürfnis nach Kinderbetreuung befriedigt wird. Bei der Frage der Finanzierung wäre im Hinblick auf Bedarfsgerechtigkeit zu diskutieren, welche Eltern einen Bedarf für ein kostenfreies Angebot haben und welche in der Lage sind, einen finanziellen Beitrag zu leisten. In beiden Fällen wird Bedarfsgerechtigkeit auf eine Ungleichbehandlung hinauslaufen, die sich aus unterschiedlichen Bedürfnissen (mehr oder weniger Kinderbetreuung) und Bedarfen (mehr oder weniger Ressourcen für die Bezahlung der Betreuung) ableitet.

Regelgerechtigkeit: Regelgerechtigkeit bedeutet, dass alle den gleichen Regeln unterworfen sind, um ein Gut zu erlangen. Das Windhundprinzip („Wer zuerst kommt …") oder das Losverfahren wären typische Beispiele.

Chancengerechtigkeit: Chancengerechtigkeit bedeutet, dass alle Beteiligten die gleichen Chancen haben, ein Gut zu erlangen. Dies kann im Einzelfall auch unterschiedliche Regeln bedeuten: Frauenquoten für Aufsichtsratsposten in Großunternehmen sind ein typisches Beispiel für den Versuch, Chancengerechtigkeit herzustellen, Regelgerechtigkeit aber aufzuheben.

Kein Gerechtigkeitsprinzip, aber hochwirksam: *Das Herkunftsprinzip.* Während allen oben aufgezählten Gerechtigkeitsprinzipien Legitimität zugesprochen werden kann, auch wenn die Präferenz individuell sehr unterschiedlich sein wird, gilt das Herkunftsprinzip in unserer Gesellschaft nicht als gerecht. Es bezeichnet die Vererbung des sozialen Status auf die nächste Generation, unabhängig von der eigenen Leistung. Die Sozialstatistik ist eindeutig: Wer in Deutschland in das oberste Einkommensfünftel geboren wird, braucht wenig Abstiegsängste zu haben, wer in das untere Einkommensfünftel geboren wird, darf sich wenig Hoffnungen auf Reichtum machen. Dieser Mangel an (vertikaler) sozialer Mobilität wird im Allgemeinen als Problem angesehen. Die Gerechtigkeitsvorstellungen aller wesentlichen Akteur*innen gehen davon aus, dass Menschen unabhängig von ihrer Herkunft die Möglichkeit haben müssen, hohe Einkommen zu erwerben. Darum dient der oft erbrachte Nachweis, dass die soziale Herkunft hochwirksam ist, immer wieder als ein Indikator, dass keine der oben genannten Gerechtigkeitsvorstellungen realisiert wurde.

Effizienz: Ein „effizienter" Ressourceneinsatz folgt dem Prinzip der Wirtschaftlichkeit, also der Relation von Ressourceneinsatz und Ergebnis. Aber auch Verteilung kann „effizient" im Sinne einer gelungenen Verteilung mit einem hohen Gesamtergebnis sein. So wird jeder Preis außer dem Gleichgewichtspreis zu einer geringeren Produktion führen, weil entweder nicht genug Nachfrage (Preis zu hoch) oder kein ausreichendes Angebot (Preis zu niedrig) realisiert werden kann. Im Gleichgewichtspreis ist die Gütermenge, die tatsächlich verkauft und gekauft wird, am größten. Der Gleichgewichtspreis stellt daher eine „effiziente" Verteilung dar.

Externe Kosten: Zu den häufigen Themen im Fach Gesellschaftswissenschaften zählen ökologische Probleme. „Externe Kosten" sind das Modell, mit dem die ökonomische Theorie diese in Geldwerten auszudrücken versucht. So verursacht das Fahren mit dem Auto CO_2-Ausstoß, der durch den Klimawandel dazu führt, dass in Bangladesch landwirtschaftliche Flächen und Wohnungen zerstört werden. Diese „externen Kosten“ muss die*der Autofahrer*in aber nicht zahlen. Bezogen auf die gesamte Welt entsteht auf diese Weise ein Effizienzproblem: Weil nicht alle Kosten berücksichtigt werden, werden Ressourcen ohne entsprechenden Nutzen verbraucht bzw. vernichtet. Eine wirtschaftlich optimale CO_2-Steuer müsste diese Kosten exakt bemessen und von den Verursacher*innen zu den Geschädigten umverteilen. Ein Problem bei „externen Kosten“ ist es aber, dass sie schwer exakt zu beziffern und Geschädigte oder Verursacher*innen oft nicht eindeutig zu klären sind. Welche Schädigungen in Bangladesch kann man eindeutig auf den Klimawandel zurückführen, welche Überflutungen sind „normal“?

Zwei Schulen: Die Kontroverse zwischen Keynesianer*innen und Neoklassiker*innen

Ökonomie ist keine exakte, sondern eine extrem politisierte Wissenschaft. Fast alle Themenbereiche der ökonomischen Theorie und Praxis werden von zwei verschiedenen Schulen und ihren Vertreter*innen unterschiedlich bewertet: den Keynesianer*innen, die auf den Theorien von John Maynard Keynes aufbauen, und den Neoklassiker*innen, seit Milton Friedman auch als Monetarist*innen oder Angebotstheoretiker*innen bezeichnet. Im Kern lässt sich diese Kontroverse auf folgende Konstellation zuspitzen:

- Die Keynesianer*innen befürworten staatliche Eingriffe in die Konjunktur. Sie fordern hohe Steuern in Zeiten wirtschaftlichen Aufschwungs. Mit diesen Einnahmen sollen die Folgen wirtschaftlichen Abschwungs durch staatliche Investitionsprogramme und Sozialmaßnahmen abgefedert werden („Antizyklische Konjunkturpolitik“). Die meisten gewerkschaftsnahen Ökonom*innen gehören der keynesianischen Richtung an. Das DIW (Deutsches Institut für Wirtschaftsforschung) kann dieser Richtung zugerechnet werden.
- Die Angebotstheoretiker*innen, Neoklassiker*innen oder Monetarist*innen sehen staatliche Eingriffe in die Wirtschaft kritisch, weil sie die optimale Ressourcenallokation verhindern, und befürworten eine zurückhaltende, rein ordnungspolitische Rolle des Staats. Die meisten den Unternehmerverbänden nahestehenden Ökonom*innen gehören dieser Richtung an. Das Ifo-Institut in München gehört zu den exponiertesten Vertretern dieser Richtung.

Für die Verwendung von Material von Wirtschaftsforschungsinstituten oder Unterrichtsmaterial von Vereinen und Verbänden ist es unbedingt notwendig, die

Ausrichtung des jeweiligen Instituts zu kennen. So ist zum Beispiel die „Initiative Neue Soziale Marktwirtschaft“ trotz ihres Namens eine Lobbyorganisation der Unternehmerverbände. Das Kontroversitätsgebot des Unterrichts (vgl. Kapitel 4.8) wird es bei der Verwendung solchen Materials im Regelfall gebieten, eine Gegenmeinung der anderen Richtung mit in die Diskussion einzuspeisen.

Der unsichtbare Dritte in dieser Konstellation ist die marxistische Theorie. Ihre Grundideen von Klassenkampf und politischer Ökonomie spielen vor allem in historischen Betrachtungen zur Arbeiterbewegung des 19. oder dem „real existierenden Sozialismus“ des 20. Jahrhunderts eine Rolle. In der aktuellen Diskussion werden marxistische Ideen meist nicht einbezogen.

Stellenwert im Fach Gesellschaftswissenschaften

Das Fach Gesellschaftswissenschaften legt einen umfassenden Wirtschaftsbegriff zugrunde. Es behandelt die Fragen- und Problembereiche unter Beachtung der spezifischen Zugangsweisen der verschiedenen Bezugswissenschaften und der wechselseitigen Zusammenhänge und Interdisziplinarität.

Das Fach Gesellschaftswissenschaften ist dabei in unterschiedlichen Bundesländern unterschiedlich zugeschnitten. In einigen Bundesländern wird dieser Kompetenzbereich systematisch aufgebaut, weil die ökonomische Bildung Bestandteil des Fachs ist, in anderen Bundesländern wird sich die Betrachtung ökonomischer Fragestellungen auf das beschränken, was für das jeweils betrachtete Problem notwendig ist. Die Verzahnung mit historischen Fragestellungen (z. B. kritische Auseinandersetzung mit dem nationalsozialistischen „Wirtschaftswunder“ oder der Geschichte der Einwanderung) oder geographischen und politischen Problemen (z. B. Globalisierung und ihre Folgen, Diskussion wirtschaftspolitischer Handlungsinstrumente gegen den Klimawandel wie CO_2-Steuer oder Verschmutzungszertifikate) ist dabei selbstverständlich.

Typische ökonomische Themenfelder im Fach Gesellschaftswissenschaften – eine Auswahl

Verbraucherbildung und globales Lernen

Zu den Klassikern der ökonomischen Bildung zählt es, mit den Jugendlichen einen für ihre Nutzung geeigneten Handytarif auszurechnen. In diesen Bereich wären die von der Schülerin Naina eingeforderten Themen einzuordnen. Das Fach Gesellschaftswissenschaften kann solche lebensweltbezogenen Themen der Verbraucherbildung durch die Einbeziehung von Produktionsbedingungen und globalen Produktionsnetzwerken zu einer Auseinandersetzung mit epochalen Schlüsselproblemen wie Nachhaltigkeit und Gerechtigkeit erweitern.

Arbeitslosigkeit, Konjunktur und Entwicklung

Zu verstehen, wie Krisen entstehen, warum Arbeitsplätze manchmal knapp sind und manchmal händeringend Arbeitskräfte gesucht werden, gehört zu den Schlüsselkompetenzen in der Auseinandersetzung mit Wirtschafts- und Sozialpolitik in Deutschland, in der Auseinandersetzung mit der Weimarer Republik oder für die Bewertung von Entwicklung und Entwicklungspolitik in anderen Ländern.

Lohngefüge, Arbeitsrecht und Tarifrecht

Das Fach Gesellschaftswissenschaften bereitet Schülerinnen und Schüler darauf vor, Probleme in der Lebenswelt zu lösen. Dazu zählt selbstverständlich, dass sie – beginnend mit dem Berufspraktikum – über ihre Rechte als Arbeitnehmer*innen informiert sind, dass sie ihre Berufswahl auf der Grundlage guter Informationen zu Löhnen und Aufstiegschancen treffen und dass sie wissen, wie die Interessenvertretung von Arbeitnehmerinnen und Arbeitnehmern funktioniert.

Fortschritt, große Unternehmer*innen und große Unternehmen

Auch in diesem Themenfeld ist der integrierte Ansatz des Fachs fruchtbar: Es verbindet die Auseinandersetzung mit Gegenwartsentwicklungen wie der Ausbreitung erneuerbarer Energien und den damit verbundenen ökonomischen Fragen mit historischen Rückblicken auf große Erfindungen und Unternehmer*innen, den Visionen von Unternehmer*innen der Gegenwart wie Elon Musks Hyperloop, die Veränderung der Welt durch globale Unternehmen und Fragen der sozialen Gerechtigkeit.

Zielperspektive Civic Education

Wie oben ersichtlich sind die Berufsorientierung und die Lebensweltorientierung einschließlich der Verbraucherbildung zentrale Prinzipien ökonomischen Lernens im Fach Gesellschaftswissenschaften. Aber sie bilden nicht die gesamte Zielperspektive ab. Letztendlich geht es auch im Bereich der ökonomischen Bildung um die Befähigung zur Teilhabe am gesellschaftlichen Diskurs.

Schülerinnen und Schüler sollen durch den Unterricht im Fach Gesellschaftswissenschaften befähigt werden, neben politischen, geographischen und historischen eben auch ökonomische Aspekte zu verstehen, also vernetzend denken zu lernen (vgl. Kapitel 1 und 3):

Beispiel: Reflektierte Bewertung des Begriffs „Wirtschaftsflüchtling"
Als „Wirtschaftsflüchtling" werden zumeist Personen bezeichnet, die zwar um politisches Asyl nachsuchen, aber in Wahrheit aus wirtschaftlichen Motiven, im Wesentlichen also wegen der Arbeitssuche nach Deutschland kommen. Um diesen Begriff wirklich zu verstehen, sind Kenntnisse aus allen Teilbereichen des Fachs Gesellschaftswissenschaften notwendig.

Politische Dimension
Die Schülerinnen und Schüler müssen verstehen, was ein „Flüchtling" ist und welche Rechte und welche Bedingungen mit diesem Status verbunden sind, also z. B. das „große Asyl" nach Art. 16 des Grundgesetzes, das „kleine Asyl" nach der Genfer Flüchtlingskonvention oder die Duldung.

Historische Dimension
Die Schülerinnen und Schüler müssen verstehen, dass Begriffe wie „Wirtschaftsflüchtlinge" aufkamen, als eine legale Einwanderung aus wirtschaftlichen Motiven nach Deutschland nicht mehr möglich war, also nach dem Anwerbestopp von 1973. Als keine „Gastarbeiter*innen" mehr kommen durften, verlegten sich Migrantinnen und Migranten darauf, Asyl zu beantragen, weil es in Deutschland keine andere legale Einwanderungsmöglichkeit mehr gab.

Ökonomische Dimension
Die Schülerinnen und Schüler sollten Phasen von Arbeitskräftemangel und Massenarbeitslosigkeit in den Zielländern wie Deutschland unterscheiden können und Ursachen und Wirkungen solcher Prozesse verstehen. Sie sollten die gegenwärtige Situation auf dem Arbeitsmarkt kennen.

Räumliche Dimension
Die Schülerinnen und Schüler müssen eine Vorstellung vom Ausmaß globaler Disparitäten, aber auch globaler Vernetzung haben, um die Motivlage von „Wirtschaftsflüchtlingen" zu verstehen. Dazu gehört auch die Kenntnis der ökonomischen und ökologischen Probleme in den oft landwirtschaftlich geprägten Räumen, aus denen viele als „Wirtschaftsflüchtlinge" bezeichnete Menschen kommen.

Ausgestattet mit einem solchen breit gefächerten Wissen können die Schülerinnen und Schüler eine reflektierte Bewertung vornehmen, ob sie die Bezeichnung als „Wirtschaftsflüchtling" für angemessen halten, ob sie lieber von „Arbeitsmigrantinnen und Arbeitsmigranten" sprechen wollen oder ob es auch wirtschaftliche Situationen gibt, die sie als legitime Fluchtgründe ansehen.

Weiterführende Literatur:

Liening, Andreas (2019): Ökonomische Bildung. Grundlagen und neue synergetische Ansätze. Wiesbaden.

Nikolaus Bois/Johann Knigge-Blietschau

3. Kompetenzorientierung

3.1 Kompetenzorientierung

Die Bildungspläne aller Fächer stellen den kompetenzorientierten Unterricht in den Mittelpunkt. Kompetenzorientierung war eine Konsequenz aus dem schlechten Abschneiden der deutschen Schülerinnen und Schüler bei PISA, der Internationalen Schulleistungsstudie der OECD, zu Beginn dieses Jahrtausends. Auch die Kultusministerkonferenz (KMK) hat die Einführung kompetenzorientierter Bildungsstandards auf den Weg gebracht, insbesondere in Hauptfächern wie Deutsch und Mathematik, aber auch in Fremdsprachen und einzelnen Nebenfächern. Daneben gibt es Bildungsstandards, die nicht formal verbindlich, aber hochwirksam sind. So sind die von der Deutschen Gesellschaft für Geographie (DGfG) herausgegebenen Bildungsstandards für das Fach Geographie nicht von der KMK beschlossen, erfahren aber eine starke Berücksichtigung bei der Unterrichts- bzw. Seminarplanung durch Lehrkräfte an den Schulen und Hochschulen, wie die gegenwärtig 9. Auflage dieser Standards (DGfG 2017) belegt. Diese Bildungsstandards sind fachspezifisch formuliert, konkretisieren die zu erwartende Kompetenzausprägung und formulieren so die Anforderungen für den Lernprozess. Die individuelle Ausprägung der Kompetenzen wird nach Klieme durch Facetten wie Fähigkeit, Wissen, Verstehen, Können, Handeln, Erfahrung und Motivation bestimmt (DGfG 2017). Somit sind sie einerseits Planungsgrundlage, aber auch Messinstrument für erreichte Lernleistungen.

Für das Fach Gesellschaftswissenschaften konkurrieren in den jeweiligen Bundesländern unterschiedliche Kompetenzmodelle miteinander, die jedoch viele Gemeinsamkeiten aufweisen. Zu den Schnittmengen zählt der positive Bezug auf die kritisch-konstruktive Didaktik von Wolfgang Klafki und ihre Ausrichtung an epochalen Schlüsselproblemen. Außerdem gehen die Kompetenzmodelle auf die Überlegungen von Klieme zurück, der die drei wesentlichen Begriffe Kompetenz, Kompetenzmodell und Bildungsstandards definiert hat und dessen Ausführungen hier weiterhin als Grundlage für weitere Betrachtungen herangezogen werden sollen.

„Kompetenzen […] werden hier verstanden als Leistungsdispositionen in bestimmten Fächern oder Domänen“ (Klieme 2017, 22). Sie werden im Lernprozess erworben und sind somit graduierbar, was für die planvolle Steuerung von individuellen Lernprozessen notwendig ist. Eine Kompetenz wird nach Weinert (2001, 27) definiert, als die

> „bei Individuen verfügbaren oder durch sie erlernbaren kognitiven Fähigkeiten und Fertigkeiten, um bestimmte Probleme zu lösen, sowie die damit verbundenen motivationalen, volitionalen und sozialen Bereitschaften und Fähigkeiten, um die Problemlösungen in variablen Situationen erfolgreich und verantwortungsvoll nutzen zu können".

Kompetenzmodelle sind demnach „theoretische Beschreibungen der Struktur dieser spezifischen Fähigkeiten und der Stufen ihres Erwerbs" (Klieme/Rakoczy 2008, 222). Sie weisen die fachspezifischen Teilkompetenzbereiche aus und machen deren Zusammenwirken deutlich. Nicht zuletzt stellen sie ein sehr sinnvolles Hilfsinstrument für die Planung von Unterricht dar.

> Tipp
>
> Sichten Sie den Bildungsplan Ihres Bundeslands, um festzustellen, nach welchem Kompetenzmodell Sie planen und unterrichten sollen. Des Weiteren ist für die Unterrichtsplanung wichtig, ob der Bildungsplan konkrete Anforderungen definiert, die Sie in Ihrem Unterricht erreichen und messen sollen.

Im Folgenden soll das Kompetenzstrukturmodell vorgestellt werden, welches das Netzwerk Gesellschaftswissenschaften 2018 für das Fach Gesellschaftswissenschaften entwickelt hat (Abb. 11).

Das Kompetenzmodell beschreibt die übergeordnete Zieldimension des Fachs Gesellschaftswissenschaften:

Die Schülerinnen und Schüler sollen sich in ihrem Leben in Raum, Zeit und Gesellschaft orientieren und gesellschaftlich verantwortlich handeln können. Um dies zu erreichen, setzen sie sich mit den epochaltypischen Schlüsselproblemen (vgl. Kapitel 1.2) auseinander.

Um Orientierung zu erlangen und verantwortlich gesellschaftlich handeln zu können, lernen die Schülerinnen und Schüler in drei Teilkompetenzbereichen: Methoden anwenden, analysieren und urteilen. Die zentrale Kompetenz, die Schülerinnen und Schüler im Fach Gesellschaftswissenschaften erwerben, besteht darin, in den Dimensionen Raum, Zeit und Gesellschaft vernetzend denken zu können.

Im Folgenden werden die drei Teilkompetenzbereiche näher beschrieben und mithilfe beispielgebender Standards verdeutlicht.

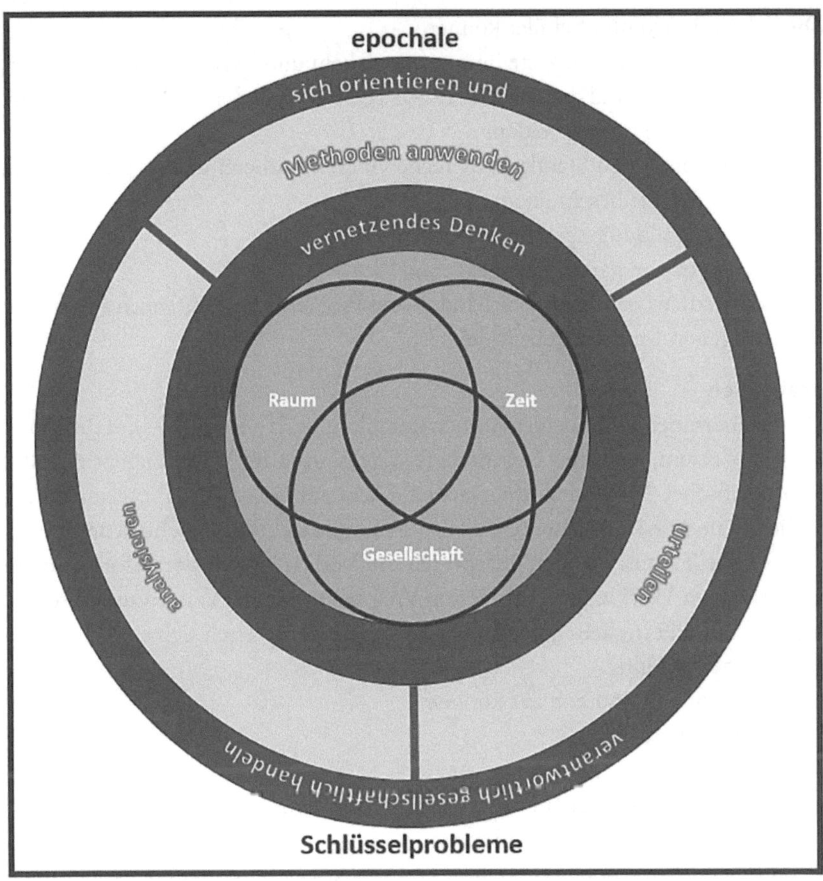

Abb. 11: Kompetenzstrukturmodell Fach Gesellschaftswissenschaften (Netzwerk Fach Gesellschaftswissenschaften 2018)

Methoden anwenden

Die Schülerinnen und Schüler können fachspezifische Arbeitsweisen fragengeleitet, selbstständig und kritisch reflektiert nutzen. Dazu gehört es z.B., eigenständig Fragen zu stellen, Hypothesen zu bilden, Informationen zu recherchieren, zu sammeln und zu ordnen sowie kontinuierliche (z.B. Zeitungsartikel) und diskontinuierliche (z.B. Infografiken) Texte zu erschließen. Sie können ihre Arbeitsergebnisse in adäquate Darstellungsformen in Fach- und Bildungssprache übertragen und präsentieren. Die Methodenkompetenz unterstützt die Schülerinnen und Schüler darin, ihre Analyse- und Urteilskompetenz auf- bzw. auszubauen.

Die Schülerinnen und Schüler können
... erkenntnisleitende Fragestellungen entwickeln und Vermutungen aufstellen,
... kontinuierliche und diskontinuierliche Texte erschließen und selbst erstellen,
... Textgattungen unterscheiden,
... Informationen und Standpunkte recherchieren, aufbereiten und präsentieren,
... Arbeitsprozesse beschreiben,
... Fach- und Bildungssprache anwenden,
... Arbeitsprozesse partizipativ gestalten,
... gesellschaftswissenschaftliche Modelle auf Probleme und Aufgaben anwenden,
... den eigenen Lernweg reflektieren.

Analysieren

Die Schülerinnen und Schüler können komplexe Sach-, Konflikt- und Problemlagen aus Raum, Zeit und Gesellschaft systematisch und zielgerichtet mithilfe fachspezifischer Methoden untersuchen. Dazu gehört es u.a., Probleme zu erschließen und sie zu beschreiben. Dabei setzen sie sich mit verschiedenen Informationsquellen auseinander, überprüfen die Verlässlichkeit der Informationen und erkennen Wertungen. Auf diesem Weg bauen sie ihr Wissen und ihre Fähigkeiten und Fertigkeiten kontinuierlich auf und erarbeiten sich eine Grundlage zur Urteilsbildung.
Die Schülerinnen und Schüler können
... Probleme erschließen,
... Problemlagen beschreiben,
... die Verlässlichkeit der Informationen überprüfen,
... Wertungen erkennen/identifizieren,
... räumliche, historische und politische Problemlagen und die ihnen zugrunde liegenden Sachverhalte systematisch und zielgerichtet analysieren,
... vorliegende Perspektiven und Argumente kriteriengeleitet erfassen und einordnen.

Urteilen

Die Schülerinnen und Schüler können eigenständig kritische, reflektierte und rationale Urteile entwickeln und begründen. Dazu gehört es, die Urteile anderer zu hinterfragen, sich mit historischen und gegenwärtigen Werten und Normen auseinanderzusetzen und zukunftsorientierte Lösungsansätze zu erörtern. Die Entwicklung der Urteilskompetenz trägt zur Identitätsbildung bei und fördert Toleranz gegenüber einer legitimen Meinungsvielfalt in einer lebendigen Demokratie; sie bildet die Grundlage für verantwortliches gesellschaftliches Handeln.

Die Schülerinnen und Schüler können
... durch Perspektivwechsel die Argumente anderer nachvollziehen,
... eigene und Urteile anderer überprüfen,
... sich mit der Wertgebundenheit von Urteilen auseinandersetzen,
... zukunftsorientierte Lösungsansätze erörtern,
... eigene Thesen für Problemlösungen formulieren und begründen.

Zieldimension des Fachs Gesellschaftswissenschaften

Sich orientieren und verantwortlich gesellschaftlich handeln

Die Schülerinnen und Schüler können erworbenes Wissen sowie Fähigkeiten und Fertigkeiten so nutzen, dass es ihnen eine Orientierung und Sinnstiftung in Raum, Zeit und Gesellschaft ermöglicht. Dazu gehört auch, gewonnene Erkenntnisse und Einsichten auf die eigene Person und Lebenswelt, bzw. die eigene Weltsicht zu beziehen.
Die Schülerinnen und Schüler können
... die eigenen Interessen artikulieren,
... die Interessen anderer wahrnehmen und mit ihnen diskutieren,
... Konflikte austragen und Kompromisse schließen.

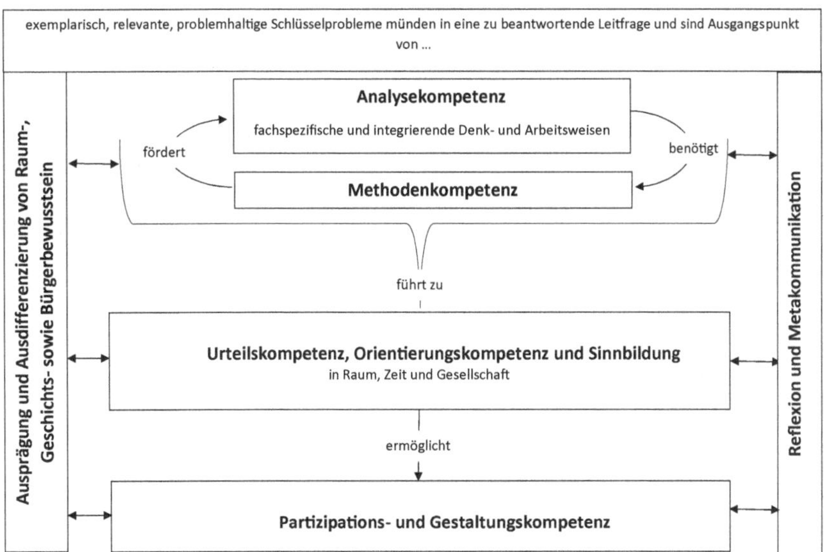

Abb. 12: Dreistufiges Kompetenzprozessmodell (Witt 2017b)

Die Schülerinnen und Schüler handeln auf der Grundlage reflektierter Urteile. Sie partizipieren, indem sie ihre eigene Identität entfalten und ihre Verantwortung für eine erfolgreiche Gestaltung des Zusammenlebens in gesellschaftlicher Vielfalt wahrnehmen. Dabei helfen ihnen neben dem demokratischen Verständnis die räumliche und historische Orientierung, um sich mit den epochaltypischen Schlüsselproblemen inhaltlich und kommunikativ vernetzend auseinanderzusetzen (vgl. Kapitel 1.2).

Das Kompetenzstrukturmodell hilft Ihnen, Ihren Unterricht zu legitimieren und in einen übergeordneten Kontext einzubetten, damit kumulative Lernprozesse möglich werden. Um kompetenzorientierte gesellschaftswissenschaftliche Unterrichtsequenzen zu planen, ist das „Dreistufige Kompetenzprozessmodell" (Witt 2017b) hilfreich, weil es den Lernprozess der Schülerinnen und Schüler ins Zentrum stellt.

Ausgehend von einem Schlüsselproblem definieren Sie im Planungsprozess eine Leitfrage (vgl. Kapitel 4.1), die als Ausgangspunkt des Lernprozesses dient. Um diese beantworten und ein Urteil fällen zu können, müssen die Schülerinnen und Schüler Lerngegenstände analysieren und dazu Methoden anwenden. Beide Teilkompetenzbereiche hängen zusammen und beeinflussen sich maßgeblich. Zu dieser Zeit des Lernprozesses nutzen die Schülerinnen und Schüler fachspezifische Denk- und Arbeitsweisen, um fachspezifische Lernmaterialien (vgl. Kapitel 5) zu verarbeiten. Diese stammen aus unterschiedlichen Dimensionen (geographisch, historisch, politisch ...) und zwingen die Lernenden vernetzend zu denken, um die Leitfrage im Anschluss differenziert beantworten zu können. Da Schülerinnen und Schüler zu kontroversen Urteilen kommen, werden diese diskursiv verhandelt. Dieser Lernschritt trägt maßgeblich dazu bei, dass Orientierungs- und Sinnbildungsprozesse bei den Schülerinnen und Schülern stattfinden und sich somit ihr Raum-, Geschichts- und Bürgerbewusstsein ausdifferenziert. Entscheidend im Fach Gesellschaftswissenschaften ist der Bereich der Partizipation und Gestaltung. Denn es geht darum, erworbenes Wissen und angeeignete Fähigkeiten und Fertigkeiten in Handlungen umzusetzen. So können Lerngruppen Ausstellungen organisieren, eine schulöffentliche Podiumsdiskussion durchführen oder sich im Schulumfeld gesellschaftlich oder politisch engagieren. Sie sollen sich durch das probende Handeln auf ihr späteres Leben erfahrungsbasiert vorbereiten. Alle Lernschritte werden bewusst reflektiert und auf einer Metaebene analysiert, sodass kumulatives Lernen unterstützt wird.

Weiterführende Literatur:

Ziener, Gerhard (2008): Bildungsstandards in der Praxis. Kompetenzorientiert unterrichten. Seelze-Velber.

Maik Wienecke/Dirk Witt

3.2 Indikatoren für gelungenen Unterricht

Die Indikatoren als Checkliste (Tab. 3) können Ihnen dabei helfen, gesehenen oder erteilten Unterricht zu analysieren und zu reflektieren. Gleichzeitig ist die Liste ein Instrument für Ihren Planungsprozess (vgl. Kapitel 11) und damit nicht zuletzt zur Ausgestaltung Ihrer Ausbildung.

Die Checkliste nimmt die grundlegenden Gestaltungsprinzipien von Unterricht im Fach Gesellschaftswissenschaften auf. Diese sind in der ersten Spalte aufgeführt. Zu beachten ist dabei, dass es nicht darum gehen kann, alle Indikatoren gleichberechtigt und schon gar nicht gleichzeitig in jeder Stunde erfüllen zu wollen. Dies wäre ein unmögliches Vorhaben. In jeder Stunde werden unterschiedliche Indikatoren mit verschiedenen Ausprägungsgraden wirksam, gelegentlich wird man einzelne Indikatoren überhaupt nicht wahrnehmen können. Jeder Indikator besitzt drei Ebenen, auf denen er wirksam wird und dadurch erkennbar ist. Dabei handelt es sich um die Ebenen der Lernenden, der Lehrkraft sowie des Lerngegenstands.

Indikator	Schülerebene	Lehrkraftebene	Lerngegenstandsebene
x	wird sichtbar durch …	wird sichtbar durch …	wird sichtbar durch …

Um einer Überforderung der am Lehr-Lernprozess Beteiligten und einer Überfrachtung des Unterrichts mit zu vielen Indikatoren vorzubeugen, ist es sinnvoll, unterschiedliche Schwerpunkte zu setzen und diese nach erfolgter Erprobung jeweils auszuwerten und zu reflektieren. Dabei sollten nie mehr als fünf Indikatoren im Mittelpunkt stehen.

Ein erster Abgleich mit den Indikatoren bietet sich zu Beginn des Referendariats an. Zunächst einmal gilt es zu überprüfen, ob Ihnen alle Indikatoren gleichermaßen bekannt und verständlich sind. Sicherlich werden Sie sich mit einigen Gestaltungsprinzipien im Laufe Ihres Studiums näher auseinandergesetzt haben als mit anderen.

Tragen Sie für eine Bestandsaufnahme alle Indikatoren in eine Tabelle ein. Notieren Sie sich die Gestaltungsprinzipien, die für Sie unbekannt sind, und erschließen Sie sich diese inhaltlich im Selbststudium oder im Rahmen Ihrer Ausbildungsseminare.

Indikatoren für gelungenen Gesellschaftswissenschaftsunterricht	… setze ich in meinem bereits Unterricht um.	… setze ich in ersten Ansätzen um.	… setze ich (noch) nicht um.	… ist mir unbekannt.
Item				

Setzen Sie mithilfe Ihrer Reflexion begründet Ausbildungsziele für die kommenden Wochen:

Daraus ergeben sich für mich ____________________

folgende Arbeitsschwerpunkte, ____________________

weil … ____________________

Konkretisieren Sie Ihre Ziele mithilfe des SMART-Modells:

Spezifisch: Wie wirkt sich die Umsetzung des Indikators konkret auf meine Unterrichtsplanung und auf die Durchführung aus?

Messbar: Woran wird die Verwirklichung des Gestaltungsprinzips sichtbar?

Attraktivität: Inwiefern wirkt sich die Umsetzung dieses Indikators positiv auf die Unterrichtsqualität aus?

Realisierbar: Sind meine Ideen zur Umsetzung realisierbar? Stehen Aufwand und Nutzen bei der konkreten Umsetzung in einem angemessenen Verhältnis zueinander?

Terminiert: Für welchen Zeitraum möchte ich den Arbeitsschwerpunkt prioritär bearbeiten? Wie überprüfe/evaluiere ich das Ergebnis?

Die Indikatoren für einen gelungenen Unterricht dienen auch als Matrix zur Analyse von gesehenem Unterricht im Rahmen von Hospitationen. Man kann vor der Hospitation einen oder zwei Indikatoren bestimmen, um im Anschluss darüber ins Gespräch zu kommen. Finden kollegiale Hospitationen statt, können arbeitsteilig unterschiedliche Indikatoren als Beobachtungsaufträge vergeben werden. Sprechen Sie mit den Unterrichtenden zuvor ab, welche Indikatoren in der Planung eine besondere Rolle gespielt haben, um einen sinnvollen Fokus bei der Beobachtung setzen zu können.

Viele der Gestaltungsprinzipien bedingen sich gegenseitig. Ziehen Sie an einer Stellschraube, justieren Sie am ganzen System.

Tipp:

Nutzen Sie diese Checkliste zur Diskussion im Ausbildungsseminar oder mit Ihren Kolleginnen und Kollegen und loten Sie gemeinsam aus, wie Sie die Indikatoren zukünftig stärker berücksichtigen können und auf welche Weise Sie sich in der Umsetzung gegenseitig unterstützen können.

Eine Alternative zum „Abhaken" der Checkliste ist ihre Berücksichtigung in Unterrichtstagebüchern, Logbüchern oder Portfolios, um die eigene Ausbildung professionell zu gestalten und eine hohe Qualität des Unterrichts zu gewährleisten.

Hinweis: Die Reihenfolge der Indikatoren weist keine Gewichtung auf!

Indikatoren	die Schülerinnen und Schüler ...	die Lehrkraft ...	der Lerngegenstand ...	✓
Kompetenzen	... lernen kompetenzorientiert in Teilkompetenzbereichen.	... fördert und fordert alle Schülerinnen und Schüler in den Teilkompetenzbereichen. ... nutzt das dreistufige Kompetenzprozessmodell.	... fordert zum kompetenzorientierten Lernen in mehr als einem Teilkompetenzbereich heraus.	ja in ersten Ansätzen nein
Exemplarisches Lernen und Modellbildung	... lernen exemplarisch, kategorisieren und transferieren Erkenntnisse und Einsichten auf eine verallgemeinerte Ebene.	... wählt begründet einen relevanten, exemplarischen Lerngegenstand aus und bietet Modelle für den Transfer an.	... steht exemplarisch für ein Schlüsselproblem und kann modellhaft beschrieben werden.	ja in ersten Ansätzen nein
Integratives Unterrichtsvorhaben	... vernetzen verschiedene Dimensionen miteinander.	... plant und führt integrierte Unterrichtsvorhaben durch.	... ermöglicht unterschiedliche fachliche Zugänge.	ja in ersten Ansätzen nein
Leitfragenorientierung	... bearbeiten eine für sie erkennbar bedeutungsvolle Leitfrage. ... bringen ihr Vorwissen und ihre Wertvorstellungen ein und stellen Fragen an den Lerngegenstand.	... formuliert (gemeinsam mit den Lernenden) und legitimiert eine bedeutungsvolle gesellschaftswissenschaftliche Leitfrage, nutzt Methoden und Instrumente, um das Vorwissen sowie die Wertvorstellungen zu erfassen und Schülerfragen zu generieren.	... ist komplex, problemhaltig, kontrovers und für die Lebenswelt der Schülerinnen und Schüler bedeutsam.	ja in ersten Ansätzen nein

Indikatoren	die Schülerinnen und Schüler ...	die Lehrkraft ...	der Lerngegenstand ...	✓
Aktivierung und Teilhabe	... beteiligen sich aktiv an der Planung, Gestaltung, Durchführung und Reflexion des eigenen und des gemeinsamen Lernens.	... initiiert Verantwortungsübernahme in allen Phasen des Lernens, schafft Transparenz hinsichtlich der Ziele, der Methoden, der Anforderungen und der Bewertung.	... ermöglicht vielfältige Lernwege auf unterschiedlichen Aneignungsebenen.	ja in ersten Ansätzen nein
Arbeits- und Denkweisen	... nutzen fachspezifische Arbeits- und Denkweisen.	... stellt fachspezifische Arbeits- und Denkweisen in den Lernmittelpunkt.	... ist mithilfe fachspezifischer Arbeits- und Denkweisen erschließbar.	ja in ersten Ansätzen nein
Medien und Darstellungsweisen	... nutzen fachspezifische Lernmedien methodisch korrekt. ... wandeln Informationen in unterschiedliche Darstellungsweisen um.	... stellt verschiedene fachspezifische Lernmedien zur Verfügung.	... wird mithilfe pluraler Lernmedien und verschiedener Darstellungsweisen erschlossen.	ja in ersten Ansätzen nein
Digitales Lernen	... setzen sich kritisch-reflexiv mit den Wirkungsmechanismen digitaler Medien auseinander. Sie nutzen digitale Medien im Unterricht funktional.	... gestaltet Lernprozesse mediengestützt. Sie leitet Metakognition hinsichtlich gewonnener Erfahrungen an.	... wird mittels digitaler Medien erfahrbar, erlebbar und nutzbar gemacht. Er fördert Informations-, Präsentations- und Gestaltungskompetenzen.	ja in ersten Ansätzen nein
Heterogenität	... lernen kooperativ und solidarisch.	... nutzt Heterogenität.	... ermöglicht vielfältige Lernwege auf unterschiedlichen Aneignungsebenen.	ja in ersten Ansätzen nein
Realbegegnungen	... sammeln authentische Erfahrungen in Realbegegnungen.	... nutzt außerschulische Lernorte und außerschulische Expertise.	... lässt sich in Realbegegnungen kontextualisieren und vertiefen.	ja in ersten Ansätzen nein
Sprachbildung	... bedienen sich aktiv und bewusst eines anwachsenden Fachwortschatzes und bildungssprachlicher Strukturen.	... unterrichtet sprachbildend und fördert die Bildungssprache.	... bietet vielfältige Sprachlernanlässe.	ja in ersten Ansätzen nein

Indikatoren	die Schülerinnen und Schüler ...	die Lehrkraft ...	der Lerngegenstand ...	✓
Kontroversität und Urteilsbildung	... formulieren eigene Urteile und handeln diese aus.	... initiiert Sach- und Werturteilsdiskussionen, an denen sich alle Schülerinnen und Schüler beteiligen können.	... ist kontrovers bewertbar.	ja in ersten Ansätzen nein
Identitätsbildung	... setzen sich identitätsbildend mit der eigenen Person, der Lerngruppe und der Gesellschaft auseinander.	... konzipiert Lernsequenzen unter Berücksichtigung interkultureller, sozialer und geschlechtsspezifischer Aspekte.	... berücksichtigt interkulturelle, sozioökonomische und Gender-Mainstreaming-Aspekte.	ja in ersten Ansätzen nein
kritisch-reflexives Denken	... entwickeln ein kritisch-reflexives Raum-, Geschichts- und Bürgerbewusstsein.	... diagnostiziert die Lern- und Bewusstseinsstände als Lernvoraussetzung und als Lernergebnis.	... fordert zu kritisch-reflexivem Denken heraus.	ja in ersten Ansätzen nein
Handlungsorientierung und Partizipation	... partizipieren simulativ oder real oder produktorientiert in schulischen sowie außerschulischen Kontexten.	... initiiert und begleitet Partizipation oder probendes Handeln.	... ermöglicht authentische Partizipation oder probendes Handeln.	ja in ersten Ansätzen nein
Beutelsbacher Konsens	... haben die Möglichkeit, ein selbstständiges Urteil unter Berücksichtigung ihrer eigenen Interessenlage zu gewinnen.	... befähigt im Sinne des Beutelsbacher Konsenses zur Mündigkeit.	... bildet gesellschaftspolitische Kontroversen ab.	ja in ersten Ansätzen nein

Tab. 3: Indikatoren für gelungenen Unterricht im Fach Gesellschaftswissenschaften (Witt/Kohse/Priebe 2017)

Pamela Kohse/Dirk Witt

3.3 Kompetenzen einer Lehrkraft

Hattie (2013, 182) macht in seiner Studie deutlich, dass Unterricht in Fächern mit „integrierten Curricula“, wie im Fach Gesellschaftswissenschaften, bei erfahrenen Lehrkräften eine höhere Wirksamkeit erreicht. Diese Tatsache soll Sie aber nicht verunsichern, sondern deutlich machen, dass die eigene Professionalisierung planvoll erfolgen muss. Im Kapitel 3.2 „Indikatoren für gelungenen Gesellschaftsunterricht“ wurde Ihnen ein Weg hierzu aufgezeigt. In diesem Kapitel geht es um Ihre eigenen Kompetenzen.

Die Kultusministerkonferenz beschloss 2004 Standards für die Lehrerausbildung, um die Qualität der Ausbildung zu sichern und vergleichbar zu machen. Diese Standards wurden in vier Teilkompetenzbereichen (Unterrichten, Erziehen, Beurteilen und Innovieren) verortet. Die Teilkompetenz „Unterrichten“ steht hier im Mittelpunkt.

Was genau muss eine Lehrkraft können, wenn sie im Fach Gesellschaftswissenschaften unterrichtet? Dazu hat das Netzwerk Gesellschaftswissenschaften 2017 gearbeitet und die Standards formuliert (Witt/Knigge-Blietschau/Wenzel 2019, 157).

Sie …

✓ plant Unterricht fach- und sachgerecht entlang einer Leitfrage, die mehrere Fachperspektiven integriert, führt ihn entsprechend durch und reflektiert ihn kriteriengeleitet.

✓ unterstützt durch die lebenswelt- und entwicklungsbezogene Gestaltung von Unterricht das Lernen von Schülerinnen und Schülern, motiviert die Lernenden und befähigt sie, problemorientiert komplexe Kontexte zu erfassen, um Zusammenhänge von Gesellschaft und Welt zu verstehen.

✓ fördert die fachlichen und überfachlichen Kompetenzen sowie die Methodenkompetenz von Schülerinnen und Schülern zum selbstbestimmten und pluralen Lernen, kritischen Denken und zur Partizipation.

Konkretisiert werden diese drei Kompetenzen durch Standards, die sich konkret auf das Fach Gesellschaftswissenschaften beziehen.

Für Ihre eigene Ausbildung ist es nun notwendig, bewusst und begründet zu entscheiden, an welchen Standards Sie konkret arbeiten wollen. Auch hier gilt, wie bereits im vorangegangenen Kapitel beschrieben, eine konkrete Auswahl vorzunehmen und diese bewusst in den Lernmittelpunkt zu stellen. Zu allen Standards finden Sie in diesem Buch dezidierte Ausführungen, sodass Sie sich inhaltlich über die Standards klar werden.

Tipp

Nutzen Sie die Standards zur Diskussion im Ausbildungsseminar oder mit Ihren Kolleginnen und Kollegen und loten Sie gemeinsam aus, wie Sie die Standards zukünftig stärker berücksichtigen können und auf welche Weise Sie sich in der Umsetzung gegenseitig unterstützen können.

Planung und Reflexion von Lernprozessen

Kompetenz 1:
Lehrerinnen und Lehrer planen Unterricht fach- und sachgerecht entlang einer Leitfrage, die mehrere Fachperspektiven integriert, führen ihn entsprechend durch und reflektieren ihn kriteriengeleitet.

Lehrerinnen und Lehrer können:

- eine problemorientierte und relevante Leitfrage entwickeln und darauf aufbauende integrative Unterrichtseinheiten konzipieren, durchführen und reflektieren;
- epochale Schlüsselprobleme identifizieren und zum Lerngegenstand erheben;
- die beteiligten Fachperspektiven sinnvoll zusammenführen;
- geeignete Inhalte für das exemplarische Lernen bestimmen und begründet auswählen;
- Unterricht auf der Basis des Kompetenzmodells planen und gestalten;
- die Fachdidaktiken der Bezugsfächer anwenden;
- die fachspezifischen Unterrichtsprinzipien, wie Gegenwarts- sowie Zukunftsbezug, Raumkonzept, Multiperspektivität, Kontroversität, Pluralität, für den Lernprozess nutzen und herstellen;
- fachspezifische Methoden begründet auswählen;
- die Fähigkeit zum Perspektivwechsel initiieren;
- fachspezifische Diagnostik durchführen und Schlussfolgerungen für den weiteren Lernprozess ziehen;
- Lernprozesse und -ergebnisse kompetenzorientiert bewerten und beurteilen;
- sprachsensiblen Fachunterricht unter Berücksichtigung von Fach- und Bildungssprache gestalten;
- auf der Grundlage des Beutelsbacher Konsenses handeln;
- inklusiven Fachunterricht initiieren, durchführen und reflektieren;
- Heterogenität in den verschiedenen Dimensionen erfassen und nutzen.

Gestaltung und Begleitung von Lernprozessen

Kompetenz 2:
Lehrerinnen und Lehrer unterstützen durch die lebenswelt- und entwicklungsbezogene Gestaltung von Unterricht das Lernen von Schülerinnen und Schülern. Sie motivieren die Lernenden und befähigen sie, problemorientiert komplexe Kontexte zu erfassen, um Zusammenhänge von Gesellschaft und Welt zu verstehen.

Lehrerinnen und Lehrer können:

- einen Lebensweltbezug im Lernprozess herstellen;
- Schülerinnen und Schüler zu Entscheidungen, Stellungnahmen sowie Urteilen herausfordern;
- allen Schülerinnen und Schülern Teilhabe und Teilgabe ermöglichen;
- handlungs- und produktorientiertes Lernen initiieren und begleiten;
- außerschulische Lernorte und Expertinnen und Experten einbeziehen;
- Schülerinnen und Schülern authentische und simulative Partizipationserfahrungen ermöglichen.

Förderung der Mündigkeit

Kompetenz 3:
Lehrerinnen und Lehrer fördern die fachlichen und überfachlichen Kompetenzen sowie die Methodenkompetenz von Schülerinnen und Schülern zum selbstbestimmten und pluralen Lernen, kritischen Denken und zur Partizipation.

Lehrerinnen und Lehrer können:

- einen Unterricht planen und durchführen, dessen prägendes Kennzeichen die demokratische Werteorientierung ist;
- inklusive und nachhaltige Lebens- und Handlungsweisen im Unterricht etablieren;
- aktive demokratische Mitbestimmung am Unterricht ermöglichen;
- Identitätsbildungsprozesse bei den Schülerinnen und Schülern generieren und entwickeln;
- Selbst- und Fremdeinschätzungen ermöglichen;
- Schülerinnen und Schüler zu einer empathischen, konstruktiven und fachlichen Rückmeldung befähigen.

(Witt/Knigge-Blietschau/Wenzel 2019, 157 ff.)

Johann Knigge-Blietschau/Dirk Witt

4. Didaktische Prinzipien

4.1 Leitfragenorientierung

Die Integration von verschiedenen Dimensionen in einem Unterrichtsvorhaben im Fach Gesellschaftswissenschaften wirft die beiden Fragen auf:

> Welche Lerngegenstände wähle ich aus den verschiedenen Dimensionen aus?
>
> Wie verbinde ich diese, sodass die Schülerinnen und Schüler das Lernangebot als sinnvoll, bedeutsam und sachlogisch wahrnehmen?

Um in beiden Planungsfeldern Entscheidungen treffen zu können, hilft das didaktische Prinzip der Leitfragenorientierung (Witt 2011, 20 ff.). Eine gute Leitfrage legitimiert sich auf drei Ebenen:

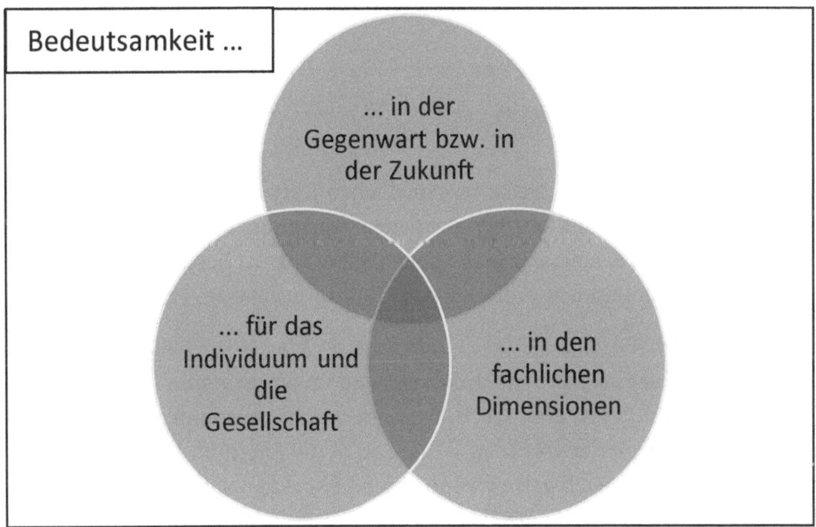

Abb. 13: Dimensionen der Leitfragenlegitimierung (eigene Darstellung)

In der Regel definieren Sie im Planungsprozess die Leitfrage. Mit geübten Lerngruppen bzw. älteren Lernenden ist es aber ebenso denkbar, die Leitfragen gemeinsam zu entwickeln und zu definieren. Dieses Vorgehen ist aus Gründen der Beteiligung am Unterricht erstrebenswert. Der bedeutsame Stellenwert von Leitfragen für Lernprozesse wird durch die Social Studies (NCSS 2013) in den

USA gestützt, auch sie definieren herausfordernde Fragestellungen als Ausgangspunkt von Lernvorhaben.

Gütekriterien für Leitfragen

Mithilfe von Gütekriterien kann man die gefundene Leitfrage hinsichtlich ihrer Bedeutsamkeit und Lernwirksamkeit überprüfen, wobei nicht alle Kriterien gleichzeitig zutreffen müssen.

Leitfragen definieren die Lerngegenstände. Eine gute Leitfrage ist für Sie ein sehr gutes Instrument, um Lerngegenstände auswählen zu können. Nur wenn diese zur Beantwortung der Leitfrage beitragen, werden sie im Unterricht aufgegriffen.

Leitfragen öffnen das subjektive Konzept aller Schülerinnen und Schüler. Eine gute Leitfrage kann durch eine große Mehrheit der Schülerinnen und Schüler zu Beginn der Unterrichtseinheit mit dem eigenen Vorwissen und den vorhandenen Wertvorstellungen sowie Urteilen erstmalig und vorläufig beantwortet werden. Gleichzeitig generiert die Leitfrage Schülerfragen, die für den weiteren Lernprozess genutzt werden.

Leitfragen ermöglichen unterschiedliche Lernwege, lassen unterschiedliche Graduierungen in der Durchdringungstiefe zu und ermöglichen somit einen inklusiven Fachunterricht.

Eine gute Leitfrage kann auf unterschiedlichen Lernwegen, mit unterschiedlichen Lernzugängen und auf verschiedenen Aneignungsebenen (enaktiv, ikonisch, symbolisch) erschlossen und beantwortet werden. Dieses Kriterium ist für das Gelingen von inklusivem Fachunterricht sehr bedeutsam (vgl. Kapitel 6).

Leitfragen stehen am Anfang aller Lernprozesse, begleiten den gesamten Lernprozess und schließen diesen ab. Eine gute Leitfrage wird im Klassenraum schriftlich dauerhaft visualisiert. So ist es möglich, am Ende von Einzelstunden die Frage vorläufig mit dem bisher erworbenen Wissen zu beantworten und die Weiterarbeit zu planen, indem danach gefragt wird, welche Aspekte noch verstanden werden müssen, um differenzierter urteilen zu können.

Leitfragen können nur durch die Integration der verschiedenen Dimensionen beantwortet werden und sind kumulativ angelegt. Eine gute Leitfrage zwingt die Schülerinnen und Schüler zu einer Urteilsbildung, die differenziert verschiedene Dimensionen aufnimmt und miteinander verbindet. Um einen kumulativen Lernprozess zu ermöglichen, ist es sinnvoll und notwendig, dass gleiche oder ähnliche Leitfragen in den nachfolgenden Jahrgängen erneut aufgegriffen werden. Durch die wiederholte Thematisierung von gleichen Leitfragen kann entlang dieser zentralen Fragestellungen ein einfaches Wissensnetz und Orientierungsangebot bei den Schülerinnen und Schülern aufgebaut werden, dass in der gesamten Schullaufbahn ausdifferenziert wird.

Leitfragen müssen einen Abwägungsprozess in der Urteilsbildung auslösen, rufen eine eigene Positionierung hervor und tragen zur Pluralität bei. Eine gute Leitfrage wird im Idealfall am Ende der Unterrichtseinheit kontrovers durch die Schülerinnen und Schüler diskutiert, um diese zu beantworten. Dabei positionieren sie sich unterschiedlich, führen verschiedene Argumente in der Urteilsbildung an und finden Kompromisse, indem sie die Urteile miteinander in Bezug setzen.

Leitfragen steuern Partizipation an. Eine gute Leitfrage führt am Ende des Lernprozesses dazu, dass die Schülerinnen und Schüler gemeinsam überlegen, was sie mit dem bisher erworbenen Wissen anfangen können. Sie entwickeln Vorstellungen, um im Nahbereich authentisch zu partizipieren und/oder gefundene Lösungsansätze zu erproben.

Doch wie kommt man zu guten Leitfragen? Sehr hilfreich dabei sind die epochalen Schlüsselprobleme (vgl. Kapitel 1.2):

- Nachhaltigkeit
- Grundwerte
- Partizipation
- Gleichstellung
- Gerechtigkeit
- Frieden

Das Fach Gesellschaftswissenschaften ist prädestiniert, die Schlüsselprobleme durch die Integration mehrerer Dimensionen aufzugreifen. Alle Schlüsselprobleme kennzeichnen Lernen im gesellschaftswissenschaftlichen Kontext und sind durch ihren Wirklichkeitsbezug für die Schülerinnen und Schüler sinnstiftend und nachhaltig. Beides sind wesentliche Merkmale des didaktischen Prinzips der Leitfragenorientierung. Sinnstiftend, weil sie den Schülerinnen und Schülern deutlich machen, dass sie Teil ihres Lebens und ihrer Entwicklung sind. Nachhaltig, weil Leitfragen durch ihre Bedeutsamkeit für die Lernenden emotional besetzt sind und Verantwortungsübernahme bei ihnen hervorrufen.

Wenn Sie nun für Ihre Unterrichtseinheit eine Leitfrage definieren, überlegen Sie mit welchem Schlüsselproblem Sie für Ihre Lerngruppe bedeutsame und sinnstiftende Lernprozesse initiieren können. Haben Sie eine Leitfrage gefunden, nutzen Sie die Gütekriterien, um die Qualität der Leitfrage einschätzen zu können.

Welche Leitfragen könnten nun konkret zur Unterrichtseinheit „Migration" das Lernen initiieren, begleiten und fokussieren?

Im dargestellten Unterrichtsbeispiel (vgl. Kapitel 1.4) wird die Leitfrage: „Welche Menschen dürfen nach Deutschland kommen und hier leben?" aufgeworfen. Im Folgenden wird sie mithilfe der Gütekriterien einer guten Leitfrage überprüft.

Leitfragen definieren die Lerngegenstände. Lerngegenstände müssen einen Beitrag zur Beantwortung der Leitfrage leisten. So ist es offensichtlich, dass die Beschäftigung mit rechtlichen Vorgaben und ökonomischen Folgen von Zuwanderung notwendig ist, um nicht nur moralisch zu urteilen. Das historische Fallbeispiel „Völkerwanderung" ist zwar ein interessanter Lerngegenstand zum Thema Migration, trägt aber nicht zur Beantwortung der Leitfrage bei.

Leitfragen öffnen das subjektive Konzept aller Schülerinnen und Schüler. Die Schülerinnen und Schüler einer angenommenen Lerngruppe der Jahrgangsstufe 9 bzw. 10 kennen mit hoher Wahrscheinlichkeit aus ihrer Lebenswelt konkrete Fälle von Menschen, die nach Deutschland migrierten. Auch werden sie sich bereits die Frage gestellt haben, wer denn kommen darf und warum sowie wer eben nicht und wer dieses wiederum bestimmt. Ebenso werden Lernende darstellen können, ob ihnen Migrationsbewegungen Angst machen oder sie diesen eher positiv gegenüberstehen.

Leitfragen ermöglichen unterschiedliche Lernwege, lassen unterschiedliche Graduierungen in der Durchdringungstiefe zu und ermöglichen somit einen inklusiven Fachunterricht. Um die Leitfrage beantworten zu können, ist es beispielsweise denkbar, dass einige Schülerinnen und Schüler an ganz konkret anschaulichen Fallbeispielen arbeiten und sich gleichzeitig andere Lernende mit komplexen juristischen Fragen hierzu auseinandersetzen.

Leitfragen stehen am Anfang aller Lernprozesse, begleiten den gesamten Lernprozess und schließen diesen ab. Dass die Leitfrage am Anfang der Unterrichtseinheit thematisiert wird, wurde bereits dargelegt. Im Laufe der Unterrichtseinheit konstruieren die Lernenden neue Erkenntnisse, weil sie sich neues Wissen aneignen, und können die Leitfrage wiederum vorläufig beantworten bzw. es ergeben sich neue Fragen, welche Aspekte noch hinzukommen müssen, um zur Beantwortung befähigt zu sein. Den Abschluss der Unterrichtseinheit bildet dann die Klassendiskussion zur Leitfrage.

Leitfragen können nur durch die Integration der Dimensionen beantwortet werden und sind kumulativ angelegt. An der Leitfrage wird deutlich, dass mehrere Dimensionen ihren Beitrag leisten müssen, um beantwortet zu werden. So sind Fragen des räumlichen Lernens, woher denn Menschen mit welchen Gründen kommen, zu beantworten. Die politische und gesellschaftliche Dimension wirft Fragen auf, wie die Gesellschaft auf diese Herausforderung reagiert und welche Maßnahmen getroffen werden. Ohne rechtliches Grundlagenwissen ist diese Frage nicht zu beantworten. Und möchte man, dass die Lernenden Migration nicht als neues und singuläres Phänomen auffassen, müssen Beispiele aus der Vergangenheit dieses verdeutlichen. Kumulativ ist vorstellbar, dass die Leitfrage mehrmals in der Sekundarstufe I aufgeworfen wird.

Leitfragen müssen einen Abwägungsprozess in der Urteilsbildung auslösen, rufen eine eigene Positionierung hervor und tragen zur Pluralität bei. Die gewählte Leitfrage impliziert, dass begründet dargestellt werden soll, welche Menschen das Recht erhalten, nach Deutschland zu kommen, oder eben nicht kommen dürfen. Es ist sehr wahrscheinlich, dass die Schülerinnen und Schüler hier unterschiedliche Menschengruppen und deren Gründe ins Auge fassen werden und letztendlich darüber diskutieren, um sich gegenseitig zu überzeugen.

Leitfragen steuern Partizipation an. Denkbar wäre, dass die Schülerinnen und Schüler als Gruppe entscheiden, gemeinsam zu dieser Frage mit Politikerinnen oder Politikern oder mit Menschen, die eine Migrationsgeschichte aufweisen, ins Expertengespräch gehen zu wollen. Ebenso denkbar ist es, dass die Klasse beschließt, zur Thematik eine Ausstellung zu organisieren oder einen Informationsblog im Internet einzurichten.

Tipp

Alternativ wären zur Thematik auch folgende Leitfragen denkbar:
Wird es Migration in der Zukunft geben? (Schlüsselprobleme Frieden, Gerechtigkeit und Nachhaltigkeit)
Soll der Klimawandel als Asylgrund in die Rechtsverordnung aufgenommen werden? (Schlüsselprobleme Nachhaltigkeit und Grundwerte)
Stellt Migration mich vor besondere Herausforderungen? (Schlüsselprobleme Grundwerte und Partizipation)
Kann Migration auf der Nationalstaatsebene geregelt werden? (Schlüsselprobleme Partizipation und Frieden)
Wie sieht eine erfolgreiche Integration von Menschen, die nach Deutschland kommen, aus? (Schlüsselprobleme Frieden, Grundwerte und Partizipation)

4.2 Lebensweltorientierung

„Was hat das mit mir zu tun? Warum brauche ich das?“ Diese Schülerfragen werden Sie immer begleiten und Sie müssen darauf eine Antwort finden. Die überzeugendste Antwort, die Sie finden können, ist die direkte Verwendung des Lerngegenstands im heutigen bzw. zukünftigen Leben der Schülerinnen und Schüler. Die Sinnhaftigkeit des Lerngegenstands muss für die Kinder oder Jugendlichen erkennbar sein, um einen ernsthaften Lernprozess in Gang zu setzen.

Der Begriff Lebensweltorientierung wird in unterschiedlichen didaktischen Zusammenhängen verschieden genutzt und interpretiert. Er besitzt große Schnittmengen mit den Begriffen Schülerorientierung, Subjektorientierung, Gegenwarts- bzw. Zukunftsorientierung oder Adressatenorientierung, wird aber in den jeweiligen Fachdidaktiken durchaus unterschiedlich definiert.

In allen Konstrukten wird davon ausgegangen, dass der Ausgangspunkt aller Lernprozesse die Lebenswelt der Schülerinnen und Schüler sein muss. Sie als Lehrkraft müssen daher die Lebenswelt Ihrer Schülerinnen und Schüler im Blick haben, wenn Sie Unterricht planen. Der Unterricht geht nun nicht mehr nur von der sachlichen Struktur der drei beteiligten Dimensionen aus, also z.B. der Chronologie in Geschichte, der räumlichen Gliederung in Geographie oder der Unterscheidung von Politikfeldern. Dies wird auch im Planungsmodell (Kapitel 1.3) deutlich. Bereits sehr früh im Planungsprozess, als Schlussfolgerung der Lerngruppendiagnostik, stehen Überlegungen zur Lebensweltorientierung an. Hierzu müssen Sie die Bedeutsamkeit des Lerngegenstands, das vorhandene Vorwissen der Schülerinnen und Schüler sowie deren Interessen und Fragen diagnostizieren und bestimmen, um Planungsentscheidungen treffen zu können. Gelingt dies, wird Lernen maßgeblich unterstützt, weil die Schülerinnen und Schüler neues Wissen motiviert und bewusst an vorhandene Wissensnetze anknüpfen. Lerngegenstände sind so strukturiert, dass sie die Schülerinnen und Schüler als Subjekte ernst nehmen, ihre Lebenserfahrungen und Lerninteressen berücksichtigen. Sie legitimieren sich durch ihre Subjektrelevanz (Autorengruppe Fachdidaktik 2017, 61). Auch in der Geschichtsdidaktik wird darüber diskutiert, inwiefern der Lebenswelt- und Gegenwartsbezug als unterrichtsmethodisches Verfahren die Auswahl und Generierung von Themen im nicht mehr chronologisch orientierten Geschichtsunterricht beeinflusst (Buck 2012, 291).

Schlüsselprobleme als Lebensweltbezug

Dabei stellt sich jedoch die Frage, ob dieses didaktische Prinzip so umsetzbar ist? Jede Schülerin und jeder Schüler konstruiert ihre Lebenswelt individuell und weist ihr unterschiedliche Bedeutsamkeiten zu. Das Bewusstsein für Diversität und Heterogenität ist zudem in den letzten Jahren, nicht nur durch Migration und Inklusion, stark angestiegen. Muss eine Lehrkraft nun für jede*n Lernende*n ein individuelles Lernsetting schaffen? Nein, und an dieser Stelle sollen zwei weitere Begriffe benannt werden: Gegenwarts- und Zukunftsorientierung. In beiden Dimensionen kommt der Aspekt der Gesellschaft hinzu. Die Lebenswelt der Schülerinnen und Schüler ist stets in ein „wir" eingebettet. Deshalb sollen sie sich mit Problemstellungen auseinandersetzen, die für unsere Gesellschaft derzeit relevant sind oder es in naher Zukunft sein werden. Guter Unterricht im Fach Gesellschaftswissenschaften ist immer eine „Probebühne" für den gesellschaftlichen und politischen Diskurs. Um Problemstellungen zu definieren, sollten die epochalen Schlüsselprobleme (vgl. Kapitel 1.2) genutzt werden.

Denn alle Schülerinnen und Schüler besitzen Erfahrungen sowie Wissen in diesen Schlüsselproblemen und haben hierzu Wertvorstellungen, wie Dirk Lange (2008, 431 ff.) in seinem Beitrag „Bürgerbewusstsein. Sinnbilder und Sinnbildungen in der Politischen Bildung" umfassend herausarbeitet. Somit kann man die Lebenswelt der Schülerinnen und Schüler mithilfe epochaler Schlüsselprobleme stets aufgreifen und als Ausgangspunkt des Lernens nutzen.

Lebensweltbezug und historisches Lernen

Liegt der Lebensweltbezug für Schülerinnen und Schüler beim räumlichen, politischen und ökonomischen Lernen „auf der Hand", so stellt das historische Lernen hierbei eine größere Herausforderung dar.

Deshalb soll an dieser Stelle ein vertiefender Exkurs zur Lebensweltorientierung beim historischen Lernen erfolgen. Insbesondere Klaus Bergmann (2002) hat zu dieser Frage wichtige Erkenntnisse geliefert, die nun hier dargestellt werden sollen:

Große Fragen der Gegenwart und Zukunft als Ausgangspunkt von Lernprozessen

Nimmt das Sachwissen täglich zu und wird immer undurchdringlicher, so bleiben grundsätzliche Fragestellungen auch in Zeiten der Wissensgesellschaft und Globalisierung gleich. Fragen nach der Gerechtigkeit und einem gutem Leben; nach Glauben und Hoffnungen; nach Partizipation, Mitgestaltung und Vorbildern; nach Gewalt, Krieg und friedlichen Lösungsmöglichkeiten; nach Arbeit und Arbeitslosigkeit; nach Heimat, Flucht, Vertreibung und Migration; nach Nationalismus, Rassismus und Fundamentalismus; nach nachhaltigem Leben und Wirtschaften; nach Freiheit und unveräußerlichen Menschenrechten usw. sind und werden immer aktuell sein und wollen beantwortet werden. Auch Schülerinnen und Schüler sollen über diese Fragen nachdenken, vergleichen, abwägen, verwerfen und sich ein Sach- sowie Werturteil bilden.

Die Auseinandersetzung mit den epochalen Schlüsselproblemen ermöglicht es den Schülerinnen und Schülern, aktuelle gesellschaftliche Diskussionen zu verstehen bzw. sich zu beteiligen. Sie werden gezwungen, sich mit ihren Werten, Vorstellungen, Einstellungen, Haltungen auseinanderzusetzen und diese in einen Abgleich mit ihren Mitschülerinnen und Mitschülern zu bringen. Bringt Heterogenität sonst häufig Schwierigkeiten mit sich, für diesen Prozess ist sie äußerst wertvoll! Gleichzeitig erzeugen sie eine Fragehaltung zu historischen Prozessen und Ereignissen. Wie haben die Menschen früher darüber gedacht, was haben sie getan oder nicht getan, welche Lösungen haben sie gefunden und umgesetzt? Das ist echtes historisches Fragen und Denken!

Ursachen- und Sinnzusammenhänge auffinden

Gegenwärtige Problem- und Konfliktlagen sowie aktuelle Diskussionen können der Ausgangspunkt für historische Fragestellungen sein. Dazu wird einerseits nach den möglichen Ursachen in der Vergangenheit gefragt, aber auch nach möglichen Wertvorstellungen vergangener Personen und den daraus entsprungenen Handlungen.

Bei der Suche nach einem Ursachenzusammenhang richtet sich die Frage auf historische Entwicklungen, die als Ursachen von gegenwärtigen oder zukünftigen Problemen gelten können. Durch dieses historische Lernen erkennen die Schülerinnen und Schüler, dass heute gefällte Entscheidungen Auswirkungen auf die Zukunft besitzen und dies grundsätzlich bei der Problemlösung mitgedacht werden muss.

Bei der Suche nach einem Sinnzusammenhang werden historische Sachverhalte und Entwicklungen untersucht, die in ihren Problemlagen gegenwärtigen Diskussionen ähneln (z.B. Wie gehen wir mit Fremden um?). Dabei lernen die Schülerinnen und Schüler Wertvorstellungen, Gedanken und Lösungsansätze kennen, die es ihnen ermöglichen, ihre Vorstellungen und Meinungen auszudifferenzieren.

Von der Gegenwart in die Geschichte und zurück – der historische Längsschnitt

Der historische Längsschnitt geht immer von einer Gegenwartsfrage oder einer aktuellen Problematik aus. Dies kann ein Begriff (Demokratie), eine Institution (Parlament) oder ein Problem (Gleichberechtigung der Geschlechter) sein. Wurde dies im Unterricht in der gegenwärtigen Konstellation geklärt, wird das Phänomen historisiert, indem exemplarische historische Ereignisse/Entwicklungen zu dieser Fragestellung thematisiert werden. In diesem Verfahren wird eine wesentliche Kategorie des historischen Lernens angesprochen, nämlich die Kategorie „Veränderung und Dauer“. Schülerinnen und Schüler erfahren, dass es

Wandel und Kontinuitäten in der Geschichte gegeben hat und somit auch in ihrem Leben geben wird.

Bei der schulischen Umsetzung muss darauf geachtet werden, dass die Vorstellungen historischer Menschen als solche auch akzeptiert und als Produkt der jeweiligen historischen Zeit zu verstehen sind!

Vergangenheitsbezüge in der Gegenwart wahrnehmen und deuten

Viele Sachverhalte und Begriffe haben immer eine historische Dimension, die natürlich nicht auf der Hand liegt, sondern erst erschlossen werden muss. Begriffe wie „rechts“ und „links“ werden von Schülerinnen und Schüler durchaus in ihrem Sprachgebrauch genutzt, das Wissen um die historische Einordnung ist aber nicht vorhanden.

Die Schülerinnen und Schüler erleben und erfahren in ihrem Alltag zahlreiche Überbleibsel der Vergangenheit. Straßennamen, Familiengeschichten oder Erinnerungsdenkmäler können der Ausgangspunkt für historisches Lernen sein.

Für die meisten Schülerinnen und Schüler sind gegenwärtige Sachverhalte absolute Selbstverständlichkeiten, so wie die Meinungsfreiheit. Dass dies alles Errungenschaften von Menschen aus vergangenen Zeiten sind, ist nur unzureichend bewusst. Das Aufzeigen des Kampfs und der erlittenen Niederlagen kann eine Wertschätzung nach sich ziehen, aber insbesondere (historische) Vorbilder für unsere Schülerinnen und Schüler anbieten.

Schülerinnen und Schülern begegnet Geschichte ständig in Form der Geschichtskultur. Filme, Ausstellungen, Straßennamen, Feiertage, Werbung mit historischem Bezug, Urlaubsreisen sind mögliche Anknüpfungspunkte für historisches Lernen.

Bei der Planung von Unterricht geht es also immer um eine Herstellung des Lebensweltbezugs für Schülerinnen und Schüler zum Lerngegenstand. Wesentliche Fragen, Problemlagen, Begriffe, Sachzusammenhänge der Gegenwart gilt es durch die Schülerinnen und Schüler zu erschließen, zu verstehen und sich entsprechend begründet zu positionieren. Das Fach Gesellschaftswissenschaften ermöglicht und fördert dieses durch seinen integrativen Ansatz.

Lebensweltorientierte Zugänge zum Thema Migration

Das Thema „Migration“ ist bereits in seiner Anlage lebensweltbezogen, allerdings gibt es Fallstricke, die zu vermeiden, und Chancen, die zu ergreifen sind.

Zu den Fallstricken zählt die Gefahr des „Otherings“. In fast allen Schulklassen lernen Schülerinnen und Schüler, die im engeren Sinne eine internationale Geschichte haben. Sie sind selbstverständlicher Teil der Klassengemeinschaft und eine Auseinandersetzung mit dem Thema Migration sollte nicht darauf fußen, ihre Familiengeschichten als „anders" hervorzuheben und die Familiengeschichten von Deutschen ohne Migrationshintergrund als „normal" gegenüberzustellen.

Stattdessen gehört es zu den Chancen eines lebensweltlichen Zugangs, die Gemeinsamkeiten und Unterschiede zwischen allen Familiengeschichten in der Klasse in Bezug auf Migration herauszuarbeiten. Wechsel des Lebensmittelpunkts sind Alltag, und die Erfahrungen, die Kinder und Jugendliche machen, wenn ihre Eltern mit ihnen die Stadt gewechselt haben, sind sicher weniger radikal, als wenn sie das Heimatland verließen, aber dennoch verwandt und vergleichbar: das Gefühl der Unsicherheit, des Fremdseins, der Irritation über andere Regeln und Tabus und der Freude, wenn es gelingt, diese Hürden zu überwinden.

Ein naheliegender Einstieg in die Einheit ist das sogenannte „soziometrische Planspiel": Der Klassenraum wird leer geräumt und es wird definiert, wo Norden ist. Der Schulort wird als Zentrum des Raums definiert. Anschließend sollen sich die Schülerinnen und Schüler zunächst dort in den Raum stellen, wo sie selbst geboren sind. Um den richtigen Platz zu finden, ist es notwendig, mit den anderen über ihren Geburtsort zu kommunizieren und Absprachen zu treffen, wer für welchen Ort steht. Danach bekommen sie die Aufgabe, sich da hinzustellen, wo das Elternteil herkommt, das am weitesten vom Schulort entfernt geboren wurde.

Schon diese Aufstellung liefert oft überraschende Ergebnisse: Schülerinnen und Schüler mit vermeintlich internationaler Geschichte, die schon in dritter Generation im Ort leben oder Schülerinnen und Schüler ohne offensichtlichen Migrationshintergrund mit Eltern, die überraschend weit weg geboren wurden.

Der nächste Schritt wären dann Interviews in der eigenen Familie, um die Geburtsorte der Großeltern- und Urgroßelterngeneration zu ermitteln.

Fragebögen für diesen Zweck einschließlich einer kompletten Unterrichtseinheit, die darauf aufbaut, finden sich u.a. online auf Seiten des Instituts für Qualitätsentwicklung an Schulen Schleswig-Holstein für das dortige Fach Gesellschaftswissenschaften („Fachportal Weltkunde").

Die Einheit ist hier abrufbar:

Ausgehend von diesen Interviews können Verbindungen in alle Bezugsfächer hergestellt werden. Es können historische Komplexe bearbeitet werden: Naheliegend wären die Epoche der „Gastarbeiter*innen" (1956–1973), die Ostflüchtlinge der Nachkriegszeit und ausgewählte, für die Schülerinnen und Schüler bedeutsame Fluchtwellen. Die Lerngruppe kann Migrationswege vergleichen und politische Probleme der Gegenwart erörtern.

Ziel der Einheit sollte es sein, Verständnis und Empathie füreinander zu entwickeln, das Eigene im Fremden zu entdecken und das Zusammenleben der Klassengemeinschaft konkret zu verbessern.

Zucker, Rum, Sklaverei – der Aufstieg der Stadt Flensburg

Alltagsprodukte und Lebensweltbezüge können teilweise erstaunliche Querverbindungen ermöglichen, zum Beispiel zwischen Zucker, Sklaverei und Rassismus, mithin der gewalttätigsten Form der Migration: der Verschleppung und Ausbeutung. Dabei sind auch die regionalen Bezüge teilweise näher, als man denkt.

So fußte der Aufstieg der Stadt Flensburg als „Rum-Stadt" im 18. Jahrhundert auf dem Handel mit Zuckerrohr. Flensburg gehörte damals zur dänischen Krone. Das Zuckerrohr stammte aus „Dänisch-Westindien" (heute: Amerikanische Jungferninseln). Es wurde von verschleppten und versklavten Afrikaner*innen geerntet, die auf den Zuckerrohrfarmen mit brutaler Gewalt ihrer Freiheit beraubt, erniedrigt und zur Arbeit gezwungen wurden.

Abb. 14: Zeitgenössische originale Entwürfe für Werbeikonen (Hafenmeldungen 2017)

Dass ihr Wohlstand auf der Arbeit von Schwarzen Sklav*innen beruhte, war den Flensburger Rum-Produzenten bewusst. Noch in den Fünfzigerjahren des 20. Jahrhunderts wurde mit dem sogenannten „Pott-Negerlein“ für „Pott“-Rum geworben.

Die Geringschätzung und Verniedlichung in dieser Figur und die Ausblendung der Gewalt, die den Sklav*innen angetan wurde, können einen guten Anlass bieten, mit Schülerinnen und Schülern über heutigen Rassismus zu sprechen.

Weiterführende Literatur:

Bergmann, Klaus (2012): Der Gegenwartsbezug im Geschichtsunterricht, Schwalbach/Ts.

Dirk Witt

4.3 Handlungsorientierung

„Handlung wird allgemein besser verstanden als Worte. Das Zucken einer Augenbraue, und sei es noch so unscheinbar, kann mehr ausdrücken als hundert Worte."
Charlie Chaplin

„Taten lehren den Menschen und Taten trösten ihn – fort mit den Worten!"
Johann Heinrich Pestalozzi

Die beiden oben stehenden Zitate drücken deutlich aus, was in der Schule so häufig vergessen wird: Erst durch den handelnden Umgang mit einer Sache gewinnen die Schülerinnen und Schüler tieferen Einblick in dieselbe.

Zudem ist Handlungskompetenz die übergeordnete Zielkompetenz, die es im Fach Gesellschaftswissenschaften zu fördern gilt (vgl. Kapitel 3.1). Handlungsorientierung ist somit eines der didaktischen Kernprinzipien des gesellschaftswissenschaftlichen Unterrichts.

Der Begriff geht auf die Reformpädagogikepoche zurück, allerdings gab es durch Pestalozzis Motto „Mit Kopf, Herz und Hand" schon Vorläuferkonzepte, ebenso in den Selbsttätigkeitskonzepten des 19. Jahrhunderts z.B. bei Adolph Diesterweg oder Friedrich Fröbel.

Zu unterscheiden sind zwei Konzepte von „Handeln": aktives, manuelles Tun oder gedankliches Problemhandeln und Imaginationen (Grammes 1999a, 14).

Die Lernsituation geht dabei von einer Handlungssituation mit einer zentralen Aufgaben-, Frage- bzw. Problemstellung aus und führt exemplarisch über diese Handlung zu einem Ergebnis. Das Lernen ist dabei auf die Entwicklung der Handlungskompetenz der Schülerinnen und Schüler fokussiert (vgl. Kapitel 1.3).

Ein handlungsorientierter Unterricht berücksichtigt verschiedene Formen des Lernens wie

- das individualisierte Lernen,
- das kooperative Lernen sowie
- das selbstgesteuerte Lernen.

Beim handlungsorientierten Lernen geht es immer um die*den Lernende*n in ihrer*seiner gesamten Persönlichkeit. Die unterschiedlichen Vorerfahrungen, Sinneswahrnehmungen oder Sichtweisen bereichern den Unterricht dabei erheblich. Im handelnden Umgang mit dem Lerngegenstand kann neues Wissen an altem andocken, sich vernetzen und dauerhaft im Gedächtnis bleiben.

Dimensionen der Handlungsorientierung

In der Handlungsorientierung werden mehrere Basistheorien zusammengeführt (Grammes 1999a, 12):

1. Lernen mit Kopf, Herz und Hand: Handlungs- und Demokratietheorie
2. Ganzheitlichkeit: Bildungs- und Curriculumtheorie
3. Öffnung des Unterrichts: Schultheorie
4. Interessen von Schülerinnen und Schülern als Ausgangspunkt: Medien- und Erkenntnistheorie
5. Aktivität von Schülerinnen und Schülern: Sozialisationstheorie und Jugendsoziologie
6. Beteiligung der Schülerinnen und Schüler an Planung, Durchführung und Auswertung: Lerntheorie
7. Exemplarisches Lernen: Lerntheorie
8. Produktorientierung: Lerntheorie

Lernen mit Kopf, Herz und Hand: Im gesellschaftswissenschaftlichen Unterricht dreht es sich auch immer um ein soziales, gesellschaftsbewusstes Handeln. Ziel ist die Erziehung zur*m mündigen, reflektierten Bürger*in. Sie*er setzt ihre*seine Kenntnisse/ihr*sein Wissen („Kopf") empathisch, solidarisch, couragiert („Herz") ein und reagiert mit den ihr*m zur Verfügung stehenden Fertigkeiten („Hand").

Ganzheitlichkeit: Ganzheitlichkeit im Sinne des didaktischen Dreiecks setzt an entsprechend unterschiedlichen Punkten an:

– Ganzheitlichkeit des Lernstoffs meint den „Blick über den Tellerrand", nicht in kleinen Häppchen Lernstoff eintrichtern, sondern Nebenthemen miteinbinden, Verknüpfungsmöglichkeiten zu anderen Fachbereichen oder Themen zulassen.
– Ganzheitlichkeit der*s Lernenden sollte Ihnen als Lehrkraft das größte Anliegen sein. Die Schülerinnen und Schüler arbeiten im Laufe eines Vormittags mehrere Fächer in mehr oder weniger engen Taktungen ab, ohne zwischen ihnen eine Verbindung ziehen zu können. Häufig sind sie kaum in der Lage, sich in den Lernstoff gedanklich einzufinden, bevor das Stundenende eingeläutet wird. Anders als wir, die Lehrenden, beschäftigen sie sich nicht mit dem Lerngegenstand vor und nach der Stunde (außerhalb der Hausaufgaben), ziehen kaum Verbindungen oder verknüpfen zu selten exemplarisches Wissen mit neuem. Handlungsorientierung bedeutet auch, dass Schülerinnen und Schüler über einen längeren Zeitraum am Lerngegenstand arbeiten.

- Ganzheitlichkeit der*s Lehrenden fordert die Leidenschaft der Lehrkraft für das Fach und den Lerngegenstand. Nur wenn Sie selbst für das von Ihnen angebotene Thema brennen, können Sie Schülerinnen und Schüler motivieren, sich näher damit zu befassen.

Öffnung des Unterrichts

Motiv für die Öffnung des Unterrichts ist die Kritik des „künstlichen Schulwissens" (Grammes 1999a, 38). Das Fach Gesellschaftswissenschaften muss sich also dahingehend öffnen, dass es den Lernenden die gesellschaftliche Wirklichkeit öffnet, z.B. indem Unterrichtsgänge und Exkursionen (vgl. Kapitel 9) unternommen werden, Zeitzeuginnen und Zeitzeugen in den Unterricht eingeladen werden (vgl. Kapitel 5.6) oder durch simulatives Handeln Lernsituationen geschaffen werden, in denen die Lernenden den „Ernstfall" im geschützten (Klassen-)Raum erproben können, wie es Planspiele oder Simulationen vorsehen.

Schülerinnen- und Schüleraktivität

Im handlungsorientierten Unterricht ist es wichtig, die Lernenden kognitiv zu aktivieren. Es darf hier nicht nur die reine Handlung um des bloßen Tuns wegen initiiert werden („Basteldidaktik"). Durch die handelnde Beschäftigung mit dem Lernstoff sollen Vorkenntnisse aktiviert, Verbindungen hergestellt und Vernetzungen angelegt werden. Die entscheidende Phase, wenn Sie handlungsorientiert unterrichten, ist die Phase der Reflexion im Anschluss der Handlung. Erst hier werden Erfahrungen und Einsichten bewusst gemacht, kommuniziert und reflektiert. Also planen Sie keine handlungsorientierte Sequenz ohne Reflexion.

Beteiligung der Schülerinnen und Schüler an Planung, Durchführung und Auswertung

Ähnlich wie beim Projektunterricht (vgl. Kapitel 4.7) sollen sich die Lernenden nicht nur in der Erarbeitung dem Lerngegenstand nähern, sondern sich aktiv in die Planung der Lernprozesse einbringen können. Ebenso wichtig ist die Reflexion des Lernprozesses nach Abschluss des Unterrichtsvorhabens, um Strategien der Handlung zu evaluieren, Alternativen zu überdenken und eventuell über die Fortführung der begonnenen Prozesse zu beraten.

Exemplarisches Lernen

Der Begriff gründet im Wesentlichen auf Martin Wagenschein. Das exemplarische Lernen soll es den Schülerinnen und Schülern ermöglichen, sich durch Schwerpunktsetzung und didaktische Reduktion tiefergehend mit einem Thema zu beschäftigen. Dabei geht es in der Hauptsache nicht um die Verringerung von

Unterrichtsthemen, vielmehr soll die Intensität des Verständnisses gesteigert werden.

Produktorientierung

„Learning by doing" und eine hohe Eigenaktivität der Lernenden bestimmen das handlungsorientierte Lernen. Anders als im konventionellen Unterricht, in dem es häufig um bloßes Faktenwissen und Auswendiglernen geht, sind die Lernenden nicht Konsument*innen, sondern werden in die Unterrichtsgestaltung und -planung eingebunden.

Ein Ziel bei der Beschäftigung mit dem Lerngegenstand ist bei handlungsorientiertem Unterricht immer die Herstellung von Lernprodukten. Diese können materieller oder geistiger Art sein. In der Tabelle (Tab. 4) werden fachspezifische Lernprodukte für das Fach Gesellschaftswissenschaften aufgeführt, die Ihnen Anregungen geben soll, produktorientiert zu unterrichten.

Reales Handeln	Simulatives Handeln	Produktives Handeln
Erkundung Expertenbefragung Recherche Spurensuche Interview Zeitzeugenbefragung Protestaktionen Internetrecherche Darstellungen in Büchern überprüfen Darstellungen in PC-Spielen überprüfen Schülerinnen- und Schülerzeitung Sozialstudien Schulsprecherwahl Projekte/Initiativen Partizipation im Unterricht	Debatte Pro-/Kontradebatte Streitgespräch Experiment Podiumsdiskussion Interview Rollenspiel/Simulationsspiel Planspiel/Entscheidungsspiel Konferenzspiele Tribunal Zukunftswerkstatt	Tabellen oder Schaubilder erstellen Flugblatt oder Plakat erstellen Fotomontagen, Fotoausstellungen Wandzeitung Reportage, Hörspiel, Diareihe erstellen Videos drehen, Comics zeichnen Homepage erstellen Geschichtsfries/Zeitstrahl erstellen Quiz und Spiele: Montagsmaler, Tabu, Berufe/Leute raten, Memory zu Jahreszahlen und Personen, Kreuzworträtsel, Buchstabengitter Produktive Textarbeit: Quellen in heutige Sprache übersetzen, Textpuzzle, Gegentexte/Geschichten/Liedstrophen/Zeitungstexte/Briefe/Tagebücher schreiben, Bilder durch Sprechblasen ergänzen, Dialoge schreiben und vortragen … Inhaltsbezogenes Basteln, z. B. Anziehpuppen bestücken, Tafeltheater, Bildpuzzle zusammenkleben Modelle bauen Arbeitsblätter für Mitschülerinnen und Mitschüler erstellen

Tab. 4: Lernprodukte im handlungsorientierten Unterricht (in Anlehnung an: Priebe, Witt unveröffentlichtes Seminarpapier 2015)

Schülerinnen- und Schülerinteresse

Den jungen Menschen da abholen, wo er steht und ihn durch die Einbindung seiner Interessen für den Lernstoff zu motivieren, ist eines der Ziele des handlungsorientierten Unterrichts. Dazu ist es wichtig, Betroffenheit für den Lerngegenstand herzustellen (vgl. Kapitel 4.2).

Ziele

Nachhaltiges Lernen mit allen Sinnen ist Ziel des handlungsorientierten Unterrichts. Ausgehend von einer lohnenswerten Fragestellung (vgl. Kapitel 4.1), mit der sich die Schülerinnen und Schüler identifizieren können, muss zunächst die Aufgabenstellung genau verstanden werden. Die Lösungswege gilt es dann eigenständig zu erschließen.

Durch die Eigenständigkeit und Selbsttätigkeit werden Teamfähigkeit und die kommunikative Kompetenz geschult sowie das Selbstkonzept gestärkt. Handlungsorientierter Unterricht bietet sich insbesondere bei fächerverbindendem und vernetzendem Lernen an. Seine Umsetzung ist in Gruppen-, Projekt- oder Freiarbeit oder in Stationenlernen möglich.

Unterrichtsablauf

Handlungsorientierter Unterricht folgt einem festen Schema: Nach der Problemstellung/lohnenswerten Fragestellung werden die Handlungsprodukte festgelegt und die Arbeitsgruppen gebildet. Während der Erarbeitungsphase planen die Gruppen ihre Vorgehensweise, koordinieren die einzelnen Arbeitsschritte und Lösungswege und erproben diese. Die Ergebnisse werden am Ende der Gesamtgruppe präsentiert und diskutiert. Im Unterschied zum Projektlernen suchen sich hier die Lernenden aber nicht den Lerngegenstand aus, sondern folgen einer vorgeplanten Strategie durch die Lehrkraft.

Im Falle des von uns gewählten Unterrichtsbeispiels „Migration“ könnte eine konkrete Umsetzung folgendermaßen aussehen:

Zunächst einmal wecken wir das Interesse der Schülerinnen und Schüler mit einer Geschichte aus ihrer eigenen Lebenswelt, indem wir das Beispiel eines Kinds nehmen, das infolge von Umzug oder Trennung der Eltern die Schule wechselt. Dabei thematisieren wir Erfahrungen von Umbruch und mögliche Situationen in der neuen Klassengemeinschaft. Durch diesen Lebensweltbezug erreichen wir eine hohe Schüleraktivierung und ermöglichen Lernen durch Kopf, Herz und Hand. Ebenso wie das Kind in dem Einstiegsbeispiel nicht die Wahl hat, künftig nicht mehr zur Schule zu gehen, haben auch Geflüchtete nicht die Wahl, kein Teil eines Staats zu sein. Die Gründe, weshalb die ursprüngliche Heimat nicht mehr als Zuhause infrage kommt, können betrachtet und mit dem Beispiel in Bezug gesetzt werden.

Nachdem wir uns über die Problemorientierung mit möglichen Aspekten von Migration auseinandergesetzt haben und gemeinsam mit den Schülerinnen und Schülern zu persönlich wichtigen Leitfragen gelangt sind (vgl. Kapitel 4.1 und 4.2), beziehen wir sie in die Planung und Durchführung der Unterrichtssequenz mit ein. Zu unterschiedlichen Fragen entstehen natürlich unterschiedliche Lösungsstrategien: Beispielsweise könnte eine Frage lauten: „Wie kann ich dazu beitragen, dass sich alle Kinder in unserer Schule gut aufgenommen fühlen?“ Reales Handeln kann dann bedeuten, dass die Schülerinnen und Schüler sich verständigen, gemeinsame Spielenachmittage, Hausaufgabenhilfe und Stadtrundgänge zu organisieren oder auch öffentlich für ein gutes Miteinander einzutreten (vgl. Kapitel 3.1).

Diese Herangehensweise deckt die allermeisten Prinzipien des handlungsorientierten Unterrichts ab, allerdings deckt sie für gewöhnlich nicht alle Aufträge ab, die uns Lehrkräften gestellt werden. Wir haben nach Vorgabe unserer Bildungsministerien verschiedene Inhalte zu vermitteln und sollen anschließend Noten generieren. Die Noten als eine Art „Lohn für fleißige Arbeit“ werden meist auch von den Lernenden selbst eingefordert. Für gelingenden Unterricht müssen wir uns also zunächst einmal Gedanken zum Scaffolding machen, also welches Gerüst geben wir vor (vgl. Kapitel 6.1). Leistungsschwache Schülerinnen und Schüler benötigen einen konkreten Rahmen, bis wann welcher Schritt erfüllt sein muss, und Feedback und Unterstützung, um zu guten Zwischenergebnissen zu gelangen. Es geht hierbei wohlgemerkt nur um einen Rahmen ihrer eigenen Lernprozesse und nicht darum, ihnen die eigenen Lösungsstrategien aufzudrängen. Ein gutes Gerüst deckt zugleich die uns vorgegebenen inhaltlichen Vorgaben mit ab. Im gesellschaftswissenschaftlichen Fach könnte das so aussehen:

		:-)	:-|	:-(
Erarbeitung	Du hast die Arbeitsblätter sorgfältig bearbeitet.			
	Du hast die Aufgaben richtig gelöst.			
Gruppenarbeit	Du hast dich erkennbar aktiv in deiner Gruppe eingesetzt.			
	Eure Vorbereitung war geeignet, gute Ergebnisse zu erzielen.			
Produkt	Das Produkt liefert einen guten Lösungsansatz für deine Frage.			
Kommentar zu deiner Arbeit		Note		

Tab. 5: Rückmelderaster (eigene Darstellung)

Unsere Aufgabe besteht dabei in einer sinnvollen Verknüpfung der von uns vorgegebenen Arbeitsblätter mit den Leitfragen der Lernenden.

Inwieweit man sich mit der ganzen Klasse auf ein mehr oder weniger vergleichbares Produkt einigt, ist dabei vorher durch Sie zu entscheiden. Im Sinn der Vergleichbarkeit der anschließenden Leistungsbewertung ist es für Sie sicher einfacher, ein gemeinsames Produktziel vorzugeben. Geeignet sind hierfür beispielsweise: eine Veranstaltung(-sreihe) in der Schule für Eltern und die Schulöffentlichkeit, für die jede Gruppe ihren eigenen Beitrag erstellt; eine gemeinsame Homepage zum Thema mit Informationen und Ankündigungen, dabei hat jede Gruppe ihre eigene Verlinkung innerhalb der Homepage. Eine einmalige Ausgabe einer Schülerinnen- und Schülerzeitschrift ... Zusammen mit den Lernenden sollten Sie nach Einigung auf ein Lernprodukt dann Evaluationsphasen einschieben und gemeinsam besprechen, was ihr Lernprodukt schließlich als ein gutes Produkt kennzeichnet. Dabei entsteht Partizipation und Demokratieförderung, indem die Lernenden über die Nennung von Kriterien der Bewertung aktiv in ihre Notenfindung miteinbezogen werden.

Weiterführende Literatur:

Völkel, Bärbel (2012): Handlungsorientierung im Geschichtsunterricht. Schwalbach/Ts.

Wagenschein, Martin: Verstehen lehren; Pädagogische Bibliothek Beltz, Januar 1997.

Mareike Jakobi/Ursula Tilsner

4.4 Multiperspektivität, Kontroversität und Pluralität

„Man muss die Dinge aus verschiedenen Perspektiven betrachten", formuliert der Lehrer John Keating im Filmdrama „Club der toten Dichter" (1989) gegenüber seinen Schülern. Diese Aussage verweist darauf, dass es für schulische Bildungsprozesse von großer Bedeutung ist, einen Lerngegenstand von verschiedenen Seiten zu betrachten.

Multiperspektivität (gleichbedeutend mit Vielperspektivität, Mehrperspektivität, Perspektivenvielfalt), Pluralität und Kontroversität bezeichnen modernste Prinzipien der allgemeinen Didaktik und sind insbesondere in den Bezugswissenschaften Geschichtsdidaktik (Klaus Bergmann) und Didaktik der Politischen Bildung/Sozialwissenschaften (Wolfgang Sander, Tilman Grammes) verortet. Und auch für das Fach Gesellschaftswissenschaften stellen sie wesentliche und bedeutungsvolle Prinzipien dar. Diese Prinzipien bilden eine Brücke zwischen dem im Unterricht zu betrachtenden Gegenstand und der dafür anzuwendenden Methode (Reinhard 2011).

Ausgangspunkt für die Unterrichtsarbeit bzw. die Themenfindung ist jeweils eine Frage/ein Problem, die/das offen formuliert sein muss, also verschiedene Antworten und Sichtweisen zulässt, und die/das ein tatsächliches gesellschaftliches Problem in der Vergangenheit oder der Gegenwart darstellt (vgl. Kapitel 4.1). Diese Themen sollen im gesellschaftswissenschaftlichen Unterricht nicht eindimensional fachbezogen, sondern multidimensional nutzbar gemacht werden. Damit bezeichnet Multiperspektivität ein Prinzip der Vielfalt aufeinander bezogener Lerngegenstände, Betrachtungsweisen, Wissensformen und Methoden, das im Zusammenspiel mit anderen Prinzipien (z.B. Problemorientierung) eine Leitfunktion für den gesellschaftswissenschaftlichen Unterricht aufweist und eine zentrale Grundlage für die politisch-moralische Urteilsbildung darstellt.

Die Lehrkraft versteht sich dabei als Initiator mit dem Ziel, dass die Lernenden Perspektivität erkennen, verstehen und nutzen. Dabei beziehen Sie die Lernenden möglichst aktiv mit ein. Ohne zu überwältigen (vgl. Kapitel 4.8), können Sie auch Ihre eigene Position begründet vorstellen, insbesondere, wenn die Schülerinnen und Schüler danach fragen, aber auch darüber hinaus.

In der Auseinandersetzung mit vielfältigen und unterschiedlichen Perspektiven werden nicht nur diese untersucht, sondern in der Thematisierung von Perspektivität als Prinzip wird auch deutlich, dass alle Sichtweisen und Überzeugungen Konstrukte sind, die in Bewegung sind. Sie unterscheiden sich nicht nur von Gesellschaft zu Gesellschaft, von Gruppe zu Gruppe, von Mensch zu Mensch, sondern auch von der Vergangenheit zur Gegenwart und auch zwischen sowie innerhalb aller Zeit- und Raumebenen. Letztlich verändert sich die Perspektive auch innerhalb eines Menschenlebens und das in der Regel mehrmals, eine Tatsache, die Lernende schon durch einen Rückblick auf ihr eigenes Leben und die Veränderungen, die es mit sich gebracht hat, erklären können.

In den folgenden Definitionen und Ausführungen wird ein gesellschaftswissenschaftlicher Ansatz gewählt, der über das Verständnis der Begriffe in den einzelnen Fachdidaktiken hinausgeht. Ausgangspunkt ist das Prinzip von Perspektivität, die Erkenntnis, dass jegliche Wahrnehmung und Darstellung, jegliches Denken und Handeln wie auch jegliches Urteil durch Perspektivität gekennzeichnet ist (Bergmann 2000, 65).

Auch wenn die drei eingangs benannten Prinzipien einzeln vorgestellt werden, so sind die Grenzen zwischen ihnen fließend (Lücke 2017, 285).

Multiperspektivität bedeutet, verschiedene Perspektiven (mindestens zwei) im Blick auf ein Problem kennenzulernen und wahrzunehmen. Damit kommen unterschiedliche Beweggründe, Ziele und Argumente Beteiligter zur Geltung. Dies kann sich sowohl auf Perspektiven aus der Vergangenheit beziehen, wie sie in historischen Quellen zum Ausdruck kommen, als auch auf solche der Gegenwart. Die Lernenden setzen sich folglich mit unterschiedlichen, gegebenenfalls auch kontroversen Positionen zu einem Problem, einer Frage auseinander.

Ziel der Berücksichtigung von Multiperspektivität im Unterricht ist es, nicht nur wahrzunehmen, dass es immer unterschiedliche Sichtweisen gibt, sondern auch zu untersuchen, worin die Unterschiede liegen, sie zu verstehen und ihre Unterschiede erklären zu können (z.B. Gruppenzugehörigkeit und Prägung).

Den Unterricht multiperspektivisch zu gestalten bedeutet,
- die für die Frage/das Problem bedeutsamen Perspektiven auszumachen,
- nach möglichen Quellen/Dokumenten/Aussagen von Vertreterinnen und Vertretern dieser Positionen zu recherchieren,
- die Positionen und ihre konkreten Überzeugungen und Ziele unter Berücksichtigung der Kontexte und der Gründe zu erarbeiten,
- sich gegebenenfalls in Perspektiven hineinzudenken und einzufühlen (Empathie und Perspektivübernahme).

Dabei sind die Lernenden auch schon für die zuerst genannten Punkte nach Möglichkeit aktiv einzubeziehen.

Nicht alle infrage kommenden Sichtweisen können und müssen zur Sprache kommen. Kriterien für die Auswahl der Perspektiven können sein, die wichtigsten Beteiligten auszuwählen (hier lässt sich trefflich diskutieren, was/wer denn die wichtigsten sind), aber auch randständige, alternative, nicht laut zu Wort kommende Perspektiven können interessant und für eine Problemstellung wichtig sein.

Im Blick auf authentische Perspektiven in der Vergangenheit ist es zum Teil schwierig, schriftliche Quellen auszumachen; hier dominieren, vor allem für die weiter zurückliegende Geschichte, in der Regel die Zeugnisse von Regierungen und privilegierten Schichten, während die Perspektive von Unterschichten oder Randgruppen indirekt aus diesen Quellen abgeleitet werden muss.

Stolperstellen, die zu beachten sind:
Die Lernenden sollten nicht überfordert werden durch

- eine zu hohe Anzahl von unterschiedlichen Perspektiven,
- eine zu hohe Komplexität im Material (Sprache, Abstraktionsgrad, Umfang),
- zu geringe Differenzen in der Argumentation, die eine Unterscheidung gegebenenfalls erschweren/unmöglich machen,
- zu geringes Hintergrundwissen (Kontext), das eine Einordnung schwierig macht,
- Perspektivübernahmen von ihnen fremden Perspektiven (z.B. durch große Entfernungen in Zeit/Raum/Kultur usw.); abzulehnen sind Perspektivübernahmen von menschenverachtenden und Gewalt verherrlichenden Positionen wie etwa von Täterinnen und Tätern in KZs.

Hier müssen Materialen und Aufgaben in der Regel an die Voraussetzungen der Lerngruppe, auch durch eine binnendifferenzierende Aufarbeitung der Quellen und Vorlagen, angepasst werden, ohne unzulässig zu vereinfachen – eine anspruchsvolle Aufgabe.

Kontroversität bedeutet, dass Widersprüche, die in einem gesellschaftlichen oder politischen Diskurs oder in der Interpretation eines Zusammenhangs in der Vergangenheit entstehen, im Unterricht deutlich werden.

Das Kontroversitätsprinzip wird methodisch vor allem durch Mehrperspektivität oder Multiperspektivität umgesetzt. Die*Der Lernende wird dadurch zur Perspektivenübernahme angeregt, zum „Sehen mit den Augen des Anderen" (Grammes 2014, 267).

Ziel der Berücksichtigung von Kontroversität ist es, zu erkennen, dass es interessengeleitet häufig Kontroversen gibt und dass sie Teil einer demokratischen Gesellschaftsordnung und Kultur sind. Sie sind nicht etwa ein lästiges Problem, sondern spiegeln die gesellschaftliche Vielfalt wider. Über die Kenntnis der

Streitpunkte und der unterschiedlichen Stellungnahmen hinaus lernen die Schülerinnen und Schüler, sich selbst zu positionieren (vgl. Pluralität, unten).

Im Unterricht Kontroversität zu berücksichtigen bedeutet,

- Kontroversen im Zusammenhang mit den Lerngegenständen zu thematisieren,
- sie für die Lernenden nachvollziehbar abzubilden (Materialauswahl und -aufbereitung, didaktische Profilierung),
- nicht alle Kontroversen zur Sprache bringen zu können, sondern eine bewusste Auswahl zu treffen.

Stolperstellen, die zu beachten sind:
Die Lernenden nicht überfordern durch

- zu häufige Thematisierungen von Kontroversen, die ein hohes Abstraktionsniveau erfordern.
- zu anspruchsvolle Beispiele, die gegebenenfalls weit außerhalb der Erfahrungen und Interessen der Lernenden liegen.

Pluralität bedeutet, dass sich die Schülerinnen und Schüler mit der Vielfalt der Perspektiven in Gegenwart und Vergangenheit auseinandersetzen und sich zu Fragen/Themen/Problemen/Kontroversen eine eigene Meinung, ein eigenes Urteil bilden (vgl. Kapitel 3.1). Im (geschützten) Lernraum treffen bestenfalls unterschiedliche Perspektiven aufeinander und bilden so einen Teil der gesellschaftlichen Vielfalt im Klassenraum ab.

Ziel von Pluralität ist es, dass die Lernenden es einüben, ihr Urteil begründet zu bilden, die eigenen Wertmaßstäbe zu benennen und ihre Überzeugungen in der Diskussion im Klassenzimmer zu vertreten. Ebenso bedeutsam ist es, andere, auch als fremd empfundenen Positionen der Mitschülerinnen und -schüler anzuhören und zu respektieren.

Im Unterricht Pluralität zu fördern bedeutet,

- die Heterogenität der Schülerinnen und Schüler wahrzunehmen und anzuerkennen,
- Lernende zu einer eigenständigen Urteilsbildung zu befähigen und sie dazu zu ermutigen,
- den Raum im Unterricht für eine konstruktive Auseinandersetzung unterschiedlicher Positionen anzubieten und diese zu fördern.

Stolperstellen, die zu beachten sind:

- Es gibt immer auch Lernende, die aus unterschiedlichen Gründen nicht an einem offenen Austausch über unterschiedliche Positionen teilnehmen wollen oder können. Auch hierfür müssen alle Beteiligten Respekt zeigen und die Lehrkraft muss mit den Lernenden gemeinsam Wege finden, sie dennoch in ihrer Urteilsbildung zu stärken und gegebenenfalls andere Wege der Veröffentlichung zu suchen und zu finden.
- Das Aufeinandertreffen konträrer Positionen, vor allem wenn sie religiöse, politische oder auch ethische Fragen betreffen, kann Auseinandersetzungen fördern, die zu gegenseitiger Ablehnung oder auch Diffamierung führen. Hier sind Sie als Lehrkraft besonders herausgefordert.

Möglichkeiten, im Unterricht die Prinzipien von Perspektivität umzusetzen

Ausgangspunkt für die Unterrichtsarbeit ist jeweils eine Frage/ein Problem, die/das offen formuliert sein muss, also verschiedene Antworten und Sichtweisen zulässt, und die/das ein tatsächliches gesellschaftliches Problem in der Vergangenheit oder der Gegenwart darstellt (vgl. Kapitel 4.1).

	Formen von Perspektivität als Unterrichtsprinzip	Unterrichtliche, methodische Umsetzungen
Perspektivität als Grundbedingung erkennen, verstehen und nutzen	Multiperspektivität	• Textanalyse • Bildanalyse • Rollenspiel • Verfassen von Texten, z. B. ✓ Umschreiben von Positionen (Gegentext verfassen) ✓ „stummen“ Perspektiven eine Stimme geben ✓ perspektivische Briefe, Eingaben, Tagebucheinträge, Reden, Lieder usw. verfassen • Erstellen von Produkten (wie Kommentarseite einer Zeitung, fiktive Interviews …), die die erarbeiteten Perspektiven wiedergeben • Urteile bilden
	Kontroversität	• Textanalyse • Gegenposition verfassen • Urteile bilden
	Pluralität	• Diskussionen, z. B. Pro- und Kontradiskussion • Urteile bilden

Abb. 15: Formen der Perspektivität und ihre unterrichtliche Umsetzung (eigene Darstellung)

Ein Anwendungsbeispiel

Das Thema Migration zeigt deutlich, dass Perspektivität bedeutsam ist. Neben der Vielschichtigkeit möglicher Perspektiven im Unterricht ist das Thema in der Gesellschaft auch hochkontrovers.
Zu den Perspektiven, die hier bedeutsam und untersuchenswert sind, gehören in Vergangenheit und Gegenwart u.a. die der …
- Migrantinnen und Migranten (erste, zweite, dritte Generation),
- Kinder der Migrantinnen und Migranten,
- Zurückbleibenden, Migrierenden, Familien, Freunde, …
- aufnehmenden Gesellschaften (Politikerinnen und Politiker mit unterschiedlichen Positionen zu Migration, Bürgerinnen und Bürger mit unterschiedlichen Haltungen zu Migration …),
- abgebenden Gesellschaften (Politikerinnen und Politiker, Bürgerinnen und Bürger …),
- engagierten Helferinnen und Helfer,
- Anwerberinnen und Anwerber, Schlepperinnen und Schlepper …,
- Arbeitgeberinnen und Arbeitgeber, Kolleginnen und Kollegen, Vermieterinnen und Vermieter, Nachbarinnen und Nachbarn …,
- staatlich involvierten Stellen (Gerichte, Quartiersmanagement, Arbeitsämter …),
- sozialen Einrichtungen, die in die Versorgung und Betreuung involviert sind,
- Verbände,
- Kommentatorinnen und Kommentatoren verschiedener Medien,
- Wissenschaftlerinnen und Wissenschaftler, die sich äußern.

Die verschiedenen Perspektiven können in unterschiedlichen medialen Formaten untersucht werden, dazu gehören u.a.
- Zeitungsartikel, Kommentare in den Medien,
- Nachrichtensendungen und Reportagen,
- Fotos und anderes Bildmaterial,
- (Parlaments-)Reden,
- Petitionen, Gesetze, …,
- Wahlprogramme,
- Plakate, Graffiti, …,
- Museen und Ausstellungen,
- Lieder, Romane, Erzählungen und Gedichte,
- Filme.

Didaktische Begründung

Multiperspektivisches Lernen kann u.a. erkenntnis- und sozialisationstheoretisch, kognitionspsychologisch und natürlich auch philosophisch begründet werden. Aus einer lernpsychologisch-konstruktivistischen Perspektive betrachtet, geht man davon aus, dass durch die Auseinandersetzung mit Lerngegenständen aus verschiedenen Perspektiven ein flexibles Transferwissen erworben werden kann und der Aufbau trägen Wissens reduziert wird (Gerstenmaier/Mandl 1995, 879).

Das übergeordnete Ziel von integrativem gesellschaftswissenschaftlichem Unterricht liegt darin, die Analyse- und Urteilskompetenzen zu fördern (vgl. Kapitel 3.1). Die didaktischen Prinzipien Multiperspektivität, Kontroversität und Pluralität dienen dazu, sich mit gesellschaftlicher Vielfalt und Diversität in Gegenwart und Vergangenheit auseinanderzusetzen. Andere Perspektiven können mit diesen Unterrichtsprinzipien besser nachvollzogen werden und die eigene Positionierung kann im Abgleich mit anderen vorangebracht, überprüft sowie gegebenenfalls verändert werden.

In einer pluralistischen Gesellschaft ist ein Verständnis für unterschiedliche Lebenswelten und Bilder der Wirklichkeit von zentraler Bedeutung. Im Unterricht ist dazu ein soziales Klima notwendig, in dem unterschiedliche Perspektiven und die Unterschiedlichkeit von Denk- und Lebensformen thematisiert und diskutiert werden können.

Insofern leistet das Prinzip der Perspektivität einen wesentlichen Beitrag zur Erweiterung von (vertrauten) Perspektiven sowie zur Erlangung der Urteilsbildung und erweist sich als identitätsförderlich und als eine gewinnbringende Einübung für eine aktive und engagierte Beteiligung an den gesellschaftlichen Herausforderungen.

Weiterführende Literatur:

Duncker, Ludwig/Sander, Wolfgang/Surkamp, Carola (Hg.) (2005): Perspektivenvielfalt im Unterricht. Stuttgart.

Reinhardt, Sibylle (2012): Fachdidaktische Prinzipien als Unterrichtsleitbilder in der politischen Bildung. In: Juchler, Ingo (Hg.): Unterrichtsleitbilder in der politischen Bildung. Schwalbach/Ts.

Sander, Wolfgang (2009): Bildung und Perspektivität. Kontroversität und Indoktrinationsverbot als Grundsätze von Bildung und Wissenschaft. In: EWE, 20(2), S. 239–247.

Weißeno, Georg (1996): „Was in Wissenschaft und Politik kontrovers ist, muss auch im Unterricht kontrovers dargestellt werden.“ Probleme bei der Umsetzung dieser Forderung. In: Schiele, Siegfried/Schneider, Herbert (Hg.): Reicht der Beutelsbacher Konsens? Schwalbach/Ts., S. 107–126.

Birgit Wenzel

4.5 Problemorientierung

Was ist ein (politisches) Problem?

Ein Problem ist ein Zustand oder ein Ablauf, den man als änderungswürdig erachtet und bei dem man einen gewünschten Endzustand anstrebt, dessen Erreichen jedoch mit Hindernissen verbunden ist.

> Politische Probleme sind „unklar definierte Probleme", bei denen es anders als bei „klar definierten Problemen" keine eindeutig richtigen Lösungen gibt. Unklar definiert sind sie deshalb, weil es aus der Perspektive verschiedener Menschen und sozialer Gruppen höchst unterschiedliche richtige Lösungen (meist auch schon unterschiedliche Definitionen des Problems) gibt. (Sander 2008, 195)

Damit ein privates, soziales Problem zum politischen Problem wird, muss dessen Lösung von der Gesellschaft als dringlich anerkannt und somit politische Akteur*innen zum Handeln gezwungen werden. D.h. ein Problem wird nicht durch einen objektiven Zustand definiert, sondern durch die kollektive Wahrnehmung als solches (Reinhardt 2005, 93 f.). Wenn ein Grundschulkind seinen Schulweg aufgrund der gefährlichen Verkehrssituation nicht alleine meistern kann, ist es zunächst das private Problem der Eltern, da sie es täglich zur Schule begleiten müssen. Herrscht jedoch in der Elternschaft Einigkeit darüber, dass diese Situation als politisches Problem gelöst werden muss, und wird dieses artikuliert (in Form von Leserbriefen, Protestaktionen ...), wird es auf die politische Agenda gesetzt und politische Lösungswege werden gesucht.

Auch die Frage, worin ein Problem überhaupt besteht, ist Teil der Auseinandersetzung. Wenn es z.B. zu Gewalttaten durch Geflüchtete kommt, ist die öffentliche Aufmerksamkeit und Empörung groß. Ob das Problem aber der „andere Kulturkreis" ist, der sich nicht mit „unserer" Lebenswelt vereinbaren lässt, oder aber in zu langwierigen Asylverfahren, den Bedingungen in den Asylunterkünften oder fehlenden Beschäftigungsmöglichkeiten wurzelt, ist eine politische Streitfrage, deren Beantwortung wiederum Einfluss auf die verschiedenen Lösungsmöglichkeiten hat: z.B. Einschränkung des Asylrechts, schnellere Abschiebungen auf der einen Seite oder dezentrale Unterbringung, Beschäftigungserlaubnis auch während laufendem Asylverfahren auf der anderen Seite.

Ein weiteres Merkmal eines politischen Problems ist die Ungewissheit in Bezug auf die Lösungsmöglichkeiten. So ist ungewiss, ob ein Lösungsweg tatsächlich der richtige ist und ob er sich überhaupt politisch durchsetzen lässt (Reinhardt 2005, 94). Letztendlich bringen auch die Lösungen bzw. deren Konsequenzen wieder neue Probleme mit sich, die neue Lösungswege und Entscheidungen erfordern (vgl. Kapitel 2.2).

Natürlich haben nicht alle Menschen die gleichen Chancen, „ihr Problem" auf die politische Agenda zu setzen. Dennoch ist es (in der politischen Bildung) notwendig, deutlich zu machen, dass es in einer Demokratie für eine Gruppe allein nicht möglich ist, ein Problem zu definieren, denn Politiker*innen beispielsweise sind angewiesen auf ihre Wähler*innen, Medien beispielsweise sind angewiesen auf ihre Käufer*innen. Und so ist die Problemorientierung in der politischen Bildung eng verknüpft mit dem Gebot der Handlungsorientierung (vgl. Kapitel 4.3) und dem Beutelsbacher Konsens (vgl. Kapitel 4.8).

Problemorientierung als didaktisches Prinzip

Nach seiner Einführung konzentrierte sich der Politikunterricht in Deutschland zunächst vorwiegend auf die institutionellen Aspekte (polity-Ebene; vgl. Kapitel 2.2) des Politischen. Organisationen, Rechtsordnung, Verfassung standen derart im Zentrum des Unterrichts, dass der Begriff der ‚Institutionenkunde' geprägt wurde. In den 1960er Jahren rückte der Fachdidaktiker Hermann Giesecke den Konflikt und somit den Prozess des Politischen unter Einbeziehung des institutionellen Rahmens in den Mittelpunkt des Interesses (Giesecke: 1965, 21 f.). Der Fachdidaktiker Wolfgang Hilligen betonte zwar ebenfalls die Bedeutung des Konflikts für die Fachdidaktik, erweiterte jedoch den Fokus auf Probleme – also das, was einer Lösung bedarf – und betont so den Inhalt des Politischen, also die Aufgabe von Politik (vgl. Reinhardt 2005, 95). Hilligen hebt den lernförderlichen Charakter von Problemen hervor, wobei er bei seinem Ansatz keinen Lernweg skizziert, sondern vielmehr Antwort auf die Gegenstandsauswahl des Politikunterrichts gibt. Auch wenn der Problembegriff von Didaktiker*innen nicht einheitlich definiert ist, gilt der Ansatz der Problemorientierung heute aus mehreren Gründen als konstitutiv. Er macht durch die Bearbeitung konkreter Probleme das Politische verstehbarer und handhabbarer. Er fördert das problemlösende Denken und ist handlungsorientiert.

Das Fach Gesellschaftswissenschaften kennt neben den Problemen, die eine Handlungsorientierung erfordern, außerdem auch Entscheidungsprobleme, bei denen erörtert wird, inwieweit in der Vergangenheit oder Gegenwart stattfindende Prozesse z. B. gerecht oder zwangsläufig ablaufen.

Klafki fordert für die Auswahl von Bildungsinhalten die Orientierung an Kernproblemen unserer Gegenwart und vermeintlichen Zukunft und spricht von epochaltypischen Schlüsselproblemen. Demnach ist ein Themenfeld dann relevant, wenn es sich dabei um „Strukturprobleme von gesamtgesellschaftlicher, meistens sogar übernationaler bzw. weltumspannender Bedeutung handelt, die gleichwohl jeden einzelnen zentral betreffen“ (Klafki 1996, 60).

Der Begriff ‚epochaltypisch‘ im Sinne eines in die Zukunft hin wandelbaren Problemkanons macht deutlich, dass es gar keinen einheitlichen, statischen Problembegriff geben kann, denn die Diagnose von Problemen ist zeitgebunden. So sind heute beispielsweise Fragen des Klimawandels (Schlüsselproblem Nachhaltigkeit), des Terrorismus (Schlüsselproblem Frieden) und auch der Migration (Schlüsselprobleme Frieden, Grundwerte und Partizipation) zentrale Herausforderungen in unserer Gesellschaft.

Sie sollten bei der Auswahl der didaktischen Perspektiven auch die Kategorien Bedeutsamkeit und Betroffenheit miteinbeziehen. Betroffenheit betont zunächst das Individuum, hier die Schülerinnen und Schüler. Diese sind dann betroffen, …

- wenn sie Ereignisse emotional stark erregen, auch wenn sie sie nicht selbst betreffen (z.B. Kriege, Katastrophen). Die hieraus resultierende Betroffenheit lässt sich jedoch in der Regel nicht über einen längeren Zeitraum aufrechterhalten;
- wenn politische Fragen und Probleme sie in ihrer Lebenswelt betreffen;
- wenn sie sich mit anderen Personen und deren Situation identifizieren.

Sind Schülerinnen und Schüler betroffen, öffnen sie sich einem Lerngegenstand eher. Bei dem Aspekt der Betroffenheit geht es aber um mehr als um Motivation. Ziel ist es vielmehr in der Mikrowelt die Makrowelt zu entdecken (Ackermann/Althoetmar-Smarczyk 1995, 58 f.)

So können also lebensweltliche Erfahrungen der Schülerinnen und Schüler (der Mikrowelt), die sich als politische Probleme (der Makrowelt) herausstellen, Ausgangspunkte bei der Auswahl von Problemen für den Unterricht sein. Beispielsweise könnten rassistische Äußerungen in den Schultoiletten Anlass geben, das Thema Migration im Unterricht zu behandeln. Auch ein Argumentationstraining im Unterricht kann durchaus sinnvoll sein, aber politischer Unterricht sollte hier nicht enden. „Dass viele Lernende dazu neigen, beim sozialen Lernen stehen zu bleiben und die Komplexität des Politischen lieber vermeiden möchten, macht den Brückenschlag von der Mikro- zur Makrowelt umso wichtiger.“ (Reinhardt 2005, 95)

Politische Probleme als Gegenstand des Unterrichts

In Bezug auf die Auswahl von Lerngegenständen wurde oben bereits auf die Bedeutung von existenziellen Problemen hingewiesen. Dies bedeutet jedoch nicht, dass das Problem für die Schülerinnen und Schüler unmittelbar erfahrbar sein muss im Sinne einer subjektiven Betroffenheit. Es ist vielmehr Aufgabe der Lehrenden, die objektive Bedeutsamkeit des Problems für diese zu erschließen (Grammes 1999b, 210). Wenn die Lernenden eine Situation als unerwünscht und zugleich auch veränderbar wahrnehmen, werden ihre Neugier und ihre Bereitschaft geweckt, ihr Grundwissen um das für die Problemlösung notwendige Wissen zu erweitern.

Sander nennt drei Bedingungen, damit eine Problemsituation zu einer Lernsituation werden kann. Die Probleme müssen:
- von den Lernenden als ‚lebendig'/bedeutsam empfunden werden;
- im Rahmen eines natürlichen Kontexts auftreten (kein Motivationstrick);
- als prinzipiell lösbar angesehen werden, sonst droht Apathie und Resignation (Sander 2008, 194f.).

Wendet man bei der Planung des Unterrichts den Politikzyklus an, so ergibt sich folgende Schwerpunktsetzung: Entstehung des Problems, Bestandteile des Problems und die daraus folgenden Aufgaben für die Politik. Hier ist unbedingt darauf zu achten, nicht bei der inhaltlichen Dimension stehen zu bleiben und den prozessualen Charakter zu beachten (vgl. Kapitel 2.2).

Breit schlägt folgende Planungsfragen für den Unterricht vor, die bei jeder Unterrichtseinheit auf das jeweilige Problem hin zu konkretisieren sind:
1. Um was geht es? Worin besteht das Problem? Welches Ausmaß besitzt das Problem?
2. Wie ist das Problem entstanden?
3. Wer ist von dem Problem betroffen? Welche Gefährdungen gehen von dem Problem aus?
4. Welche Lösungskonzepte liegen vor?
5. Wer hat sie entwickelt (Akteur*innen)? Welche Interessen sind damit verbunden? Welche Folgen sind bei Verwirklichung eines dieser Lösungskonzepte vorhersehbar? (Breit 2005, 112)

Diese Planungsfragen können im Sinne einer Problemstudie dann auch den Unterrichtsverlauf strukturieren. Reinhardt schlägt hier einen sechsten Schritt vor, in dem die eigene Stellungnahme der Lernenden thematisiert wird. Besondere Bedeutung misst sie dem ersten Schritt zu, wenn die Lernenden, z.B. im Rahmen von Kleingruppenarbeit, zu unterschiedlichen Problemsichten gelangen. Dies ermöglicht es, die Probleme aus unterschiedlichen Perspektiven wahrzunehmen (Kontroversität) und verdeutlicht die soziale Konstruktion von Problemen (2005, 97).

Problemorientiertes Lernen ist auch retrospektiv in Bezug auf die institutionelle Ebene (polity-Dimension) möglich. Fakten wie Rechtsordnung, Aufgaben von Institutionen etc., die ebenso Gegenstand politischer Bildung sind, sind immer auch Ergebnisse von Politik. Um ihren Sinn zu verstehen, ist es notwendig, die Probleme, auf die sie eine Antwort geben sollten, zu rekonstruieren und gegen welche Alternativen sie sich durchgesetzt haben (Sander 2008, 195 f.).

Der problemorientierte Ansatz und die damit verbundene Förderung des problemlösenden Denkens setzt die selbstständige und aktive Auseinandersetzung der Schülerinnen und Schüler mit dem Lerngegenstand voraus. Dies wiederum setzt zum einen die Abkehr von einem lehrerzentrierten Unterricht voraus und erfordert einen hohen Zeitansatz, ermöglicht aber andererseits ein an den Bedürfnissen der Schülerinnen und Schüler orientiertes Lernen. Der Auswahl der Lerngegenstände (dem Was, Wozu, Warum) kommt also auch aus diesem Grund eine besondere Bedeutung zu, da im Rahmen einer Unterrichtseinheit i.d.R. nur ein Problem und das damit verbundene, notwendige Wissen vermittelt werden kann. Durch die Komplexität eines Problems werden den Lernenden einerseits die Schwierigkeiten der Problemlösung, andererseits aber auch deren Notwendigkeit deutlich. Gewöhnen sie sich daran, bei der Beurteilung von Problemen mehrere Sichtweisen zu berücksichtigen (vgl. Kapitel 4.5), werden sie künftig weniger vorschnelle, emotional gesteuerte Urteile fällen. Wenn die Schülerinnen und Schüler sich ihrer Fähigkeit zum Problemlösen bewusst werden, ihre Selbstwirksamkeit erleben, werden sie künftig eher bereit sein, politisch zu urteilen und zu handeln (Breit 2005, 110 f.).

Breit erläutert Umsetzung und Chancen des Ansatzes beispielhaft am Thema Asyl (2005, 120 ff.). Ins Zentrum des Unterrichts rückt er die Analyse und Beurteilung des Problems „Aufnahme von (politischen) Flüchtlingen in der Bundesrepublik(!?)" und mögliche Lösungskonzepte. Den Schülerinnen und Schülern soll klar werden, dass es sich um ein globales Problem handelt, das weitere Problembereiche, wie Menschenrechte, soziale Ungleichheit und Frieden berührt. Der existenzielle Bezug des Themas ergibt sich aus der Bedeutung sowohl für die Bürger*innen Deutschlands und anderer aufnehmender Länder als auch für die Flüchtlinge selbst. Von der Frage, ob und wie Lösungen für die Flüchtlingsfrage gefunden werden, hängt sowohl die physische Existenz der Geflüchteten ab als auch die Stabilität und Leistungsfähigkeit der Gastländer. Indem die Lehrkraft die Lerngruppe mit einem Fall konfrontiert, bei dem sie sich sowohl mit der Perspektive der Geflüchteten, ihren Gedanken und Gefühlen als auch mit der Perspektive der Bürgerinnen und Bürger einer aufnehmenden Stadt auseinandersetzen müssen, führt sie die Schülerinnen und Schüler zu problemlösendem Denken hin. Wenn sie emotional berührt sind und die Ängste und Sorgen der Geflüchteten und der deutschen Mitbürgerinnen und Mitbürger spüren, wird ihnen die Notwendigkeit einer Problemlösung bewusst, problemlösendes Denken wird aktiviert. Die Lernenden bilden Untersuchungsfragen mithilfe gesellschaftswissenschaftlicher Kategorien und versuchen diese mit selbst bestimmten Verfahren zu beantworten. Beschäftigen sie sich dann mit den Fluchtursachen, wird ihr Blick über die Lage in Deutschland hinausgehen und weltweite Zusammenhänge werden hergestellt.

Der problemorientierte Ansatz birgt laut Grammes aber auch die Gefahr der Frustration und kann zu Politikverdrossenheit führen (1999b, 210f.). So kann Unterricht gesellschaftliche und politische Probleme zwar thematisieren, jedoch nicht lösen und könnte so von den Schülerinnen und Schülern als reiner „Laberunterricht" empfunden werden. Da es zum einen keine idealen Lösungen gibt, diese oft wiederum zu neuen Problemen führen, und da es zum anderen keine konsensuellen Lösungen gibt und diese immer auch mit Konflikten verbunden sind, müssen die Schülerinnen und Schüler lernen, dieses Spannungsverhältnis auszuhalten. Eine Unterrichtspraxis, die lediglich Probleme aufzeigt, ohne zu einem Ergebnis zu kommen, indem sie auf (gegebenenfalls realisierte) konstruktive Lösungen hinweist, kann nicht als problemorientiert gelten.

Weiterführende Literatur:

Manzel, Sabine (2008): Wissensvermittlung und Problemorientierung im Politikunterricht. Schwalbach/Ts.

Rhode-Jüchtern, Tilman/Schneider, Antje (2012): Wissen, Problemorientierung, Themenfindung im Geographieunterricht. Schwalbach/Ts.

Eva Glaser/Mareike Jakobi

4.6 Demokratische Werteorientierung

Im Kompetenzmodell für Lehrkräfte des Fachs Gesellschaftswissenschaften heißt es, die Lehrkräfte können „einen Unterricht planen und durchführen, dessen prägendes Kennzeichen die demokratische Werteorientierung ist".

Was ist damit gemeint?
1. Die Erziehung zur Mündigkeit ist leitendes Ziel des Fachs.
2. Die Unterrichtsgestaltung soll partizipativ sein: Schülerinnen und Schüler sollen durch ihre Interessen und aktive Mitbestimmung Einfluss darauf haben, was im Unterricht verhandelt wird und wie es verhandelt wird.
3. Die Grundhaltung einer Lehrkraft im Fach Gesellschaftswissenschaften ist nicht weltanschaulich neutral, sondern an demokratischen Werten orientiert. Dies impliziert die Notwendigkeit der Debatte, aber auch ihre Grenzen.

Was genau sind „demokratische Werte"?
Die zentralen Werte der modernen Demokratie sind die Menschenrechte, in Deutschland konkretisiert in den Grundrechten des Grundgesetzes: die Würde des Menschen, die Handlungsfreiheit, das Recht auf körperliche Unversehrtheit oder die Meinungsfreiheit.

Habermas entwickelt in seiner Demokratietheorie eine Form von Werteorientierung, die für den Unterricht im Fach Gesellschaftswissenschaften bedeutsam ist. Habermas geht nämlich davon aus, dass eine Verständigung auf kulturelle Werte in Demokratien schwer möglich ist. Die Grundlage der Demokratie liege hingegen in der Orientierung auf das Verfahren (Habermas 1992, 370 f.):
a) Beratungen in argumentativer Form,
b) inklusive und öffentliche Beratungen,
c) Beratungen frei von externen Zwängen,
d) gleiche Chancen, gehört zu werden,
e) (politische) Mehrheitsentscheidungen als vernunftbasierte Zwischenentscheidungen,
f) Öffentlichkeitscharakter sämtlicher Materien (inkl. privater Materien mit verteilungsrelevanten Aspekten),
g) politische Beratungen erstrecken sich auch auf die Interpretation von Bedürfnissen.

Diese – nach Habermas – für Demokratien konstitutiven Grundsätze sind zugleich Unterrichtsprinzipien und Grundlagen des Unterrichts im Fach Gesellschaftswissenschaften, mit der entscheidenden Ausnahme, dass Mehrheitsentscheidungen im Unterricht nicht das Mittel der Wahl sind, da das Ziel von Unterricht zumeist nicht die tatsächliche Regelung von Problemen ist, sondern die Befähigung von Schülerinnen und Schülern zur individuellen Urteilsbildung.

Wie kann Werteorientierung im Unterricht aussehen?

Beispiel 1 für werteorientierten Unterricht zum Thema Migration

Schülermaterial:

A)

Art. 1 GG
(1) Die Würde des Menschen ist unantastbar. Sie zu achten und zu schützen ist Verpflichtung aller staatlichen Gewalt. [...]

Art. 2 GG
(1) Jeder hat das Recht auf die freie Entfaltung seiner Persönlichkeit, soweit er nicht die Rechte anderer verletzt und nicht gegen die verfassungsmäßige Ordnung oder das Sittengesetz verstößt. [...]

Art. 3 GG
(1) Alle Menschen sind vor dem Gesetz gleich.
[...]
(3) Niemand darf wegen seines Geschlechtes, seiner Abstammung, seiner Rasse, seiner Sprache, seiner Heimat und Herkunft, seines Glaubens, seiner religiösen oder politischen Anschauungen benachteiligt oder bevorzugt werden. [...].

Art. 5 GG
1) Jeder hat das Recht, seine Meinung in Wort, Schrift und Bild frei zu äußern und zu verbreiten und sich aus allgemein zugänglichen Quellen ungehindert zu unterrichten. Die Pressefreiheit und die Freiheit der Berichterstattung durch Rundfunk und Film werden gewährleistet. Eine Zensur findet nicht statt.
(2) Diese Rechte finden ihre Schranken in den Vorschriften der allgemeinen Gesetze, den gesetzlichen Bestimmungen zum Schutze der Jugend und in dem Recht der persönlichen Ehre.

Bürgerliches Gesetzbuch (BGB)
§ 903 Befugnisse des Eigentümers
Der Eigentümer einer Sache kann, soweit nicht das Gesetz oder Rechte Dritter entgegenstehen, mit der Sache nach Belieben verfahren und andere von jeder Einwirkung ausschließen.

Allgemeines Gleichbehandlungsgesetz (AGG)
§ 19 Zivilrechtliches Benachteiligungsverbot
(1) Eine Benachteiligung aus Gründen der Rasse oder wegen der ethnischen Herkunft, wegen des Geschlechts, der Religion, einer Behinderung, des Alters

oder der sexuellen Identität bei der Begründung, Durchführung und Beendigung zivilrechtlicher Schuldverhältnisse, die
1. typischerweise ohne Ansehen der Person zu vergleichbaren Bedingungen in einer Vielzahl von Fällen zustande kommen (Massengeschäfte) oder bei denen das Ansehen der Person nach der Art des Schuldverhältnisses eine nachrangige Bedeutung hat und die zu vergleichbaren Bedingungen in einer Vielzahl von Fällen zustande kommen [...]
ist unzulässig.

Strafgesetzbuch (StGB)
§ 130 Volksverhetzung
(1) Wer in einer Weise, die geeignet ist, den öffentlichen Frieden zu stören,

1.
gegen eine durch nationale, rassische, religiöse oder durch ihre ethnische Herkunft bestimmte Gruppe, [...] zum Hass aufstachelt, zu Gewalt- oder Willkürmaßnahmen auffordert oder

2.
die Menschenwürde anderer dadurch angreift, dass er eine vorbezeichnete Gruppe [...] böswillig verächtlich macht oder verleumdet,
wird mit Freiheitsstrafe von drei Monaten bis zu fünf Jahren bestraft.

B) Aushang in einem Ladenlokal in der Ortschaft Töging (Bayern), 2017

Abb. 16: Foto des Aushangs in Töging (© Pressebild, Alt-Neuöttinger Anzeiger/Passauer Neue Presse, Toni Brandl)

Gegen die Ladeninhaberin aus Töging, die den Aushang angebracht hat, wurde ein Ermittlungsverfahren wegen „Volksverhetzung" eingeleitet. Sie gab zur Begründung an, Flüchtlinge hätten in ihrem Laden Waren im Wert von 400 € gestohlen (o. A. 2017). Sie sei körperlich bedroht worden.

C) Aufnahme von deutschen Flüchtlingen in Waiblingen und Aalen, Baden-Württemberg

Ganz und gar unchristlich wurde kurz nach dem Zweiten Weltkrieg im tiefgläubigen Schwaben gebetet: „Herrgott im Himmel, sieh unsere Not / wir Bauern haben kein Fett und kein Brot / Flüchtlinge fressen sich dick und fett / und stehlen uns unser letztes Bett / Wir verhungern und leiden große Pein / Herrgott, schick das Gesindel heim" (zit. in Kellerhoff 2008). Dieses Schmähgebet kursierte 1946/47.

Aufgaben

1. Nennt Grundgesetzartikel, die aus der Sicht des Anklägers dafürsprechen, dass der Aushang strafbar sein sollte.
2. Nennt Grundgesetzartikel, die aus der Sicht der Ladeninhaberin dafürsprechen könnten, dass der Aushang erlaubt sein sollte.
   Erläuterung: Wenn einige Grundrechte eine Handlung gestatten, während sie anderen Grundrechten widerspricht, nennt man das einen „Grundrechtskonflikt". In einem solchen Fall muss man eine begründete Entscheidung treffen, welche Grundrechte im konkreten Fall den Vorrang haben sollten.
3. Beurteilt, ob der Aushang erlaubt sein sollte. Nutzt hierzu auch die Auszüge aus dem BGB und dem AGG.
4. Lest das Gedicht C).
5. Recherchiert, was für Flüchtlinge es waren, von denen in C) die Rede war.
6. Nehmt Stellung zu folgender Aussage: „Gegen Fremdenfeindlichkeit können Neuankömmlinge nichts machen, weil Fremdenfeindlichkeit nichts damit zu tun hat, woher Neuankömmlinge kommen, warum sie von zu Hause fortgegangen sind, wohin sie gegangen sind und wie sie sich verhalten."

Demokratische Werteorientierung bedeutet im vorliegenden Unterrichtsbeispiel, dass die Schülerinnen und Schüler aufgefordert sind, offen zu diskutieren, denn es geht nicht darum, das Lernen auf eine Werteausprägung zu verengen, sondern Kontroversen und Aushandlungsprozesse in den Mittelpunkt zu stellen. In einem solchen Prozess ist es denkbar, dass einzelne Lernende Äußerungen machen, die die Würde des Menschen (hier: der Flüchtlinge) verletzen. Bei solchen Gelegenheiten ist es wichtig, die Balance zu wahren: Zum einen bedeutet die demokratische Werteorientierung, dass eine offene Debatte möglich sein muss. Andererseits dürfen Äußerungen, die menschenfeindlich oder herabwürdigend sind, nicht stehen gelassen werden. Ob ein Mensch Menschenrechte hat, ist nicht kontrovers und darf auch nicht ergebnisoffen diskutiert werden (vgl. Kapitel 4.8). In der konkreten Situation ist es eine Frage Ihres Tonfalls und Ihrer Sprechhaltung. Weisen Sie menschenfeindliche Äußerungen bestimmt zurück, halten Sie aber die Diskussion mit Ihren Schülerinnen und Schülern aufrecht. Bleiben Sie in Ihrer Haltung wertschätzend gegenüber der Person, auch wenn Sie ihre Auffassungen ausdrücklich nicht teilen. Fordern Sie für Behauptungen Belege ein, widersprechen Sie sachlich, aber diskreditieren Sie Schülerinnen und Schüler nicht persönlich, die unwahre Behauptungen machen.

Auf diese Weise schaffen Sie das Umfeld für das, was Habermas einfordert:

a) Beratungen in argumentativer Form,
b) inklusive und öffentliche Beratungen,
c) Beratungen frei von externen Zwängen,
d) gleiche Chancen, gehört zu werden.

Durch die Zurückweisung von Diskriminierung schützen Sie diejenigen Ihrer Schülerinnen und Schüler, die von Herabwürdigungen betroffen sind. Sie ermöglichen Ihnen auf diese Weise, gleichberechtigt am Diskurs teilzunehmen. Wenn Sie sich dennoch wertschätzend gegenüber provozierenden Schülerinnen oder Schüler verhalten, halten Sie die Debatte aufrecht und leben zugleich vor, was „gleiche Rechte für alle" in der Demokratie bedeutet.

Im konkreten Fall müsste vor allem der Unterschied zwischen Meinungsäußerungen und aktiver Diskriminierung herausgearbeitet werden. Es ist jedem gestattet, Flüchtlinge nicht zu mögen und dies zu äußern. Artikel 5 hat seine Grenze aber in der Verletzung der Ehre. Bestimmten Personengruppen den Eintritt in öffentlich zugängliche Geschäfte zu verwehren, ist hingegen ein schwerwiegender Eingriff in ihre Rechte und damit ein Verstoß gegen Artikel 3, der nicht durch Artikel 5 oder 2 gerechtfertigt werden kann. Da aber Grundrechte gemeinhin lediglich das Verhältnis zwischen Staat und Bürger*innen regeln (Art. 1 (1), Satz 2), sollte ergänzend § 19 AGG herangezogen werden, der hier dem Eigentümer Grenzen bei der freien Verfügung über sein Eigentum (§ 903 BGB) in Privatrechtsverhältnissen aufzeigt.

Ob es sich bereits um „Volksverhetzung" handelt, also den Aufruf zum Hass oder eine Störung der öffentlichen Ordnung (§ 130 StGB), ist strittig und einer kontroversen Diskussion zugänglich.

Dies gilt auch für die Aufgabe 6. Es gibt gute Argumente, die Aussage zu bejahen: Die Flüchtlinge im Schmähgedicht (C) waren Deutsche – die Nationalität spielte hier also keine Rolle für die Ablehnung der „Fremden". Sie waren unzweifelhaft vor Krieg geflohen, was als absolut legitimer Migrationsgrund gilt. Sie haben sich natürlich nicht, wie in dem Gedicht behauptet, „fett" gefressen, während die einheimischen Bauern Not gelitten haben. Hingegen war die Not unter den Flüchtlingen ungleich größer als bei den Einheimischen. Hier zeigt sich vielmehr, wie Ablehnung mit Verleumdungen einhergeht. Dass die Flüchtlinge „das letzte Bett" genommen hätten, kann hingegen stimmen – sie wurden überall einquartiert, wo Platz war. Sie waren außerdem im eigenen Land geblieben, hatten also unzweifelhaft ein „Bleiberecht". Dieses Beispiel ist also durchaus dazu geeignet, die These zu untermauern, dass jede Migration Diskriminierung hervorruft, egal, wie sich Migrantinnen und Migranten verhalten.

Gleichwohl werden Schülerinnen und Schüler in einer Diskussion um diese These immer wieder mit Beispielen kommen, die tatsächliches oder vermeintliches Fehlverhalten von heutigen Flüchtlingen zum Inhalt haben. So wurde ja auch der Aushang im Ladenlokal begründet. Es ist an solchen Stellen Ihre Aufgabe, Fakten und Quellen zu klären – gegebenenfalls auch nachträglich –, Verallgemeinerungen zu hinterfragen und sinnvolle Vergleiche (z.B. Fehlverhalten Einheimischer) anzustellen, aber nicht, die Schülerinnen und Schüler zu einem erwünschten Urteil zu drängen. Auch hier gilt: Die Grenze, auf deren Einhaltung Sie achten müssen, ist die Herabwürdigung von Personengruppen oder die Aufstachelung zum Hass. Die demokratische Kultur des Fachs verlangt es aber, dass die Schülerinnen und Schüler Einfluss auf die Agenda des Unterrichts haben müssen. Und wenn Ihre Schülerinnen und Schüler über Kriminalität im Kontext von Migration diskutieren wollen, sollten Sie als Lehrkraft darauf eingehen. Sorgen Sie nur dafür, dass eine solche Debatte sachlich, faktengestützt und im Geiste demokratischer Werteorientierung erfolgt.

Weiterführende Literatur:

Himmelmann, Gerhard (2017): Demokratie-Lernen in der Schule, Schwalbach/Ts.

Maroshek-Klarmann, Uki/Rabi, Saber (2015): Mehr als eine Demokratie – Sieben verschiedene Demokratieformen verstehen und erleben. 73 Übungen nach der „Betzavta"-Methode. In der Adaption von Susanne Ulrich, Silvia Simbeck und Florian Wenzel. Gütersloh.

Nikolaus Bois/Johann Knigge-Blietschau

4.7 Projektorientierung

Projektmethode und Fächerintegration

Die Projektmethode ist in ihrem Ansatz und ihren didaktischen Ursprüngen eng mit der Idee der Fächerintegration verknüpft. John Dewey, der als Begründer der Projektmethode gilt, begründete den Projektansatz damit, dass der auf Lehrgängen beruhende Fachunterricht zu lebensfern und undemokratisch sei. Im Zentrum seiner Überlegungen stand die Selbsttätigkeit der Schülerinnen und Schüler als „denkende Erfahrung".

> Ein Projekt bedeutet für Dewey die tätige Auseinandersetzung mit einem Gegenstand über einen längeren Zeitraum hinweg, einem Gegenstand, der von bleibendem Interesse für den Schüler und die Gesellschaft ist, der über sich hinausweist und weitergehende Probleme aufzeigt, mit dem Ziel, Erfahrungsprozesse bei den Schülern zu initiieren. (Speth 1997, 35)

Dieser Grundansatz verträgt sich ausgezeichnet mit dem Lebensweltbezug des Fachs Gesellschaftswissenschaften und der Grundidee Wolfgang Klafkis, epochale Schlüsselprobleme zum Grundgerüst des gesellschaftswissenschaftlichen Lernens zu machen. Dabei hatte Klafki einen Unterricht im Auge, der alle Fächer und ihre Bezugswissenschaften integrieren sollte. Im Folgenden soll es aber nur um Ansätze gehen, die sich innerhalb oder zumindest mit Beteiligung des Fachs Gesellschaftswissenschaften verwirklichen lassen.

Die Projektmethode ist nicht scharf umrissen, sondern kennt unzählige Spielarten. Zu den oben aufgezählten Bedingungen soll hier noch eine ergänzt werden: ein Projekt muss ein Ziel haben. Die Wortwurzel des Begriffs kommt von lateinisch „proicere" – „vorauswerfen", es wird also etwas für die Zukunft geplant. Das Ziel ist im Rahmen von Unterrichtsprojekten oft die Erstellung eines materiellen Produkts und/oder einer Präsentation, es kann aber auch ein Experteninterview, die Realisierung einer Veranstaltung oder eine tatsächliche Handlung im öffentlichen Raum sein.

Organisationsformen

Die verbreitetste Form des Projektunterrichts ist die Projektwoche. Diese Form ist anspruchsvoll, da innerhalb eines sehr kurzen Zeitrahmens, in der Regel fünf Tage, ein Ziel realisiert werden muss. Dies erfordert gute Planung und starke Steuerung des Prozesses. Förderlich an Projektwochen sind die langen Arbeitsphasen. Gut integrierbar ist Projektunterricht auch in einen Unterricht, der in Doppelstunden organisiert ist. In 45-Minuten-Stunden geht hingegen zu viel Zeit für das Auspacken und Aufräumen der Zwischenergebnisse der Projektarbeit verloren.

Projektarbeiten werden in aller Regel in Gruppenarbeiten durchgeführt. Eine individuelle Projektarbeit kann aber ebenfalls produktiv sein.

Das Modell problemorientierten Lernens nach Annemarie von der Groeben
Komplexe Aufgaben eignen sich gut für das fachliche Lernen im Fach Gesellschaftswissenschaften und für die Differenzierung, insbesondere das Modell der „produktiven Herausforderungen" als Form des problemorientierten Lernens (von der Groeben 2011, 116 f).

Abb. 17: Merkmale problemorientierten Lernens nach Annemarie von der Groeben (2011, 116 f.)

Für das fachliche Lernen ist dieser Aufgabentyp gut geeignet, da sich bei komplexen Aufgaben unterschiedliche Fachmethoden zur Erfassung und Lösung eines Problems verbinden lassen (vgl. Kapitel 7). Für die Differenzierung sind sie gut geeignet, weil sie unterschiedliche Lernwege und unterschiedliche Niveaus von Ergebnissen ermöglichen.

> Beispiel für eine herausfordernde Aufgabe:
>
> „Entwerft ein Spiel, in dem unterschiedliche Menschen auf unterschiedlichen Wegen nach Europa kommen. Im Spiel soll es darum gehen, ob sie kommen und wo sie bleiben können."

Mit der Aufgabe verbinden sich viele Einzelaufgaben, z.B.

- *Diskutieren* über eine grundsätzliche Spielidee: Soll es um Einzelpersonen gehen oder z.B. um Herkunftsländer? Soll die Abwehr von Migrant*innen das Ziel des Spiels sein, die erfolgreiche Integration, die gleichmäßige Verteilung oder die Seenotrettung? Eine solche Offenheit der Spielidee ist wegen des Beutelsbacher Konsenses, dem ein eigener Abschnitt gewidmet ist, notwendig.
- *Sich informieren:* Die Schülerinnen und Schüler benötigen Basisinformationen: Woher kommen die meisten Migrantinnen und Migranten? Was sind die häufigsten Migrationsgründe (z.B. Krieg, Hunger, Arbeitssuche)? Was sind typische Reisewege und -gefahren? Das Dubliner Übereinkommen (das erste Land, das ein Flüchtling betritt, ist in der EU verantwortlich für das Asylverfahren) sollte den Schülerinnen und Schülern in einer didaktisierten Form zugänglich gemacht werden.
- *Konstruieren* von Spielmaterial: Bei der Spielidee liegt es nahe, eine Karte als Grundlage zu verwenden. Es gäbe aber auch die Möglichkeit, nur mit Steckbriefen und Spielkarten oder Würfeln zu arbeiten.

Ein solches komplexes Projekt spricht viele Begabungen an und die Aufgabe kann auf vielen verschiedenen Komplexitätsstufen gelöst werden. Eine einfache Variante wäre z.B. ein Spiel, in dem man in der Rolle einer*s außereuropäischen Zuwanderer*in Gefahren auf dem Weg überwinden muss und die Frage des Bleiberechtes z.B. per Zufall (Würfel) entschieden wird. Komplexere Varianten werden vielleicht mit Steckbriefen arbeiten und Bedingungen für Asyl definieren oder legale Zuwanderung von Fachkräften zulassen. Wegen dieses unterschiedlichen Grads von Komplexität des Ergebnisses zählen herausfordernde Aufgaben zu den Unterrichtsformen, die sich „von selbst" differenzieren. Wie viele Hilfen die Schülerinnen und Schüler brauchen, kann im Prozess geklärt werden. Durch die lange Bearbeitungszeit dieser Aufgabe erhält die Lehrkraft außerdem die Gelegenheit für die wichtigste Form der Differenzierung: die Prozessbegleitung als Lernhelfer*in.

Beispiel Forschungsplan – eine gut geeignete Projektmethode im Fach Gesellschaftswissenschaften

Eine für das Fach Gesellschaftswissenschaften gut geeignete Unterrichtsform, die auf dem Prinzip der herausfordernden Aufgaben basiert, ist der sogenannte Forschungsplan. Hier wird ausgehend von einem Lernanlass eine Frage aufgeworfen, der die Lerngruppe arbeitsteilig nachgeht, um sie schließlich zu beantworten.

Im Folgenden soll ein Forschungsplan skizziert werden, der zum Rahmenthema passt.

Lernanlass: „Gut Leben in Deutschland" – Merkel im Bürgerdialog, 17. Juli 2015

Am 17. Juli 2015 führte Angela Merkel ein Gespräch mit Jugendlichen. Darunter war auch Reem Sahwil, deren palästinensische Familie aus dem Libanon zugewandert war. Die Familie war zum Zeitpunkt des Gesprächs nach vier Jahren in Deutschland von Abschiebung bedroht.

Im Verlauf des Gesprächs kam es unter anderem zu folgenden Aussagen:

> „Ich hab' ja auch Ziele, so wie jeder andere […] es ist wirklich sehr unangenehm zuzusehen, wie andere das Leben genießen können und man es selber nicht mitgenießen kann" (Reem Sahwil). Daraufhin erwidert Angela Merkel, nachdem sie sich grob über die Hintergründe von Reem Sahwils Familie informiert hat: „Es werden manche auch wieder zurückgehen müssen." Als Reem anfängt zu weinen, tröstet die Kanzlerin sie unter anderem mit den Worten: „Das hast Du doch gut gemacht."

Das Video ist unter anderem hier abrufbar:
https://www.youtube.com/watch?v=iWPZuZU5t44

Dieses Gespräch eignet sich sehr gut als Anlass, um in eine Projektarbeit zur Leitfrage der Einheit (vgl. Kapitel 1.4 und 4.1) einzusteigen.

Ein Forschungsplan beginnt damit, dass die Schülerinnen und Schüler Fragen zum Lernanlass aufwerfen:

Diese könnten hier sein:
- Warum ist Reem aus dem Libanon hierhergekommen?
- Wo ist eigentlich der Libanon?
- Warum leben Menschen im Libanon in Flüchtlingslagern?

- Wie ist die Situation in den Flüchtlingslagern im Libanon?
- Warum durfte Reems Vater nicht arbeiten?
- Wie geht es Reem heute?
- Wieso kann Reem so gut Deutsch?
- Warum dauert es so lange, bis über einen Asylantrag entschieden wird?
- Hat sich schon etwas geändert und wird heute schneller entschieden?
- Welche Menschen dürfen nach Deutschland kommen und hierbleiben?
- Welche Menschen müssen in ihre Heimatländer zurückgehen?
- Werden wirklich Leute in ihre Heimatländer zurückgeschickt?
- Wie viele Flüchtlinge gibt es eigentlich in Deutschland?

Diese Fragen werden von den Schülerinnen und Schülern auf Moderationskarten geschrieben und mit dem eigenen Namen versehen. Die Lehrkraft filtert im Dialog mit der Klasse eine übergeordnete Leitfrage heraus, die alle Einzelfragen verbindet. Im vorliegenden Fall eignet sich die Frage: Welche Menschen dürfen nach Deutschland kommen und hierbleiben?

Anschließend werden die Fragen nach Themen sortiert. Diese Sortierung könnte beispielsweise so aussehen:

Forschungsplan „Welche Menschen dürfen nach Deutschland kommen und hierbleiben?"

Arbeitsgruppen

Fragen	Thema der Arbeitsgruppe und Ziel auf der Kompetenzebene
- Warum ist Reem aus dem Libanon hierhergekommen? - Wo ist eigentlich der Libanon? - Warum leben Menschen im Libanon im Flüchtlingslagern? - Wie ist die Situation in den Flüchtlingslagern im Libanon?	**Flüchtlinge im Libanon** Die Schülerinnen und Schüler beschreiben die soziale Lage von Flüchtlingen im Libanon. Sie erläutern den Unterschied zwischen syrischen und palästinensischen Flüchtlingen. Sie beurteilen und bewerten die Lebensumstände der unterschiedlichen Flüchtlingsgruppen.
- Wieso kann Reem so gut Deutsch? - Wie viele Flüchtlinge gibt es eigentlich in Deutschland? - Warum durfte Reems Vater nicht arbeiten?	**Situation von Flüchtlingen in Deutschland heute** Die Schülerinnen und Schüler beschreiben die soziale Lage von Flüchtlingen in Deutschland, insbesondere aus dem Libanon. Sie differenzieren zwischen unterschiedlichen Gruppen (z. B. Herkunftsländer, Fluchtgründe). Sie beurteilen und bewerten die Lebensumstände von Flüchtlingen in Deutschland.

Fragen	Thema der Arbeitsgruppe und Ziel auf der Kompetenzebene
- Warum dauert es so lange, bis über einen Asylantrag entschieden wird? - Hat sich schon etwas geändert und wird heute schneller entschieden? - Welche Menschen müssen in ihre Heimatländer zurückgehen? - Werden wirklich Leute in ihre Heimatländer zurückgeschickt?	**Asylverfahren in Deutschland** Die Schülerinnen und Schüler legen die rechtlichen Grundlagen von Asylverfahren und die gängige Praxis von Anerkennungsverfahren und Abschiebungen dar. Sie bewerten Kriterien der Anerkennung und die Praxis der Abschiebung oder Aufenthaltsgewährung.

Tab. 6: Forschungsplan Migration; von Schüler*innenfragen zu Themen (eigene Darstellung)

Jede Schülerin und jeder Schüler darf einer der eigenen Fragen nachgehen. Aus der Sortierung der Einzelfragen nach Themen ergeben sich die Arbeitsgruppen.

Projektziele

Wichtig bei Projektarbeiten ist es, dass eine fruchtbare Verbindung zwischen einem attraktiven Projektziel und einer sinnvollen inhaltlichen Erarbeitung erreicht wird. Ziel des Forschungsplans ist es, die Leitfrage gemeinsam zu beantworten. Die Schülerinnen und Schüler müssen sich darum ihre Einzelergebnisse gegenseitig vorstellen. Dies wäre natürlich auf dem Wege von Referaten erreichbar. Diese wären vergleichsweise schnell zu erarbeiten, sind aber nicht so attraktiv. Motivierender sind Lehr-Lernprodukte, mit deren Hilfe die Lernenden sich ihre Ergebnisse handlungsorientiert vorstellen. Diese könnten im vorliegenden Beispiel so aussehen:

Thema der Arbeitsgruppe	Projektziel
Flüchtlinge im Libanon – wie ist ihre Situation?	**Zuordnungsspiel: Bedingungen in Flüchtlingslagern einschätzen** Ausgehend von realen Beispielen von palästinensischen und syrischen Flüchtlingslagern sollen die Mitschülerinnen und Mitschüler Kärtchen mit Angaben zu Unterkunft, Verpflegung, Gesundheitsversorgung, Bildung und anderen Indikatoren Orten und Personen im Libanon zuordnen. Darunter sollten auch ein paar Kärtchen sein, die keine im Libanon vorgefundene Situation beschreiben.
Situation von Flüchtlingen in Deutschland heute	**Lernfilm:** Die Arbeitsgruppe erstellt ein Legevideo mit Papierteilen auf dem Tisch. Anschließend sollen die Mitschülerinnen und Mitschüler ein Quiz beantworten.
Asylverfahren in Deutschland	**Ratespiel: Wer bekommt Asyl?** Steckbriefe mit realen Fällen. Anfertigen einer Basisinformation zum Asylrecht als Plakat. Die Mitschülerinnen und Mitschüler müssen tippen, wer von den Fallbeispielen Asyl bekam oder abgeschoben wurde. Die Arbeitsgruppe muss die Fälle erklären.

Tab. 7: Forschungsplan Migration; mögliche Projektziele (eigene Darstellung)

Material und Arbeitsanweisungen

Der letzte Schritt in der Erstellung eines Forschungsplans ist die Bereitstellung von geeignetem Informationsmaterial.

Erstes Kriterium: Das Material muss eine unmittelbare Antwort auf die Fragen enthalten.

Zweites Kriterium: Das Material muss sich eignen, um den größeren Bogen des Arbeitsgruppenthemas aufzuspannen.

Ein Vorzug der Methode ist es, dass jegliches Material, seien es Videos, Texte, Webseiten, Lieder, Statistiken, Bilder oder was auch immer verwendet werden können. Mit diesem Material muss eine kleinschrittige Arbeitsanweisung verknüpft sein, die zum Projektziel führt.

Material (Beispiele)	Arbeitsanweisung (Beispiele)
Blindkarte Naher Osten Webadresse mit Kartenmaterial zu Flüchtlingslagern im Libanon Reportage über Flüchtlingslager im Libanon	1. Sucht den Libanon im Atlas. Nehmt die Blindkarte Naher Osten, vergrößert den Libanon und zeichnet die Flüchtlingslager ein. Färbt das Meer blau ein. 2. Erstellt 20 Kärtchen mit Eigenschaften der einzelnen Flüchtlingslager. Denkt Euch weitere 20 Eigenschaften aus, die nichts mit dem Libanon zu tun haben. (Anmerkung: Diese „falschen" Kärtchen sollen die Zuordnung für Eure Mitschülerinnen und Mitschüler schwieriger und interessanter machen.)

Tab. 8: Forschungsplan Migration; Material und Arbeitsanleitung (eigene Darstellung)

Präsentation und Auswertung

Die Präsentation sollte in zwei Phasen gegliedert sein: Eine für Produkte, die in Kleingruppen präsentiert werden (v.a. Spiele), und eine für Produkte, die für die ganze Gruppe sind (z.B. Filme, Hörspiele oder Vorträge). Im vorliegenden Beispiel müssten das Zuordnungs- und das Ratespiel in ausreichender Zahl kopiert werden, dass jeweils die halbe Klasse damit versorgt werden kann. Ein Mitglied der Arbeitsgruppe, die das Produkt erstellt hat, leitet dann eine Präsentation.

Nach der Präsentation kommt die Klasse auf die Ausgangsfrage zurück und diskutiert sie. Da die Schülerinnen und Schüler jetzt darüber informiert sind, wie es in Flüchtlingslagern im Libanon aussieht, wie die Situation von Flüchtlingen in Deutschland ist und wer Asyl bekommt, können sie ein differenziertes Urteil dazu abgeben, wer in Deutschland bleiben darf und wer nach ihrer Auffassung hierbleiben dürfen sollte und wer nicht.

Weiterführende Literatur:

Gudjons, Herbert (2014): Handlungsorientiert lehren und lernen. Schüleraktivierung – Selbsttätigkeit – Projektarbeit. 8. aktualisierte Auflage. Bad Heilbrunn.

Matthias Kiy/Johann Knigge-Blietschau

Weiterführende Literatur:

Siegfried Frech u. Dagmar Richter (Hg.): Der Beutelsbacher Konsens. Bedeutung, Wirkung, Kontroversen. Schwalbach/Ts., Wochenschau 2017.

Benedikt Widmaier u. Peter Zorn (Hg.): Brauchen wir den Beutelsbacher Konsens? Eine Debatte der Politischen Bildung. Schriftenreihe der Bundeszentrale für politische Bildung, Band 1793, Bonn 2016.

Katja Bewersdorf

5. Fachspezifische Medien

5.1 Sachtexte

Definition

> Sachtexte sind informative Texte, die etwas über tatsächliche Gegebenheiten aussagen. Sie können verschiedenste Inhalte haben, solange es sich um eine reale Tatsache handelt. Sie veranschaulichen oder belegen allgemeine Aussagen mit Einzelereignissen, legen also ihren Fokus auf das Allgemeine und Grundsätzliche, oder berichten überwiegend über Einzelfälle oder einmalige Ereignisse und haben die Aufgabe, die Leserinnen und Leser über Besonderes und Aktuelles zu informieren (z. B. Zeitungsartikel).

Funktionen von Sachtexten

Sachtexte verfolgen verschiedene Absichten: Sie können informieren, appellieren, instruieren oder argumentieren.

Informative Texte dienen der Information über einen bestimmten Sachverhalt oder ein bestimmtes Thema, indem sie die wichtigsten Informationen aus verschiedenen Quellen für die*den Leser*in übersichtlich zusammenfassen. Appellative Texte sind direkt an die*den Leser*in gerichtet und werben für eine Idee bzw. fordern zum Handeln oder Nichthandeln auf. Die Intention argumentativer Texte ist es, die*den Leser*in mittels eines logischen Argumentationswegs von der Richtigkeit einer einleitend aufgestellten These zu überzeugen. Instruierende Texte weisen die*den Adressat*in an, wie etwas zu machen ist. Im gesellschaftswissenschaftlichen Unterricht kommen sie vor allem bei Aufgabenstellungen oder bei der Durchführung von Experimenten zum Tragen, spielen aber ansonsten eher eine untergeordnete Rolle.

Die jeweilige Absicht ist bei der Auswahl der jeweiligen Textsorte (vgl. Tab. 9) unbedingt mit zu beachten.

Informative Texte	Appellative Texte	Argumentative Texte	Instruierende Texte
• Zeitungsartikel • Lexikonartikel • Fachtexte • (historische) Darstellungen • Lehrtexte	• (politische) Reden • Werbetexte • Flugblätter • Befehle • Aufrufe/Aufforderungen • Propagandatexte	• Kommentare • Leserbriefe • Stellungnahmen • Glossen	• Versuchsanordnungen • Aufgabenstellungen • Experimente • Bedienungs-/Bauanleitungen • Kochrezepte

Tab. 9: Textfunktion und Textsorte

Lesen und Leseförderung als Aufgabe des gesellschaftswissenschaftlichen Unterrichts

Schon aufgrund der Gegenstandsauswahl im Fach Gesellschaftswissenschaften anhand epochaltypischer Schlüsselprobleme (vgl. Kapitel 1.2) wird die Bedeutung der Lesekompetenz der Schülerinnen und Schüler als Voraussetzung für ein lebenslanges Lernen deutlich. Gesellschaftswissenschaftliche Problemstellungen unterliegen einem stetigen Wandel und es ist nicht möglich, das notwendige Wissen für deren Bewältigung in der Schule zu antizipieren. Es gilt also, die Kinder und Jugendlichen in die Lage zu versetzen, sich die notwendigen Informationen zu beschaffen, sie zu bewerten und sich mit ihrer Hilfe ein (rationales) Urteil zu bilden, um das Ziel der*s mündigen Bürger*in zu erreichen. Diese Fähigkeit muss also auch im gesellschaftswissenschaftlichen Fachunterricht geschult werden.

Beim Einsatz von Texten im Unterricht begegnen Ihnen in der Regel zwei Problemfelder: das Zeitproblem und das Unlustproblem. Zum einen führt der Einsatz von Texten fast immer zu einer Verlangsamung des Unterrichts, da die Schülerinnen und Schüler der Sekundarstufe I häufig noch nicht über die notwendigen Fähigkeiten für den Umgang mit Texten verfügen. Sie müssen deshalb unbedingt darauf achten, dass genügend Zeit für den Umgang mit Texten eingeräumt wird. Durch entsprechendes Lesetraining, Wortschatzarbeit und die Vermittlung von Lesestrategien (s.u.) lässt sich die Lesegeschwindigkeit auf Dauer auch steigern (vgl. Kapitel 6.2). Zum anderen kommt es bei der Arbeit mit Texten zu einer oft generellen Leseunlust im leseintensiven Fach Gesellschaftswissenschaften. Hier können Sie mit „lustbetonten Leseerfahrungen" wie kooperativer Verfahren zur Texterschließung (reziprokes Lesen, Haus des Fragens) oder produktorientierten Verfahren gegensteuern (Eichner 2013, 14ff.).

Wortschatzarbeit

Sachtexte im Unterricht sind oftmals Schulbuchtexte und diese haben einen deskriptiven und analytischen Charakter (vgl. Kapitel 8). Sie dienen hauptsächlich der Informationsvermittlung und zielen auf fachlichen Wissenserwerb ab. In der Regel orientieren sich Schulbuchautor*innen zu sehr an der jeweiligen Fachsprache und verlieren dabei das konkrete Sprach- und Lesevermögen der Lernenden aus den Augen. Bevor also eine zielführende Auswertung von Sachtexten möglich ist, müssen Sie zunächst die sprachlichen Barrieren auf dem Weg dorthin mit den Schülerinnen und Schülern überwinden. Wie jedes Unterrichtsfach verfügt auch das Fach Gesellschaftswissenschaften über spezifische Fachbegriffe und Sprachverwendungen. Fachtermini als wesentlicher Bestandteil des fachspezifischen Wortschatzes kommen häufig auch im Alltag – dort jedoch mit anderer Bedeutung – vor (z.B. Haushalt, Markt, Verfassung, Schild) und führen zu Verständnisschwierigkeiten. Diese Bedeutungsunterschiede müssen Sie im Unterricht unbedingt herausarbeiten. Das erfordert eine gründliche sprachliche Analyse der Sachtexte im Planungsprozess. Andere Fachbegriffe sind den Schülerinnen und Schülern gänzlich unbekannt und müssen wie Vokabeln gelernt werden (z.B. Migration, Asyl, Gewaltenteilung) (Leisen 2017, 125 ff.). Einer besonderen Beachtung bedürfen Sachtexte zu geschichtlichen Themen (Darstellungen genannt; vgl. Kapitel 2.1), deren historischer Wortschatz häufig nicht im zeitgemäßen Sprachgebrauch der Lernenden liegt. Sie stellen die Lernenden bei der Texterschließung vor eine besondere Herausforderung. Für den Aufbau von Lesekompetenz ist daher die kontinuierliche Arbeit am Aufbau eines umfassenden spezifischen und unspezifischen Wortschatzes unabdingbar (Leisen 2009, 95 f.). Bei Texten mit einer hohen Dichte an unbekannten Begriffen kann dies beispielsweise durch die Verwendung eines Glossars geschehen, das entweder durch Sie vorgegeben oder durch die Schülerinnen und Schüler selbst erstellt wird. Ebenso eignen sich Worträtsel, wie Kreuzworträtsel, Gitterrätsel, Wortschlangen oder Buchstabensalat zum spielerischen Üben von Fachbegriffen und können problemlos als Vorentlastung, in Vertiefungsphasen oder als Hausaufgabe eingesetzt werden (Hamann/Krehan 2013, 179 f.).

Tipp: Im Internet finden sich zahlreiche Portale und Tools, wie beispielsweise Xwords-Generator oder Suchsel.net, die kostenfrei zur Erstellung von diversen Worträtseln genutzt werden können.

Lesestrategien

Lesestrategien zielen auf das fachliche Verstehen ab und setzen ein Mindestmaß an basalen Lesefertigkeiten (Decodier- und Recodierfähigkeit, Leseflüssigkeit, Lesegenauigkeit, Betonung) voraus. Im Anfangsunterricht ist es zunächst Ihre Aufgabe, die passende Strategie zu empfehlen bzw. passende Leseaufträge zu formulieren. Mit zunehmendem Lernalter sollen die Schülerinnen und Schüler dazu befähigt werden, diese Lesestrategien in Abhängigkeit vom Text und dessen Schwierigkeitsgrad zunehmend bewusst, selbstständig, selbstregulierend, zielgerichtet und individuell anzuwenden, um sich Texte zu erschließen. Dementsprechend bezeichnet Leisen (2013, 141) Lesestrategien als „Herzstück des Leseverstehens“ und nennt die folgenden Prinzipien, die sich aus der Modellierung des Leseprozesses und aus den Überlegungen zum Aufbau einer Lesekompetenz ableiten und Grundlage der Strategieempfehlung sein sollten:

- Eigenständige Auseinandersetzung: Die Schülerinnen und Schüler werden durch geeignete Lesestrategien und gute Arbeitsaufträge zur eigenständigen Bearbeitung des Texts angeleitet.
- Verstehensinseln: Die Texterschließung geht von dem aus, was schon verstanden wird und fragt nicht umgekehrt zuerst nach dem, was noch nicht verstanden ist.
- Die zyklische Bearbeitung: Die Schülerinnen und Schüler werden mit immer anderen Arbeitsaufträgen in Zyklen zur erfolgreichen produktiven Bearbeitung des Text angeleitet.
- Prinzip der kalkulierten Herausforderung: Die Texte müssen die Lerner*innen kognitiv und sprachlich herausfordern.
- Das Leseprodukt: Die Schülerinnen und Schüler erzeugen beim Lesen ein Leseprodukt, z.B. eine andere Darstellungsform.
- Die Anschluss- und Begleitkommunikation: Die Texte geben Anlass, anhand der Leseprodukte zu kommunizieren und Sachverhalte zu verhandeln.

Zur konkreten Erschließung von Texten schlägt Leisen (2013, 142) die folgenden Lesestrategien vor, die auf einen eigenständigen Umgang mit Texten abzielen und Werkzeugcharakter besitzen. Mit ihrer Hilfe können Leserinnen und Leser den Text möglichst selbstständig erschließen. Sie können:

- Fragen zum Text beantworten,
- Fragen an den Text stellen,
- den Text strukturieren,
- den Text mit dem Bild lesen,
- im Text farborientiert markieren,
- den Text in eine andere Darstellungsform übertragen,
- den Text expandieren,
- verschiedene Texte zum Thema vergleichen,
- Schlüsselwörter suchen und Text zusammenfassen,
- das Fünf-Phasen-Schema anwenden.

Die Textauswahl

Die Auswahl der Texte stellt den ersten Schritt auf dem Weg zur Textanalyse dar, der schon mit einer Reihe von Problemen verbunden ist. Denn für den gesellschaftswissenschaftlichen Unterricht eignen sich unterschiedlichste Textsorten wie Zeitungsberichte, Kommentare, Flugblätter, Interview u.v.m.

Die erste Frage, die es nach Massing (2006, 40f.) zu beantworten gilt, ist, in welcher Unterrichtsphase der Text eingesetzt werden soll. Prinzipiell können Texte in allen Phasen des Unterrichts eingesetzt werden, erfüllen darin aber unterschiedliche Funktionen.

Einstiegsphase: In dieser Phase hat der Text Präsentations- und Motivationsfunktion. Er kann dazu dienen, das Thema der Unterrichtssequenz herauszuarbeiten und die Schülerinnen und Schüler zur Auseinandersetzung mit einem Problem anzuregen. Hier eignen sich knappe, provokative oder kontroverse Texte.

Erarbeitungsphase: In dieser Phase dient der Text vornehmlich dazu, die für die Bearbeitung des Themas notwendigen Informationen zu liefern oder Zusammenhänge aufzuzeigen. Es werden wichtige Sachverhalte, Probleme, Positionen usw. dargestellt, um das entsprechende Wissensnetz der Lernenden zu erweitern. In dieser Phase ist es besonders wichtig, bei der Auswahl der Texte zu politischen Sachverhalten das Überwältigungsverbot und das Kontroversitätsgebot des Beutelsbacher Konsens zu beachten (vgl. Kapitel 4.8) bzw. bei historischen Darstellungen den Aspekt der Multiperspektivität zu berücksichtigen (vgl. Kapitel 4.4). Dies kann dadurch erfolgen, dass in einem Text z.B. verschiedene Positionen dargestellt werden oder indem verschiedene Texte verwendet werden. Dabei muss jede Position durch den ausgewählten Text „gleich gut" und überzeugend vertreten sein, um eine ungewollte Überwältigung und Beeinflussung der Schülerinnen und Schüler zu vermeiden und zu verhindern, dass deren Urteilsbildung von der Qualität der Texte und nicht der Auswahl abhängt.

Urteilsbildungsphase: In dieser Phase steht die eigene Urteilsbildung der Schülerinnen und Schüler im Mittelpunkt. Diese kann mithilfe von Texten, z.B. über die Auseinandersetzung mit anderen fremden Urteilen, angeregt werden. Es bieten sich also auch ähnliche Texte wie in der Einstiegsphase an. Allerdings ist für die Urteilsbildung eine intensive Textanalyse Voraussetzung

Transferphase: In dieser Phase dienen Texte der Überprüfung des bisher erworbenen Wissens und der Fähigkeit der Lernenden, Wissen, Erkenntnisse und Einsichten auf vergleichbare Probleme anzuwenden und Zusammenhänge zu erkennen. Hier lassen sich z.B. wissenschaftliche Texte nutzen.

Da es ein zentrales Ziel des gesellschaftswissenschaftlichen Unterrichts ist, die Komplexität der Realität einzufangen, besteht eine weitere Aufgabe bei der Textauswahl darin, zu überprüfen, inwieweit die Texte dies auch tatsächlich leisten.

Weiterführende Literatur:

Hieber, Ulrich (2013b): Sachtexte. In: Geographie unterrichten II. Didaktische und methodische Wegweiser. Seelze-Velber, S. 51–55.

Fieberg, Klaus (2012): Arbeiten mit Sachtexten. In: Praxis Geschichte, Nr. 4, S. 50–54.

Staatliches Studienseminar für das Lehramt an Gymnasien Koblenz (Hg.) (2009): Sachtexte lesen im Fachunterricht der Sekundarstufe. Seelze-Velber.

Eva Glaser/Daniel Ullrich

5.2 Quellen

Quellen begegnen uns im gesellschaftswissenschaftlichen Unterricht vor allem im Zusammenhang mit geschichtlichen Lerngegenständen. Sie eröffnen den Zugang zur Vergangenheit und werden seit den 1970er Jahren als integraler Bestandteil des historischen Lernens angesehen (Baumgärtner 2009, 1). Wirft man aber einen Blick in die Unterrichtspraxis, so stellt man fest, dass Quellen in der Sekundarstufe I oftmals weggelassen werden oder kaum noch Berücksichtigung im täglichen Unterricht finden.

Was sind Quellen?
Der Begriff „Quellen" ist vielfältig. Unter ihm lassen sich alle Materialien zusammenfassen, aus denen Erkenntnisse über die Vergangenheit gewonnen werden können und anhand derer diese rückblickend rekonstruiert werden kann (ebd.; vgl. Kapitel 2.1).

Grundsätzlich unterscheidet die Geschichtswissenschaft zwischen Tradition und Überresten – Quellen also, die entweder zum Zwecke der Überlieferung entstanden (Tradition) oder bei deren Entstehung niemand an die Nachwelt gedacht hat (Überrest) (Grosch 2014, 82). Ebenso muss zwischen den verschiedenen Quellenarten (Tab. 10) unterschieden werden: schriftliche Quellen, bildhafte Quellen, gegenständliche Quellen. Hinzu kommen audiovisuelle Quellen. Insbesondere Textquellen werden in der Fachdidaktik zudem in Quellengattungen aufgeteilt (hierzu: Sauer 2004, 147; Grosch 2014, 76 ff.). Eine Übersicht über den didaktischen Wert einzelner Quellen und die leitenden Hinsichten zu ihrer Interpretation gibt Pandel (2012, 73).

Schriftliche Quellen	Bildquellen	audiovisuelle Quellen	gegenständliche Quellen
- Epigrafische Texte (Inschriften auf gegenständlichen Quellen) - Urkunden - Geschäftsschriftgut (Akten, Aufstellungen) - Analen/Chroniken/Historiken - Journalistische Texte (Meldung, Kommentar, Bericht, Glosse) - (politische) Reden - persönliche Texte (Tagebucheintrag, Brief, Autobiografien, Reiseberichte)	- Fotografie - Gemälde - Zeichnung - Plakat - Karikatur - Relief - Holzschnitt - Kupferstich	- Interview - Tonbandaufzeichnung - Schallplatte - Lied - Film	- Münzen - Werkzeuge - Waffen - Schmuck - Alltagsgegenstände/Gebrauchsgegenstände - Gebäude/Ruinen - Statuen - Denkmäler

Tab. 10: Im schulischen Kontext einsetzbare Quellenarten (erstellt nach: Baumgärtner 2015, Grosch 2014, Handro 2018, Heese 2009, Pandel 2012, Sauer 2018)

Gerade im Anfangsunterricht bilden *gegenständliche Quellen* als authentisches geschichtliches Zeugnis menschlichen Handelns „ein hervorragendes Bindeglied zwischen Schule und Außenwelt“ (Heese 2009, 1). Zudem sind sie durch ihre Haptik, Ästhetik und Emotionalität für einen frühen und fachlich ausgerichteten Einstieg im Fach Gesellschaftswissenschaften besonders geeignet. Da die Auseinandersetzung mit gegenständlichen Quellen weniger große Anforderungen an einen (fach-)spezifischen Wortschatz stellt, sind diese Medien auch in stark heterogenen Lerngruppen gut einsetzbar.

> Wie auch bei Textquellen gibt es zur Erschließung von gegenständlichen Quellen eine Vielzahl von methodischen Arrangements. Einen guten Ansatzpunkt bietet das Schema von Heese (2009, 3) mit seinen vier Phasen *Wahrnehmen – Erschließen – Erkennen – Ergebnisse dokumentieren.*

Ein Problem im Einsatz von gegenständlichen Quellen im Unterricht stellt jedoch ihre Verfügbarkeit dar. Mittlerweile kann man sich zwar in vielen lokalen und regionalen Museen zu bestimmten Themen „Museumskoffer“ oder „Museumskisten“ ausleihen, doch deren Einsatz lässt in der Breite noch zu wünschen übrig. Fragen Sie gezielt in der Schule oder im Ausbildungsseminar nach.

Im weiteren Verlauf soll daher der Umgang mit *schriftlichen Quellen im* Fokus stehen. Diese sind als Medium in Schulbüchern und Lehrwerken in einer Vielzahl vorhanden, stellen aber gleichwohl gewisse Anforderungen im Umgang mit ihnen.

Ziele der Arbeit mit schriftlichen Quellen

Baumgärtner (2009, 1) formuliert für die Arbeit mit Textquellen folgende Zielsetzungen, die ebenso mit den Intentionen des Fachs Gesellschaftswissenschaften im Hinblick auf das historische Lernen einhergehen (vgl. Kapitel 2.1):

- *Lesefähigkeit und Texterfassung:* Textquellen bilden einen Beitrag zur Schulung der Lesekompetenz, wobei insbesondere die Historizität und das Bewusstsein für unterschiedliche Textgattungen im Fokus stehen.
- *Erlernen der historischen Methode:* Textquellen ermöglichen durch ihre gezielte Auswertung ein wissenschaftspropädeutisches Vorgehen durch die Schrittfolge der Fragestellung, Heuristik, Kritik, Interpretation und Darstellung.
- *Historische Alteritätserfahrung:* Die Quelleninterpretation ermöglicht die Bildung eines Bewusstseins von Andersartigkeit, indem den Schülerinnen und Schülern aufgezeigt wird, dass sich „die Verhältnisse der zur Diskussion stehenden Vergangenheit wesentlich von ihrer Gegenwart unterscheiden“ (Baumgärtner 2009, 2).

- *Methodenreflexion:* Dazu gehört die Reflexion des eigenen Vorgehens, der erreichten Ergebnisse und deren Verlässlichkeit sowie die Planung der weiteren Arbeit.
- *Geschichtstheoretische Überlegungen:* Hierzu zählen die Standortgebundenheit oder der Unterschied zwischen Vergangenheit und Rekonstruktion.

Herausforderungen in der Arbeit mit schriftlichen Quellen

Der schulische Einsatz von schriftlichen Quellen ist sehr anspruchsvoll. Dies sind vor allem fachdidaktische Herausforderungen der Quellenarbeit, die nicht immer leicht zu lösen sind. Um Sie für die Arbeit mit schriftlichen Quellen zu sensibilisieren, seien nachfolgend einige Aspekte zum unterrichtlichen Einsatz exemplarisch angeführt:

- *Individualität:* Eine gut gewählte schriftliche Quelle vermittelt einen individuellen Blick auf ein bestimmtes historisches Ereignis oder eine individuelle Wahrnehmung einer bestimmten Zeit. In den zahlreichen Briefen von Auswanderer*innen, die im Laufe des 18. und 19. Jahrhunderts die alte Heimat erreichten, ist jeder Brief verschieden. Jede*r Schreiber*in hat ihre*seine Zeit auf eigene Weise erlebt und dementsprechend individuell geurteilt.
- *Emotionalität und Empathie:* Schriftliche Quellen ermöglichen es Lernenden, die Emotionen handelnder Personen in der Geschichte zu entdecken, nachzuvollziehen und möglicherweise zu verstehen. Wenn ein Familienvater in einem Tagebuch schildert, wie er die Flucht aus einem Bürgerkriegsland erlebt, welche Gründe ihn dazu veranlasst haben, seine Heimat zu verlassen, welche Hoffnungen und Sorgen er mit der Ankunft in einem fernen, womöglich unbekannten Land verbindet, dann geschieht das aus der Perspektive eines betroffenen und handelnden Menschen.
- *Exemplarität – fehlender Überblick:* Eine besondere Schwierigkeit bei der Beschäftigung mit schriftlichen Quellen ist die Exemplarität der Schriften und die damit verbundene fehlende Allgemeingültigkeit der Aussagen. Die Meinung, die beispielsweise in den Auswandererbriefen des 19. Jahrhunderts dargestellt werden, ist eben nur die Meinung einer*s Einzelnen. Womöglich hat ein*e andere*r Auswanderer*in das Leben in Brasilien als wohltuend empfunden und sie*er war froh, dass sie*er ihr*sein Leben in der Pfalz aufgegeben hat! Der Schreiber unseres Briefs aber ist davon überzeugt, dass es ein Fehler war, die Heimat zu verlassen … Mit Quellenarbeit kommt man nicht zu einer vollständigen Narration. Hierzu ist es notwendig, weitere Quellen und Darstellungen hinzuzuziehen.

- *Sprache:* Die Sprache der Quellen kann eine Schwierigkeit beim Einsatz darstellen. Zum einen sind viele Quellen in einer anderen Sprache verfasst. Man braucht entsprechende Übersetzungen und man muss sich darauf verlassen können, dass diese Übersetzungen richtig sind und auch den eigentlichen Charakter der Quellen wiedergeben. Oder die Sprache ist Deutsch, aber aus einer gänzlich anderen Zeit. Besondere Schwierigkeiten in Auswandererbriefen beispielsweise stellen dialektgefärbte Schreibweisen dar. „[W]ens eich nur so gen dät als uns. Ich fertinen in einem Jahr mer als in Deutschland in 5 Jaren […]“ (Paul 2009, 17). So beschreibt der Südpfälzer Peter Krupp seinen Angehörigen in der Heimat das Leben in Amerika. Dem Sinn nach verständlich, aber eben doch nicht aufs erste Lesen klar zu erschließen. Problematisch wird es auch, wenn offizielle Gesetzestexte gelesen werden sollen, die von ihrer Ausdrucksweise eben nicht für Kinder und Jugendliche gedacht waren, sondern vor dem Hintergrund der Justiziabilität möglichst komplex verfasst wurden. Auch hier stoßen heutige Schülerinnen und Schüler an sprachliche Grenzen. Trotz aller Schwierigkeiten sollte man manche sprachlichen Klippen belassen. Nur in schriftlichen Originalquellen erfährt man eben, wie Menschen beispielsweise im 19. Jahrhundert sich ausgedrückt haben und inwiefern sich unsere Sprache von dieser unterscheidet oder aber ihr ähnelt.
- *Historische Arbeitsweisen:* Die Rekonstruktion der Vergangenheit aus Zeugnissen der Zeit heraus ist eine der grundlegendsten Aufgaben von Historiker*innen. Nun kann man vom Schulunterricht nicht erwarten, dass lauter kleine Historiker*innen ausgebildet werden. Wohl aber können Einblicke in die klassische Arbeitsweise von Historiker*innen vermittelt werden. Durch den Einsatz von schriftlichen Quellen können Techniken wie beispielsweise äußere und innere Quellenkritik thematisiert werden.
- *Kompetenzen:* Für historische Lernprozesse ist Quellenarbeit sinnvoll und nötig (Sauer 2018, 18 ff.). Deshalb ist der Einsatz von schriftlichen Quellen im Fach Gesellschaftswissenschaften eine Notwendigkeit, sodass wesentliche geschichtsdidaktische Kompetenzen ausgebildet werden. Ausgehend vom Kompetenzmodell (vgl. Kapitel 3.1) sind es die drei Teilkompetenzbereiche *Methoden anwenden – analysieren – urteilen*, die geschult werden können. Durch die Arbeit mit Quellen werden *Methoden angewendet* und fachspezifische Arbeitsweisen werden eingeübt. Indem man bei der Arbeit mit Quellen Arbeitshypothesen bildet und eine grundlegende Fragehaltung aufgebaut werden muss, werden die Lernenden in diesem Kompetenzbereich weiterentwickelt. Im Unterricht werden Quellen *analysiert* und auf diese Weise Wissen konstruiert und historische Problemlagen genauer unter-

sucht. Die Schülerinnen und Schüler *urteilen* bei der Quellenarbeit sowohl über vergangenes Handeln und über Einstellungen; gleichzeitig gelangen sie zur Bildung von historischen Werturteilen, indem sie die Verhaltensmuster und Einstellungen der handelnden Personen zu sich selbst in Bezug setzen.

- *Schulbuch:* In vielen Schulbüchern finden sich Quellen – aber Achtung: Nicht alles, bei dem ein Q steht, ist auch eine Quelle! Oft werden Zitate von zeitgenössischen Wissenschaftler*innen über historische Sachverhalte als Quellen ausgegeben. Jedoch sind diese Aussagen nur Quellen über die Zeit, in der sie gemacht wurden, nicht aber Quellen über die Zeit, über die geschrieben wird. Oder aber die „Quellen" bestehen nur aus einem Satz. Dieser muss dann freilich „interpretiert" werden. Kann man das wirklich? Interessanterweise ist bei solchen Quellenkonfettischnipseln der Arbeitsauftrag länger als der Quellenauszug (Pandel 2012, 22 f.).

Auswahl von schriftlichen Quellen

Im gesellschaftswissenschaftlichen Unterricht ist grundsätzlich jede Quellengattung einsetzbar. Zudem wirkt eine Quellenvielfalt motivierend, ermöglicht abwechslungsreiches Lernen und bietet vielfältige Zugänge zur Rekonstruktion von Vergangenem (Handro 2018, 156). Allerdings ist nicht jede fachwissenschaftliche Textquelle auch für den unterrichtlichen Einsatz geeignet. Die richtige Quellenauswahl ist daher eine in der Unterrichtsvorbereitung komplexe und für die Planung der Lehr- und Lernprozesse zentrale Aufgabe und setzt bei Ihnen eine tiefergehende Beschäftigung mit der Quelle voraus (ebd., 157). Innerhalb der Geschichtsdidaktik wurde immer wieder versucht, Auswahlkriterien für den Einsatz von Quellen im Unterricht festzulegen. So formuliert Pandel (2012, 128 ff.) beispielsweise eine Vielzahl von geschichtsdidaktischen, geschichtsmethodischen und editorischen Kriterien für die Auswahl und Analyse einer Quelle. Weniger abstrakt reduziert Baumgärtner (2015, 144) dieses Spektrum auf drei wesentliche Anforderungen, die bei der Auswahl von Textquellen in Betracht gezogen werden sollen, um diese im Unterricht praktikabel einsetzen zu können:

1. Eine sachgerechte Auswahl im Hinblick auf den Lerngegenstand bzw. ihre Funktion im Unterricht, um Ablenkungen durch Nebenaspekte zu vermeiden.
2. Eine individuelle Passung im Hinblick auf die Lernvoraussetzungen der Schülerinnen und Schüler, um deren Über- bzw. Unterforderung zu vermeiden.
3. Eine quellenkritisch reflektierte Darbietung in einer möglichst ursprünglichen Gestalt und ohne zu große Vereinfachung und Kürzungen, um den Schülerinnen und Schüler auch eine „wissenschaftliche" Arbeitsweise näherbringen zu können.

Was den Umfang einer Textquelle betrifft, so gibt es kein Standardmaß. Besonders im Anfangsunterricht sind aber kleinere Textbausteine für den unterrichtlichen Einsatz eher geeignet, um Überforderung und Demotivation zu vermeiden. Mit zunehmendem Lernalter können dann Umfang und Komplexität der Quelle sukzessiv gesteigert werden. Erforderlich ist aber stets eine angemessene und umfassende Beschäftigung mit der Quelle, d.h. lieber weniger Text gründlich als viel Text nur oberflächlich bearbeiten (Grosch 2014, 86).

Methodische Möglichkeiten zum Umgang mit schriftlichen Quellen

Wie kann man nun schriftliche Quellen zielführend einsetzen? Es gibt eine Fülle von Checklisten, Vorgehensweisen, Fragerastern usw. Jedes Verfahren hat seine Berechtigung, aber es gibt – wie immer in der Schule – kein perfekt passendes Allheilmittel im Umgang mit Quellen.

In der Praxis arbeiten Schülerinnen und Schüler am häufigsten mit bereits unter bestimmten Fragestellungen aufbereiteten und ausgewählten Quellen aus Schulbüchern oder anderen Lehrmaterialien. Diese sind in der Regel auch mit Fragen versehen, um deren Erschließung zu lenken. Werden Fragestellungen von Ihnen oder im besten Falle von den Schülerinnen und Schülern formuliert, so schlägt Sauer (2004, 90 f.) folgende systematisierte Stufenfolge vor, die zwar im Unterricht nicht immer vollständig betrachtet werden kann, aber als regulative Idee präsent sein und möglichst oft reflektiert werden sollte:

<table>
<tr><th>Stufe</th><th>Möglichkeiten zur Umsetzung im Unterricht</th></tr>
<tr><td>Stufe 1
Sinnerschließung und Verständnissicherung</td><td>- Unbekannte Begriffe klären (Wortschatzarbeit)
- Schlüsselbegriffe markieren
- Text in Sinnabschnitte gliedern (gegebenenfalls jeden Sinnabschnitt in seiner Aussage zusammenfassen)
- Textaussage zusammenfassen</td></tr>
<tr><td>Stufe 2
Problematisierung</td><td rowspan="3">Möglichst handlungsorientierte Arbeitsaufträge, die die Schülerinnen und Schüler in die historische Situation oder in die Perspektive der historischen Akteur*innen versetzen, wie beispielsweise:
- fiktive Briefe/Tagebucheinträge/Zeitungsartikel schreiben
- fiktive Debatte/Interview führen
- Rollenspiel
- eigene Darstellungstexte verfassen
- Lexikonartikel schreiben
- Plakat/Collage/Schulbuchseite entwerfen
- Strukturskizze/Conceptmap erstellen</td></tr>
<tr><td>Stufe 3
Stellungnahme und Bewertung</td></tr>
<tr><td>Stufe 4
Zusammenfassung und Übertragung</td></tr>
</table>

Tab. 11: Stufen der Quellenarbeit im Fach Gesellschaftswissenschaften (erstellt nach Sauer 2004, 90 ff.)

Liegt der Fokus der Unterrichtsstunde auf dem Schwerpunkt der Quelleninterpretation, so finden sich auch hierzu zahlreiche methodische Anleitungen in Schulbüchern und Fachdidaktiken (dazu beispielsweise: Baumgärtner 2015, Pandel 2012, Sauer 2004), die sich im Aufbau zwar ähneln, sich aber in der Anzahl der vorgegebenen Interpretationsschritte und in ihrer Komplexität voneinander unterscheiden. Hilfreich erscheint hierbei die Dreiteilung von Pandel, demzufolge es zunächst um eine übersetzende Interpretation geht, dann folgt eine analysierende und schließlich eine ideologiekritische Interpretation (2012, 174). Ein ebenfalls dreischrittiges und für den Einsatz in der Sekundarstufe I probates Schema für die Interpretation von Textquellen bietet Sauer (2018, 217):

Schema zur Interpretation von Textquellen

- **Beschreiben/Erschließen:** allgemeine Charakteristika des Texts, formale Merkmale, Strukturierung, Erfassen und Wiedergabe der Textaussage
- **Analyse/Untersuchung:** genauere Untersuchung der Textaussagen, Intention, Argumentation und Darstellungsweise, Entstehung der Quelle, Gattung, Verfasser*in und ihre*seine Perspektive, Adressat*innen
- **Deuten:** Beurteilung des Texts im historischen Kontext, Einschätzung des Quellenwerts und gegebenenfalls Bewertung aus heutiger Perspektive (Sachurteil und Werturteil)

Darüber hinaus gibt es eine Fülle von handlungs- und produktionsorientierten Vorgehensweisen, die kreative Wege zu einer Interpretation ermöglichen. Einige davon sollen im Folgenden knapp vorgestellt werden (u.a. Pandel 2012, 183 ff.):

- Interview: Besonders bei Selbstdarstellungen oder Memoiren ist dies lohnenswert. Die Schülerinnen und Schüler gliedern den Text in sinnvolle Abschnitte. Dann suchen sie Fragen, zu denen der vorgegebene Text eine Antwort gibt.
- Antwortbrief: Setzt man beispielsweise einen Brief einer*s Auswanderers*in an ihre*seine daheim gebliebenen Familienmitglieder ein, lässt sich ein fiktiver Antwortbrief schreiben. Welche Fragen gehen den Zurückgebliebenen durch den Kopf? Welche Ängste und Sorgen belasten sie? Wie sehen sie die Zukunft? Je einfacher das Sprachniveau ist, desto geringer ist die Schreibbarriere.
- Textpuzzle: Geben Sie die Originalquelle in zerschnittener Form und lassen Sie die Lernenden eine/die Reihenfolge überlegen. Möglicherweise gibt es unterschiedliche Ergebnisse und das bietet wiederum genügend Anlass, um über den Text zu reden und ihn dann weitergehend zu analysieren.

- Fortsetzungsgeschichte schreiben: Ein Bericht einer*s Auswanderer*in über ihre*seine Ankunft liegt der Klasse vor, mittendrin aber hört die Erzählung auf. Wie geht es weiter? Was könnte die Person jetzt erleben? Wie findet sie sich in der „neuen Welt" zurecht? Lassen Sie die Schülerinnen und Schüler die Fortsetzung selbst schreiben und vergleichen Sie dann die Schreibprodukte mit dem Original.
- Fälschungen: „Fälschen" Sie eine Quelle. Fügen Sie falsche Daten ein, verändern Sie Ortsangaben ... Dann sollen ihre Schülerinnen und Schüler die Fehler finden. Sicherlich kein einfaches Unterfangen, aber erfahrungsgemäß für die Jugendlichen motivierend, wenn es lösbar ist.

Ideen zu Differenzierungsmöglichkeiten (Sauer 2018, 243)

Bei arbeitsgleichem Quellenmaterial:

- Reduktion bzw. Expansion des Textumfangs in Fundamentum und Additum: Die für Quelleninterpretation grundlegenden Aspekte sollten im Fundamentum enthalten sein. Zusätzlich relevante Aspekte (Einzelheiten, Beispiele, Konkretisierungen) stehen leistungsstärkeren Lerner*innen im Additum zur Verfügung.
- Angebot der Textquelle in einer komplizierten und einer einfachen Sprachvariante (Veränderung der Textgestalt). Die Schülerinnen und Schüler entscheiden sich nach Schwierigkeitsgrad und Arbeitstempo.
- Einsatz von Lesehilfen, wie beispielsweise Worterklärungen, Hilfekärtchen etc.
- Differenzierende Aufgabenformate (vgl. Kapitel 6.1)
- Organisations- und Formulierungshilfen (vgl. Kapitel 6.1)

Weiterführende Literatur:

Pandel, Hans-Jürgen (2004): Quelleninterpretation. In: Mayer, Ulrich/Pandel, Horst-Jürgen/Schneider, Gerhard (Hg.): Handbuch Methoden im Geschichtsunterricht. Schwalbach/Ts., S. 152–171.

Christian Sieber/Daniel Ullrich

5.3 Diskontinuierliche Texte

Neben kontinuierlichen Texten wie Sachtexten oder Textquellen (vgl. Kapitel 5.1 und 5.2) finden im gesellschaftswissenschaftlichen Unterricht vermehrt diskontinuierliche Textsorten Verwendung. Diese kann man in zwei Kategorien einordnen: Die erste Kategorie bilden die *logischen Bilder*, die zu ihrer Erschließung häufig eine Fachterminologie voraussetzen. Dazu gehören Statistiken in Form von Tabellen und Diagrammen, Schaubilder und ebenso Karten. Eine zweite Kategorie, die *Abbildungen*, umfasst dagegen Zeichnungen und Bilder.

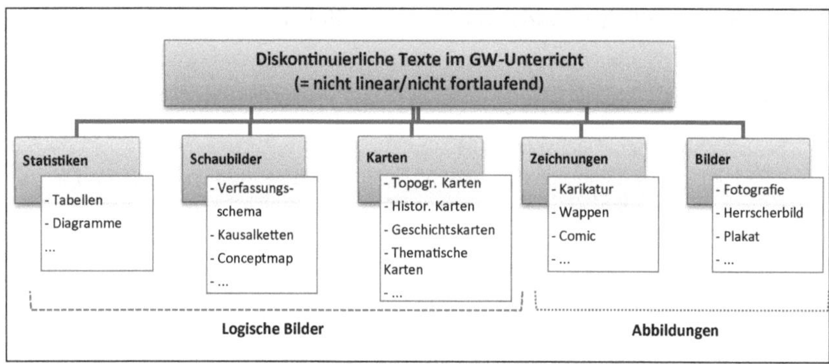

Abb. 18: Diskontinuierliche Textsorten im Fach Gesellschaftswissenschaften (Entwurf in Anlehnung an Huber/Stallhofer 2010, 225)

Da Karten und Bilder in den Kapiteln 5.4 und 5.5 gesondert behandelt werden, sollen in diesem Kapitel Statistiken in Form von Tabellen und Diagrammen im Fokus stehen.

Statistiken in Form von Tabellen und Diagrammen verstehen

Ob Tageszeitung, TV, Internet, Journal oder Schulbuch, in nahezu allen Lebensbereichen werden Schülerinnen und Schüler mit statistischen Daten konfrontiert. Im Fach Gesellschaftswissenschaften werden Sie häufig Tabellen und Diagramme nutzen. Diese entstehen aus der empirischen Erhebung statistischer Daten und fassen eine größere Zahl von Einzelangaben zusammen, um ein Gesamtbild zu vermitteln, wie beispielsweise die globale Migration oder die wirtschaftliche Leistungsfähigkeit eines Lands. Ihr Vorteil liegt vor allem in der Möglichkeit, vielschichtige historische, politische, wirtschaftliche und gesellschaftliche Zusammenhänge und Verhältnisse übersichtlich darzustellen. Ihre Erstellung, Erschließung und Auswertung stellen aber auch hohe Anforderung an die methodische Kompetenz der Schülerinnen und Schüler (Bäther 2014, 1).

Die Sorgfalt der Datenerhebung und die Vergleichbarkeit der Daten bestimmen die Qualität der statistischen Angaben. Da diese Qualität je nach Art, Zeit, Ort und Absicht der Erhebung stark unterschiedlich sein kann, müssen Schülerinnen und Schüler im Umgang mit statistischen Daten unbedingt dafür sensibilisiert werden, diese auch kritisch zu hinterfragen.

Insbesondere bei historischen Thematiken müssen statistische Daten nach dem Kontext ihrer Entstehung hinterfragt werden. In Schulbüchern und Unterrichtsmedien begegnen uns statistische Daten zumeist in nachträglich aufbereiteter Form, die als historische Darstellung angesehen werden müssen. Stammen die Daten aber originär aus Erhebungen einer bestimmten Epoche, wie beispielsweise der Neuzeit, in der insbesondere die staatliche Verwaltung zunahm, so müssen diese als historische Quelle angesehen werden (Bäther 2014, 1). Ebenso gilt: Je größer der zeitliche Abstand zur zu betrachtenden Epoche, desto ungenauer die erhobenen statistischen Daten.

Grundsätzlich ist zwischen absoluten und relativen statistischen Werten zu unterscheiden. Die Zahl der nach Deutschland einwandernden Migrant*innen beispielsweise ist ein absoluter Wert, deren prozentualer Anteil an der Gesamtbevölkerung dagegen ein relativer. Ebenso stellen Indexwerte eine wichtige Form relativer Zahlenangaben dar. Zu ihrer Erstellung wird der absolute Wert eines Jahrs gleich Hundert gesetzt und mittels Berechnung für andere Jahre eine relative Abnahme oder Steigerung bestimmt (Sauer 2004, 212 f.). Des Weiteren kann zwischen eindimensionalen und mehrdimensionalen Statistiken unterschieden werden. Erstgenannte beziehen sich nur auf ein Merkmal, wie beispielsweise die Entwicklung der Migration nach Europa, und können daher schon gut in den Klassenstufen 5 und 6 eingesetzt werden. Bei mehrdimensionalen Statistiken dagegen werden mehrere Merkmale miteinander in Beziehung gesetzt. So können Schülerinnen und Schüler beispielsweise Korrelationen oder Abhängigkeiten entdecken. Aufgrund der höheren Komplexität des Materials und den damit verbundenen höheren Anforderungen bei dessen Auswertung eignen sich diese Statistiken erst ab der Klassenstufe 7 oder 8 (Stengelin 2013, 37).

Eine Statistik in Form eines Diagramms kann dabei viele Sachverhalte deutlicher zeigen als eine Tabelle, da sie statistische Werte grafisch umsetzt. Dies ermöglicht zum einen eine bessere Anschaulichkeit und Übersichtlichkeit der Inhalte, da die Lernenden nicht erst alle Zahlenwerte einzeln lesen und vergleichen müssen (Sauer 2004, 214). Zum anderen jedoch sind mit ihr auch einige Gefahren verbunden. Einzelne Daten sind oftmals nicht ganz exakt ablesbar. Auch bilden statistische Diagramme Sachverhalte nicht einfach neutral ab, sondern können durch die Art ihrer Darstellung, wie beispielsweise durch Streckung und Stauchung ihrer Achsen, die*den Betrachter*in beeinflussen (Bäther 2014, 3).

Im Fach Gesellschaftswissenschaften häufig verwendete Diagrammtypen

Im Unterricht werden je nach Thematik verschiedene Diagrammtypen verwendet, die nachfolgend in einem Überblick (Abb. 19) dargestellt werden:

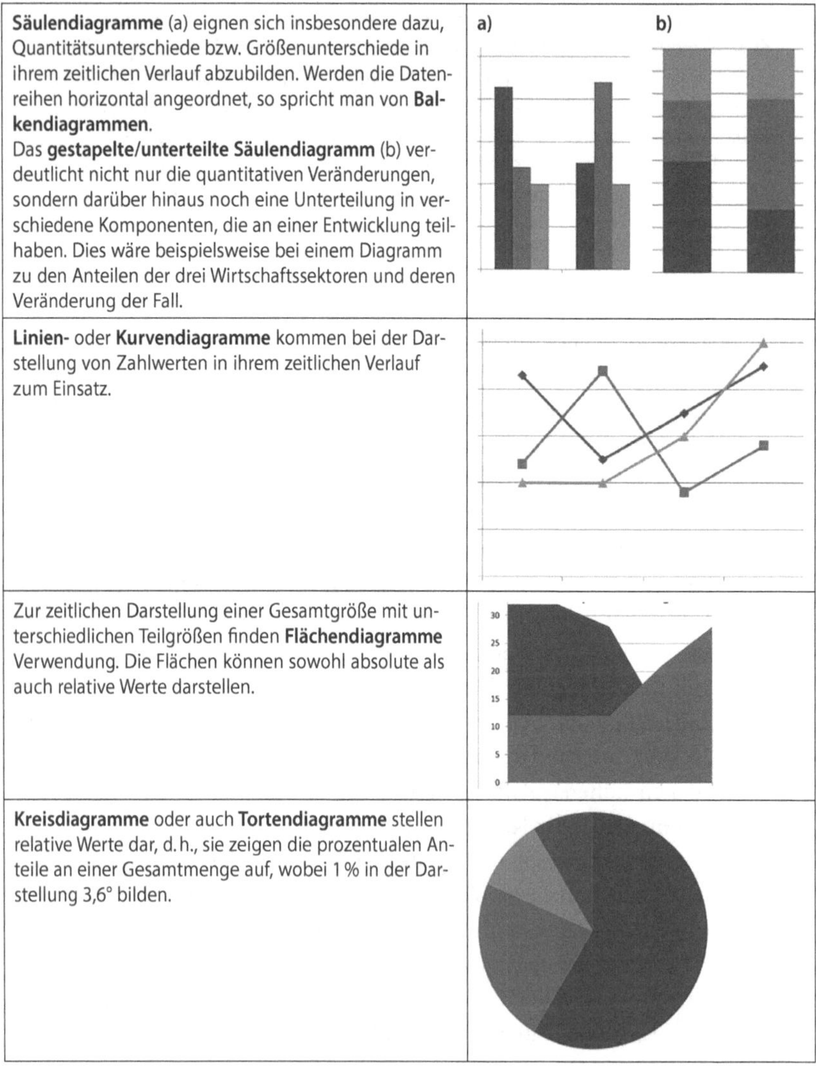

Säulendiagramme (a) eignen sich insbesondere dazu, Quantitätsunterschiede bzw. Größenunterschiede in ihrem zeitlichen Verlauf abzubilden. Werden die Datenreihen horizontal angeordnet, so spricht man von **Balkendiagrammen.** Das **gestapelte/unterteilte Säulendiagramm** (b) verdeutlicht nicht nur die quantitativen Veränderungen, sondern darüber hinaus noch eine Unterteilung in verschiedene Komponenten, die an einer Entwicklung teilhaben. Dies wäre beispielsweise bei einem Diagramm zu den Anteilen der drei Wirtschaftssektoren und deren Veränderung der Fall.	a) b)
Linien- oder **Kurvendiagramme** kommen bei der Darstellung von Zahlwerten in ihrem zeitlichen Verlauf zum Einsatz.	
Zur zeitlichen Darstellung einer Gesamtgröße mit unterschiedlichen Teilgrößen finden **Flächendiagramme** Verwendung. Die Flächen können sowohl absolute als auch relative Werte darstellen.	
Kreisdiagramme oder auch **Tortendiagramme** stellen relative Werte dar, d. h., sie zeigen die prozentualen Anteile an einer Gesamtmenge auf, wobei 1 % in der Darstellung 3,6° bilden.	

<table>
<tr>
<td>Bevölkerungspyramiden stellen eine Sonderform des Balkendiagramms dar. Die horizontal übereinanderliegenden Balken, welche den absoluten prozentualen Anteil der Männer und Frauen an einer Gesellschaft darstellen, werden durch eine Mittelachse, die in Altersjahrgänge/-klassen gegliedert ist, geteilt.</td>
<td>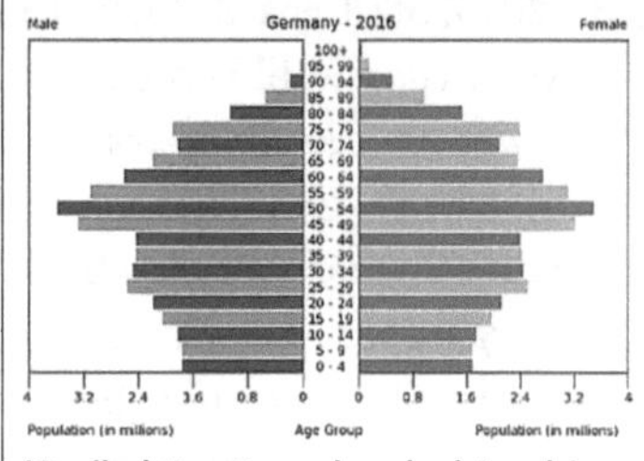

(Quelle: https://www.laenderdaten.de)</td>
</tr>
<tr>
<td>Klimadiagramme visualisieren Temperatur- und Niederschlagswerte eines bestimmten Orts. Auf der Abszisse werden dabei die Monate eines Jahres dargestellt. Je nach Art der grafischen Darstellung (Koeppen/Geiger oder Walther/Lieth) werden auf den beiden Ordinaten die Temperatur- und Niederschlagswerte eines jeden Monats durch Linien und/oder Säulen dargestellt.</td>
<td>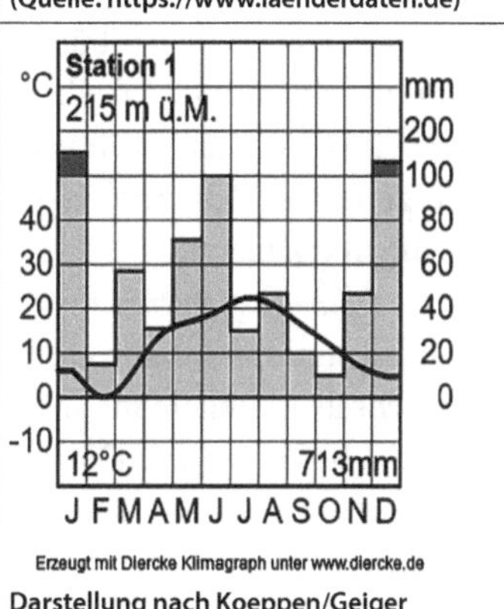

Darstellung nach Koeppen/Geiger</td>
</tr>
</table>

Abb. 19: Häufig verwendete Diagrammtypen im Fach Gesellschaftswissenschaften (Entwurf nach: Bäther 2014, 3; Hieber 2013a, 60 f.; Lenz 2013, 56 f.; Mayer 2004b, 213 ff.)

Tipps: Klimadiagramme stellen ein Basismedium im Fach Gesellschaftswissenschaften dar, wenn es um die geographische Erschließung von Räumen geht. Eine gelungene Zusammenfassung hierzu gibt Hieber (2013a). Klimatabellen können Sie einfach und schnell mit dem Klimagraph (https://diercke.westermann.de/Klimagraph) erstellen. Eine Vielzahl von Klimadiagrammen weltweiter Stationen bietet die Plattform www.klimadiagramme.de.

Zum Umgang mit Tabellen und Diagrammen

Die Auswertung von Tabellen und Diagrammen gestaltet sich für die Schülerinnen und Schüler oftmals als sehr schwierig. Daher müssen die notwendigen Kompetenzen im gesellschaftswissenschaftlichen Fachunterricht schrittweise vermittelt, angewendet und vertieft werden. Eine Passung des jeweiligen Materials an die entsprechende Altersstufe ist dabei ebenso unabdingbar. Die nachfolgend aufgeführten Kompetenzbereiche (Huber/Stallhofer 2010, 225 ff.; Stengelin 2013, 38; Lenz 2013, 57f.) sollten daher bei Ihrer Unterrichtsgestaltung und Materialauswahl berücksichtigt und altersgemäß vermittelt werden:

- *Mathematische Kompetenz:* Die Schülerinnen und Schüler sollen mit verschiedenen Größenangaben, der Prozentrechnung und Indexbildung vertraut sein und Werte an Skalen ablesen können.
- *Komparative Kompetenz:* Zur Interpretation von statistischen Daten sollen die Schülerinnen und Schüler verschiedene Datenreihen/Zahlenangaben miteinander in Bezug setzen können.
- *Lesekompetenz:* Die Schülerinnen und Schüler sollen grafische Konstruktionsprinzipien von Tabellen (z.B. Kreuztabelle/(Kopf-)Zeile/(Vor-)Spalte) und Diagrammen (z.B. kartesisches Koordinatensystem/Ordinate/Abszisse/grafische Elemente) verstehen und die notwendigen Fachterminologien kennenlernen.
- *Sprachliche Kompetenz:* Die Schülerinnen und Schüler sollen die komplexen und abstrakten Inhalte einer Statistik, wie Veränderungen, Relationen oder Wechselwirkungen, für andere wiedergeben bzw. versprachlichen können.
- *Fachliche Kompetenz:* Die Schülerinnen und Schüler sollen die statistischen Daten mit den Lerngegenständen in einen Sinnzusammenhang setzen können.
- *Bewertungskompetenz:* Die Schülerinnen und Schüler sollen Wesentliches von Unwesentlichem unterscheiden und ihr Urteil auf eine gründliche Analyse der statistischen Daten beziehen können. Ebenso sollten sie die Quelle der Daten kritisch hinterfragen können.

Im unterrichtlichen Umgang mit Tabellen und Diagrammen empfiehlt Lenz (2013, 57) eine niveaugestaffelte Schrittfolge aus *Lesen – Beschreiben – Analysieren/Interpretieren – Anwenden* (Abb. 20). Auf der untersten Niveaustufe werden beim *Lesen* die in der Tabelle oder im Diagramm dargestellten Informationen wie Titel/Thema, Legende, Einheiten, Skala, Größenangaben etc. erfasst. Beim *Beschreiben* werden die tabellarisch oder grafisch dargestellten Informationen verbalisiert, wobei die o.g. sprachliche Kompetenz zum Tragen kommt. Unter *Analysieren/Interpretieren* versteht man die zielgerichtete Auswertung und Kategorisierung der zuvor beschriebenen Informationen. Beim *Anwenden* als höchste Niveaustufe werden die gewonnen Erkenntnisse in einen größeren Sinnzusammenhang gesetzt bzw. für die Beantwortung einer übergreifenden Fragestellung genutzt.

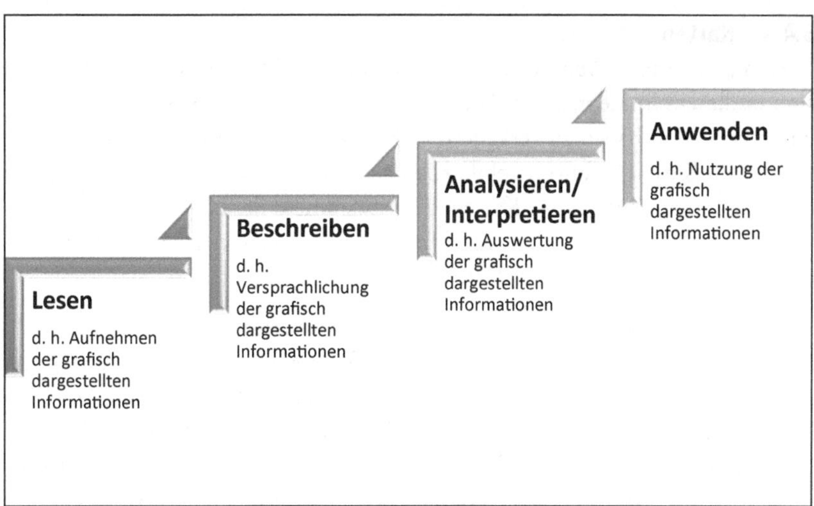

Abb. 20: Niveaustufen bei der Auswertung von Diagrammen (Entwurf nach Lenz 2013, 58)

Daniel Ullrich

5.4 Karten

Karten „vermitteln Weltbilder, beeinflussen damit Denken und Handeln und sind in diesem Sinne mächtig. Die neuen technischen Möglichkeiten der Geokommunikation haben zu veränderten Produktionsbedingungen und zu einem Boom von Karten geführt: Mobile Karten auf dem Handy, digitale Globen auf dem Laptop und interaktive Karten im Edutainment der Nachrichtenmagazine kategorisieren, ordnen, verorten, grenzen ab, benennen und (re-)produzieren damit bestimmte Weltbilder" (Glasze 2014, 333).

Funktion von Karten im Fach Gesellschaftswissenschaften

Als Medium für den gesellschaftswissenschaftlichen Unterricht sind Karten von fundamentaler Bedeutung. Sie erschließen die räumliche Dimension eines zu betrachtenden Raums bzw. seine historische Genese. Die Kartenarbeit dient der Vermittlung, Erarbeitung und Darstellung von räumlichen und zeitlichen Informationen, dem Aufbau eines topografischen Grobrasters durch Aneignung eines Lagebilds von der Welt und ihren Teilräumen sowie der Vermittlung von Fähigkeiten zum Umgang mit Karten.

Ziel des Unterrichts soll es hierbei sein, dass Schülerinnen und Schüler befähigt werden, Karten kritisch beurteilen zu können und sie als Konstrukt wahrzunehmen. Weiterhin soll die Bewertung von Karten hinsichtlich ihrer grafischen Gestaltung und ihrer Aussagekraft im Fokus stehen und durch die Schulung des topografischen Weltbilds der Schülerinnen und Schüler bestehende Mental Maps (vgl. Kapitel 2.3), die aus der subjektiven Selektion der räumlichen Wirklichkeit entstanden sind, optimiert werden.

Definition und Merkmale

Nach Rinschede (2007, 355) ist eine Karte „eine in die Ebene abgebildete, maßstäblich verkleinerte, vereinfachte, orientierte und erläuterte Darstellung der Erdoberfläche oder eines Teils von ihr zu einem bestimmten Zeitpunkt". Kartografische Grundlagen sind demnach die Darstellung eines Ausschnitts der Erdoberfläche, Verkleinerung und Maßstäblichkeit, Generalisierung (Vereinfachung), Orientiertheit (z.B. Einordung) und Verebnung (die Übertragung von der Drei- auf die Zweidimensionalität).

Während sich die Kriterien Ausschnitt, Grundriss, Vereinfachung und Orientiertheit meist ohne größere Probleme vermitteln lassen, stellen der Maßstab und die Verebnung doch eine Herausforderung für die meisten Schülerinnen und Schüler, insbesondere im Anfangsunterricht, dar. Bei der Behandlung des Maßstabs müssen Sie deshalb darauf achten, dass die notwendigen mathematischen Kompetenzen bereits vorhanden sind. Ein Abgleich mit den Lehrplänen des Fachs Mathematik ist an dieser Stelle erforderlich. Die Verebnung erfolgt in kartografischen Darstellungen auf doppelte Art und Weise und setzt damit enorme Anforderungen an das räumliche Vorstellungsvermögen und an das Abstraktionsvermögen der Lernenden. Zum einen wird die Kugelgestalt der Erde in der Fläche, auf einem Blatt Papier, abgebildet. Zum anderen werden innerhalb des Blatts Reliefformen wie Berge und Täler dargestellt, was das Wissen um Gestaltungsmittel wie Isohypsen, Schummerung, Farbgebung und Höhenpunkte voraussetzt (Hüttermann 2008, 19).

Kartenkompetenz und Kartenarbeit

Gerade eben dieser hohe Anspruch ist es, der bei den Schülerinnen und Schülern einen kontinuierlichen Kompetenzaufbau im Umgang mit Karten unabdingbar macht, den Sie initiieren und begleiten müssen. Als Kartenkompetenz werden dabei die Fähigkeit zur Auswertung von Karten, die Fähigkeit zur Herstellung einfacher Karten und die Fähigkeit der Bewertung fertiger Karten zusammengefasst (ebd., 18). Der Erwerb dieser Fähigkeiten muss kontinuierlich und progressiv im Unterricht nebenherlaufen, um eine umfassende Kartenkompetenz zu erreichen. Für Sie und Ihre Unterrichtsplanung bedeutet dies, alle Aspekte der Kartenarbeit in Betracht zu ziehen und sie an passenden Stellen immer wieder in den Unterricht zu integrieren. Darüber hinaus sollten Sie sich mit kartografischen Grundlagen, Gestaltungsmitteln (Abb. 21) und -methoden, wie der Sortierung/Gruppierung und Positionierung von Gestaltungsmitteln, und der Menge und Art der dargestellten Informationen auseinandersetzen.

Im Unterricht geschieht die Kartenarbeit auf zwei Ebenen: auf der Ebene des Kartenlesens und der Ebene der Karteninterpretation.

Kartenlesen beinhaltet das verstehende Aufnehmen der kartografisch codierten Wiedergabe der Wirklichkeit und deren gedankliche Umsetzung in die entsprechende Raumvorstellung.

Karteninterpretation drückt das gedanklich weiterführende Ausdeuten des Karteninhalts hinsichtlich bestimmter Fragestellungen aus.

Für beide Kompetenzbereiche gilt für die Auswertung thematischer Karten folgendes Verfahren:

1. Lesen der Karte, d.h. die Orientierung auf und mit der Karte sowie Informationen aus der Karte ermitteln.
2. Beschreiben, d.h. die Versprachlichung des Karteninhalts.
3. Interpretieren, d.h. den Karteninhalt zu interpretieren und die dargestellten Prozesse zu erklären.
4. Anwenden, d.h., dass die Karteninformation letztlich genutzt werden.

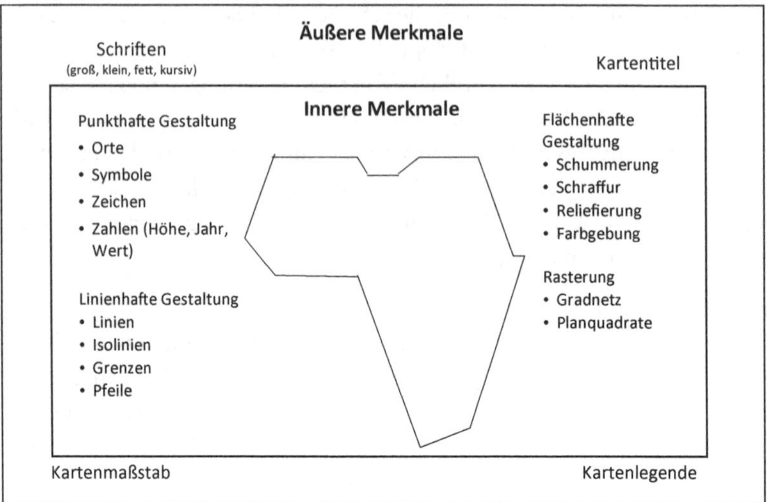

Abb. 21: Kartografische Darstellungsmittel (eigene Darstellung)

Einen besonderen Stellenwert nimmt hierbei die reflexive Kartenkompetenz ein. Durch sie erlernen die Schülerinnen und Schüler, dass Karten immer „gemacht" und daher subjektiv sind. Dies führt dazu, dass Karten jeglicher Spezies auch kritisch hinterfragt werden müssen (dazu: Gryl 2014a, 6).

Klassifikation von Karten im Fach Gesellschaftswissenschaften

Generell lassen sich Karten nach ihrem *Inhalt* (Kartentyp) sowie ihrer *Darbietungsform* (Kartenart) klassifizieren (vgl. Tab. 12). Darüber hinaus kann zwischen *dynamischen* und *statischen* Karten unterschieden werden. Während dynamische Karten eine (historische) Entwicklung oder Bewegungen in einem Raum, wie beispielsweise die Migrationsbewegungen, über einen bestimmten Zeitraum darstellen, bilden statische Karten einen Raum zu einem bestimmten Zeitpunkt (z. B. Entwicklungsstand von Staaten im Jahr 2019) ab (Raisch 2008, 93). Nachfolgend seien einige wesentlichen Kartenarten und -typen näher dargestellt.

nach dem Karteninhalt (Kartentyp)	Nach der Darbietungsform (Kartenart)
- physische Karte - topografische Karte - thematische Karte - stumme Karte - Reliefkarte - Kartenskizze (Faustskizze) - Kartogramm	- Wandkarte - Hand-/Einzelkarte - Atlaskarte - Schulbuchkarte - Folienkarte - Computerkarte/Geoinformationssystem (GIS)

Tab. 12: Kartentypen und Kartenarten (Rinschede 2007, 355 f.; Raisch 2008, 94)

Physische Karten stellen die großräumige Beschaffenheit der Erdoberfläche dar und dienen als Übersichts- oder Orientierungskarten. Ihre Einfärbung basiert meist auf dem Relief der Erdoberfläche. Die Landfläche kann von grün über braun bis weiß eingefärbt sein. Daneben werden häufig auch Gewässersysteme, Siedlungen, Verkehrswege oder Grenzverläufe dargestellt.

Topografische Karten der Landesvermessungsämter stellen die sichtbaren Erscheinungen der Erdoberfläche lagerichtig dar. Im Alltag begegnen sie uns in modifizierter Form beispielsweise als Wanderkarten (Haubrich/Reinfried 2015, 233 f.).

Thematische Karten stellen ein mehr oder weniger begrenztes Thema räumlich/zeitlich dar, wie z.B. das weltweite Bevölkerungswachstum. Auch die im Fach Gesellschaftswissenschaften häufig eingesetzten *Geschichtskarten* werden zu den thematischen Karten gezählt und sind „nachträgliche Darstellungen historischer Zustände, Ereignisse oder Entwicklungen" (Baumgärtner 2015, 183). Sie bilden einen geographisch-historischen Raum unter Betrachtung einer ausgewählten Thematik entweder statisch (synchron) in einem historischen Zustand oder dynamisch (diachron) in seiner historischen Entwicklung ab (Günther-Arndt 2014, 122). Im Gegensatz dazu sind aber *historische Karten* in der Vergangenheit entstanden und dokumentieren somit vergangenes Raumwissen sowie den jeweiligen technischen Stand der kartografischen Darstellungs- und Reproduktionsmöglichkeiten. Da sich anhand ihrer Rauminformationen und Raumvorstellungen vergangener Zeiten erschließen lassen, macht sie dies gleichsam auch zu einer historischen Quelle. Um eine Raumein- und -zuordnung zu ermöglichen, sollten aktuelle Karten bei der Auswertung historischer Karten herangezogen werden (Böttcher 2004, 249).

Die drei vorgestellten Kartentypen sind in jedem integrierten Schulatlas vorhanden, welcher ein Basismedium des gesellschaftswissenschaftlichen Unterrichts darstellt. Der Atlas dient vor allem der Entnahme von Informationen sowie der räumlichen Verortung. Die beinhalteten Karten können in unterschiedlichen Zusammenhängen und zu unterschiedlichen Fragestellungen im Unterricht verwendet werden. Da *Atlaskarten* meist inhaltlich und kartografisch mehrschichtig und zudem komplex gestaltet sind, müssen Sie bei ihrer Nutzung das Lernalter und die vorhandenen Kompetenzen der Schülerinnen und Schüler berücksichtigen. Eine sinnvolle Ergänzung zum Schulatlas bilden in diesem Zusammenhang die *digitalen Angebote* der Schulbuchverlage, die beispielsweise über dynamische Legenden verfügen. Durch ein Zu- bzw. Ausblenden verschiedener Ebenen (Layer) lassen sich komplexe Karten inhaltlich reduzieren und somit individuell an die Lerngruppe bzw. den Lerngegenstand anpassen.

Im Gegensatz zu Atlaskarten sind *Schulbuchkarten* auf eine spezielle Unterrichtssituation hin erstellt und in der Regel auf die jeweilige Altersstufe passgenau zugeschnitten. Ergänzt werden sie durch passende Texte, Bilder, Grafiken oder statistische Quellen und entsprechende Arbeitsaufträge. Somit sind sie auch auf die inhaltlichen Fragestellungen und Ziele der jeweiligen Thematik hin zugeschnitten (Haubrich 2006, 198).

Stumme Karten werden im Unterricht vorwiegend als Übungskarten zur Erarbeitung eines topografischen Orientierungswissens genutzt. Die Schülerinnen und Schüler gestalten die Karte aktiv durch die Ergänzung von Namen, Reliefeinheiten, Flüssen, Orten oder Objekten. Ebenso dienen sie als Grundlage zur Erstellung eigener Karten.

Wandkarten/digitale Wandkarten werden im gesellschaftswissenschaftlichen Unterricht sowohl in Form von physischen Karten als auch thematischen Karten, wie beispielsweise Geschichtskarten, eingesetzt. Sie sind auf eine Fernsicht hin angelegt, die einen groben Gesamtüberblick und ein Gesamtbild des Raums wiedergibt. Dies bedingt eine stark vergrößernde und vergröbernde Darstellung einzelner Kartenelemente sowie eine starke *Generalisierung* (Hüttermann 2004, 199). Daher müssen Sie zu deren genaueren Erschließung weitere Medien wie den Atlas oder das Schulbuch einbeziehen (Haubrich 2006, 199). Wandkarten eignen sich insbesondere zu Lokalisierungsübungen oder zur Begleitung von Vorträgen sowie Ergebnissicherungen und können hierbei beispielsweise durch Aufkleben von Top-its (selbstklebenden Kärtchen mit Begriffen oder Symbolen) oder in digitaler Form durch Markierungen und Beschriftung auch als Gestaltungsmedium verwendet werden (hierzu: Hieber/Lenz 2008, 24 f., Haubrich/Reinfried 2015, 234).

Grundlegende Methoden zur Kartenerschließung

Grundlage und zugleich Voraussetzung der Arbeit mit Karten ist die Beherrschung des Kartenlesens. Diese Fähigkeit müssen Sie im Anfangsunterricht systematisch einführen und im Verlauf der Schulzeit ständig trainieren. Aufgrund der hohen Komplexität – insbesondere thematischer Atlaskarten – ist es erforderlich, dass Sie den Schülerinnen und Schülern gezielt methodische Hilfestellungen anbieten, um sich Karteninhalte zielführend erschließen zu können.

Zu Beginn einer jeden Kartenarbeit ist es notwendig, die Karte sinnvoll in den unterrichtlichen Kontext einzubetten. Dies kann über die **Aktivierung**

räumlichen Orientierungswissens oder **raum-zeitlicher Ordnungssysteme** geschehen (Raisch 2008, 94). Im nächsten Schritt wird eine angemessene Fragestellung formuliert, die verdeutlicht, dass die Auswertung der Karte der Beantwortung einer bestimmten Problemstellung dient. Daran anschließend kann durch den Einsatz der nachfolgenden Methoden gezielt die Komplexität der Karte herabgesetzt werden:

- Die **Lupenmethode** dient dabei insbesondere der Karteneinführung und der Erschließung der Legende. Durch die gezielte Isolierung von Kartenzeichen und deren lupenartiger Vergrößerung können sich die Schülerinnen und Schüler auf einen bestimmten Einzelinhalt konzentrieren, was das Verständnis und das Einprägen der Signaturen fördert.
- Bei der **Fenstermethode** wird die Karte durch Verwendung eines Deckblatts mit Fenster auf einen Raumausschnitt hin reduziert. Die Informationsfülle der Karte wird dabei reduziert, indem nur der im Fenster sichtbare Teil des Raums konzentriert betrachtet wird.
- Die **Schichtenmethode** dient der Isolierung einer thematischen Schicht oder der Kombination einzelner, ausgewählter thematischer Schichten (Layer). Dieses Verfahren erlaubt die Konzentration auf ein bestimmtes Themenfeld und ermöglicht so einerseits, die Komplexität der Karte deutlich zu reduzieren. Andererseits bleiben aber Vernetzungen, Zusammenhänge und Abhängigkeiten erhalten oder werden stärker verdeutlicht. Im Unterricht kann dies beispielsweise durch das Übertragen einzelner Schichten auf Transparentfolien geschehen, die dann am Overheadprojektor übereinandergelegt werden. Auch eignen sich kontrastarme Schwarz-Weiß-Kopien, auf denen die Schülerinnen und Schüler einzelne Schichten durch Einfärben hervorheben können. Auch mit digitaler Bildbearbeitungssoftware lässt sich dieses Verfahren problemlos umsetzen (Lenz 2008, 36).
- Bei der Anwendung der **Zoom-Methode** wird ein bestimmter Ort/Raum in einer Detailkarte betrachtet. Ergänzend kommt eine Ausgangskarte größeren Maßstabs zum Einsatz, die der Übersicht dient (Kreuzberger/Kreuzberger 2014, 37).

Weiterführende Literatur:

Rotermann, Guido (2017): Karten im Politikunterricht. In: Praxis Politik, Nr. 1, S. 32–35.

Verband der Geschichtslehrer Deutschlands (Hg.) (2012): Zeitzeugengespräche – Erinnerungskultur. Schwalbach/Ts.

Ursula Tilsner/Daniel Ullrich

5.5 Bilder und Karikaturen

Die Verwendung von Bildern im sonst so textlastigen Fach Gesellschaftswissenschaften ist gerade zum Stundeneinstieg eine beliebte Methode. Bilder sind offensichtlich leichter zu decodieren und zudem hoch motivierend.

In der Tat haben Bilder einen geringeren Abstraktionsgrad als Schrift. Gerade für Schülerinnen und Schüler, deren Erstsprache nicht die deutsche ist, bietet der Einsatz von Bildern reichlich Potenzial. Das macht eine Bildanalyse jedoch nicht weniger komplex. Denn das Lesen von Bildern, genauer gesagt die Entnahme von Informationen aus einem Bildmedium, muss, ebenso wie das Lesen eines Texts, geübt werden. Vor allem in der Versprachlichung gewonnener Erkenntnisse besteht die große Herausforderung für den Unterricht (vgl. Kapitel 6.2). Sie jedoch ist Grundvoraussetzung für das Verstehen und damit für die erfolgreiche Weiterarbeit. Das bedeutet, dass die Auseinandersetzung mit einem Bild nicht nebenbei geschehen kann und Schülerinnen und Schülern dies schon gar nicht ohne Hilfestellung gelingt. Da es sich bei der Bildanalyse um eine bedeutsame Arbeitsweise des gesellschaftswissenschaftlichen Unterrichts handelt, bedarf sie der methodischen Heranführung und entwicklungsangemessenen Unterstützung durch Scaffolds (vgl. Kapitel 6.1).

Der Einsatz von Bildern und Karikaturen im gesellschaftswissenschaftlichen Unterricht bietet Chancen, stellt Sie und Ihre Lernenden aber auch vor spezielle Herausforderungen. Welche genau das sind und mit welchen Techniken diesen Herausforderungen begegnet werden kann, soll im Folgenden an exemplarischem Bildmaterial erörtert werden.

Das Bild im Fach Gesellschaftswissenschaften wird unterschiedlichen Funktionen gerecht. Aus der historischen Dimension heraus fungiert das Bild als Quelle, aus der sich Informationen über die Vergangenheit gewinnen und Aussagen über die Rezeption des Historischen treffen lassen. Aus der politischen Dimension heraus ist das Bild in seiner Funktion als Medium der politisch-gesellschaftlichen Kommunikation interessant und mit der geographischen Brille gesehen gibt es wiederum Aufschluss über den dargestellten Raum.

Anhand von Bildern lassen sich Methoden-, Analyse- und Urteilsfähigkeit schulen, aber auch der verantwortliche und medienkritische Umgang mit Bildern will gelernt sein. Letzteres Anliegen mag vor allem mit der politischen Brille formuliert sein, aber auch historische Bildquellen können hier einen nicht zu unterschätzenden Beitrag leisten.

Damit dies gelingt, haben Schulbücher für die Auseinandersetzung mit einem Bild zumeist Methodenseiten entwickelt, die für Bildanalyse und -interpretation im jeweiligen Kontext in der Regel brauchbar sind (vgl. Kapitel 8). Eine einheitliche Vorgehensweise gibt es aber nicht. Die meisten von ihnen greifen jedoch auf das bewährte Interpretationsmodell des Kunsthistorikers Erich Panofsky aus dem 20. Jahrhundert zurück (Sauer 2007, 15). An diesem klassischen Dreischritt kommt man, ganz zu Recht, nicht vorbei.

Klassischer Dreischritt der BILDANALYSE nach Panofsky

Vor-ikonographische Beschreibung	Beschreibung des Stils, der Art und Weise, der Formen und Gegenstände
Ikonographische Analyse	Einordnung und Kontextualisierung des Dargestellten, Verknüpfung mit dem Vorwissen
Ikonologische Interpretation	Hypothesenbildung, Interpretation und Bewertung der Bedeutung bzw. des Gehalts

Subjekte und Objekte, Farben und Formen müssen zunächst von Schülerinnen und Schülern erkannt und benannt werden, damit in einem zweiten Schritt die Einordnung des Dargestellten in einen Kontext erfolgen kann. Dazu benötigt man, und das macht es dann doch etwas komplexer, Vorwissen und die Kontextualisierung des Dargestellten in Zeit und Raum sowie ein Wissen um gewisse Symbole und deren Deutungen. Im letzten Schritt werden Absicht und Wirkung des Dargestellten hinterfragt. Die Bildanalyse nach Panofsky ist stark auf kunsthistorische Aspekte, also auf die Bildsprache, fokussiert. Peter Gautschi dagegen schlägt bei der Bildanalyse eine empfindungs- und fragengeleitete Herangehensweise vor. Damit stellt er das subjektive Konzept der Schülerinnen und Schüler in den Mittelpunkt der Auseinandersetzung.

Analyseschritte nach Gautschi (2000, 123):

1. Beobachtungen
2. Empfindungen
3. Vermutungen und Wissen
4. Aussagen
5. Fragen

Diese Methode bietet sich an, wenn akademisch orientierte Arbeitsweisen nicht unbedingt im Vordergrund stehen.

Allen Modellen ist gemein, dass Schülerinnen und Schülern drei wesentliche, aufeinander aufbauende Operationen abverlangt werden: Beschreiben –

Analysieren – Interpretieren. Diese Operatoren sollten Schülerinnen und Schüler in der Mittelstufe kennenlernen und mit zunehmender Abschlussreife sicher beherrschen. Für welches Modell Sie sich auch immer entscheiden, führen Sie es gründlich ein und arbeiten Sie, vielleicht auch erst einmal niedrigschwellig, aber konstant damit.

Bilder sind heutzutage Massenware, haben aber auch eine immense Aussagekraft und können zu Signets einer ganzen Epoche werden. Typisch für ein solches Signet ist der hohe Wiedererkennungswert. Die Fotografie des über die Mauer flüchtenden Grenzsoldaten 1961 in Berlin ist beispielsweise ein solches Bild. Im Sinne des exemplarischen Lernens ist es sinnvoll, auf Bildmaterial zurückzugreifen, dem eine hohe Repräsentativität beschieden ist. Mehr noch: Schülerinnen und Schüler sollten Bilddokumente, die eine Epoche in besonderer Weise charakterisieren, in ihrem gesellschaftswissenschaftlichen Unterricht kennengelernt haben.

Historische Gemälde, eine typische Bildgattung des 19. und 20. Jahrhunderts, haben meist eine sehr verdichtete Bildsprache. Betrachtet man Bilder zum Thema Migration im historischen Längsschnitt, fällt auf, dass sich die Symbolik des Schiffs wie ein roter Faden durch das Bildmaterial zieht. Das Auswandererschiff ist zentraler Bedeutungsträger auf dem Historiengemälde „Abschied der Auswanderer“ von Antonie Volkmar aus dem Jahre 1860 und findet sich interessanterweise auf der Fotografie „Refugees arrive by boat on the Greek island of Lesbos“ von Sergey Ponomarev (New York Times) wieder, das 2016 zum World Press Photo Of The Year gekürt wurde. Beide Bilder ähneln sich in ihrer Bildsprache, deren Vorbild durchaus Emanuel Leutzes „Washington crossing the Delaware“ gewesen sein kann. Das Erreichen neuer Ufer, eng verknüpft mit Sieg und Niederlage, wird auf allen drei Bildern dargestellt als Heil bringende Mission, bei der der Zusammenhalt einer generationen- und geschlechterübergreifenden Schicksalsgemeinschaft von Hoffnung und Ungewissheit bestimmt ist. Symbolisch aufgeladen sind sowohl auf den Gemälden als auch auf der Fotografie Mimik und Gestik der Protagonist*innen. Das heilbringende Boot hebt sich dabei farblich jeweils von einem schwer tragenden Hintergrund ab. In dem Pressefoto von 2016 fällt vieles zusammen, was historische Gemälde bereits vor seiner Zeit ausmachte: künstlerischer Charakter und dokumentarischer Anspruch, Zeitlosigkeit des Dargestellten und zeitgleiche Bedingtheit in Zeit und Raum. Bei dem Gemälde, das George Washington beim Überqueren des Delaware zeigt, decken sich dargestellte Zeit und Entstehungszeit im Übrigen nicht. Ein wichtiges Merkmal, auf das beim Einsatz von Bildern unbedingt geachtet werden muss, denn Bilder sagen häufig mehr darüber aus, wie die Ereignisse in ihrer Zeit gesehen wurden als darüber, wie sich das Dargestellte tatsächlich zutrug. Bilder weisen also gattungsspezifische Merkmale auf, die bei der Auseinandersetzung mit ihnen zu beachten sind. Gerade diese Merkmale machen die Entschlüsselung besonders lohnend. Um ein Bild adäquat interpretieren zu können, müssen diese Merkmale verstanden werden.

Merkmale von Bildern

Bilder sind ...
- immer nur ein Ausschnitt von Wirklichkeit
- perspektivisch
- Momentaufnahmen, also räumlich und zeitlich gebunden
- dabei jedoch gleichzeitig unhistorisch

Bilder sind immer perspektivisch und damit an Orte, Personen und deren Absichten gebunden. Sie zeigen immer auch nur einen Ausschnitt von Wirklichkeit. Ein weiterer Bildvergleich verdeutlicht dies: Historische Fotografien dokumentieren die scheinbar tadellosen Zustände in der Auswandererstadt Albert Ballins nahe Hamburg um 1900. Sie stehen in hartem Kontrast zu den grausamen Bildern gegenwärtiger libyscher Sammellager. Die Auseinandersetzung mit Auftraggeber und Absicht stellt den ersten Eindruck der geordneten

Volkmar, Antonie: Abschied der Auswanderer
© bpk / Deutsches Historisches Museum / Sebastian Ahlers

Auswanderung vs. Sodom und Gomorra in Libyen jedoch schnell infrage. Während es Ziel Ballins war, seine Auswandererstadt so vorbildlich wie möglich zu präsentieren, appellieren Hilfsorganisationen, auf deren Webseiten besagte Bilder hauptsächlich zu finden sind, vornehmlich an das Gewissen der Europäer, die sich für das Leid in Afrika nicht verantwortlich fühlen. Die*der Produzent*in eines Bildes bildet also bewusst oder unbewusst eine Wirklichkeit ab, die sie*er als solche empfindet oder die sie*er darstellen will. Die*der Betrachter*in kann weder sehen, was sich räumlich vor, neben oder hinter dem Bildausschnitt befindet, noch das, was zeitlich vor oder nach der Aufnahme geschah. Im Falle der Fotografie auf der Insel Lesbos sehen wir weder die Grenzschutzkräfte, die sich hinter dem Fotografen bereit machen, die Geflüchteten aufzugreifen, noch lassen sich mittels der Ballinstadt-Bilder die prekären Zustände rund um den Auswandererhafen Hamburg um 1900 erkennen. Dies gelingt uns nur, wenn in der Weiterarbeit weitere Quellen zurate gezogen werden, eine grundständige Methode, um den Konstruktionscharakter von Geschichte zu verdeutlichen. Hebt man die räumliche und zeitliche Gebundenheit eines Bilds auf und setzt sie neu zusammen, ergeben sich neue Interpretationsspielräume. Dafür braucht es nicht einmal einen Eingriff in das Bildmedium selbst, es reicht eine einfache „Text-Bild-Schere", denn jede andere Kontextualisierung verändert die Aussagekraft eines Bilds, denn ein Bild ist an sich unhistorisch. Um Schülerinnen und Schüler zu befähigen, Manipulationen im Netz zu erkennen, nehme man beispielsweise das Pressefoto aus dem Jahre 2015, das Bundeskanzlerin Angela Merkel beim Besuch einer Berliner Flüchtlingsunterkunft mit einem Geflüchteten aus Syrien zeigt. Hieran lassen sich vorbildlich Mechanismen digitaler Verunglimpfung und Hetze rekonstruieren, denn infolge erscheint dieses Bild in rechten sozialen Netzwerken, mit der Behauptung, Angela Merkel stehe völlig naiv mit einem IS-Kämpfer und Terroristen zusammen und mache lustige Selbstporträts. Inzwischen bemühen sich Webseiten wie *mimikama* oder *Faktenfinder* darum, relativ professionell aufgemachte Falschmeldungen zu enttarnen. Dass Fehlinterpretationen mit dem Mittel der Dekontextualisierung immer zuverlässig hervorgerufen werden können, kann auch der kreative Umgang mit einer Aufnahme aus einem Flüchtlingslager nahe der Prager Botschaft aus dem Jahre 1989 zeigen (o. A. 2015). Je nach Bildunterschrift ist das Foto entweder ein Beweis dafür, dass die DDR 1989 von ihren Bürger*innen mehr als angezählt war, oder aber der erschreckende Beweis dafür, dass die Bundesrepublik Deutschland von einer Flüchtlingswelle überrollt zu werden droht. Mittels eines Bildunterschriftenpuzzles oder konstruierten Fehlersuchbildern lassen sich solche Mechanismen mit dem Ziel der Sensibilisierung im Unterricht kreativ erproben.

Karikatur

Eine Bildgattung, die sich gar nicht erst um Objektivität bemüht, ist die Karikatur.

Sie stellt einen eigenen Bildtypus mit ganz spezifischen Merkmalen dar und spielt als fachspezifisches Medium im Fach Gesellschaftswissenschaften eine wesentliche Rolle.

6-SCHRITT-KARIKATURENANALYSE

WHAT?	– Was sieht man?
HOW?	– Wie wird der Inhalt dargestellt?
WHO?	– Wer sind Auftraggeber*in und Künstler*in?
WHEN?	– Wann ist die Karikatur entstanden? Wie ist das Thema historisch einzuordnen?
WHY?	– Warum wird der Inhalt so dargestellt?
WHAT EFFECT?	– Welche Wirkung hat die Karikatur?

Der Begriff Karikatur leitet sich von italienisch „caricare", was so viel bedeutet wie „beladen, komisch darstellen", ab und bezeichnet bildliche Darstellungen, die „ihre Prägnanz sehr oft aus dem Überzeichnen bestimmter Elemente beziehen" (Kluge 2011). Als Spott- und Zerrbild will sie entweder eine Person demaskieren oder gesellschaftliche, wirtschaftliche oder politische Missstände anprangern. Auch bei der Karikatur erfolgt die Analyse im klassischen Dreischritt. Zunächst geht es um eine genaue Beschreibung von Einzelheiten. Erst dann erfolgt die Auslegung. Zum Abschluss werden die Kernaussagen gebündelt und mithilfe weiterer Materialien geprüft (Landeszentrale für politische Bildung Baden-Württemberg 2017, 5). Eine Karikatur können Sie am besten mithilfe von sechs W-Fragen erschließen (ebd.). Besonders herausfordernd für Schülerinnen und Schüler ist es, die Stilmittel einer Karikatur zu bestimmen (HOW? Wie wird es dargestellt?). Hier sollten Sie geeignete Hilfestellung in Form von Methodenarbeitsblättern hineingeben.

Bilder und Karikaturen haben in allen Unterrichtsphasen ihren berechtigten Platz. Mehr noch: Sie sollten viel häufiger im Zentrum des Unterrichts stehen. Auch zur Ergebnissicherung und zum Transfer von Gelerntem eignen Bilder sich hervorragend. Eines ist sicher: Wer dem Bild lediglich eine dekorative oder motivationale Funktion im Unterricht zumisst, hat eine große Lernchance vergeben.

Bilder müssen nicht immer in Gänze dargereicht und „bierernst" analysiert und interpretiert werden. Es gibt eine Reihe kreativer Methoden anhand derer sich eine vertiefende Auseinandersetzung mit dem Bild initiieren lässt. Sie können teilweise abgedeckt und von den Lernenden in verschiedenen Verfahren aufgedeckt, ergänzt und erschlossen werden. Bilder können, vor allem wenn sie Träger vieler Informationen sind, erpuzzelt werden, sie lassen sich sortieren, kategorisieren und hierarchisieren, beschriften, untertiteln und vieles mehr (Pandel 2008).

Qualitätsstandards für Auswahl und Einsatz von Bildmaterial

- Die Auflösung des Bilds ist entsprechend hoch, sodass Pixel in keinem Fall erkennbar sind.
- Die Authentizität des Bilds und die Seriosität der Quelle wurden geprüft.
- Die Bezugsquelle sowie wichtige Bilddaten (Name, Titel, Jahr, Bildtyp, Gattung, evtl. Größe, Verbleib) sind angegeben.
- Hintergründe zum Bild sind erarbeitet.

Kriterien für die Auswahl geeigneter Bilder

Ein gutes Bild ist …
- offen (räumlich, zeitlich, kommunikativ, sozial),
- komplex,
- ermöglicht Narration,
- ist kontrovers/problemhaltig,
- prägnant,
- ermöglicht einen Erkenntnisgewinn.
- ist zuzuordnen (räumlich, zeitlich, politisch)

Zu guter Letzt sei erwähnt, dass Bilder meist urheberrechtlich geschützt sind. Im Unterricht dürfen sie im Rahmen der Freiheit von Forschung und Lehre dennoch gezeigt werden unter genauer Angabe des Fundorts bzw. der Herkunft bzw. der*s Urheber*in. Das Urheberrecht betrifft lediglich die Vervielfältigung oder den gewerbsmäßigen Einsatz von Bildern. Gerade in Zeiten der Bilderflut sollte durch Sie ein sorgsamer und vorbildlicher Umgang mit dem Bild erfolgen. Schließlich wollen wir bei unseren Schülerinnen und Schülern den geübten und medienkritischen Umgang mit Bildern schulen. Deshalb sollten Bilder für den Unterricht trotz oder gerade wegen der medialen Allzeitverfügbarkeit sorgfältig ausgewählt und deren Einsatz gründlich vorbereitet werden.

Pamela Kohse

5.6 Expertinnen und Experten, Zeitzeuginnen und Zeitzeugen

Vielfältige Lernmöglichkeiten

Die Einbindung von Expertinnen und Experten, Zeitzeuginnen und Zeitzeugen im Sinne des Öffnens von Unterricht und der Zusammenarbeit mit außerschulischen Partner*innen verdeutlicht den Lebensweltbezug und die Relevanz des Unterrichtsthemas und steigert die Motivation der Lerngruppe. Vermeintlich theoretische, abstrakte Fragestellungen werden lebendig und erhalten ein menschliches Antlitz.

Dies birgt für Sie und Ihre Lerngruppe Chancen und Herausforderungen zugleich: Die Gäste im Unterricht sollen ihre Erfahrungen, Erkenntnisse und Urteile authentisch vermitteln und damit auch Emotionen wecken, gleichzeitig muss das Ziel des Unterrichts sein, jenseits von Sympathie und Antipathie die Sachinformationen zu filtern und eine Einordnung des Gehörten in den entsprechenden Kontext zu leisten. Die Verantwortung für das Unterrichtsgeschehen liegt bei Ihnen, Sie müssen während der Unterrichtseinheit wie beim Einsatz anderer Medien die Grundsätze des Beutelsbacher Konsenses (vgl. Kapitel 4.8) beachten und bei einer einseitigen Ausrichtung des Gasts gegensteuern oder dieses im Nachbereitungsgespräch aufgreifen. Jenseits der besprochenen Inhalte bietet die Mitwirkung von Expertinnen und Experten oder Zeitzeuginnen und Zeitzeugen daher eine Fülle von Lernmöglichkeiten, wenn die Bedeutung von z.B. Perspektivität, Singularität versus Verallgemeinerung, Konstruktion und Dekonstruktion von Narrativen in der Vor- und Nachbereitung thematisiert wird. Eine größtmögliche Beteiligung der Schülerinnen und Schülern bei der Planung, Organisation, Durchführung, Vor- und Nacharbeit ermöglicht selbstwirksames Lernen in den Bereichen Projektmanagement, Kommunikation, Dokumentation und fördert vor allem bei Zeitzeug*innen die Empathiefähigkeit Ihrer Schülerinnen und Schüler.

Expertinnen und Experten

Der Begriff Expertin oder Experte ist nicht geschützt. Was braucht es, um eine Expertin oder ein Experte in einem bestimmten Themenbereich zu sein? Sicher ein fundiertes und vernetztes Wissen über den Untersuchungsgegenstand und darüber hinaus so etwas wie Felderfahrung. Hat die- oder derjenige zu dem Thema geforscht, gearbeitet oder veröffentlicht? Hat sich die Person politisch oder auf einer anderen Ebene für ein bestimmtes Thema eingesetzt? Für den Einsatz in der Schule sollten Sie berücksichtigen, ob beispielsweise beim Thema Migration die Expertin oder der Experte vom Bundesamt für Migration und Flüchtlinge, von PRO ASYL e.V. oder von ehrenamtlichen Hilfsinitiativen vor Ort kommt. Für den Unterricht bedeutet dies, dass Sie sogenannte Expertisen ebenso quellenkritisch prüfen müssen wie Historikerinnen und Historiker kritisch mit Quellen umgehen: Wer ist die Expertin oder der Experte, was macht die Person dazu, in wessen Auftrag, mit welcher Motivation und in welchem Rahmen wird das Expertinnen- oder Expertenurteil abgegeben? Welche Gegenpositionen gibt es? Es ist eine der wichtigsten Aufgaben von Schule, Schülerinnen und Schüler zur Mündigkeit sowie zur konstruktiven Kritikfähigkeit zu erziehen, damit sie am demokratischen Meinungsbildungsprozess sinnstiftend teilhaben können. Der Einsatz von Expertinnen oder Experten und Zeitzeuginnen oder Zeitzeugen eignet sich hierfür in besonderer Weise.

Expertinnen und Experten der besonderen Art sind Politikerinnen und Politiker. Als Mitglieder des Europaparlaments, des Bundestags und der Landtage verfügen sie über ein eigenes Budget und organisierte Programme für Besucherinnen- und Besuchergruppen. Als Abgeordnete des Wahlkreises oder als Fachpolitikerinnen und Fachpolitiker besuchen sie auch Schulen. Im Vorfeld achten Sie vor allem auf die Bestimmungen Ihres Bundeslands, beispielsweise zu Fristen vor Wahlen oder zur Ausgewogenheit der Parteienpräsenz (vgl. Kapitel 4.8). Sie sollten auch beim Einsatz dieser Expertinnen und Experten keine Berührungsängste haben, aber Ihr Vorhaben besonders sorgfältig planen und mit der Schulleitung besprechen, um auf mögliche (parteipolitische) Kritik professionell reagieren zu können. Möglich sind sowohl Besuche von einzelnen Politikerinnen und Politikern in der Klasse oder von Vertreter*innen mehrerer Parteien in Rotation vor Kleingruppen als auch Podiumsdiskussionen mit mehreren Klassenstufen. Der persönliche Kontakt mit Politikerinnen und Politikern ist besonders wertvoll und sollte Bestandteil der politischen Bildung jeder Schule sein.

Rolle der Expert*innen in der Politik

Die Erfahrung des Einsatzes von Expertinnen und Experten im Unterricht legt den Vergleich mit der Rolle der Expertinnen und Experten in der Politik nahe: Für den Wissenschaftssoziologen Peter Weingart (2003) bildet die Expertise ein Bindeglied zwischen Wissenschaft und Politik. Um dieses Wissen als Entscheidungsgrundlage schnell heranziehen zu können, werden Expertinnen und Experten befragt, die sich ein breites wissenschaftlich fundiertes Wissen angeeignet haben und Politikerinnen und Politiker beraten sollen. In seinem Aufsatz „Experte ist jeder, alle sind Laien" (58 ff.) macht Weingart auf die Gefahr dieser Expertinnen- bzw. Expertenrolle aufmerksam, wenn er darauf hinweist, dass der Einfluss von Expertinnen und Experten auf politische Entscheidungen ungeregelt und weitgehend unbekannt, dabei die Zahl beratender Expertinnen und Experten in allen gesellschaftlichen Bereichen enorm gestiegen sei. In einer sich immer weiter technologisierenden Welt sei es auch kaum möglich, für alle relevanten Lebensbereiche Expertin oder Experte zu sein. Das stelle Politik und Wählerinnen und Wähler vor enorme Herausforderungen. So sieht Weingart das Aufgabenfeld politischer Beraterinnen und Berater folgendermaßen:

> Sie müssen sich nicht nur im Politikgeschäft auskennen und wohl fühlen, [...] Sie müssen vor allem auch bereit sein, ihre systematische Überforderung in der Beratungssituation zu ertragen, wenn nicht gar zu genießen. Der (wissenschaftliche) Experte nimmt an der politischen Macht teil, insoweit er nie nur das gefragte wissenschaftliche Wissen vermittelt und übersetzt, sondern Antworten und Ratschläge zu Fragen gibt, die seine Kompetenz übersteigen und eigene (wertgeladene) Entscheidungen von ihm verlangen. Die Konjunktur der Experten in der Politikberatung ist Teil der umfassenden Therapeutisierung der Gesellschaft: Alle suchen Beistand für Entscheidungen unter Ungewissheit in Gestalt eines „fremden" Gegenüber. (59 ff.)

Als erfahrener Politiker weist Thomas de Maizière auf die inflationäre Verbreitung von dramatisierenden Expertenwarnungen jeglicher Couleur und von Gutachten „als Kampfinstrumente zur Verhinderung oder Herbeiführung einer politischen Maßnahme" hin (2019, 152 ff.). Er stellt als spezifische Aufgabe von Politikerinnen und Politikern heraus, über den Rückgriff auf Expertenwissen hinaus Zusammenhange zu sehen und die Durchsetzbarkeit von Empfehlungen abzuwägen.

Zeitzeuginnen und Zeitzeugen

Der Begriff „Zeitzeug*in" ist eine Mischung aus „Zeitgenoss*in" und „Augenzeug*in". Wenn Sie zum Thema Migration Menschen einladen, die am Ende des Zweiten Weltkriegs auf der Flucht waren, die aus der DDR oder aktuell aus einem Krisengebiet geflohen sind und von ihren Erfahrungen berichten, liefert das für die Lernenden einen sehr persönlichen Zugang zu den Ereignissen. Im Mittelpunkt steht der einzelne Mensch mit seinen konkreten Erlebnissen und Erfahrungen, Geschichte wird aus der Perspektive „von unten" als Alltagsgeschichte präsent. Bei dem Gespräch mit Zeitzeuginnen und Zeitzeugen geht es explizit um Gefühle, um Individualität, um die Bedeutung historischer oder politischer Ereignisse für einzelne Menschen, um die Unterschiede und Gemeinsamkeiten des damaligen Zeitgeists und Lebensgefühls zu und mit der Gegenwart. Zu erfahren, dass zum Zeitpunkt eines bestimmten Ereignisses die Fakten nicht so übersichtlich und didaktisch aufbereitet zur Verfügung standen wie heute in Schulbüchern, sowie die Möglichkeit in Interaktion zu treten und Faktenwissen mit authentischen Erzählungen abzugleichen, ist eine große Bereicherung.

Der Einsatz von Zeitzeuginnen und Zeitzeugen ist nicht nur für die Themen Nationalsozialismus und DDR möglich, sondern beispielsweise auch für die Themen Gastarbeiterinnen und Gastarbeiter, Frauenbewegung, 68er, Umweltkatastrophen etc.

> Tipp
>
> Internetportale und spezialisierte Vermittlungsstellen erleichtern den Zugang zu Zeitzeuginnen und Zeitzeugen für Schulen. Fragen Sie in der Schule oder im Ausbildungsseminar nach oder informieren Sie sich bei der Landeszentrale für politische Bildung in Ihrem Bundesland.

Es ist wiederum Ihre Aufgabe, den Eindruck vermeintlich objektiver Wahrheit zu korrigieren. Eine ganze Reihe pädagogischer Spiele und der Vergleich von Augenzeuginnen- und Augenzeugenberichten nach plötzlichen Katastrophen vermitteln Kindern bereits im Grundschulalter, dass verschiedene Augenzeuginnen und Augenzeugen unterschiedliche Wahrnehmungen derselben Situation haben und anschließend völlig Unterschiedliches berichten können.

Wenn Sie in Ihrem Unterricht die Lebens- und Familiengeschichten Ihrer Schülerinnen und Schüler nutzen möchten, ist der Umgang mit Zeitzeuginnen und Zeitzeugen ebenfalls von großer Bedeutung. „Biographisches Lernen ist mittlerweile als Lerngegenstand anerkannt. Das hohe Potential hinsichtlich Motivation, Nutzwert und Anschaulichkeit ist unumstritten“ (Witt 2018, 12). Die kulturell und religiös heterogenen Erlebnisse der eigenen Lerngruppe können besonders im Fach Gesellschaftswissenschaften für den Unterricht fruchtbar gemacht werden, sind aber umso sorgfältiger zu planen.

Für Sie als Lehrkraft stellt der Einsatz von Zeitzeug*innen im Unterricht besondere Anforderungen an die Vor- und Nachbereitung mit den Lernenden dar. Bedenken Sie, dass Zeitzeug*innen oftmals emotional in Ereignisse stark involviert sind, während man bei professionellen Expertinnen und Experten eine distanzierte Einordnung erwarten kann. Es gilt zu berücksichtigen, ob sie routinierte, mit einer Organisation in Verbindung stehende Vortragende oder nur vereinzelt und privat Agierende sind. Ihre Schülerinnen und Schüler können hier besonders lernen, dass nicht jede Frage angemessen sein könnte und dass die Antworten der Befragten in den Kontext gesetzt und wie sonstige Quellen kritisch ausgewertet werden müssen.

Weiterführende Literatur:

Henke-Bockschatz, Gerhard (2014): Oral History im Geschichtsunterricht. Schwalbach/Ts.

Henke-Bockschat, Gerhard (Hg.) (2018): Geschichte Lernen, Nr. 184. Zeitzeugen und Oral History.

Katja Bewersdorf/Mareike Jakobi

5.7 Lernen mit digitalen Medien

Didaktische Grundsätze für den Einsatz digitaler Medien

Die digitale Revolution hat das Klassenzimmer endlich erreicht. Daraus ergeben sich zahlreiche Chancen, aber auch didaktische Fragen: Welchen Stellenwert sollten digitale Medien im Fach Gesellschaftswissenschaften haben? Welche Anwendungsmöglichkeiten befördern das Lernen? Welche Anwendungsmöglichkeiten darf ich mit Schülerinnen und Schülern überhaupt nutzen und welche nicht?

Generell ist zwischen zwei Aufgabenfeldern zu unterscheiden: Digitale Medien als Instrument des Unterrichts und digitale Medien als Gegenstand des Unterrichts. Für den Einsatz von digitalen Medien als Instrument des Unterrichts gilt der Grundsatz, dass digitale Medien dienende Funktion haben. Die Fachdidaktik hat Vorrang. Ungeachtet der zahllosen sinnvollen Anwendungen von digitalen Medien wird Unterricht nicht automatisch besser, wenn digitale Medien eingesetzt werden. Ein interaktives Whiteboard beispielsweise ist in erster Linie ein Präsentationsmedium. Ein mit Filmen und professionell gestalteten Präsentationen unterstützter Lehrervortrag ist eine große Verbesserung gegenüber einem schlichten Monolog. Trotzdem muss Unterricht primär auf die Aktivierung von Schülerinnen und Schülern abzielen. Darum ist ein überwiegend auf das interaktive Whiteboard zentrierter Unterricht eher kritisch zu betrachten.

Anwendungsbereiche für den Einsatz digitaler Medien im Fach Gesellschaftswissenschaften

Die Kultusministerkonferenz hat nach einem Beschluss vom 8. Dezember 2016 einen verbindlich umzusetzenden Kompetenzrahmen für das Lernen mit digitalen Medien gesteckt. Dabei unterscheidet die Kultusministerkonferenz zwischen fünf Kompetenzbereichen (KMK 2016):

- Suchen, Verarbeiten und Aufbewahren
- Kommunizieren und Kooperieren
- Produzieren und Präsentieren
- Problemlösen und Handeln
- Analysieren und Reflektieren

Für den Unterricht im Fach Gesellschaftswissenschaften lassen sich für diese Kompetenzbereiche Anwendungsmöglichkeiten konkretisieren, die in der nachfolgenden Tabelle genannt sind.

	Arbeitsmöglichkeiten im Fach	Beispiele
Suchen, Verarbeiten und aufbewahren	Recherche von Sachverhalten: • geeignete Informationen zu einer historischen, geographischen, politischen oder wirtschaftlichen Fragestellung auffinden • Zuverlässigkeit digitaler Quellen bewerten • Wertungen in digitalen Quellen erkennen • in großen Informationsmengen relevante von irrelevanten Informationen unterscheiden	Web-Quest (Sammlung von Informationen durch eine von der Lehrkraft vorgezeichnete Recherche auf bestimmten Webseiten) Mögliche Kriterien zur Zuverlässigkeit von Internetquellen: Belege, Art der Werbung, URL, Redaktion
Kommunizieren und Kooperieren	Nutzung digitaler Kommunikationswege für Interviews mit Expertinnen und Experten	Onlinevideobefragung von Fachbuchautor*innen oder Regisseur*innen von Dokumentationen
	Nutzung digitaler Kommunikationswege zum Austausch mit anderen Schülerinnen und Schülern	„Kinderwelten"-Projekt im Weltkunde-Fächerportal (go.iqsh.de/weltkunde)
Produzieren und Präsentieren	Anwendung gängiger Präsentationsprogramme für Referate	Es gibt in diesem Bereich Open-Source-Programme, kommerzielle Anbieter*innen und kostenlose Probefunktionen.
	Herstellung von digitalen Produkten als Ergebnisse von Unterrichtsprojekten, einschließlich Konzept und digitaler Nachbearbeitung	Produktion von Lernvideos durch Schülerinnen und Schüler Zusammenarbeit mit dem Offenen Kanal
	Herstellung eigener Karten mithilfe geographischer Informationssysteme (GIS)	Es gibt kostenfreie Anwendungen von kommerziellen Anbieter*innen. Zu beachten ist aber der Schutz von Daten der Schülerinnen und Schüler (siehe unten).
	Verarbeitung von Befragungen mithilfe von Programmen	GrafStat (kostenloses Programm der Bundeszentrale für politische Bildung, ausgezeichnetes Tutorial)
	Erstellung von digitalen Lernspielen (Quiz, Begriffszuordnung) für Mitschülerinnen und Mitschüler	Es gibt im Netz bereits Baukästen für Lern-Apps, darunter der nicht kommerzielle Anbieter learningapps.org.

<table>
<tr><th></th><th>Arbeitsmöglichkeiten im Fach</th><th>Beispiele</th></tr>
<tr><td rowspan="3">Problemlösen und Handeln*</td><td>Teilnahme an öffentlichen Diskursen im digitalen Raum</td><td>Beteiligung an einer Onlinepetition</td></tr>
<tr><td>Veröffentlichung von digitalen Produkten mit Appellcharakter</td><td>Hochladen eines Videos mit Forderungen zu einem politischen Thema (z. B. Nachhaltigkeit, Migration, Schulpolitik)</td></tr>
<tr><td>Aktive Teilnahme an Gedenkkultur und Geschichtspolitik</td><td>Hochladen einer eigenen Recherche oder Stellungnahme zur Lokalgeschichte, z. B. einem Kriegerdenkmal oder NS-Opfern</td></tr>
<tr><td colspan="3">* Für alle Anwendungen im Bereich Problemlösung und Handeln ist der Beutelsbacher Konsens zu beachten. Das bedeutet, dass den Schülerinnen und Schülern in diesem Bereich jeder Freiraum gelassen werden muss, um einen individuellen Standpunkt vertreten zu können. Das schließt nicht aus, dass eine Klassengemeinschaft sich gemeinsam äußert. Unterrichtliches Handeln darf aber nicht zum Ziel haben, dass die Klassengemeinschaft einen einheitlichen Standpunkt vertritt, denn die Klassengemeinschaft ist kein freiwilliger Interessenverband.</td></tr>
<tr><td rowspan="3">Analysieren und Reflektieren</td><td>Reflexion digitaler Raumdarstellungen im Hinblick auf Wertungen</td><td>Erstellung unterschiedlicher Karten mit einem Web-GIS: Reflexion der Bedeutung von Farben und Grenzwerten für die Wahrnehmung</td></tr>
<tr><td>Überprüfung umstrittener Sachverhalte mithilfe von Internetrecherchen</td><td>Vergleich von Bilddarstellungen zur Zahl der Menschen bei der Inauguration von Donald Trump</td></tr>
<tr><td>Erkennen von Falschmeldungen („Fake News“) und Diskussion ihrer Wirkungen</td><td>Überprüfung durch Vergleiche, Recherchen und mithilfe digitaler Tools (siehe Anleitung auf klicksafe.de)</td></tr>
</table>

Tab. 13: Die oben stehende Liste wurde ursprünglich von Johann Knigge-Blietschau für das Institut für Qualitätsentwicklung an Schulen Schleswig-Holstein (IQSH) in Bezug auf das schleswig-holsteinische Fach Gesellschaftswissenschaften („Weltkunde“) erstellt und für diese Publikation überarbeitet.

Diese Art Aufzählungen unterliegen immer dem Vorbehalt, dass sie von der rasanten technischen Entwicklung überholt werden. Darum wurde hier auf die Nennung konkreter Programme weitgehend verzichtet, empfehlenswerte öffentliche Anbieter ausgenommen. Zu diesen zählt u. a. das digital.learning.lab (https://digitallearninglab.de), das zahlreiche Entwürfe für digital gestützte Unterrichtseinheiten enthält, oder die Webseite segu (selbstgesteuert-entwickelnder Geschichtsunterricht – www.segu-geschichte.de).

Schutz der Daten von Schülerinnen und Schülern

Ein grundsätzliches Problem beim Einsatz digitaler Medien ist der Schutz von Schülerdaten. Diese Notwendigkeit macht viele im privaten Gebrauch gängige Anwendungen im schulischen Kontext leider unmöglich. Im Grundsatz gilt: Wenn Schülerinnen und Schüler Nutzungsdaten auf ungeschützten oder kommerziellen Servern zurücklassen müssen, um einen Dienst zu nutzen, ist er für eine öffentliche Schule im Normalfall nicht nutzbar. Davon unbenommen sind natürlich Verträge, die Schulen oder Bundesländer für die Nutzung von Diensten vereinbart haben. Aber wenn Sie als Lehrkraft erwägen, eine bestimmte digitale Ressource zu nutzen, müssen Sie sicherstellen, dass die Schülerinnen und Schüler keine Nutzerdaten hinterlassen. Wenn Sie sich unsicher sind, halten Sie Rücksprache mit der Behörde oder den Datenschutzbeauftragten. Ein Workaround ist es, wenn nur Ihre oder die Daten der Schule hinterlegt werden müssen, damit die Schülerinnen und Schüler eine Ressource nutzen können. Im letzteren Fall sollten Sie sich allerdings absichern, dass Sie die Schuldaten für diesen Zweck verwenden dürfen.

Anwendungsbeispiel Lernen mit digitalen Medien – das Hasi-Video

Zu den umstrittensten Ereignissen des Jahres 2018 zählten die Ausschreitungen gegen Migrant*innen in Chemnitz, nachdem am 25. August ein Besucher eines Sommerfests tödlich mit dem Messer verletzt worden war. Tatverdächtig waren zunächst drei Asylbewerber syrischer bzw. irakischer Herkunft. Im Gefolge dieser Gewalttat gab es massenhafte Proteste gegen Zuwanderung, die von rechtsextremen Gruppierungen angeheizt wurden. Diese Proteste waren begleitet von zahlreichen Übergriffen auf Migrantinnen und Migranten und weiteren Straftaten, darunter ein Überfall auf ein jüdisches Restaurant.

Besonders bekannt wurde das sogenannte „Hasi-Video". In diesem Video ist zu sehen, wie mehrere Personen, die offensichtlich an einer der Demonstrationen teilnehmen, zwei junge Männer of Colour zunächst körperlich bedrohen und dann auf sie zustürmen, woraufhin diese die Flucht ergreifen. Dieses Video wurde als Beleg dafür herangezogen, dass es „Hetzjagden" auf Migrant*innen gegeben habe. Kurz darauf wurde seine Echtheit vom damaligen Präsidenten des Bundesamts für Verfassungsschutz, Hans-Georg Maaßen, in Zweifel gezogen. Dieser sagte: „Es liegen keine Belege dafür vor, dass das im Internet kursierende Video zu diesem angeblichen Vorfall authentisch ist." Und weiter: „Nach meiner vorsichtigen Bewertung sprechen gute Gründe dafür, dass es sich um eine gezielte Falschinformation handelt, um möglicherweise die Öffentlichkeit von dem Mord in Chemnitz abzulenken." (o. A. 2018)

Das Hasi-Video ist auf YouTube zu finden. Es ist eine gute Möglichkeit, mit Schülerinnen und Schülern zu üben, die Echtheit von Informationen zu überprüfen. Besonders interessant ist es dabei, die Kommentare in die Auswertung miteinzubeziehen. Denn diese gehen davon aus, dass das Hasi-Video keinen Beleg für Hetzjagden in Chemnitz darstelle.

Methoden und Web-Ressourcen:

- Sekundenprotokoll des Hasi-Videos: Um das Video zu bewerten, sollte genau protokolliert werden, was dort zu sehen ist. Zu den wichtigen Details, die leicht übersehen werden können, zählen u.a. Applaus aus der Demonstration, als die beiden Männer flüchten, und ein Hitlergruß, der von dem Ausruf „Das hier, das heißt: Nicht willkommen!" begleitet wird.
- Web-Quest: Die Schülerinnen und Schüler sollten neben der Möglichkeit der freien Recherche auch eine Liste von empfehlenswerten Artikeln erhalten, die sie sichten sollen.
- Google Maps: Eine Möglichkeit, die Echtheit des Hasi-Videos zu überprüfen, ist es, den Ort zu bestimmen. Tatsächlich lässt sich mithilfe der im Hintergrund zu sehenden Kirche und der Ortsschilder der Ort des Vorfalls mittels Google Maps auf den Meter genau bestimmen. Er liegt in Chemnitz auf der Demonstrationsroute.
- Wetter: Auf dem Video sind einige Wolken am Himmel zu sehen. Mit der Suchmaschine Wolfram Alpha kann man mit den Suchbegriffen „weather Chemnitz August 26 2018" das Wetter überprüfen (Ergebnis: „partly cloudy").

Mit den vorangegangen Schritten können Schülerinnen und Schüler sehr schnell selbst überprüfen, wie die Glaubwürdigkeit des Hasi-Videos einzuschätzen ist: Es gibt keine Hinweise darauf, dass es manipuliert ist. Inzwischen hat sich sogar die Frau zu Wort gemeldet, die es gedreht hat, und auch die beiden attackierten Männer sind mittlerweile namentlich bekannt. Bei der Recherche wird Ihre Klasse insbesondere bei YouTube trotzdem auf viele Beiträge stoßen, die jegliche Menschenjagden bestreiten. Diese Äußerungen können jetzt mit den Schülerinnen und Schülern auf der Grundlage ihrer eigenen Recherchen diskutiert werden. Ist das, was hier zu sehen ist, eine Hetzjagd? Gesichert haben die Lernenden jetzt gesehen, wie mehrere Männer auf die Männer zugestürmt sind, wie diese geflohen sind, wie hinter ihnen her getreten wurde, Beleidigungen, anschließend Applaus aus der Demo und ein Hitlergruß. Wie eine solche Situation einzuschätzen ist, können die Schülerinnen und Schüler selbst beurteilen.

Auch die Äußerungen von Maaßen können sie sachkundig hinterfragen. So wird eine Debatte auf der Grundlage von Fakten ermöglicht, die sie selbst zusammengetragen haben. Dabei bleiben manchmal Fragen offen, viele können aber auch geklärt werden. Um zu differenzierten Urteilen zu gelangen, benötigen die Lernenden das klassische Handwerkszeug der Quellenanalyse, Belege prüfen, Widersprüche identifizieren, Perspektiven klären, Meinungen von Tatsachen unterscheiden und so weiter. Entscheidend ist, dass das Internet es ermöglicht, solche Recherchen mit vertretbarem Aufwand selbstständig in der Schule durchzuführen. Diese Möglichkeit für Schülerinnen und Schüler, selbstständig Sachverhalte zu überprüfen, zählt zu den großen Chancen des digitalen Zeitalters.

Weiterführende Literatur:

Kultusministerkonferenz (KMK) (2016): Bildung in der digitalen Welt. Strategie der Kultusministerkonferenz. Online unter: https://www.kmk.org/fileadmin/Dateien/pdf/PresseUndAktuelles/2018/Digitalstrategie_2017_mit_Weiterbildung.pdf (Zugriff am 7.2.2020).

Nikolaus Bois/Johann Knigge-Blietschau

6. Inklusiver Fachunterricht

6.1 Differenzierung und Individualisierung

Die heutige Schullandschaft ist in allen Teilen von einer stetig wachsenden Heterogenität gekennzeichnet. Meint der Begriff im eigentlichen Sinne „verschiedenen Ursprungs“ und bezeichnet speziell die Ungleichheit der Teile in einem zusammengesetzten Ganzen, so ist er im Schulalltag zum Synonym für eine wachsende „Unterschiedlichkeit“ geworden, die sich sowohl außerschulisch in Herkunft, Elternhaus, Biografie, sozialer Umwelt, Kultur und Wertvorstellungen als auch unterrichtlich in den Lernvoraussetzungen, Einstellungen, Interessen, Fähigkeiten und Leistungen der einzelnen Schülerinnen und Schüler widerspiegelt (von der Groeben 2003, 6f., ebenso Reuschenbach 2013, 108). Mit dieser großen Heterogenität der Schülerschaft geht für alle Lehrkräfte, so auch für Sie, die Herausforderung einher, den Fachunterricht an die Bedürfnisse der einzelnen Schülerin oder des einzelnen Schülers in Ihrer Klasse anzupassen.

Möglichkeiten, wie Sie der Heterogenistät in Ihrem Unterricht gerecht werden können, bilden Differenzierung und Individualisierung. Fälschlicherweise werden beide Begriffe oftmals synonym verwendet. Andreas Helmke (2013, 34, herv. i. O.) trennt sie wie folgt:

> Mit Individualisierung oder individualisiertem Lernen sind Lehr-Lern-Szenarien gemeint, die der Unterschiedlichkeit der Lernvoraussetzungen dadurch Rechnung tragen, dass es eine Vielfalt von Lernangeboten, Lernwegen, Lernmethoden und Lernorten gibt, dass also differenziert wird. Je nachdem, auf welcher Ebene die Differenzierung stattfindet – Gruppe oder Individuum – spricht man entweder von *Binnendifferenzierung* oder von *Individualisierung*.

Als zentrales und grundlegendes Prinzip sieht Helmke hierbei eine möglichst optimale Passung zwischen den Lernangeboten, welche von Ihnen bereitgestellt werden und den Lernvoraussetzungen, die der Lernende mitbringt.

Möglichkeiten der Differenzierung und Individualisierung

Wie lässt sich nun ein solch differenzierter oder individualisierter passgenauer Unterricht in der Praxis umsetzen? Helmke differenziert hier in zwei Möglichkeiten der Durchführung: Einerseits kann die Individualisierung durch Lehrkräfte gesteuert erfolgen. Sie richten dabei Ihren Unterricht durch die Festlegung von Zielen, die Diagnose der Lernvoraussetzungen, ein passendes Materialangebot, Förderpläne und Lernbegleitung auf die individuellen Lernvoraussetzungen der Schülerin bzw. des Schülers aus. Aufgrund des hohen organisatorischen Aufwands für die Lehrkraft ist dieser Ansatz jedoch kritisch zu betrachten. Ihm gegenüber steht die schülergesteuerte Individualisierung, bei der die Schülerinnen und Schüler Aufgaben nach Interesse frei wählen und ihren Lernprozess dadurch selbst regulieren können (ebd., 35). Dies können Sie durch verschiedenste **Organisationsformen** und Methoden der Unterrichtsgestaltung, wie beispielsweise Stationenlernen, Planarbeit, Freiarbeit, kooperative Lernformen, innerhalb derer unterschiedlichste Zugänge, Sozialformen, Medien, Aufgaben, Lernhilfen und Ergebnisformate möglich sind, umsetzen.

- Beim **Stationenlernen** setzt sich das Lernangebot aus verschiedenen Lernstationen zusammen, die den Schülerinnen und Schülern von der Lehrkraft zur Verfügung gestellt werden. Diese Lernstationen bieten eine hohe Vielfalt an Differenzierungsmöglichkeiten (Lernmaterialien, Lernmedien, Lernzugänge, Komplexität der Herausforderungen, Lernprodukte etc.). An den Stationen lernen sie innerhalb eines vorgegebenen Zeitrahmens weitestgehend selbstständig. Zumeist wird beim Stationenlernen zwischen Pflicht- und Wahlstationen unterschieden, wobei letztgenannte nicht zwingend bearbeitet werden müssen. Durch ein größeres Angebot an Wahlstationen können die Schülerinnen und Schüler individuelle Arbeitsschwerpunkte setzen (Göbel 2012, 2). Ebenso wählen sie die Reihenfolge der zu bearbeitenden Stationen selbst. Ist die Reihenfolge der Stationen dagegen vorgegeben, so spricht man von einer Lernstraße. Erfolgt zudem die Bearbeitung einer Station innerhalb einer festen Zeitvorgabe, so spricht man von einem Lernzirkel. Beide setzen zudem eine vollständige Bearbeitung voraus (Lange 2007, 1).

Beispielsweise könnten verschiedene Lernstationen Fallbeispiele für Pull- oder Pushfaktoren thematisieren, die dann nach Interesse durch die Lernenden ausgewählt und bearbeitet werden.

- **Planarbeit** ist dadurch gekennzeichnet, dass den Lernenden für einen fest bestimmten Zeitraum eine Zusammenstellung der zu bearbeitenden Themen und Lerngegenstände bereitgestellt wird. Diese kann neben den zu bearbeitenden Aufgabenstellungen auch die dazugehörigen Ziele sowie Hinweise zur Weiterführung und Hausaufgaben enthalten. Je nach Länge des zur Bearbeitung festgesetzten Zeitraums spricht man entweder von Tages-, Wochen-, Pensen- oder gar Jahresplänen. Die Aufgaben können innerhalb des Plans hinsichtlich ihres Anforderungsniveaus in ein Basis-, Erweiterungs- und Expertenniveau gestaffelt werden, die die Lernenden selbstständig und eigenverantwortlich in ihrer individuellen Zeitgestaltung und Abfolge bearbeiten können. Die Bereitstellung von Lösungsvorschlägen durch die Lehrkraft ermöglicht dabei die selbstständige Kontrolle und den Zugriff auf direkte Rückmeldung zu den erzielten Arbeitsergebnissen (Bauer 2007, 42).

Beispielsweise könnte mithilfe einer Planarbeit arbeitsteilig eine Wanderbewegung in der Vergangenheit selbstständig in Kleingruppen erarbeitet und für die Mitschülerinnen und Mitschüler der Klasse präsentiert werden.

- Die **Freiarbeit** erlaubt den Schülerinnen und Schülern das Thema, die Methode, den zeitlichen Umfang, die Sozialform und die Materialien, die sie zur Bearbeitung ihres Themas brauchen, selbst zu bestimmen. Der Lehrkraft kommt dabei die Rolle einer*s Lernbegleiters*in zu: Sie stellt eine didaktisch gestaltete Lernumgebung her, begleitet und berät die Lernenden bei der Auswahl von Themen und Methoden als auch während des Lernprozesses. So lässt die Freiarbeit ausreichend Raum für Ziele, Interessen, Wünsche sowie die unterschiedlichen Lernvoraussetzungen und Lernrhythmen der Schülerinnen und Schüler (Paradies/Linser 2012, 37 f.).

Beispielweise können sich die Schülerinnen und Schüler selbstständig mit konkreten Biografien geflüchteter oder migrierter Menschen vor Ort oder mithilfe des Internets beschäftigen, um erworbenes Fachwissen auf ein konkretes Fallbeispiel anzuwenden oder das Allgemeine in verschiedenen Fällen zu entdecken.

- Das **Konzept des kooperativen Lernens** ist durch einen strukturierten Wechsel der Sozialform gekennzeichnet, welcher darauf abzielt, die kognitive Aktivierung einer Lerngruppe möglichst zu optimieren. In einem ersten Schritt (Think) arbeiten die Schülerinnen und Schüler zunächst allein an einem Thema. Es erfolgt eine erste Konstruktion von Wissen, indem sie ihr Vorwissen mit neuen Lerngegenständen verknüpfen. Danach vergleichen sie ihre Überlegungen mit einer*m Partner*in oder in der Kleingruppe (Pair). Es findet ein erster Austausch von Wissen und eine Klärung von Widersprüchen (Ko-Konstruktion 1) statt. Innerhalb der Kooperation unterstützen sich die Schülerinnen und Schüler wechselseitig und können auf

Probleme und Lernschwierigkeiten ihrer Mitschülerinnen und Mitschüler eingehen. Abschließend werden in einer dritten Phase (Share) die Arbeitsergebnisse dem Plenum vorgestellt. Durch deren Prüfung, Diskussion und Ergänzung erfolgt eine Vertiefung des erworbenen Wissens (Ko-Konstruktion 2) (Brüning/Saum 2009, 21). In diesem Dreischritt hat jede*r die Möglichkeit, ihr*sein Wissen individuell zu konstruieren und im Austausch mit anderen zu vertiefen. Durch die Grundstruktur des kooperativen Lernens und seine unterschiedlichen Methoden (Partner-/Gruppenpuzzle, Lerntempoduett u.v.m.) lässt sich in Klassen nach unterschiedlichen Schwerpunkten, wie beispielsweise Förderschwerpunkt/Förderbedarf, Lerntempo, Kompetenzniveau oder Interesse differenzieren (Brüning/Saum 2010, 8).

Innerhalb der Organisationsform kann zudem eine Individualisierung und Differenzierung auf der Ebene der **Aufgabenformate** (vgl. Kapitel 7) erfolgen. Nach Annemarie von der Groeben (2013, 65) sollen differenzierende Lernaufgaben Schülerinnen und Schüler zu produktivem, problemlösendem Lernen herausfordern, dabei möglichst eine Über- und Unterforderung vermeiden und eigenverantwortliches und kooperatives Lernen sowie ein positives Ergebnis für die Lernenden ermöglichen. Nachfolgend werden exemplarisch drei differenzierende Aufgabentypen unter dem Aspekt der Differenzierung bzw. Individualisierung vorgestellt:

a) Die **Fächeraufgabe** (auch „Du kannst-Aufgabe" genannt) eignet sich insbesondere zum Einstieg in ein Thema oder aber zum selbstständigen Erschließen oder Anwenden von bereits Gelerntem. Ein gemeinsamer Lerngegenstand wird dabei in unterschiedliche frei wählbare Aufgaben aufgefächert, wobei das Lernmaterial für alle Schülerinnen und Schüler identisch (gegebenenfalls auch differenziert) ist. Aus einer Kernaufgabe werden unterschiedliche Zugänge von annähernd gleichem Schwierigkeitsgrad abgeleitet und zur Wahl gestellt (Witt 2017a, 24). Die Vielfalt unterschiedlicher Angebote sichert somit eine individuelle Passung und wirkt gleichzeitig motivierend auf die Schülerinnen und Schüler, da diese eigenverantwortlich ihre Entscheidung für das Lernen treffen können. Die einzelnen Aufgaben des Fächers können sich dabei entweder auf unterschiedliche Materialien als individueller Ausgangspunkt oder aber auf ein gemeinsames Material beziehen (ebd., 25).

Beispiel einer Fächeraufgabe:

Du wirst dich nun mit unterschiedlichen Menschen beschäftigen und erfahren, warum sie ihre Heimat verließen.
Du kannst:
- die verschiedenen Gründe in einer Mindmap darstellen (Einzelarbeit oder
- Partnerarbeit),
- ein Rollenspiel entwerfen, in der die Personen miteinander abwägen, ob sie bleiben
- oder die Heimat verlassen sollen (Partnerarbeit oder Kleingruppe),
- ein Bild der Person entwerfen, in welchem die Ängste und Hoffnungen deutlich werden.

Du hast für die Bearbeitung der Aufgabe xx Unterrichtsstunden Zeit.

b) Bei **Blüten-/Rampenaufgaben** wird das Lernangebot nach Schwierigkeit gestaffelt: Sie eignen sich insbesondere zur selbstständigen Erschließung oder Anwendung von Gelerntem. Dabei bilden Basisaufgaben den Mindeststandard, der von allen Schülerinnen und Schülern erreicht werden muss. Darauf aufbauende und nach oben offene Zusatzaufgaben, die in eigener Verantwortung gelöst werden, erlauben und fordern eine individuelle Leistung und Profilierung. Neben dem Vorteil der Sicherung eines fachlichen Basisniveaus aller Lernenden wirken sich Blütenaufgaben stark motivierend auf das Lernverhalten der Kinder und Jugendlichen aus, da diese durch die Struktur der Aufgabe herausgefordert werden, mehr zu leisten. Zudem treffen sie selbst verantwortliche Entscheidungen für ihr eigenes Lernen und können ihre eigenen Fähigkeiten erproben (von der Groeben 2013, 95 f.).

Beispiel für eine Blütenaufgabe:

Basisaufgaben:
a) Nenne Ursachen, die zu Migration führen können.
b) Ordne die Ursachen nach Push- und Pullfaktoren.
c) Nimm Stellung dazu, ob Menschen, die vor wirtschaftlicher Not fliehen, in Deutschland aufgenommen werden sollten.

Zusatzaufgaben:
d) Erkläre anhand der Ursachen unterschiedliche Arten von Migration.
e) Erläutere die wirtschaftlichen und gesellschaftlichen Folgen der Migration für die Herkunfts- und Einwanderungsländer.
f) „Deutschland ist immer stärker auf die Zuwanderung angewiesen." Begründe oder widerspreche diese/r Aussage anhand der bereitgestellten Materialien.

c) **Offene Impulse** sind beispielsweise Ausgangsfragen wie „Was verbindest du mit dem Begriff Migration?“ oder „Warum beschließen Menschen in ein anderes Land auszuwandern?“. Ebenso sind offene Impulse, die einer weniger umfangreichen Bearbeitung bedürfen, problemlos in Einstiegs-, Erarbeitungs- oder Transferphasen des Fachunterrichts zu integrieren oder als Hausaufgabe zu stellen. Ihre Stärke liegt in der Eröffnung eines individuellen Zugangs zum Lernthema. Die Belehrung bzw. das Erklären durch die Lehrkraft wird durch Suchbewegungen der Lernenden ersetzt, die es durch die Formulierung der Arbeitsaufträge entsprechend zu initiieren gilt. Eine Anfangsfrage kann zunächst von der Schülerin bzw. vom Schüler individuell erarbeitet und ein eigener Lösungsweg beschritten werden. Im Austausch mit anderen kann am Ende diskutiert und eine gemeinsam gewonnene Erkenntnis formuliert werden (von der Groeben 2013, 44 f.).

Tipp

In **Kapitel 7** (Aufgaben) werden im Hinblick auf ihre Möglichkeiten bei der Differenzierung bzw. Individualisierung *offene, halb offene* und *geschlossene Aufgaben* und deren Kompetenzreichweite näher erläutert.

Ein Instrument der Differenzierung und Individualisierung, welches sowohl auf der Ebene der Unterrichtsorganisation als auch auf der der Aufgaben Verwendung finden kann, ist das **Scaffolding**. Das Konzept stammt ursprünglich aus der Fremdsprachendidaktik. Ein Scaffold (dt.: Baugerüst) ist ein vorübergehendes Unterstützungssystem, welches individuell nach den diagnostizierten Lernständen der Schülerinnen und Schülern konzipiert wird und dadurch eine hohe Passung sowie eine hohe Schülerselbstständigkeit ermöglicht. Unterschieden werden dabei zwei Ebenen (Witt 2017b, 28 f.):

a) Das Makro-Scaffolding bezieht sich auf den gesamten Lernprozess in Form einer Gerüstaufgabe. Dies können beispielsweise eine Anweisung, eine Checkliste oder ein Ablaufplan sein, in denen die zu durchlaufenden Denk- und Arbeitsschritte eindeutig formulieren werden.
b) Das Mikro-Scaffolding als Unterstützungssystem bezieht sich auf Teilbereiche des gesellschaftswissenschaftlichen Lernprozesses und wird beispielsweise in Form von Tippkarten, Impulsfragen, Wort-/Formulierungshilfen, Methodenhandreichungen oder kleinen Anleitungen umgesetzt.

Wie bei einem Baugerüst nach getaner Arbeit, so sollten auch bei Schülerinnen und Schülern Scaffolds Schritt für Schritt wieder abgebaut werden, sobald die entsprechende Kompetenz von den Lernenden entwickelt wurde (ebd.).

Daniel Ullrich

6.2 Sprachbildung

Das vorrangige Ziel von Sprachbildung im Fach Gesellschaftswissenschaften ist es, Schülerinnen und Schüler beim Übergang von der Alltagssprache zur Fachsprache zu unterstützen. Denn Fachsprache kann nur dort gelernt werden und zum Einsatz kommen. Grundsätzlich sollen nicht die Texte z.B. durch Verkürzung oder Vereinfachung an die Leserinnen und Leser angepasst, sondern die Lernenden unter Anwendung von Werkzeugen und Methoden befähigt werden, den Text besser zu verstehen (Leisen 2013, 3 ff.). Dabei lassen sich die Ebenen grob in drei Bereiche unterteilen, wobei die Übergänge fließend sind.

	Wortebene	**Satzebene**	**Textebene**
Folgende Gegenstände sprachsensiblen Unterrichts sollen auf der jeweiligen Ebene erfasst, bzw. korrekt angewendet werden:	Fachnomen Fachverben Fachadjektive Komposita *fachspezifische Abkürzungen*	trennbare Verben Konnektoren Nebensatzkonstruktionen Funktionsverbgefüge	*Lesestrategien* Satzanfänge wählen Strukturelemente von Texten erkennen Kohärenz in der Erfassung und Produktion von Texten
		Einsatz von Fachsprache im Diskurs	

Tab. 14: Übersicht: Ausgewählte Ebenen von Sprachbildung im Fachunterricht (nach Oleschko 2017, 99; kursive Ergänzungen d. A.)

Die Ebenen sind als aufsteigende Anforderung zu verstehen. Zunächst gilt es, Fachsprache auf der Wortebene zu erwerben, während der Erwerb von Lesestrategien schon grundlegende Fähigkeiten der Texterfassung voraussetzt. Doch bevor es zur Unterrichtsplanung und den Werkzeugen und Methoden geht, ein kleiner Exkurs zu den theoretischen Grundlagen.

Zwei Prinzipen der Sprachbildung nach Leisen

Josef Leisen postuliert folgende zentrale Grundsätze durchgängiger Sprachbildung (2013, 72 ff.):

1. Prinzip: Wechsel der Darstellungsformen

Wissen kann und muss in unterschiedlichen Formen dargestellt werden. Mit Darstellungsformen sind hier *gegenständliche Darstellung* (u.a. nonverbale Sprache, Handlung, Experiment), die *bildliche Darstellung* (Bildsprache, u.a. Bilder, Filme, Zeichnungen), die *sprachliche Darstellung* (Verbalsprache, u.a. Sprache, Text) und die *symbolische Darstellung* (Symbolsprache, v.a. Diagramme, Grafen, Karten) gemeint. Praktisch ausgedrückt: Es müssen im Unterricht vielfältige Transferanlässe geschaffen werden, damit Ihre Schülerinnen und Schüler Gelegenheiten zum Verstehen und zur eigenständigen Versprachlichung haben. Sie müssen einen Lerngenstand somit mit unterschiedlichen Methoden bearbeiten lassen. Der gesellschaftswissenschaftliche Unterricht bietet hier ohnehin viel Potenzial. In der historischen Dimension ist es die sprachliche und bildliche Darstellung (schriftliche Quellen, Bilder), in der räumlichen Dimension überwiegend die symbolische und bildliche Darstellung (Bilder und Karten) und in der politischen Dimension symbolische Sprache (Gesetze, Statistik). Somit bietet das Fach Gesellschaftswissenschaften einen ganzheitlichen Ansatz zum Lernen der Fachsprache.

2. Prinzip: Kalkulierte sprachliche und fachliche Herausforderung

Die fachsprachlichen Anforderungen an die Schülerinnen und Schüler müssen leicht über dem aktuellen individuellen Sprachstand liegen, damit die nächste Ebene erreicht werden kann. Damit diese Hürde bewältigt werden kann, benötigen sie Unterstützung in Form von Sprachhilfen durch Sie (ebd.).

> Tipp
>
> Methoden-Werkzeuge nach Leisen
> Wir empfehlen die folgende Webseite:
> www.sprachsensiblerfachunterricht.de/methoden-werkzeuge
> Einen weiteren Methodenpool für den sprachsensiblen Fachunterricht des Mercator Instituts für Sprachförderung und Deutsch als Zweitsprache mit 54 Methoden finden Sie ebenfalls im Internet: https://www.mercator-institut-sprachfoerderung.de/de/publikationen/material-fuer-die-praxis/methodenpool/

Unterrichtsplanung

Nehmen Sie vor einer Unterrichtseinheit das Schulbuch zur Hand und überlegen Sie, welche Wörter, Abkürzungen, Symbole und Redewendungen am Ende der Unterrichtseinheit zum *aktiven Wortschatz* Ihrer Schülerinnen und Schüler gehören sollen. Welche Wörter, Abkürzungen, Symbole und Redewendungen sollen am Ende der Unterrichtseinheit zum *passiven Wortschatz* gehören? Zur besseren Übersicht und Dokumentation eignet sich besonders der von Tajmel (2012, 32) entwickelte Planungsrahmen zur sprachsensiblen Unterrichtsplanung. Suchen Sie die neuen zentralen Wörter und notieren Sie diese im Planungsrahmen. Berücksichtigen Sie nicht nur Nomen, sondern auch Verben und Adjektive. Im nächsten Schritt suchen Sie nach Abkürzungen und Symbolen, die für die aktuelle Unterrichtseinheit wichtig sind. Nehmen Sie auch Wörter, Abkürzungen und Symbole auf, bei denen Sie denken, dass sie den Lernenden eigentlich bekannt sein müssten. Legen Sie die Methoden fest und denken Sie dabei an die eingangs vorgestellten Prinzipien des sprachsensiblen Fachunterrichts.

<table>
<tr><th>Thema</th><th colspan="4">Aktivitäten</th><th>Sprachstrukturen</th><th>Vokabular</th></tr>
<tr><td rowspan="3">Flucht und Migration</td><td colspan="4">Recherche, Leitfragendiskussion, Partnerpuzzle, Podiumsdiskussion, Denken – Austauschen – Besprechen (DAB), Placemat, Fallarbeit, Kleingruppenarbeit, Gallery-Walk-Methode</td><td rowspan="3">seine Zelte aufschlagen
Angst haben
zuversichtlich sein
verzweifelt sein
voller Hoffnung sein
im Exil
sich niederlassen
sich kümmern um
Hilfe leisten
ansässig werden
diskriminiert werden
von dort aus
das Land liegt
im Osten von
das Schaubild zeigt
aus diesem Grund</td><td rowspan="3">e Migration
e Flucht
s Asyl
e Armut
r Genozid
e Globalisierung
s Asylverfahren
e Fluchtroute
s Heimatland
e Binnenmigration
e Integration
e Werturteile
e Notunterkunft
s Exil
e Zugereiste
e Neubürger*innen
e Emigration

immigrieren
zuwandern
einreisen
einwandern

Erklärung:
e = die
r = der
s = das</td></tr>
<tr><td>Hören</td><td>Sprechen</td><td>Lesen</td><td>Schreiben</td></tr>
<tr><td>aktives Zuhören</td><td>diskutieren und begründen
befragen
Ergebnisse vortragen</td><td>diskontinuierliche Texte
Gesetze
Arbeitsblätter
Lehrbuch</td><td>Arbeitsblätter
Schaubilder erstellen
Einladungen</td></tr>
</table>

Tab. 15: Planungsrahmen zur sprachsensiblen Unterrichtsplanung zum Thema „Migration" (eigene Darstellung)

Werkzeuge: Die Beispiele Glossar und Output-Scaffold

Gängige Werkzeuge der durchgängigen Sprachbildung sind das Glossar und das Output-Scaffold.

Glossar: Liefern Sie unter einem Text Worterklärungen, die korrekt, aber sprachlich einfach gehalten sind. Ergänzen Sie Worterklärungen durch Bilder.

Beispiel: Asyl. Asyl ist ein Wort für einen Ort, an dem Menschen Schutz erhalten.

(Symbol des „Arbeitskreises Asyl" in Schwerte)

Output-Scaffold: Das Wort Scaffolding kommt aus dem Englischen und bedeutet so viel wie Gerüstbau. Ergänzen Sie bei Aufgaben mögliche Satzanfänge und Fachbegriffe, die die Schülerinnen und Schüler verwenden können.

Beispiel:

Manche Menschen in Deutschland sagen, dass wir eine „Obergrenze" für die Einwanderung brauchen, andere sagen, dass Menschen, die vor Krieg flüchten, immer aufgenommen werden sollen. Nimm Stellung.
Folgende Fachbegriffe kannst Du verwenden: Asyl, Arbeitsmigration, Armutsmigration, Integration, Menschenrechte, Sozialstaat.
Du kannst folgende Redemittel verwenden: „Einerseits …, andererseits …", „Ich kann verstehen, dass …".

Tipps zur Tafelarbeit und Gestaltung von Arbeitsblättern

Verwenden Sie an der Tafel Druckschrift. Schreibschrift ist für viele Schülerinnen und Schüler eine Herausforderung zu lesen und schwerer zu erfassen. Geben Sie Ihren Schülerinnen und Schülern die Möglichkeit, das Tafelbild digital zu erfassen (z.B. als Foto oder als Datei), dann können Sie es aufrufen, wenn Sie es zu Übungs- oder Wiederholungszwecken benötigen. Als sehr hilfreich hat sich ein fester Platz an der Tafel oder an einer anderen Stelle im Klassenraum erwiesen, an dem ein Artikelplakat hängt (siehe Spalte Vokabular im Planungsrahmen nach Tajmel).

Verzichten Sie bei Arbeitsblättern auf Serifenschriftarten wie Times New Roman oder Garamond Verwenden Sie stattdessen serifenlose Schriftarten wie Arial, Helvetica oder Calibri. Versuchen Sie nicht, zu viel Text und Informationen auf ein Arbeitsblatt zu bekommen. Erstellen Sie lieber ein zweites Arbeitsblatt. Eine Erhöhung der Schriftgröße, idealerweise 12–14 Punkt, ein 1,5-facher Zeilenabstand und eine linksbündige Ausrichtung helfen gerade ungeübten Leser*innen. Die Überschriften sollten hervorgehoben werden, ebenso sind Sinn- und Zeilenumbrüche (Beckmann 2013, 45) und eine Zeilennummerierung auf der linken Seite förderlich. Längere Texte sollten Sie in mehrere Spalten setzen. Die Arbeitsaufträge sollten oben auf dem Arbeitsblatt genannt werden. Verwenden Sie eindeutige Operatoren und besprechen Sie ihre Bedeutung mit den Schülerinnen und Schülern (vgl. Kapitel 7). Im Idealfall bieten Sie lokale Hilfen an, d.h., stellen Sie den Lernenden auf dem Arbeitsblatt Satzanfänge und Fachvokabular zur Verfügung (sogenannte Output-Scaffolds, s.o.).

Ausblick

Wenn Sie Methoden und Werkzeuge sprachsensiblen Fachunterrichts einsetzen, seien Sie geduldig mit sich und den Schülerinnen und Schülern. Jede Methode muss eingeübt und ritualisiert werden, damit sie wirksam ist. Viel Erfolg beim Ausprobieren!

Weiterführende Literatur:

Neugebauer, Claudia (2016): Förderung der Schulsprache in allen Fächern. Zürich.

Oleschko, Sven/Weinkauf, Benjamin/Wiemers, Sonja (Hg.) (2017): Praxishandbuch Sprachbildung Geographie: Sprachsensibel unterrichten – Sprache fördern. Stuttgart.

Matthias Kiy/Johann Knigge-Blietschau

6.3 Interkulturalität

Der Begriff „Interkulturalität“ wird gegenwärtig gerade in Bezug auf das Thema Zuwanderung recht stark diskutiert und unterschiedlich definiert. Während Hölscher in den 1990er Jahren unter Interkulturellem Lernen u.a.

> Texte, Märchen und Geschichten aus den Herkunftsländern der ausländischen Mitschüler [...], Informationen über das Leben in den verschiedensten Kulturen [...] die Auseinandersetzung mit der Lebens- und Gefühlswelt der Migranten [und] Projekte, die das Verhältnis der Einheimischen zu Mitbürgern aus anderen Herkunftsländern untersuchen (1994, 9)

versteht, sieht Mönter gut 20 Jahre später darin eine Vermittlung von „Einsichten in kulturelle Orientierungssysteme“ (2013, 87) und den Abbau von Stereotypen und Vorurteilen, um nicht zuletzt „ethnozentrischen Einstellungen entgegenzuwirken, die zu Diskriminierung und Exklusion führen“ (ebd.) können. Mit der wachsenden Zahl von Migrantinnen und Migranten und der Beschulung der Kinder und Jugendlichen hat die Diskussion über die theoretischen Grundlagen des Konzepts Interkulturellen Lernens in Deutschland an Kontroversität hinzugewonnen. Das Paradigma der „multikulturellen Gesellschaft“ geht davon aus, „dass sich durch die Einwanderung von Menschen unterschiedlicher nationalkultureller Prägung nach Deutschland ein Nebeneinander homogener Einzelkulturen ergäbe, das möglichst friedlich zu gestalten sei“ (Budke 2008, 15). Diese Möglichkeit eines friedvollen Miteinanders wird nicht von allen Gesellschaftsgruppen als realistisch betrachtet.

Ein „Nebeneinander“ getrennter Kulturen ist aber auch aus pädagogischer Perspektive ein fragwürdiges Ziel. In der Schule kommen Kinder und Jugendliche aus sehr unterschiedlichen Herkunftsfamilien zusammen: Familien mit und ohne internationale Geschichte, Eltern mit hohem oder mit geringem formalen Bildungsstand, alleinerziehende Eltern oder Großfamilien, Familien mit unterschiedlichen Familiensprachen. Ziel „Interkulturellen“ Lernens ist es, Schülerinnen und Schülern Erfahrungen zu Selbst- und Fremdbildern zu ermöglichen, unterschiedliche Identifikationsangebote zu machen und ihnen zu individuellen Positionierungen zu verhelfen. Es geht also nicht darum, getrennte Gruppen zu konstruieren und zu rekonstruieren, sondern die Schülerinnen und Schüler in den Austausch und die Selbstreflexion über kulturelle Identität treten zu lassen.

Perspektivwechsel (vgl. Kapitel 4.4 und 4.8) kann in diesem Zusammenhang vieles bedeuten: Ich nehme die Perspektive einer Gruppe ein, die ich bislang als „anders“ gesehen habe, oder ich hinterfrage meine „eigene“ Gruppe gewissermaßen von außen. Das Ziel ist es dabei, plakative Zuschreibungen aufzubrechen, das Eigene im Fremden zu entdecken und Ambivalenzen zu ermöglichen: Sind „die Deutschen" alle pünktlich und ordentlich? Was heißt es, deutsch und muslimisch zu sein? Bin ich eigentlich „deutsch" oder „typisch deutsch"? Wichtig ist es dabei, dass Schülerinnen und Schülern keine Identifikationsaufträge erteilt werden, sie also ungefragt als Repräsentant*innen einer Gruppe herangezogen werden. („Othering") Also nicht: „Ihr Syrer, wie seht ihr das?", sondern: „Dayyan, Imke, wie seht ihr das?"

Die Kinder erleben Deutschland im 21. Jahrhundert als Einwanderungsland. Ein Blick in die Geschichte zeigt, dass Deutschland diese Eigenschaft nicht zum ersten Mal erfährt. Im 19. Jahrhundert zogen zahlreiche polnische Bürger*innen des deutschen Reichs ins Ruhrgebiet, um Arbeit zu suchen, mit den deutschen Kolonien kamen auch afrikanische Einwanderer*innen. Deutsche Auswanderer und Nachkriegsflüchtlinge standen vor ähnlichen Herausforderungen und Problemen wie die heutigen Flüchtlinge und Migrant*innen, einschließlich der Ablehnung der „Fremden" durch die „Einheimischen". Holzbrecher spricht in diesem Zusammenhang von einer ethnischen Spurensuche in Geschichte und Gegenwart, deren Anliegen es ist, „‚Zeichen der Gegenwart' auf ihre geschichtliche Tiefenstruktur hin zu befragen, um zu entdecken, dass multikulturelle Vielfalt nichts Exotisches und Neues, sondern ein zentrales Kennzeichen unserer Geschichte ist" (2005, 399).

In Zeiten der Globalisierung ist Interkulturelles Lernen unverzichtbar. Die Erhaltung des Friedens zählt zu den epochalen Schlüsselproblemen, die das Fach Gesellschaftswissenschaften lösen helfen soll. Zum einen ist da die Aufgabe, die Gefahr zu minimieren, dass eines Tages wieder von Erbfeind*innen die Rede ist und eine nationale Abgrenzung den kulturellen Austausch zwischen den Staaten Europas reduziert. Eine weitere zentrale Zieldimension des Fachs ist die Nachhaltigkeit, die seit dem Klimagipfel in Rio 1992 mit der Devise „Global denken – lokal handeln" verknüpft ist (u.a. http://www.klimaretter.info, https://www.engagement-global.de). Interkulturelles Lernen ist demnach – wie die Bildung für nachhaltige Entwicklung (vgl. Kapitel 2.3) auch – ein Teilbereich des Globalen Lernens, denn die Schülerinnen und Schüler sollen „für die globalen Verflechtungen im kulturellen, sozialen, wirtschaftlichen und politischen Bereich sensibilisiert werden und ihre eigenen Handlungsspielräume erkennen" (Budke 2008, 17). Holzbrecher schreibt in diesem Zusammenhang von einem „Zusammen-Denken lebensweltlicher Probleme im Nahbereich mit denen im internationalen Bereich [...] nicht nur zu einer Aufklärung über strukturelle Zusammenhänge zwischen Nah- und Fernbereich, sondern auch mit dem Appell verbunden, den eigenen Lebensstil den Prinzipien einer ‚nachhaltigen Entwicklung' und ‚Zukunftsfähigkeit' anzupassen" (2005, 403 f.). Hier verbinden sich die Prinzipien der Bildung für nachhaltige Entwicklung (BNE) und des vernetzenden Denkens, das den Kern des Fachs ausmacht.

Der Begriff Kultur ist nicht einfach zu handhaben. Der Begriff „interkulturell" impliziert, dass zwischen Kulturen unterschieden wird. Das setzt voraus, dass soziale bzw. gesellschaftliche Gruppen anhand ihrer Kultur voneinander abgegrenzt werden können. Der Begriff Kultur ist aber sehr unscharf. Möchten wir beispielsweise festlegen, was die deutsche Kultur ist bzw. wo der deutsche Kulturkreis geographisch oder gesellschaftlich anfängt und wo er endet, werden wir auf zahllose Widersprüche stoßen. Sie kämen sicherlich zu einem interessanten Ergebnis, würden Sie einen Ostfriesen mit der These konfrontieren, seine Kultur würde sich von der eines Bayern kaum bis gar nicht unterscheiden. Gehört Saša Stanišič („Herkunft", Deutscher Buchpreis 2019) zum deutschen Kulturkreis? Oder der Kieler Autor Feridun Zaimoglu („Kanak Sprak")? Jede*r von uns hat individuelle Vorstellungen von Kultur, die von Vorprägungen und äußeren Einflüssen mitgeformt werden. Fuchs (2001, 36) meint dazu, dass durch das Interkulturelle Lernen sowohl die Gemeinsamkeiten als auch die Einzigartigkeiten zwischen Kulturen hervorgehoben werden sollen. Dabei werden die kulturellen Unterschiede aber sowohl durch gesellschaftliche Vorgaben als auch individuell ausdifferenziert. Abgrenzungen können u.a. durch die religiöse oder sprachliche Zugehörigkeit erfolgen, aber auch durch Äußerlichkeiten oder Verhaltensweisen. Mönter (2013, 88) beruft sich daher auf Georg Auernheimer, der fordert, „dass Kulturen in ihrer ‚historischen Bedingtheit' betrachtet werden müssen, da es ansonsten zu einer Abwertung wie auch zu einer ‚romantischen Verklärung und Mystifizierung fremder Kulturen' kommen könne". Es gilt also stets eine relativierende Haltung einzunehmen. Das betrifft sowohl die Verwendung des Begriffs „Kultur" als auch die Ausdifferenzierung der Abgrenzungsmerkmale. „Mit *kulturrelativistischen Ansätzen* wird vor dem Hintergrund des Postulats der Gleichwertigkeit der Kulturen die Einsicht in die Zwangsläufigkeit ethnozentrischer Sichtweisen gefordert, was gleichzeitig ein Erkennen der Begrenztheit der eigenen Wahrnehmung und des Verstehens beinhaltet" (Holzbrecher 2005, 398; Herv. i.O.). Die Schwierigkeit beim Interkulturellen Lernen ist also der Umstand, dass die Kulturen selbst nicht eindeutig definierbar sind, sie aber als Wahrnehmungs- und Erklärungsmuster eine hohe Wirkmächtigkeit entfalten. Konflikte, die als Kulturkonflikte wahrgenommen werden, müssen daher Gegenstand des Interkulturellen Lernens sein. Hölscher bringt es als Fazit gut auf den Punkt: „Interkulturelle Erziehung kann also kein Harmonisierungskonzept sein, darf sich nicht auf Kochen, Singen und gemeinsame Feste beschränken, sie muss vielmehr auf individuelle, auch problematische Erfahrungen und auf die Situation der Gesellschaft reagieren" (1994, 10).

Weiterführende Literatur:

Mecheril, Paul (Hg.) (2016): Handbuch Migrationspädagogik, Weinheim/Basel.

Reinhardt, Felix (2018): Interkulturelles Lernen im Geographieunterricht: Zur Konzeptionalisierung eines begegnungsorientierten Ansatzes, Bielefeld.

Ursula Tilsner/Maik Wienecke

6.4 Gemeinsamer Lerngegenstand

Im Fach Gesellschaftswissenschaften stehen Sie immer vor der Frage, wie es in einer heterogenen Lerngruppe gelingen kann, dass alle Schülerinnen und Schüler am Gemeinsamen Lerngegenstand auf pluralen Lernwegen lernen können und eine echte inklusive Teilhabe aller Lernenden erreicht werden kann.

Sowohl in der Allgemeinen Pädagogik als auch in den Fachdidaktiken wird darüber gestritten, was genau das „Gemeinsame“ in einer Lerngruppe ist bzw. zu sein hat (normativ angesteuert). Aus diesem Grund gibt es eine Vielzahl an verschiedenen (durchaus konkurrierenden) Modellen. Sie gehen von unterschiedlich gewichteten Grundannahmen aus und steuern in ihrer Zieldimension unterschiedliche Schwerpunkte an. Der gemeinsame Unterricht wird sich immer im Spannungsfeld zwischen Individualisierung, Differenzierung und dem gemeinsamen Lernen an einem Gemeinsamen Lerngegenstand verorten lassen. Feuser (2011, 94) beschreibt, dass der Gemeinsame Lerngegenstand kein Unterrichtsinhalt im engeren Sinne sein kann, sondern ein vielschichtiger, zusammenhängender Themenkomplex ist. In diesem lernen die Kinder und Jugendlichen mit unterschiedlichsten Lernausgangslagen und Biografien, jede und jeder auf seinem Entwicklungsniveau und ihren bzw. seinen Lernmöglichkeiten.

Der „Gemeinsame Lerngegenstand“ im Fach Gesellschaftswissenschaften muss folgende Bedingungen erfüllen:

- für alle Schülerinnen und Schüler muss es „Sinn ergeben“,
- für alle Schülerinnen und Schüler muss es „bedeutsam“ sein,
- es muss für die*den einzelne*n Lerner*in als auch für die Gruppe relevant sein,
- es muss Vorwissen, Einstellungen und Werte aufgreifen können, ausdifferenzieren und diskursiv in der Lerngruppe verhandelbar sein.

All diese Punkte erfüllt das didaktische Prinzip der Leitfragenorientierung (vgl. Kapitel 4.1). Denn eine Leitfrage legitimiert sich aus der Bedeutsamkeit in der Gegenwart und/oder für die Zukunft sowie aus der Bedeutsamkeit für das Individuum, die Gruppe und/oder die Gesellschaft. Sie kann auf pluralen Lernwegen beantwortet und diskursiv verhandelt werden. Am angeführten Unterrichtsbeispiel (vgl. Kapitel 1.4) wird deutlich, dass die Leitfrage: „Welche Menschen dürfen nach Deutschland kommen und hier leben?“ auf sehr unterschiedlichen Lernwegen beantwortet und diskutiert werden kann. Man spricht hier auch von einer gedanklichen Klammer (Frey 2019, 7) im Unterricht, d.h., im Unterrichtseinstieg, am Unterrichtsende und auch am Ende der Unterrichtseinheit steht die Beantwortung der und der Aushandlungsprozess zur Leitfrage im Mittelpunkt des gemeinsamen Lernens.

Doch wie gelingt es in der Einzelstunde ein Lernen am Gemeinsamen Lerngegenstand zu initiieren und dabei sonderpädagogische Prinzipien bei der Planung und Durchführung von Unterricht zu beachten sowie diese umzusetzen, sodass mögliche Lernbarrieren verringert werden?

Sonderpädagogische Prinzipien

Soziabilität: Alle Schülerinnen und Schüler sind sozial in eine Gruppe eingebunden, lernen gleichberechtigt und tragen Verantwortung für den gemeinsamen Lernprozess.

Strukturiertheit: Lernprozesse sind für alle Schülerinnen und Schüler deutlich, visualisiert und transparent. Jede und jeder weiß, in welcher Phase des Lernprozesses man ist und was warum folgen wird. Strukturiertheit gibt den Lernenden die notwendige Sicherheit im Ablauf des Unterrichts, sodass sie sich ausschließlich auf den Lerngegenstand fokussieren können. Ebenso muss das Lernmaterial klar und deutlich strukturiert sein, sodass eine einfache und wiederkehrende Orientierung für die Schülerinnen und Schüler ermöglicht wird.

Visualisierung: Das Unterrichtsgeschehen wird für alle Schülerinnen und Schüler visualisiert (auch mithilfe von Piktogrammen) offengelegt und unterstützt somit Orientiertheit und Klarheit.

Emotionalisierung: Der Unterricht spricht die Emotionen aller Schülerinnen und Schüler an, sodass ganzheitliche Lernprozesse ablaufen können und Abspeicherungsprozesse nachhaltig geschehen. Dazu bieten sich personifizierte, konkret anschauliche Lernmaterialien an.

Sprachförderung: Der Unterricht ist so angelegt, dass er für alle Schülerinnen und Schüler ein Lernangebot auf der Sprachebene anbietet. So sollen Lernende vielfältig miteinander kommunizieren, aber auch Lese- und Schreibprozesse bewusst und aktiv vollziehen.

Dazu sollen zwei Möglichkeiten aufgezeigt werden.

Das Gruppenpuzzle

„Gelingender inklusiver Fachunterricht richtet sich daran aus, dass alle Schülerinnen und Schüler am ‚Gleichen Lerngegenstand' lernen. Mithilfe von kooperativen Lernformen ist dies zu erreichen" (Witt 2019a, 16). Auch eine Reihe weiterer Studien belegen diese Überlegungen. So stellten Mastropieri, Scruggs und Graetz (2003, 104 ff.) fest, dass das Erarbeiten von Sachzusammenhängen für Schülerinnen und Schüler mit Lernbeeinträchtigungen in Peergroups erfolgreicher ist als ein lehrkraftzentrierter Unterricht mit dem Schulbuch.

Das Gruppenpuzzle bietet die Möglichkeit an, dass Schülerinnen und Schüler gemeinsam zu einer Stundenfrage (oder Leitfrage der Unterrichtseinheit) arbeiten, dabei aber unterschiedliche Lernmaterialien nutzen bzw. unterschiedliche komplexe Anforderungen zu bewältigen haben.

Das Gruppenpuzzle (in diesem Beispiel bilden drei Schülerinnen und Schüler eine Gruppe, denkbar sind auch vier Lernende) besteht aus vier Phasen:

- In der ersten Phase lernt die Stammgruppe gemeinsam.
  In dieser Phase wird die Stundenfrage erstmalig durchdacht und die Schülerinnen und Schüler aktivieren ihr Vorwissen hierzu. Des Weiteren erhalten die Lernenden ihre zugewiesenen Lernmaterialien (A – B – C).
- In der zweiten Phase lernen die Schülerinnen und Schüler in Expertengruppen, d.h., es treffen sich Lernende mit demselben Unterthema (A – A – A) an einem Arbeitsplatz und bearbeiten ihre Lernmaterialien, tauschen sich über Unklarheiten aus, sichern das neu erworbene Wissen und notieren dieses.
- In der dritten Phase treffen sich die Schülerinnen und Schüler wieder in ihren Stammgruppen. Dort wird das erworbene Wissen geteilt und miteinander neu vernetzt. Die Gruppe erfüllt gemeinsam eine Aufgabe zur Sicherung.
- In der vierten Phase werden die Lernergebnisse in der Klasse diskutiert, bewertet und transferiert.

Die Lernmaterialien für A, B und C unterscheiden sich nun im Grad der Fachlichkeit, der Komplexität und der Sprache. Die Schülerinnen und Schüler werden deshalb entsprechend ihrem Leistungsvermögen durch Sie den Gruppen zugewiesen. In der konkreten Unterrichtspraxis sollte die Gruppe C durch Sie in den ersten beiden Phasen eine erhöhte Hilfe erhalten. Mit diesem Differenzierungsansatz kann das Prinzip des Forderns und des Förderns sinnvoll und wirksam umgesetzt werden, wie an einem Beispiel verdeutlicht werden soll (vgl. Kapitel 1.4).

Unterrichtssequenz	**Was lernen die Schülerinnen und Schüler in dieser Unterrichtssequenz?**
Vor welchen Herausforderungen steht die Integration von Menschen aus anderen Ländern?	Die Schülerinnen und Schüler bewerten Integrationsmaßnahmen hinsichtlich ihrer Wirksamkeit unter Berücksichtigung aller beteiligten Menschen.

Während sich die Mitglieder der Expertengruppe A mit Integrationsmaßnahmen auf der Ebene des Bunds beschäftigen, bearbeiten die Mitglieder der Expertengruppe B Integrationsmaßnahmen auf der Ebene der eigenen Kommune. Die Schülerinnen und Schüler der Expertengruppe C könnten dann auf der eigenen Schulebene konkret anschaulich lernen. Dabei werden die sonderpädagogischen Prinzipien der Soziabilität, Strukturiertheit, Emotionalisierung sowie Sprachförderung umgesetzt, weil die Lernenden in eine feste Gruppe integriert sind, die Phasen des Gruppenpuzzles klar definiert sind, sie konkret an Beispielen ihrer Schule arbeiten und alle Schülerinnen und Schüler miteinander kommunizieren müssen, um zum gemeinsamen Ziel zu gelangen. Zusammengefügt ergibt sich ein vielschichtiger Blick auf die aufgeworfene Stundenfrage.

Tipp

Drei weitere Unterrichtsbeispiele für ein differenziertes Gruppenpuzzle finden Sie hier:
Witt, Dirk (2014): Ein Gruppenpuzzle zu den Folgen von Naturkatastrophen. In: Schulmagazin 5–10, Nr. 6, S. 31–34.
Witt, Dirk (2019c): Auch Deutsche wanderten aus und flohen. Ein Gruppenpuzzle – arbeitsteiliges und differenziertes Lernen. In: Geschichte Lernen, Nr. 187, S. 23–31.
Witt, Dirk (2019d): Wieso demonstrierten die Bürger der DDR 1989? Das Gruppenpuzzle im inklusiven Geschichtsunterricht. In: Geschichte Lernen, Nr. 190, S. 16–27.

Der Thementisch

> Gelingender inklusiver Fachunterricht wird durch die Öffnung des Unterrichts erreicht […] der Thementisch ist eine geöffnete Methode, [bei der] Schülerinnen und Schüler […] eigenverantwortlich, interessengeleitet, im eigenen Lerntempo [sich] mit einer […] gemeinsamen […] Frage auseinandersetzen […] Mithilfe des Thementisches ist es möglich, eine Vielzahl an individualisierten Lerngelegenheiten herauszufordern, die aber stets das Grundprinzip „Lernen am Gleichen Lerngegenstand“ beachten. (Witt 2019b, 42)

Der Thementisch bietet den Schülerinnen und Schülern eine Vielzahl an verschiedenen Lernmaterialien (Textquellen, Sachtexte, Statistiken, Bilder, Karten etc.), die zur Beantwortung der Stundenfrage notwendig sind. In Einzelarbeit, als Tandem oder in Kleingruppen lernen die Kinder und Jugendlichen arbeitsgleich oder arbeitsteilig miteinander und voneinander. Dazu „[…] müssen sie eine Vielzahl an komplexen Lernhandlungen selbständig ausführen. Hierzu zählen Planungs-, Entscheidungs-, Verarbeitungs-, Aushandlungs-, Konstruktions-

sowie Darstellungsprozesse“ (Witt 2019b, 42). Diese finden auf unterschiedlichen Niveaustufen statt, binden aber alle Schülerinnen und Schüler in den gemeinsamen Lernprozess ein (sonderpädagogisches Prinzip der Soziabilität). Empirische Studien belegen, dass ein großer Teil der Schülerinnen und Schüler in geöffneten Lernsettings Strukturierungsunterstützung benötigen. Dies kann mithilfe von Scaffolds auf der Mikro- sowie der Makroebene geschehen (vgl. Kapitel 6.1; Witt 2017c, 28 f.).

An einem Beispiel soll nun die Methode Thementisch verdeutlicht werden.

Unterrichtssequenz	Was lernen die Schülerinnen und Schüler in dieser Unterrichtssequenz?
Flucht und Migration – ist das das Gleiche?	Die Schülerinnen und Schüler unterscheiden Flucht und andere Formen von Migration (z. B. Arbeitsmigration) voneinander.

Die Schülerinnen und Schüler sollen mithilfe von verschiedenen Lernmaterialien, die sich für alle Schülerinnen und Schüler auf einem Thementisch befinden, die Stundenfrage beantworten. Auf dem Thementisch liegen konkret anschauliche Biografien, die den Unterschied verdeutlichen, Gesetzestexte der deutschen und europäischen Rechtslage, Statistiken und Schaubilder. Mithilfe dieser bauen die Lernenden ihr Wissen arbeitsteilig oder arbeitsgleich in Partnerarbeit oder in Kleingruppen auf und erstellen für sich eine Darstellungsform, mit der sie klar zwischen Flucht und anderen Formen von Migration unterscheiden sowie die Stundenfrage beantworten können.

Weiterführende Literatur:

Feuser, Georg (1998): Gemeinsames Lernen am gemeinsamen Gegenstand. Didaktisches Fundamentum einer allgemeinen (integrativen) Pädagogik. In: Schnell, Irmtraud (Hg.): Integrationspädagogik. Auf dem Weg zu einer Schule für alle. Weinheim/München.

Witt, Dirk (2017c): Lernprozesse bewusst erleben. Scaffolding als Unterstützungssystem. In: Geschichte lernen, Nr. 178, S. 28–31.

Witt, Dirk (2019a): Das Gruppenpuzzle im inklusiven Geschichtsunterricht. In: Geschichte lernen. Inklusiver Geschichtsunterricht, Nr. 190, S. 16–27.

Witt, Dirk (2019b): Der Thementisch im inklusiven Geschichtsunterricht. In: Geschichte lernen. Inklusiver Geschichtsunterricht, Nr. 190, S. 42–51.

Dirk Witt

7. (Lern-)Aufgaben

„Vieles kommt und geht in der Didaktik, Aufgaben bleiben. Es gibt kein Lernen und kein Lehren ohne Aufgaben. Insofern können wir auf vieles verzichten, nur nicht auf Aufgaben.“ (Leisen 2019)

Das Fach Gesellschaftswissenschaften ist in erster Linie ein Denkfach. Das eigenständige und vernetzende Denken der Lernenden anzuregen und zu befördern ist eine wesentliche Aufgabe des Unterrichts, und einen wichtigen Ansatzpunkt hierfür stellen gute Aufgaben dar. Sie ermöglichen es den Schülerinnen und Schülern, sich Wissen und Kompetenzen auf verschiedensten Wegen anzueignen und unter Beweis zu stellen. Insofern haben Aufgaben in jeder Unterrichtsplanung eine zentrale Rolle und übernehmen eine wichtige Steuerungsfunktion. Zu den zentralen Kompetenzen Ihrer Professionalisierung gehört es folglich, Aufgaben (z.B. in Schulbüchern und Materialien) in ihrer Qualität einschätzen und selbst Aufgaben erstellen zu können.

Funktion und Klassifizierung von Aufgaben

Josef Leisen (2019) fasst die verschiedenen Funktionen von Aufgaben wie folgt zusammen: „Aufgaben dienen dem Lernen, Diagnostizieren, Fördern, Erkennen, Bewusstmachen, Wiederholen, Üben, Sichern, Festigen und Leisten (Bewerten)“. Sie sollen den selbstständigen Wissens- und Kompetenzerwerb, das Erkennen von Zusammenhängen sowie die Problemlösekompetenz der Schülerinnen und Schüler fördern. In den Fachdidaktiken findet man mehrere funktionale Ordnungskriterien für verschiedene Aufgabentypen, die sowohl bei der Erstellung eigener Aufgaben als auch bei der Analyse von Aufgaben in Lehrwerken und Unterrichtsmaterialien helfen sollen (auch Müller 2017, 8).

Leisen (2019) favorisiert hinsichtlich der Aufgabenklassifikation eine Zweiteilung in Aufgaben im Lernraum (Lern-, Förder- und Diagnoseaufgaben) und Aufgaben im Leistungsraum (Leistungsaufgaben). Letztgenannte dienen der Bewertung des Kompetenzstands, darunter fallen vor allem Prüfungs- und Testaufgaben. Sie können auf ein Anforderungsniveau und eine konkrete Kompetenz zugeschnitten sein oder (bei offeneren Formaten, insbesondere der Textproduktion) Ergebnisse auf unterschiedlichen Anforderungsebenen ermöglichen. Durch sie lässt sich die individuelle Leistung feststellen. Die Lösung muss nicht in allen Fällen eindeutig sein. Wenn es zum Beispiel um den Nachweis von Kompetenzen geht, die das Argumentieren und Urteilen erfordern, ist das entscheidende Beurteilungskriterium die Qualität von Argumenten und nicht der Standpunkt, den ein Schüler oder eine Schülerin einnimmt.

Lernaufgaben leisten im Vergleich zu Leistungsaufgaben wesentlich mehr. Nach Leisen (2010, 11) ist eine Lernaufgabe „eine Lernumgebung zur Kompetenzentwicklung, […] [die] den Lernprozess durch eine Folge von gestuften Aufgabenstellungen mit entsprechenden Lernmaterialien" steuert. Lernaufgaben stehen dabei in einem thematischen Zusammenhang und unterstützen den individuellen Lernprozess durch die Förderung unterschiedlicher Kompetenzen und die Eröffnung vielfältiger Lösungswege. Sie initiieren und strukturieren also den Lernprozess.

Tipp Im Unterricht können Lernaufgaben variieren:	
• in ihrer Stufung nach Anforderungsniveau • in ihrer Stufung nach Bearbeitungsdauer • in ihren Möglichkeiten der Individualisierung/Binnendifferenzierung	• nach unterschiedlichen Typen • nach unterschiedlichen Sozialformen • in unterschiedlichen Formaten

Des Weiteren lassen sich Aufgabentypen *nach ihrer Konzeption* in geschlossene, halb offene und offene Aufgaben klassifizieren:

Bei *geschlossenen Aufgaben* ist der Lehrkraft die Lösung im Vornherein bekannt. Solche Aufgaben erfordern häufig eine Zuordnung, Umordnung, Ergänzung oder Auswahl vorgegebener Lösungselemente durch die Schülerinnen und Schüler (Hieber 2014, 141), wie es z.B. bei Sortieraufgaben und Multiple-Choice-Aufgaben der Fall ist. Durch ihre recht starren Vorgaben und die in der Regel kurze Bearbeitungsdauer bewegen sie sich überwiegend im ersten Anforderungsbereich (Tab. 16: Operatorentabelle).

> Beispiel für eine geschlossen Aufgabe
>
> *Nenne* mithilfe der Karte die Staaten, in denen derzeit Bürgerkrieg herrscht.

Dagegen werden bei *halb offenen Aufgaben* keine Lösungselemente vorgegeben. Die Schülerinnen und Schüler müssen beispielsweise anhand vorgegebener Materialien (Text, Karte, Quelle, Bild, Statistik) selbstständig treffende Antworten formulieren, was auch die Bearbeitung auf einem höheren Anforderungsniveau ermöglicht.

> Beispiel für eine halb offene Aufgabe
>
> *Untersuche* die Karten und die Fallbeispiele für Migrationsrouten in Richtung Europa. Formuliere für eine Zeitung einen Bericht oder einen Kommentar.

Offene Aufgaben zielen auf das Verstehen von Zusammenhängen sowie Prozessen und eine damit verbundene Problemlösung ab. Sie können zu ganz unterschiedlichen individuellen Lösungswegen und Interpretationen führen und es gibt kein vorher feststehendes „Richtig“ oder „Falsch“. Dies ist beispielsweise bei Interpretationen von Texten und Medien oder bei Aufgaben, die mehrere Lösungswege eröffnen, sowie solchen, die auf die Erarbeitung von umfassenderen Produkten hinauslaufen, der Fall. Einerseits stellen offene Aufgaben hohe Erwartungen an die Selbstständigkeit sowie die kognitive Leistungsfähigkeit und sprachliche Kompetenz der Schülerinnen und Schüler, ermöglichen aber andererseits auch und gerade durch ihre Offenheit eine innere Differenzierung (Hieber 2014, 141 f., Müller 2017, 9).

> Beispiel für eine offene Aufgabe
>
> **Bewerte** zwei Integrationsmaßnahmen aus deiner Heimatgemeinde. Gib an, aus welcher Perspektive du bewertest, begründe diese und welche Kategorien du zugrunde legst.

Eine für die Unterrichtspraxis praktikable Klassifikation nach der Position der Lernaufgabe im Unterrichtsablauf bietet zudem Müller (2017, 9) an, er unterscheidet in:

– *Erschließungsaufgaben*, die der zielgerichteten Auswertung von Medien und Materialien dienen,

> Beispiel
>
> Schreibe in Stichpunkten die positiven Erwartungen auf, die in dem Auswanderungslied „Meinen Knaster (Tabak) bau ich mir“ (Hoffmann von Fallersleben 1846) vorkommen.

- *Anwendungsaufgaben*, bei denen auf unterschiedlichen Transferebenen Wissen reorganisiert wird,

> Beispiel
>
> Bearbeitet euren Auswanderungsbrief und den biografischen Hintergrund. Bereitet die Informationen übersichtlich, interessant und verständlich für eure Lerngruppe auf (z. B. in einem Plakat, in einer kommentierten Lesung …) und präsentiert die Ergebnisse.

- *Übungsaufgaben*, um neu erworbene Fähigkeiten und Fertigkeiten einzuüben und nachhaltig zu sichern.

> Beispiel
>
> Ihr habt ein Interview mit migrierten Menschen geführt. Bereitet jetzt Fragen für ein Gespräch mit einer Vertreterin/einem Vertreter der Gemeinschaftsunterkunft X des Trägers Y in Z vor.

Zur Konstruktion von Lernaufgaben

Um Aufgaben für das Fach Gesellschaftswissenschaften zielführend zu formulieren und in Ihre Unterrichtsgestaltung zu integrieren (vgl. Kapitel 3.3), ist zunächst der größere Kontext zu beachten. Leisen (2010, 13) empfiehlt für die Konstruktion von Lernaufgaben folgendes Vorgehen:

> **Anleitung zur Konstruktion von Lernaufgaben:**
>
> 1. Festlegung des Leitthemas
> 2. Bestimmung der Aufgabenteile
> 3. Festlegung des Lernzuwachses
> 4. Sicherstellung der selbstständigen Bearbeitung durch die Lernenden
> 5. Festlegung der Lernprodukte
> 6. Erstellung einer Ablaufstruktur
> 7. Formulierung der Arbeitsaufträge und Erstellung der notwendigen Materialien

Weiterhin helfen **Qualitätskriterien** und das in zweierlei Hinsicht. Zum einen können sie zur Beurteilung und zur Prüfung von Aufgaben aus diversen Lehrmaterialien dienen, um diese zielgerichtet im Unterricht einsetzen zu können. Andererseits nützen sie als Gerüst zur Formulierung eigener Aufgaben. Qualitätskriterien dienen also zugleich der Analyse wie auch der Konstruktion von Aufgaben.

Fasst man den fachdidaktischen und allgemeindidaktischen Forschungsstand im Hinblick auf Lernaufgaben zusammen, so lassen sich für das Fach Gesellschaftswissenschaften folgende Qualitätskriterien konstatieren (dazu: Dietrich 2018, II; Leisen 2010, 262 f.; Lenz 2015, 278; Müller 2017, 13 ff.; Wenzel 2012, 26 und 2018, 80 f.):

Gute Lernaufgaben sind gekennzeichnet durch …

- **Schüler- und Lebensweltbezug:** Sie sind in der Wirklichkeit der Schülerinnen und Schüler verankert oder weisen Bezüge zur Lebenswelt auf. Die Bedeutung der Aufgabe sollte damit im Idealfall über das Fach Gesellschaftswissenschaften hinausgehen (vgl. Kapitel 4.2).
- **Motivation und Aktivierung:** Sie wecken bei den Schülerinnen und Schülern Neugier und Interesse, sind weder deutlich über- noch unterfordernd und induzieren die Aussicht auf eine erfolgreiche, selbstständige Bewältigung. Sie eröffnen den Lernenden Wahlmöglichkeiten (z.B. in Bezug auf Auswahl von Teilaufgaben, die Sozialform, die Bearbeitungswege, das Produkt, …)
- **Problemorientierung und Authentizität:** Sie knüpfen an eine gesellschaftswissenschaftliche relevante Leitfrage an (vgl. Kapitel 4.1) oder werfen ein authentisches Problem auf und initiieren Denkprozesse bei den Schülerinnen und Schülern (vgl. Kapitel 4.5).
- **Kontextualisierung:** Sie sind in einen gesellschaftswissenschaftlich relevanten thematischen Kontext eingebettet, der ihren Anwendungs- und Verwertungsbezug herausstellt.
- **Kompetenzbezug:** Sie orientieren sich am Bildungsplan des Bundeslands oder am Kompetenzmodell für das Fach Gesellschaftswissenschaften (vgl. Kapitel 3.1); dies inkludiert sowohl fachspezifische als auch überfachliche Kompetenzen.
- **Transparente Struktur:** Sie sind in Sprache, Lerngegenstand und Anforderungen klar formuliert und für die Schülerinnen und Schüler verständlich und nachvollziehbar; sie nutzen im Unterricht eingeführte Operatoren (Tab. 16: Operatorentabelle).
- **Eröffnung von Differenzierungs- und Individualisierungsmöglichkeiten:** Sie berücksichtigen verschiedene Anforderungsbereiche, qualitativ oder quantitativ differenzierte Medien- und Materialbereitstellung, Variationen der Lernwege und -produkte, der Bearbeitungszeit etc. (vgl. Kapitel 6.1).
- **Förderung von Kommunikation und Kooperation:** Sie erfordern gemeinsame Arbeits- und Aushandlungsprozesse mit den Mitschülerinnen und Mitschülern.

- **Förderung der Herangehens- und Arbeitsweisen der Bezugswissenschaften:** Sie nutzen die Denk-, Arbeits- und Handlungsweisen der Bezugsfächer (vgl. Kapitel 2)

Die Aufstellung eignet sich gut als Checkliste, wobei nicht jede Aufgabe alle Kriterien erfüllen kann. Eine Beispielaufgabe finden Sie am Ende des Kapitels.

Zur Formulierung von Aufgaben

Häufig geraten Unterrichtsphasen, in denen Aufgaben oder Arbeitsaufträge bearbeitet werden sollen, ins Stocken oder misslingen gänzlich. Und nicht selten wird dieses Misslingen dann der Unfähigkeit der Schülerinnen und Schüler zugeschrieben. Entscheidende Fehler liegen aber oft aufseiten der Lehrkraft.

> Unter einem Arbeitsauftrag versteht man eine eng gefasste, operational (imperativisch) formulierte Handlungsanweisung mit zumeist erarbeitendem Charakter. Innerhalb einer Aufgabe werden einzelne Arbeitsaufträge in eine Folge gesetzt. Der Arbeitsauftrag umfasst zudem die Organisations- und Lernbedingungen und beschreibt das zu erstellende Lernprodukt.

Wenzel (2018, 81) identifiziert dabei drei „Problemlagen", die es bei der Konstruktion von Aufgaben zu vermeiden gilt: Ein erstes Problem ergibt sich häufig durch eine unspezifische Formulierung der Aufgaben oder durch die Verwendung von zu wenig aussagekräftigen Operatoren (z.B.: „Setzt euch mit dem Begriff ‚Migration' auseinander!"). Ein weiteres Problem ist die oftmals zu hohe Komplexität, wenn Aufgaben zu lange oder/und verschachtelte Formulierung aufweisen oder sie schlecht strukturiert sind. Drittens entsteht häufig Langeweile oder Demotivation bei den Schülerinnen und Schülern, da immer der gleiche Aufgabentypus verwendet wird.

Zur Vermeidung dieser Problemlagen stellen Sie Aufgaben mit einer transparenten Struktur in Sprache, Lerngegenstand und Anforderungen. Nutzen Sie vielfältige Aufgabentypen für den Unterricht.

Keine Aufgabe ohne passende Operatoren!

Zur Erreichung einer zielklaren Formulierung bieten Operatoren (handlungsinitiierende Verben) eine wichtige Rolle, keine Aufgabe sollte ohne sie formuliert sein. Sie wurden für die Formulierung und Bewertung von Prüfungsaufgaben entwickelt und beschreiben die Tätigkeiten, die beim Lösen einer Aufgabe vollzogen werden sollen. Ebenso erlauben sie Transparenz in der Zuordnung von Aufgaben zu einem Anforderungsniveau (Reproduktion – Reorganisation/

Transfer – Reflexion/Problemlösung) oder zu Kompetenzfeldern (Fraedrich/Hieber/Lenz, 2014, 120; Hieber 2014, 124; Wenzel 2018, 82). Um mit Operatoren zielführend arbeiten zu können, bedarf es ihrer sicheren Kenntnis, und das nicht nur aufseiten der Lehrenden, sondern auch auf der der Lernenden. Sie müssen daher eindeutig verwendet und der Umgang mit ihnen bewusst angeleitet sowie in Aufgabenkontexten regelmäßig thematisiert, aber auch wiederholt werden (Müller 2017, 28). Nachfolgend sind gängige und für das Fach Gesellschaftswissenschaften relevante Operatoren entsprechend ihrem Anforderungsbereich dargestellt. Allerdings stellt die Zuordnung nur eine grobe Orientierung dar, denn im Einzelfall bestimmen der Schwierigkeitsgrad des Lerngegenstands, die Komplexität der Aufgabenstellung und der Materialien sowie deren Umfang eine Zuordnung zu den Anforderungsbereichen.

> Tipp
>
> In jedem Bildungsplan gibt es eine entsprechende Operatorenliste für das jeweilige Bundesland.

Anforderungsbereiche und Operatoren für das Fach Gesellschaftswissenschaften	
Anforderungsbereich (AFB) I – Reproduktion Der AFB I umfasst das Wiedergeben von Sachverhalten aus einem abgegrenzten Gebiet und im gelernten Zusammenhang mit rein reproduktiven Arbeitstechniken (z. B. Wiedergeben von Faktenwissen, Bestimmen einer Quellen- oder Kartenart, Informationsentnahme).	
benennen/ nennen	Zielgerichtet Informationen (Merkmale, Begriffe, Aspekte) ohne Kommentierung zusammentragen
beschreiben	Sachverhalte in ihren typischen Merkmalen mit eigenen Worten zusammenhängend, geordnet und fachsprachlich wiedergeben
gliedern	Informationen in eine logische Ordnung bringen
herausarbeiten	Aus Materialien bestimmte Informationen oder Sachverhalte entnehmen und wiedergeben, gegebenenfalls berechnen
lokalisieren/ verorten	Die Lage eines Orts, Flusses o. ä. auf einer Karte eintragen und/oder mit Bezug auf andere räumliche Gegebenheiten beschreiben
ordnen/ einordnen/ zuordnen	vorliegende Objekte oder Sachverhalte in einen Zusammenhang stellen, kategorisieren bzw. hierarchisieren
wiedergeben	Dem vorliegenden Material gezielt Informationen entnehmen bzw. Gelerntes wiedergeben, ohne dabei eine eigene Meinung, Erläuterungen oder Interpretationen einzubringen
zusammenfassen	Erlerntes, Erarbeitetes oder an vorgegebenen Materialien zur Kenntnis Genommenes in kurzer Form wiedergeben

Anforderungsbereich (AFB) II – Reorganisation/Transfer Der AFB II umfasst das selbstständige Erklären, Bearbeiten und Ordnen bekannter Lerngegenstände und die Anwendung gelernter Methoden auf neue Sachverhalte (z. B. Erklären kausaler Zusammenhänge, Analysieren von Quellen).	
analysieren/ untersuchen	Materialien oder Sachverhalte kriterienorientiert bzw. aspektgeleitet erschließen
auswerten	Daten oder Einzelergebnisse zu einer abschließenden Gesamtaussage zusammenführen
begründen	Angabe von Ursachen zu einem Sachverhalt und/oder Stützung von Aussagen durch Argumente oder Belege
charakterisieren	Sachverhalte in ihren Eigenarten beschreiben und Zusammenfassung dieser unter bestimmten Gesichtspunkten
darstellen/ formulieren	Sachverhalte, Zusammenhänge, Methoden und Bezüge in angemessener Kommunikationsform strukturiert wiedergeben und gegebenenfalls Entwicklungen/ Beziehungen verdeutlichen
ein-/zuordnen	Sachverhalte/Räume auf der Basis festgelegter Merkmale begründet in einen vorgegebenen Zusammenhang stellen oder in ein Ordnungsraster einordnen
erklären	Darstellung von Ursachen und Begründungszusammenhängen bestimmter Strukturen und Prozesse
erläutern	Sachverhalte zusammenhängend beschreiben und Beziehungen deutlich machen (durch zusätzliche Informationen oder Beispiele)
vergleichen	Gemeinsamkeiten und Unterschiede gewichtet einander gegenüberstellen und ein Ergebnis/Fazit formulieren
Anforderungsbereich (AFB) III – Reflexion/Problemlösung Der AFB III umfasst den reflexiven Umgang mit neuen Problemstellungen, den eingesetzten Methoden und gewonnenen Erkenntnissen, um zu eigenständigen Begründungen, Folgerungen, Deutungen und Wertungen zu gelangen (z. B. multiperspektivisch argumentieren, eigene Deutungen entwickeln und begründen, Urteilsbildung unter Beachtung historischer und gegenwärtiger Normen reflektieren).	
beurteilen	Prüfung von Sachverhalten, Prozessen und Thesen, um kriterienorientiert zu einer sachlich fundierten Einschätzung zu gelangen
bewerten/Stellung nehmen	Prüfung von Sachverhalten, Prozessen und Thesen, mit Reflexion angewendeter/ individueller Wertmaßstäbe, die zu einem begründeten Werturteil führen
entwickeln	Erstellung von Lösungsmöglichkeiten, Positionen, Einschätzungen, Strategien zu einem Sachverhalt oder einer vorgegebenen Problemstellung
erörtern/ diskutieren	Zu einer vorgegebenen Problemstellung eigene Gedanken entwickeln und zu einem abschließenden, begründeten Urteil gelangen
interpretieren	Aussagegehalt eines Materials unter Beachtung der Absichten der*s Autor*in und der historischen, kulturellen und gesellschaftlichen Gegebenheiten erschließen und eine persönliche Deutung vornehmen
reflektieren	Im Umgang mit Material und Quellen reflektiert arbeiten und das erzielte Ergebnis in Bezug zu den gewählten Verfahrensweisen setzen

Tab. 16: Anforderungsbereiche und Operatoren für das Fach Gesellschaftswissenschaften (Zusammengestellt nach Fraedrich/Hieber/Lenz 2014, 120 f.; Wenzel 2018, 75 ff.; Müller 2017, 28 ff.; Ministerium für Bildung und Kultur Saarland 2019, 48 f.; Ministerium für Bildung und Kultur Saarland 2014, 99)

Beispielaufgabe

Die Beispielaufgabe enthält drei Aufgaben zur Auswahl für Kleingruppen, wobei die Aufgaben 1 und vor allem 2 voraussetzen, dass die Schülerinnen und Schüler Erfahrungen mit einem Erklärfilm oder Zugang zu guten Anleitungen haben.

Für alle Aufgaben hält die Lehrkraft einen Bogen mit Hinweisen zum Arbeitsplan bereit, er sollte Zeitangaben, Hinweise zur Präsentation der Ergebnisse/des Produktes und andere wichtige Informationen enthalten sowie evtl. eine Linkliste.

Für Aufgabe 3 könnten ebenso eine Linkliste sowie konkrete Materialien bereitstehen.

Ihr habt unterschiedliche Pushfaktoren (z. B. Krieg, Armut, Hunger, Verfolgung) und Pullfaktoren (z. B. Sicherheit, Arbeitsplätze, Bildungschancen) für Migration erarbeitet. Jetzt sollt ihr mindestens einen dieser Faktoren näher untersuchen. Dazu sollt ihr Informationen zusammentragen, zum Beispiel, welches Ausmaß die Pushfaktoren weltweit haben. Ihr könnt auch Länderbeispiele vertiefen. Bei den Pullfaktoren könnt ihr Vergleiche zwischen den Herkunftsländern und Deutschland anstellen.

Sucht euch eine der vier Aufgaben aus, erarbeitet einen Arbeitsplan und besprecht diesen mit eurer Lehrerin/eurem Lehrer. Achtung, es müssen immer Kriterien erstellt werden, das ist jeweils eine wichtige Teilaufgabe!

1. Im Netz gibt es einige Erklärfilme zu Push- und Pullfaktoren. **Formuliert** zunächst einen Kriterienkatalog: Das zeichnet einen guten Erklärfilm für Schülerinnen und Schüler der Jahrgangsstufen 5 bis 10 aus. **Analysiert** Filme (mindestens drei verschiedene, berücksichtigt die Inhalte und die filmischen Mittel, mit denen sie präsentiert werden). **Bewertet** die Filme kritisch. Ihr könnt hierfür eine Tabelle anlegen. Eure Einschätzung muss auch einen Text beinhalten, in dem ihr eure Urteile begründet sowie ein zusammenfassendes Fazit im Blick auf die Eignung der Filme.
2. **Produziert** und **präsentiert** einen eigenen Erklärfilm für Schülerinnen und Schüler der Jahrgangsstufen 5 bis 10 zum Thema. Legt vorher einen Kriterienkatalog an: Das zeichnet einen guten Erklärfilm aus.
3. **Sammelt** Materialien (Schaubilder, Erklärtexte, Karten, Tabellen usw.) zu Push- und Pullfaktoren. Erstellt Kriterien: Welche Informationen sollten sie enthalten und was kennzeichnet eine gute Darstellung? **Analysiert** mindestens fünf verschiedene Materialien nach euren Kriterien. **Bewertet** sie kritisch.
4. **Produziert** und **präsentiert** eigenes Material (z. B. Schaubilder und Texte) zu Push- und Pullfaktoren. Legt vorher einen Kriterienkatalog an: Welche Informationen sollte das Material enthalten und was kennzeichnet eine gute Darstellung?

Sie sollten bei der Gestaltung von Lernaufgaben möglichst eine breite Vielfalt erproben und den Lernenden damit ermöglichen, mit unterschiedlichen Aufgaben zu arbeiten. „Es kommt auf die richtige Mischung von fachlichem Anspruch, Anregung und Herausforderung, Lernfreude und Attraktivität, Erfolgserwartung und Bedeutsamkeit an." (Wenzel 2018, 83)

Daniel Ullrich/Birgit Wenzel

8. Arbeit mit dem Schulbuch

Schulbücher im Fach Gesellschaftswissenschaften

Das Schulbuch gilt als der „geheime Lehrplan". Verbindlich sind natürlich nur die amtlichen Vorgaben der Bildungspläne und an diesen müssen Sie sich orientieren. Gerade in einem Unterrichtsfach wie Gesellschaftswissenschaften, das bislang nur unzureichend ausgebildet wird, ist das Bedürfnis bei Lehrkräften dennoch groß, den Unterricht im Wesentlichen auf ein Lehrwerk als vermeintlich gesicherte Grundlage zu stützen. Aber auch für das Fach Gesellschaftswissenschaften gilt, dass innovativer, differenzierter und handlungsorientierter Unterricht das Schulbuch zwar nutzen, sich aber nicht darauf beschränken sollte.

Dazu kommt, dass sich die Didaktik des Fachs Gesellschaftswissenschaften, insbesondere die konstruktive Fächerverbindung (vgl. Kapitel 1.1) und Leitfragenorientierung (vgl. Kapitel 4.1), noch nicht immer in der Schulbuchgestaltung niedergeschlagen hat. Es gibt neuere Ansätze, die die Fächerintegration besser umsetzen. Oft werden aber auch nur Kapitel aus Geschichts-, Geographie- und Politiklehrwerken aneinandergefügt und bestenfalls mit einer sie zusammenhaltenden Überschrift versehen.

Im Folgenden sollen darum Ansätze dargelegt werden, mit deren Unterstützung Sie mit dem Schulbuch im Fach Gesellschaftswissenschaften konstruktiv arbeiten können.

Funktion des Schulbuchs als fachliche Grundorientierung und Planung von Unterrichtseinheiten

Lehrkräfte im Fach Gesellschaftswissenschaften sind oft nur in einer, manchmal in zwei Dimensionen des Fachs ausgebildet. Ein Blick in das Schulbuch hilft Ihnen daher dabei, eine Unterrichtseinheit zu konzipieren (vgl. Kapitel 1.3).

1. Verschaffen Sie sich einen Überblick über die fachliche Ausgestaltung der Unterrichtseinheit, die das Schulbuch vorschlägt.
2. Sortieren Sie diese nach solchen, die Sie für grundlegend und zwingend halten – und die darum für Ihren Unterrichtsgang ebenfalls zu berücksichtigen sind –, und solchen, die lediglich eine mögliche, aber nicht zwingende Schwerpunktsetzung darstellen.
3. Stellen Sie Überlegungen an, wie Sie das angebotene Lernmaterial ergänzen müssen.

Der zweite Punkt kann insbesondere für die nicht studierten fachlichen Dimensionen nicht stark genug betont werden. Kennt man sich in einem Fachgebiet nicht aus, besteht die Gefahr, alles als relevant zu erachten. In Gebieten, in denen Sie Expertin oder Experte sind, können Sie dagegen Wichtiges und weniger Wichtiges problemlos gewichten. Sie können z.B. auf Zuruf die drei wichtigsten Aspekte des Themas nennen und alles andere im Zweifelsfall verwerfen. Es ist zugegebenermaßen schwieriger, diese Entscheidung für Fachgebiete zu treffen, in denen Sie sich weniger souverän fühlen, aber treffen Sie sie. Die beschriebenen didaktischen Grundlagen zum historischen, räumlichen, politischen und ökonomischen Lernen helfen Ihnen dabei, diese Entscheidungen kriterienorientiert zu treffen (vgl. Kapitel 2).

Zum dritten Punkt werden Sie vor allem in den Bereichen großen Bedarf sehen, die Sie studiert haben. Disziplinieren Sie sich! Unterwerfen Sie alle Inhalte, die Sie ergänzen wollen, folgender Testfrage: Benötigen meine Schülerinnen und Schüler dieses Wissen, um die Leitfrage bearbeiten zu können? Nur wenn Sie diese Frage mit „Ja" beantworten können, ergänzen Sie die Inhalte mit geeignetem Material. Angesichts der unüberschaubaren Fülle von Bezügen und Möglichkeiten im Fach Gesellschaftswissenschaften ist die an den epochalen Schlüsselproblemen ausgerichtete Leitfrage das zentrale Kriterium für die Inhaltsauswahl (vgl. Kapitel 4.1).

Differenzierung und Schülerorientierung mit dem Schulbuch

Wenn sich handlungsorientierter Unterricht nicht allein auf das Schulbuch stützen kann, bedeutet dies nicht, dass das Schulbuch hier überflüssig oder wertlos wäre. Werner Broders (2002) geht davon aus, dass sich Schülerinnen und Schüler selbstständig ein etwa 20 Seiten langes zusammenhängendes Kapitel eines Schulbuchs erarbeiten, und macht dabei folgende Vorschläge zur Differenzierung:

- **Differenzierung nach Themenschwerpunkten:** Die Lernenden verschaffen sich einen Überblick, gewichten Unterthemen nach „wichtig" oder „nicht so wichtig", stellen selbstständig Fragen und gehen diesen arbeitsteilig mithilfe des Schulbuchs nach.
- **Differenzierung nach Lernwegen:** Die Lernenden erstellen mithilfe des Schulbuchs
  - o Begriffsraster, also eine Sammlung zentraler Begriffe, die sie mithilfe des Schulbuchs erläutern,
  - o Lernlandkarten, also grafische Darstellungen der wesentlichen Inhalte, ähnlich einer Mindmap, oder
  - o ein Frage-Antwort-Spiel auf Karteikarten.

- **Differenzierung in der Präsentation:** Die Lernenden erstellen
  - o Lernplakate,
  - o ein Minibuch,
  - o ein Lernspiel. Hier schlägt Broders eine Art Quartett vor:

    > Die Schüler schreiben Minitexte zu Teilaspekten des Themas. Jeder Minitext sollte so gestaltet sein, dass er mindestens vier Sätze enthält. Den Text verteilen die Schüler auf jeweils vier Karten. So entstehen mehrere Sätze von vier Karten. Diese vier Karten werden jeweils mit einer Überschrift und einem Piktogramm versehen. Wie mit den Kartensätzen gespielt werden soll, legen die Schüler fest. (52)

Dieser Ansatz sollte unbedingt durch die Nutzung digitaler Medien ergänzt werden. Die Lernenden erstellen z.B.

- **Lernvideos:** Mithilfe des Schulbuchs werden Teilaspekte des Themas als Erklärvideo aufbereitet.
- **Learning Apps:** Mithilfe eines Onlinebaukastens (z.B. learningapps.org) wird eine App erstellt, die zentrale Inhalte des Schulbuchs reproduziert bzw. abfragt.

Prämisse aller dieser Ansätze ist und bleibt die Orientierung an der Leitfrage der Einheit. Es geht also in keiner dieser Methoden um die möglichst getreuliche Reproduktion des Schulbuchmaterials, sondern um dessen selbstständige Aufbereitung durch Ihre Schülerinnen und Schüler zum Zwecke der Bearbeitung der Leitfrage.

Sprachsensible Aufbereitung von Schulbuchtexten

Der Schritt, den Broders in seinem Ansatz überspringt bzw. voraussetzt, ist die Anpassung der Schulbuchpräsentation an die Lerngruppe. Schulbuchtexte müssen oft für Schülerinnen und Schüler „gangbar" gemacht werden. Das kann bedeuten, sie grafisch übersichtlicher aufzubereiten, sprachlich zu vereinfachen und sie mit einem Glossar zu versehen.

Für manche Kinder und Jugendliche müssen die Texte durch Grafiken, Videos oder Modelle ergänzt oder sogar vollends ersetzt werden. Eine Hilfe bieten hier digitale Ausgaben der Schulbücher, die mit Internetressourcen vernetzt sind. Ein gutes Erklärvideo kann leichter zugänglich als ein Text sein. Schauen Sie sich solche Videos aber genau an, bevor Sie sie Ihrer Klasse zugänglich machen, es gibt hier auch gestalterisch schlecht gemachte und inhaltlich fragwürdige Angebote. Für viele Schulbücher gibt es auch schon begleitende Versionen der Schulbuchtexte in einfacher Sprache, die als Ergänzung neben das Buch gelegt werden können.

Auch wenn es nicht leistbar ist, ein Buch auf diese Weise komplett „umzuarbeiten“, sollten Sie sich bei Ihrer Unterrichtsplanung Ihre Schülerinnen oder Schüler vorstellen und überlegen, ob wirklich alle mit dem Material zurechtkommen werden. Wenn die Antwort „Nein“ lautet, überlegen Sie, was die Betroffenen benötigen, damit sie erfolgreich lernen können.

Wahl- und Vertiefungsmöglichkeiten für leistungsstarke Schülerinnen und Schüler

Bestrafen Sie gute Lernende nicht, indem sie Ihnen schlicht mehr Aufgaben vom Gleichen geben. Überlegen Sie, was für diese Lernenden bereichernd sein könnte. Das Schulbuch bietet Ihnen oft mit vertretbarem Aufwand die Möglichkeit von Wahl- und Vertiefungsaufgaben. Bieten Sie an, Themen, die Sie zuvor als interessant, aber nicht zwingend klassifiziert haben, durch solche Aufgaben zu bearbeiten oder zu vertiefen.

Bietet das Schulbuch für eine Vertiefung nicht genügend Anregung, geben Sie den Lernenden die Möglichkeit zu einer eigenständigen Onlinerecherche oder zumindest zum Abrufen einer von Ihnen ausgewählten Webseite, verbunden mit einer Präsentationsaufgabe, die zur Beantwortung der Leitfrage beiträgt.

Schulbuchaufgaben anpassen

Schulbuchaufgaben werden nicht immer einen sinnvollen Beitrag zur Bearbeitung der von Ihnen verfolgten Leitfrage liefern. Sie folgen in der Regel folgenden Mustern: Wiedergabe der Inhalte, stark gelenkte Verknüpfung von Aspekten im Schulbuchmaterial, Stellungnahme oder eine Vertiefungsaufgabe, die weit über das Schulbuchmaterial hinausgeht.

Inhalte aus dem Schulbuch abzuschreiben ist für Schülerinnen und Schüler eine demotivierende und ohnehin sinnlose Aufgabe. Überlegen Sie, wie Sie die Reproduktion sinngebender gestalten können, z.B. durch die Aufgabe, ein Frage-Antwort-Spiel oder ein Silbenrätsel zu erarbeiten. Wenn es um das Memorieren von fraglos Wichtigem geht, können hier Lernprogramme helfen (vgl. Kapitel 7).

Verknüpfungen und Stellungnahmen sollten immer auf ihren Beitrag zur Leitfrage hin untersucht werden. Alle Aufgaben sollten auf Differenzierung geprüft werden: Ist diese Aufgabe für alle machbar? Ist sie für alle sinnvoll? Die neuere Schulbuchgeneration bietet bereits differenzierende Aufgabenformate an, fehlen diese oder sind sie nicht überzeugend, ist Ihre Kompetenz gefragt.

Funktion des Schulbuchs für Zusammenfassung und Sicherung

Wie in zahlreichen Kapiteln (z.B. Projektorientierung, Handlungsorientierung, Lebensweltorientierung) bereits ausgeführt, ist das Fach Gesellschaftswissenschaften an der Auseinandersetzung mit epochalen Schlüsselproblemen orientiert. Für einen lebendigen und lerneffizienten Unterricht ist es wichtig, möglichst eng an die Erfahrungen der Schülerinnen und Schüler anzuknüpfen. Das kann ein Schulbuch nur ansatzweise leisten. Sie werden sich in der Phase der Analyse darum oft vom Schulbuch lösen müssen.

Was das Schulbuch allerdings leisten kann, ist, die „Zettelwirtschaft“, die mit einem schülerorientierten und differenzierten Unterricht oft einhergeht, wieder zu systematisieren. Das Schulbuch kann Ihnen also dabei helfen zu sichern und zusammenzufassen. Oft halten Schulbücher am Ende Kapitel bereit, die genau dieses leisten.

Weiterführende Literatur:

Schönemann, Bernd/Thünemann, Holger (2010): Schulbucharbeit. Das Geschichtslehrbuch in der Unterrichtspraxis. Bad Schwalbach.

Adamski, Peter (2021): Binnendifferenzierung mit dem Geschichtsbuch. Bad Schwalbach.

Johann Knigge-Blietschau/Birgit Wenzel

9. Außerschulisches Lernen

Nahezu alle Bildungspläne in Deutschland fordern neben dem methodischen Ziel einer originalen Begegnung des Kinds mit dem Lerngegenstand auch einen Realitätsbezug, damit die Schülerinnen und Schüler den fachlichen Lerngegenständen in der Lebenswirklichkeit begegnen und die Relevanz der im Unterricht behandelten Themen erkennen und akzeptieren können. Wie die vorherigen Kapitel verdeutlicht haben, besteht eine Vielzahl von Möglichkeiten und Methoden, um dieses Ziel im schulischen Rahmen zu erreichen bzw. sich diesem Ziel anzunähern. Auch der Kompetenzorientierung und den anderen in diesem Buch vorgestellten didaktischen Prinzipien ist es nicht zuträglich, wenn die Lernenden ausschließlich im Klassenraum verbleiben. Die Schule stellt einen Teil der Lebenswelt des Kinds dar (Mack/Raab/Rademacker 2003, 38) und sollte daher lebensnah gestaltet werden. Dies wird durch projektorientiertes (vgl. Kapitel 4.7) oder selbstorganisiertes Lernen der Schülerinnen und Schüler erreicht. Eine weitere sinnvolle Möglichkeit ist aber auch eine Ausrichtung Ihres Unterrichts auf außerschulische Lernorte. Dabei ist es unerheblich, ob sich Ihre Schule im ländlichen oder urbanen Raum befindet. Wichtig ist nur die Organisation von Erfahrungen, welche die Kinder direkt vor Ort machen können, da sie diese innerhalb des Klassenraums nicht real (höchstens simulativ) erfahren können. Stadt- oder Dorferkundungen, der Besuch örtlicher Dienstleister*innen und Gewerbetreibender oder kultureller und sozialer Einrichtungen verbinden schulisches und außerschulisches Lernen und stellen Elemente eines erfahrungsorientierten Unterrichts dar, durch den die Schülerinnen und Schüler befähigt werden neues mit vertrautem (alten) Wissen zu verknüpfen. Das Aufsuchen außerschulischer Lernorte hat unbestritten einen Mehrwert für den gesellschaftswissenschaftlichen Unterricht. Dabei ist jedoch zu klären, ab wann ein Ort für außerschulisches Lernen als geeignet charakterisiert werden kann.

Nach Sauerborn und Brühne (2007, 9) fehlt eine einheitliche Definition für außerschulisches Lernen, was die Klärung der Eignung von Orten ambivalent gestaltet. Zum einen kommt jeder Ort infrage, wenn wir davon ausgehen, dass außerschulisches Lernen in dem Moment beginnt, wo die Kinder die Schule im Rahmen des Unterrichts verlassen, um diesen an externen Orten stattfinden zu lassen. Ein Hauptanliegen des außerschulischen Lernens wird also darin gesehen, den Lernenden „vor Ort Erfahrungen zu vermitteln, die in der Schule selbst nicht möglich sind" (Thomas 2009, 284). Pech aber meint, trotzdem „bleibt es Schule, denn es ist schulisch intendiertes Lernen und der Ort wird nicht aufgesucht, weil er außerschulisch ist, sondern weil er als schulisch relevant bestimmt wurde“ (Pech 2008; zit. in Pleitner 2012, 290). Diese Argumentation unterscheidet zwischen außerschulischem Lernen im Zusammenhang mit Unterricht und jenem, das unabhängig vom schulischen Kontext in den Peergroups (Familie, Freunde, etc.) stattfindet, in welchen sich die Schülerinnen und Schüler bewegen. In diesem Artikel geht es um außerschulisches Lernen mit direktem Bezug zur schulischen Bildung.

Auch beim außerschulischen Lernen gelten die didaktischen Konzepte und Prinzipien sowie der kompetenzorientierte Ansatz, die in anderen Kapiteln vorgestellt und thematisiert wurden. Aus dieser Perspektive wirkt die lange Zeit gültige Definition eines Lernorts, die der Deutsche Bildungsrat in den 1970er Jahren vorgenommen hat, mehr als überholt: „Unter Lernort ist eine im Rahmen des öffentlichen Bildungswesens anerkannte Einrichtung zu verstehen, die Lernangebote organisiert“ (Die Deutsche Bildungskommission 1977, 171). Diese Aussage trifft auf den Lernort Schule nach wie vor zu und auch Institutionen wie Museen und Archive halten diesen Anforderungen sicherlich stand. Didaktische Prinzipien wie u.a. Handlungs- oder Problemorientierung, Multiperspektivität und vernetzendes Denken erfordern jedoch keine vorgefertigten Lernangebote, sondern lassen durch ihre Ausrichtung auf den Lebensweltbezug der Schülerinnen und Schüler quasi jeden Ort zum Lernort werden, der einen Beitrag zur Bearbeitung der Leitfrage liefern kann (vgl. Kapitel 3 und 4). Eine Leitfrage zum Thema Migration, die mehrere Dimensionen integriert, kann an einem Bahnhof oder in einer Ausstellung bearbeitet werden. Darin lassen sich auch Anknüpfungspunkte an etablierte didaktische Konzepte wie forschendes (Huber 2009) und problemorientiertes Lernen (Kuckuck 2014) finden. Huber (2009) zählt zum forschenden Lernen u.a. „das eigene Suchen und Finden, Problematisieren und Einsehen, ‚Staunen‘ und Erfinden, Untersuchen und Mitteilen“ (Huber 2009, 3; zit. in Kergel/Hepp (2016, 34). Für Huber gehört die Erfahrung eines Forschungsprozesses zum Lernen dazu. „Bildung durch Wissenschaft verlangt die intensive aktive Auseinandersetzung damit, wie Wissenschaft betrieben wird“ (ebd.). Die Erhebung empirischer Daten durch Beobachtungen, Befragungen oder Zählungen gehören somit ebenso zum forschenden Lernen wie die Auswertung von Quellen in Archiven und Bibliotheken.

Dem problemorientierten Lernen liegt ein Konflikt zugrunde, der „zwei oder mehrere unvereinbare Zielvorstellungen von Akteuren vereinigt, also etwas Unvereinbares eintritt. Dies können Werte oder Normen, Positionen, Ziele oder Bedürfnisse sein“ (Kuckuck 2014, 15). Durch vernetzendes Denken (vgl. Kapitel 3.1) werden diese Konflikte problemorientiert betrachtet bzw. „führt das

Aufzeigen von Zusammenhängen zwischen Konflikten und Räumen aus verschiedenen Perspektiven zu einem vernetzten Denken" (Kuckuck 2014, 68). Der Besuch konfliktbeladener Räume im Unterricht erlaubt eine intensivere Nachvollziehbarkeit der Argumentation der Konfliktparteien, die dann im weiteren Verlauf methodisch erschlossen und ausgewertet wird, z.B. durch eine Rollenexkursion (Böing/Sachs 2009) in einen Stadtteil, in dem sich eine Flüchtlingsunterkunft befindet. Im Kapitel 2.3 dieses Buchs wurden im Rahmen der geographischen Perspektive schüleraktivierende Exkursionen und handlungsorientierte Exkursionsmethoden bereits thematisiert.

Beispiele für außerschulische Lernorte

Das Aufsuchen außerschulischer Lernorte erfolgt in einem Klassenverband in der Regel im Rahmen einer Exkursion. Rinschede (2007, 280) definiert die Exkursion als „eine methodische Großform des Unterrichts mit dem Ziel der realen Begegnung mit der Wirklichkeit außerhalb des Klassenzimmers". Sie soll es den Schülerinnen und Schülern ermöglichen, Strukturen, Prozesse und Funktionen zu erfassen sowie fachspezifische Arbeitsweisen zur Erkenntnisgewinnung anzuwenden. Dies kann beispielsweise im Nahraum der Schule im Rahmen eines Unterrichtsgangs, aber auch innerhalb einer mehrtägigen Lehrfahrt geschehen. Im Folgenden werden mögliche Lernorte aufgeführt, die den Kindern und Jugendlichen eine Vermittlung von Informationen angedeihen lassen, die in dieser Intensität bzw. in diesem Umfang innerhalb des Klassenraums nicht hätte gewährleistet werden können.

- **Betriebserkundung:** Betriebserkundungen stellen ein wichtiges Instrument moderner ökonomischer Bildung dar und eignen sich insbesondere dazu, Einblicke in die wirtschaftliche Realität zu vermitteln. Diese Einblicke lassen sich auf verschiedene Weise in den Unterricht einbinden. Sie können der Berufsvorbereitung dienen, oder die wirtschaftlich-technischen und organisatorischen Zusammenhänge innerhalb eines Betriebs aufzeigen. Ebenso können beispielsweise betriebliche Arbeitsbedingungen oder Interessenvertretungen thematisiert werden (Bahr/Schönknecht 2018, 120).
- **Museum:** Museen bieten eine Vielfalt an Möglichkeiten zum handlungsorientierten, problemlösenden und entdeckenden Lernen. Sie kombinieren unterschiedlichste Einzelmedien (Texte, Modelle, Schaubilder, audiovisuelle und interaktive Medien) mit Originalgegenständen und können so auf Schülerinnen und Schüler sehr motivierend wirken. Aufgrund der Fülle an Exponaten und Medien sollte hier im Vorfeld eine zielscharfe Auswahl getroffen werden. Viele Museen bieten für die schulische Bildung gesonderte

Programme an, die von Museumspädagog*innen betreut und auf die Vorkenntnisse und Altersstufen der Lerngruppe ausgerichtet werden, um „zur qualitätsvollen kulturellen Bildung und Vermittlung in Museen“ (Bundesverband Museumspädagogik e.V. o.J.) beizutragen.

- **Lehr-/Erlebnispfade:** Auf Lehr-/Erlebnispfaden werden entlang eines Weges an mehreren Stationen Informationen über einen bestimmten Themenbereich vermittelt. Dies geschieht über Informationstafeln oder immer häufiger auch über interaktive Tafeln bzw. QR-Codes. Gerade durch die zunehmende Digitalisierung können Lehrpfade auch einfach mit den Schülerinnen und Schülern konzipiert werden (Meyer 2015, 148).
- **Gedenkstätte:** Gedenkstätten sind sowohl Orte des historischen als auch des politischen und kulturellen Lernens. Sie verfügen neben dem historischen Ort selbst meist noch über Besucherzentren, Begegnungsstätten und Ausstellungsräume, die zum Teil bereits didaktisch aufbereitetes Material zur Verfügung stellen. Ihr Hauptanliegen liegt in der Informationsvermittlung, Aufklärung und Sensibilisierung einerseits, andererseits sollen sie darüber hinaus auch als kultur- und generationenverbindende Begegnungsorte dienen (Baar/Schönknecht 2018, 115).
- **Archiv:** Der Besuch von Archiven eignet sich insbesondere zur Gestaltung geschichtlicher Lerngegenstände im Fach Gesellschaftswissenschaften. Hier können Schülerinnen und Schüler einen Bezug zu ihrer Lebenswelt finden, durch die Arbeit an unverfälschten Originalquellen (vgl. Kapitel 5.2) fachspezifische Methoden und Kompetenzen (beispielsweise Deutungs-, Beurteilungskompetenz) anwenden und vertiefen. Besonders geeignet sind aufgrund ihrer Erreichbarkeit und des Lebensweltbezugs Archive in Wohn- oder Schulortnähe. Da die Arbeit an Originalquellen in Archiven für die Schülerinnen und Schüler mit besonderen Herausforderungen verbunden ist, sollte vor Ort die Hilfe von Archivar*innen oder Archivpädagog*innen herangezogen werden (Rothschenk 2018, I).

Diese aufgeführten Lernorte entsprechen Institutionen, die vorgefertigte Strukturen mit Kontaktpersonen und konstruierten Verhaltens- und Betrachtungsweisen vorgeben. Hier treffen die Schülerinnen und Schüler auf bereits für sie aufbereitete Inhalte und gegebenenfalls auch Materialien. In der Didaktik werden diese Lernorte auch als *didaktisierte Lernorte* bezeichnet.

Von *nicht didaktisierten Lernorten* spricht man, wenn man Supermärkte, Marktplätze, Kriegerdenkmäler, Bundesstraßen, Spielplätze, Parks, leer stehende Gebäude, Brachflächen, Stadtmauern, Windräder, Bauernhöfe, Bachläufe etc. besucht. Die Liste der Orte ließe sich fortsetzen. Der Vorteil dieser Art von außerschulischen Lernorten besteht darin, dass es hier keiner notwendigen Vorabsprachen mit Verantwortlichen vor Ort bedarf. Im Falle eines Besuchs im Supermarkt bzw. Einkaufszentrum oder eines Bahnhofsgebäudes sind zwar zuvor Genehmigungen einzuholen, wenn Sie mit einer Klasse statistische Erhebungen oder Befragungen zur Erhebung empirischer Daten vornehmen möchten. Ansonsten erlaubt diese Art von außerschulischen Lernorten aber eine viel unabhängigere Unterrichtsplanung und größere Themenvielfalt.

Beispiele von didaktisierten und nicht didaktisierten außerschulischen Lernorten zum Thema „Migration"

- *Das Notaufnahmelager Marienfelde*
Der Erinnerungsort Notaufnahmelager Marienfelde erinnert am authentischen Ort mit einer Ausstellung an Ursachen, Verlauf und Folgen der deutsch-deutschen Fluchtbewegungen. Es „ist das zentrale Museum in Deutschland zum Thema Flucht und Ausreise aus der DDR". Marienfelde bietet Schülerinnen und Schülern einerseits die Möglichkeit, die Präsenzausstellung zu besuchen.
Andererseits können diese aber auch selbstständig in der Ausstellung arbeiten, indem sie beispielsweise Sach-, Bild- und Textquellen unter einer vorher formulierten Fragestellung untersuchen und ihre Ergebnisse in Lernprodukten wie Protokollen oder Portfolios sichern (Erinnerungsstätte Notaufnahme Marienfelde 2021).
- *Besuch einer Aufnahmeeinrichtung im Nahraum*
Der Besuch einer Aufnahmeeinrichtung für Geflüchtete bietet den Schülerinnen und Schülern die Möglichkeit, Einblick in die Lebens- und Wohnverhältnisse innerhalb einer solchen Einrichtung zu erhalten. Dies kann in Form von Führungen, Befragungen der*s Einrichtungsträger*in, Erkundungen und Kartierungen geschehen. Ebenso können vor Ort Interviews zu Einzelschicksalen im Hinblick auf die Fluchtursachen und die aktuelle Lebenssituation gemacht werden. Im Voraus müssen hierzu aber die notwendigen Genehmigungen der*s Einrichtungsträger*in und der zu interviewenden Personen durch die Lehrkraft eingeholt und diese über Lerngegenstände und Ablauf des Besuchs informiert werden.
- *Das Dong Xuan Center in Berlin*
Beim Dong Xuan Center handelt es sich um sechs Markthallen, die zusammen eine Größe von etwa 200 Hektar aufweisen. Hier werden in erster Linie asiatische Produkte wie Lebensmittel, Kleidung, Technik oder Zimmerdekoration angeboten. Als Vorbild gilt der gleichnamige Markt in Hanoi, der Hauptstadt Vietnams. „Etwa 250 Händler aus Vietnam, Indien, China, und Pakistan haben sich in den Hallen niedergelassen" (BerlinOnline Stadtportal 2021). Das Markt-Center ist das Resultat der deutschen Wiedervereinigung, denn in der DDR lebten viele vietnamesische Vertragsarbeiterinnen und -arbeiter, die eine berufliche Ausbildung in der DDR erhielten. Dabei handelte es sich quasi um Bruderhilfe zwischen der DDR und dem ebenfalls kommunistischen Vietnam. Die DDR bildete aus und füllte mit den Vertrags-

arbeitskräften – deren Aufenthalt vertraglich zeitlich begrenzt war – Leerstellen in den eigenen Betrieben auf. Gleichzeitig erhielt Vietnam gut ausgebildete Arbeitskräfte zur Stärkung der eigenen Wirtschaft. Nach dem Ende der DDR blieben viele Vietnamesinnen und Vietnamesen in Deutschland bzw. Berlin und versuchten ihr Glück in der freien Marktwirtschaft. Ein Resultat davon ist das Dong Xuan Center in Berlin-Lichtenberg, welches auf einer alten Industriebrache errichtet wurde. Es ist folglich das Ergebnis eines Migrations- und Integrationsprozesses, welches sich wunderbar als außerschulischer Lernort eignet. Asia-Märkte – wenn auch nicht in der Größe – gibt es in vielen Städten und es lohnt sich, den Werdegang der dort arbeitenden Menschen zu erforschen bzw. zu ergründen. Gleiches gilt für Märkte die russische, orientalische o. ä. Waren anbieten. Wichtig ist hierbei zu beachten, dass im Falle von Befragungen oder Untersuchungen in den Märkten zuerst die Marktleitung um ihre Zustimmung gebeten werden muss.

- *Holländisches Viertel und französisches Quartier in Potsdam*

Heute zählt das Holländische Viertel zu den attraktivsten Wohnquartieren der Brandenburgischen Landeshauptstadt Potsdam und ist gleichzeitig eine touristische Sehenswürdigkeit, da es aus vier Karrees mit etwa 150 Backsteinhäusern in holländischem Stil besteht. Angelegt wurde dieses Stadtviertel zwischen 1734 und 1742 explizit für holländische Handwerker, die der preußische König nach Potsdam geholt hatte (Landeshauptstadt Potsdam o. J.). Eine ähnliche Geschichte hat das französische Quartier, welches als Resultat der Aufnahme der in Frankreich wegen ihres Glaubens verfolgten Hugenotten in Preußen im 17. Jahrhundert in Potsdam entstand. An diesen Beispielen zeigt sich deutlich, dass Arbeitsmigration und religiöse Hintergründe für Wohnortsveränderungen demnach keine neumodische Erscheinung unserer Zeit sind und auch in der Vergangenheit eine wichtige Rolle spielten. Französische Viertel, die eine ähnliche Geschichte aufweisen, gibt es u. a. auch in Berlin (Gendarmenmarkt, Französische Straße) und Tübingen (hier lebten bis in die 1990er Jahre die französischen Truppen der Alliierten). Hier bietet sich eine Spurensuche an, die nach Hinweisen auf den geschichtlichen Hintergrund des Orts sucht, die dann anschließend ausgewertet werden.

- *Grenzgänger*innen*

Grenzgänger*innen gibt es an nahezu allen Staatsgrenzen Deutschlands. Als Beispiele seien hier die Regionen im Dreiländereck bei Basel, das Saarland, die Grenzregion mit Luxemburg oder Städte wie Aachen, Görlitz, Frankfurt/Oder oder Passau genannt.

Grenzgänger*innen sind Personen, die von ihrem Wohnort über die Staatsgrenze hinweg pendeln; sei es zu Bildungs- oder Arbeitszwecken. In diesem Zusammenhang wären Befragungen dieser Personen vonseiten der Schülerinnen und Schüler bezüglich der Motive für das Pendeln und der damit verbundenen Herausforderungen möglich. Es könnten aber auch eine Verkehrszählung bzw. eine Spurensuche erfolgen, in der Informationen über die infrastrukturellen, kulturellen und wirtschaftlichen Auswirkungen der Grenzgänge oder der Grenznähe gesammelt und ausgewertet werden.

Die Einbindung außerschulischer Lernorte

Grundsätzlich wird jeder Besuch eines außerschulischen Lernorts, ob landwirtschaftlicher Betrieb, Automobilfabrik, Bergwerk, Schülerlabor, Museum, Gedenkstätte, Lehrpfad etc., in die Unterrichtseinheit eingebunden. Je nach Zielsetzung dient dieser Besuch dem Einstieg in die Unterrichtsreihe oder der Erarbeitung bzw. der Festigung von Lerngegenständen (Meyer 2015, 148).

Der Besuch am *Anfang der Unterrichtsreihe* verfolgt die Absicht, die Schülerinnen und Schüler zu motivieren, ihren Forschungsdrang und Interesse zu wecken und eigene Fragen zum Lerngegenstand zu formulieren. Diese Fragen können für die Planung des weiteren Unterrichtsprozesses genutzt werden und erlauben den Lernenden eine aktive Mitgestaltung.

Wird der außerschulische Lernort in der *Mitte der Unterrichtsreihe* aufgesucht, so erlaubt dieser den Schülerinnen und Schülern, ihr neu erworbenes Wissen anzuwenden, zu überprüfen und anhand gezielter Aufgabenstellungen zu vertiefen.

Bei einem Besuch am *Ende der Unterrichtsreihe* können die Lernenden ihr erworbenes Wissen und die daraus konstruierten Vorstellungen noch einmal festigen, überprüfen oder bestätigen (Witt 2013a, 10).

Allen Zielsetzungen gemein ist eine intensive Vorbereitung seitens der Lehrkraft. Als Planungshilfe ziehen Sie bitte die in Abb. 23 dargestellte Checkliste heran. Beim Besuch vor Ort richten sich einzelne Maßnahmen nach der Art des aufgesuchten Lernorts, seiner Einbettung in die Unterrichtseinheit, der für den Besuch veranschlagten Zeit und den Lernvoraussetzungen der Schülerinnen und Schüler. Zu Beginn empfiehlt es sich, sich in Form eines Rundgangs einen ersten Überblick über den Lernort zu verschaffen sowie Fragen zu Arbeitsweise und Vorgehen zu klären. Daran anschließend, erfolgt die Erschließung des Orts durch Materialien, Medien oder gegebenenfalls Expert*innen. Ebenso wie für die Durchführung des Besuchs eines außerschulischen Lernorts gibt es auch für dessen Nachbereitung keine universal gültige Methode. Sie erfolgt teilweise schon vor Ort, ist aber sicherlich im Klassenzimmer durch die ruhigere Atmosphäre bei Auswertung, Sicherung, Präsentation und Reflexion der Ergebnisse viel tiefgründiger. Rinschede (2007, 260 f.) empfiehlt dafür zum Einstieg eine erste spontane Äußerung persönlicher und emotionaler Eindrücke oder technischer Schwierigkeiten während des Besuchs. Die weitere Nachbereitung geschieht dann in Form inhaltlicher und methodischer Maßnahmen, wie beispielsweise der produktorientierten Verarbeitung der gesammelten Informationen (Ausstellung, Vorträge, Schautafeln, Bilder, Karten, Texte, Statistiken, Internetprojekte) oder der Anwendung und Reflexion der Ergebnisse im Hinblick auf übergeordnete Fragestellungen oder Hypothesen (Mayer 2004a, 405 f., Rinschede 2007, 260 f.).

Checkliste zur Vorbereitung außerschulischer Lernorte im Fach Gesellschaftswissenschaften

Inhaltliche Vorbereitung

- Prüfung des Lernorts hinsichtlich der laut Bildungsplänen zu behandelnden Themen
- Informationen zum Lernort sammeln (Internet, Fachliteratur, Reiseführer etc.), gegebenenfalls auch Expert*innen vor Ort kontaktieren
- Vorabbesuch des Lernorts
- Überlegungen zu den mit dem Lernort verbundenen besonderen Lernchancen und dem damit verbundenem Aufwand an Vorbereitung
- Überlegungen zur inhaltliche Vorentlastung im Unterricht

Didaktisch-methodische Vorbereitung

- Formulierung von Themen, Lerngegenständen, Lernzielen, Problemstellungen und zu erreichenden Kompetenzen
- Überlegungen zu Unterrichtsmethoden und handlungsorientiertem Vorgehen
- Bestimmung des didaktischen Orts des Besuchs im Rahmen der Struktur der Unterrichtseinheit (Einstieg, Erarbeitung, Vertiefung)
- Überlegungen zur Vor- und Nachbereitung im Unterricht
- Überprüfung und gegebenenfalls Aktualisierung der zu erwartenden Vorkenntnisse und Kompetenzen der Schülerinnen und Schüler
- Erstellung von Arbeitsmaterialien (durch die Lehrkraft oder gegebenenfalls im Unterricht durch die Schülerinnen und Schüler)
- Einteilung der Arbeitsgruppen für die Erkundung vor Ort

Organisatorische Vorbereitung

- Ermittlung des Zeitbedarfs für den Besuch (Unterrichtsgang, Tagesexkursion, mehrtägige Exkursion)
- Klärung des Ablaufs des Besuchs
- Abgleich mit den für Lehrfahrten geltenden Erlassen und Vorschriften
- Genehmigung durch die Schulleitung
- Information der Eltern zu Lerngegenständen, Ablauf und Kosten (gegebenenfalls Telefonnummern für den Notfall)
- Auswahl von/Absprache mit Begleitpersonen/Expert*innen vor Ort
- Auswahl und Kosten geeigneter Verkehrsmittel (Busunternehmen, ÖPNV)
- Möglichkeiten der Finanzierung (Fahrtkosten, Eintrittsgelder, Zuschüsse)
- Absprachen über Bekleidung, Verpflegung, Arbeitsmittel
- Erste-Hilfe-Tasche

Erzieherische Vorbereitung
- Festlegung von Verhaltensregeln während des Transports und für den Ablauf vor Ort
- Einbindung der Schülerinnen und Schüler in die Vorbereitung
- Überlegungen zur Gruppenbildung
- Hinweise zum selbstständigen Arbeiten
- Berücksichtigung von Schülerinnen und Schülern mit besonderem Bedarf an erzieherischer Zuwendung

Abb. 23: Checkliste zur Vorbereitung außerschulischer Lernorte im Fach Gesellschaftswissenschaften (erstellt nach Mayer 2004, 402, Rinschede 2007, 258 ff., Witt 2013b, 12 ff.).

Weiterführende Literatur:

Budke, Alexandra/Wienecke, Maik (2008): Exkursionen selbst gemacht – Innovative Exkursionsmethoden für den Geographieunterricht, Potsdam.

Mayer, Ulrich (2004): Historische Orte als Lernorte. In: Mayer, Ulrich/Pandel, Hans Jürgen/Schneider, Gerhard (Hg.): Handbuch Methoden im Geschichtsunterricht. Schwalbach/Ts., S. 389–407.

Studtmann, Katharina (2017): Außerschulisches Lernen im Politikunterricht. Schwalbach/Ts.

Witt, Dirk (2013a): Ideen und Materialien für Unterrichtsgänge in Erdkunde. Mülheim/R.

Witt, Dirk (2013b): Ideen und Materialien für Unterrichtsgänge in Geschichte und Politik. Mülheim/R.

Daniel Ullrich/Maik Wienecke

10. Diagnostik zur Leistungsmessung und -bewertung

Begriff und Bedeutung pädagogischer Diagnostik ist aus den Didaktiken aller Fächer nicht mehr wegzudenken und stellt die Lehrkräfte zugleich vor anspruchsvolle Aufgaben. In diesem Bereich kompetent entscheiden und handeln zu können gehört zu den wichtigen Grundlagen für Lehrkräfte und hier werden Schülerinnen und Schüler wie ihre Eltern aufmerksam und kritisch beobachten und gegebenenfalls auch nachfragen.

Wie die Überschrift dieses Kapitels zeigt, gehören Diagnostik und Leistungsmessung und -bewertung unmittelbar zusammen. Letztere sehen nicht nur viele Lernende, sondern auch viele Lehrkräfte, zumal Berufsanfängerinnen und -anfänger, kritisch und als schwierig an, besteht hier doch ein grundsätzliches Dilemma zwischen einerseits der auf Förderung und Optimierung angelegten Diagnostik und andererseits der auf Forderung und letztlich auf Selektion und Abschlüsse hinauslaufenden Leistungsbewertung.

Viele Detailfragen ergeben sich zu diesem Zusammenhang, z.B.: Was gehört alles zur Diagnostik? Können Leistungsmessung und -bewertung überhaupt gerecht erfolgen? Wer leistet im Lehr-Lernprozess welche Anteile? Wie hängen Lernen und Leisten und Prüfen zusammen? Was unterscheidet eine formative von einer summativen Bewertung? Wie können Schülerinnen und Schüler auf Prüfungssituationen gut vorbereitet werden/sich selbst gut vorbereiten? Wie sehen gute Prüfungen und Prüfungssituationen aus? Nach welchen Kriterien können mündliche und weitere Leistungen bewertet werden? Welche Formate der Bewertung eignen sich für das Fach Gesellschaftswissenschaften?

Diesen und weiteren Fragen geht dieser Beitrag nach. Er betrifft viele pädagogische und durchaus überfachliche Aspekte und ist insoweit in den meisten Anteilen auch auf andere Fächer übertragbar.

Pädagogische Diagnostik – Bedeutsamkeit und Handelnde

Die meisten Autorinnen und Autoren, die sich mit pädagogischer Diagnostik beschäftigen, beziehen sich auf eine Definition Ingenkamps von 1988 (Ingenkamp/Lissmann 2008, 13). Nach dieser gehören, bezogen auf die Tätigkeiten der Lehrpersonen solche,

- die die Voraussetzungen und Bedingungen planmäßiger Lehr- und Lernprozesse bei einzelnen Lernenden wie in der Gruppe ermitteln,
- die Lernprozesse analysieren,
- die Lernergebnisse feststellen

und zwar mit dem Ziel, individuelles Lernen zu optimieren.

Diagnostik nimmt also das individuelle Lernen in den Blick, um es zu verbessern, wenngleich, so kritisiert Felix Winter, die Lernenden nach dieser Definition Objekte der Diagnostik bleiben. Sie sollten stattdessen, so Winter, einbezogen werden, schließlich gehe es doch um die Förderung ihres individuellen Lernens (2019, 1). Eine solche prägnant durch Annedore Prengel definierte „Didaktische Diagnostik" (2016, 54) wird durch Lehrende *und* Lernende definiert, die beide als Erkenntnis- wie auch als Handlungssubjekte agieren.

Insofern unterscheidet Winter auf der einen Seite in die meist übliche, separierende Diagnostik, in der in eher künstlichen (Test-)Situationen Leistungen überprüft und beurteilt werden (wie z. B Klassenarbeiten und Lernkontrollen); hiermit ist im Wesentlichen die summative Bewertung gemeint.

Auf der anderen Seite nennt Winter integrierende Formen (wie z.B. Unterrichtsgespräche, Lernaufgaben mit diagnostischem Potenzial, Lernjournale oder Portfolios) sowie sozial gerahmte, gemeinsame, also Lehrende *und* Lernende beteiligende Leistungnsbeurteilungen und Entwicklungsberatungen (wie z.B. Reflexionen, Selbstbeurteilung, dialogische Beurteilung), die die formative Bewertung umfasst, aber auch darüber hinausgeht. Hilfreiche Beispiele enthalten z.B. die kompetenzorientierten Rückmeldungen Bremer Grundschulen; hier spielen das Portfolio, Entwicklungsübersichten, Lerngespräche und bilanzierende Lernentwicklungsberichte wichtige Rollen (Landesinstitut für Schule Bremen). Solchen Formen gibt Winter klar den Vorzug. Er legt hierzu eine Synopse zu Verfahren zur Erbringung, Überprüfung, Beurteilung und Diagnose von Leistungen in der Schule mit den jeweiligen Vorzügen und Möglichkeiten bzw. den Nachteilen und Schwierigkeiten vor (Winter 2017, 16).

Formative Leistungsdiagnose und -bewertung – Assessment for learning

Jeder Lernprozess wird in der Regel durch Rückmeldungen, Feedbacks und unterschiedliche Formen der Bewertung begleitet, die die Diagnoseerkenntnisse an die Lernenden vermittelt und sie befähigt, sich selbst einschätzen zu können.

Summative Prüfungen und Bewertungen – Assessment of learning

Gesonderte, abschließende und damit bilanzierende, summative Überprüfungen gehören zum Pflichtkanon von Unterricht und sind damit Teil der Bewertungspraxis. Ihre Anzahl, Gestaltung, Benotung usw. sind fachspezifisch in den Gesetzen und Verordnungen der Bundesländer verbindlich geregelt und häufig geben Lehrpläne, Leitfäden und auch schulinterne Curricula Rahmen und Orientierung vor allem für die summative Leistungsmessung und -bewertung. So beschäftigt sich z.B. der Leitfaden zu den „Fachanforderungen Weltkunde" für Allgemeinbildende Schulen der Sekundarstufe I in Schleswig-Holstein (2016) u.a. ausführlich mit der Leistungsüberprüfung und -messung und bietet viele praktische Beispiele, passend zu den 2015 in Kraft gesetzten Fachanforderungen (Ministerium für Schule und Berufsbildung des Landes Schleswig-Holstein 2015). Als Referendarin und Referendar werden Sie sich für ihre Fächer genau informieren und Absprachen der zuständigen Gremien (z.B. hinsichtlich der Prozentzahlen für Punkte und Noten etc.) einhalten.

Diagnostik, Leistungsmessung und -bewertung – ein Kreislauf

Insgesamt ergibt sich ein Kreislauf, in dem Diagnose und Förderung immer wieder eine Rolle spielen, wie auch Feedbacks und Prüfungen. Bedeutsam ist dabei, dass nicht nur die Lernenden Feedback erhalten, sondern auch Feedback geben: So schätze ich mich ein, das habe ich verstanden, so habe ich gearbeitet, das gelingt mir, hier habe ich Schwierigkeiten …

In der fortlaufend aktualisierten Rangliste Hatties (Visible Learning 2018) steht 2018 die Selbsteinstufung des eigenen Leistungsniveaus durch Lernende (self-reported grades) auf Platz zwei mit dem vergleichsweise sehr hohen Wert von 1,33. (Von insgesamt 232 Aspekten mit einem positiven Wirkungsfaktor gibt es lediglich sieben, die einen Wert über 1,0 aufweisen.) Hiermit ist auch die Erwartung von Lernenden an ihre eigene Leistungsfähigkeit gemeint, die, wird sie zum Unterrichtsthema, Selbstvertrauen und positive Auswirkungen auf das Lernergebnis bewirken kann (Visible Learning o.J.).

Die Lehrereinschätzung der Leistungen (teacher estimates of achievement) liegt mit dem ebenfalls sehr hohen Wert von 1,29 auf Platz drei.

Beide Aspekte sind hier berücksichtigt und belegen zudem die Bedeutsamkeit von Diagnostik, Lehrerfeedback und Leistungsbewertung.

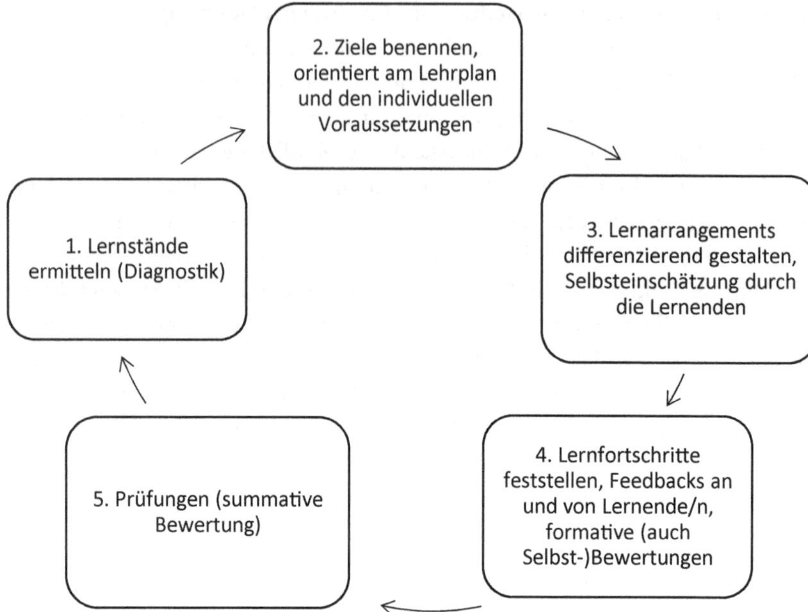

Abb. 24: Kreislauf: Diagnostik, Leistungsmessung und -bewertung (eigene Darstellung)

Nützliche Instrumente/Formate zur Leistungsdiagnose und -beurteilung für das Fach Gesellschaftswissenschaften

Die folgende Tabelle listet Instrumente auf, wobei die Zuordnung für die formative bzw. die summative Leistungsrückmeldung und -beurteilung nicht statisch zu sehen ist; einige Formate passen auch in beide Spalten. Weiterhin bedeutet die mögliche Zuordnung zu den summativen Formaten nicht automatisch eine Verknüpfung mit Noten.

Formative, zum Teil auch summativ nutzbare Instrumente – Assessment for learning
Systematische Beobachtungen
Diagnostische Aufgaben (mit Selbsteinschätzung)
Lernausgangslagen (z. B. Zeichnungen, Mindmaps, …)
Gespräche und Diskussionen im Unterricht
Portfolios
Dokumentationen oder Protokolle z. B. von Erkundungen, Befragungen bzw. Interviews und Zeitzeugengesprächen

Präsentationen und Produkte (bearbeitet oder auch selbst erstellt, auch digital) wie Steckbriefe, Zeichnungen, Skizzen, Mindmaps, Planungen, Modelle, Konstruktionen

Dokumentationen von Recherchen, Messungen, Kartierungen, Beobachtungen

Szenen, Spiele, Vorführungen, Vorträge, Referate

Zeitfriese, Plakate u.v.a.m.

Probeprüfungen zur Vorbereitung auf eine Prüfung

Diagnose- und Beobachtungsbögen, Checklisten

Bögen zur Selbst- und Fremdeinschätzung

Lerntagebücher und Logbücher, Lernjournale, Lerngespräche; sie dienen vor allem der Reflexion

Praxistipp für Rückmeldungen/Bewertungen in Lernphasen (formative Bewertung):

Im Dialogischen Lernen (Ruf 2008, 258) ist eine standardisierte vierstufige Rückmeldung für Schülerprodukte mit „Häklein" vorgesehen, die für Lehrkräfte ressourcenschonend und für Lernende wertschätzend und motivierend wirkt, sie kann als Vorbild genutzt und angepasst werden:

✓ erfüllt
Ein Auftrag/eine Erwartung ist erfüllt.

✓̸ nochmals nachdenken/nicht erfüllt
Die Leistung reicht noch nicht aus, es gibt eine zweite Chance.

✓✓ eine gute Leistung
Eine eigenständige Leistung ist erbracht, das Angebot der Aufgabe ist konstruktiv genutzt, es gibt ableitbare Qualitätskriterien (für die gemeinsame Weiterarbeit).

✓✓✓ ein Wurf
Hier ist etwas Besonderes, Überraschendes gelungen. Die Arbeit/ein Ausschnitt kann als beispielhaft gelten.

Summative, in der Regel durch Vorgaben geregelte Instrumente – Assessment of learning

Tests (mündlich und schriftlich), Kompetenzraster, Klassenarbeiten, Lernentwicklungsberichte, Zeugnisse (z.B. Notenzeugnisse, kompetenzorientierte Zeugnisse)

Zur (Un-)Gerechtigkeit von Beurteilungen und Benotungen

Als Gütekriterien für Beurteilungen gelten:

- Objektivität
  Ein Testergebnis ist objektiv, wenn es von*m der Beurteiler*in unabhängig ist.
- Reliabilität (Zuverlässigkeit)
  Reliabilität liegt vor, wenn identische Messergebnisse zu verschiedenen Zeitpunkten vorliegen, d.h., bei einer Wiederholung müssten gleiche Ergebnisse vorliegen.
- Validität (Gültigkeit)
  Valide ist ein Test, wenn er das misst, was er vorgibt zu messen.

Auf die wichtige und berechtigte Frage, ob es eine gerechte Beurteilung geben kann, kann dennoch nur mit „Nein" geantwortet werden. Untersuchungen belegen immer wieder, dass unterschiedliche Lehrkräfte dieselbe Arbeit sehr verschieden beurteilen und benoten, und das betrifft nicht nur Deutsch-, sondern z.B. auch Mathematikarbeiten (Ingenkamp/Lissmann 2005, 143 ff.).

Dafür sind systembedingte Fehlerquellen verantwortlich, wie z.B.

- Skalenqualität (Noten bilden eine Rang- und keine Intervallskala ab; die Abstände zwischen den Noten sind dadurch nicht interpretierbar.)
- Anwendung der sozialen Bezugsnorm (Die Bewertung der Leistung Einzelner erfolgt auch im Vergleich mit den Leistungen innerhalb der Lerngruppe, die zu klein ist, um repräsentativ zu sein.)

Viele subjektive, durchaus menschliche Probleme schleichen sich in jegliche Beurteilung ein, dazu gehören (Boenicke/Popp 2010):

- Einflüsse von negativen wie auch positiven Vor- oder auch Zusatzinformationen über Einzelne
- Einflüsse von Sympathie/Antipathie, Milieus und Geschlecht
- Einflüsse von subjektiven Theoriebeständen (Dazu gehören subjektive Überzeugungen wie „Lernende mit Migrationshintergrund sind schwierig.")
- der Haloeffekt (Vom Gesamteindruck oder einem besonders auffallendem Merkmal wird auf weitere, nicht direkt beobachtbare Merkmale geschlossen.)
- logische Fehler (Wer gut in Deutsch ist, ist auch gut in Gesellschaftswissenschaften.)
- stabile Urteilstendenzen (subjektive Tendenz zu eher guten/mittleren/schlechten Noten)
- Reihenfolgeeffekt (Die erste korrigierte/benotete Arbeit setzt den Maßstab, die folgenden werden mit ihr verglichen.)

Dennoch, sich der Probleme im Zusammenhang mit Bewertungen und Benotungen bewusst zu sein, hilft, vor allem im gemeinsamen Gespräch mit Kolleginnen und Kollegen, diese anzupacken.

Auch die folgenden Hinweise unterstützen darin, für möglichst viel Transparenz, Gerechtigkeit und vor allem Motivation für die Lernenden zu sorgen:

Hinweise zur Gestaltung von (schriftlichen, aber auch anderen) Prüfungen, die Sie als Checkliste nutzen können:

Wichtig für die Lernenden! Es muss ihnen immer deutlich werden, ob sie sich in einer Lern- oder einer Prüfungsphase bewegen! Auf Prüfungssituationen müssen sich Schülerinnen und Schüler gut vorbereiten können!

Sorgen Sie vor einer Prüfung für Folgendes:

- Prüfungsart, -zeitpunkt, -dauer und Aufgabentypen sowie Bewertungskriterien (er-)klären,
- die Lernenden auffordern, ihre eigene Leistungsfähigkeit einzuschätzen und sie motivieren, diese noch zu übertreffen (vgl. auch die Ergebnisse der Hattie-Studie oben),
- einen vergleichbaren Übungsanlass anbieten und diesen auswerten, Rückmeldung geben, Lernende ihre Stärken und Schwächen selbst benennen lassen (siehe auch Verfahren zur Vorbereitung unten),
- den Lernenden verdeutlichen, dass die Prüfung eine Gelegenheit bietet, ihre Leistungsfähigkeit zu erproben und nachzuweisen,
- über mögliche Ängste sprechen und beraten, wie damit umzugehen ist.

Die Integration von Prüfungsaufgaben zur Übung und Vorbereitung schon in den Lernprozess erfordert im Blick auf eine spätere Prüfungs- und Bewertungssituation die Möglichkeit der Reflexion, der Rückmeldung sowie der Selbst- und der Fremdbeurteilung. Diese erlauben Schlussfolgerungen im Blick auf nächste Schritte, notwendige Übungen oder Vertiefungen, die Formulierung von Zielen und die Auswahl von Folgeaufgaben (Diagnostik). Wenn Lernen und Beurteilung dicht zusammenrücken, wird sie lernförderlich, wird sie „assessment for learning".

Checkliste für die Konstruktion schriftlicher Prüfungen

Nicht jede schriftliche Prüfung kann oder muss alle Items erfüllen, ebenso wie nicht alle Kompetenzen, Fachmethoden und Inhalte, an denen im vorausgegangenen Unterricht gearbeitet worden ist, in einer Prüfung berücksichtigt werden können. Die folgende Checkliste basiert auf einer Erarbeitung mehrerer Fachkolleginnen und -kollegen aus verschiedenen Sachfächern am Landesinstitut für Schule und Medien Berlin-Brandenburg 2016.

Prüf-kriterium	Prüfitems
Zeit	Die Zeitdauer ist angemessen: • nicht zu lange (um Ermüdung zu vermeiden) • nicht zu knapp (Stressvermeidung) • entspricht den gesetzlichen Vorgaben und der Festlegung schulischer Gremien • proportional zur Komplexität der Aufgabe/n
Kompetenzen	Die Prüfung bezieht sich auf mehrere Kompetenzbereiche und betrifft nicht nur Wissen, sondern auch Können.
	Die für die Bearbeitung der Aufgaben notwendigen Kompetenzen sind im Unterricht eingeübt worden.
	Geprüft wird, was wichtig ist, nicht, was sich leicht prüfen lässt.
Progression	Aufgaben und Anforderungen sind von einfacher hin zu komplexer angeordnet und bilden insgesamt unterschiedliche Anforderungsniveaus ab (vgl. Kapitel 7).
	Es wird mit einer leichteren Teilaufgabe begonnen (Einstiegshilfe).
	Überwiegend liegt ein mittlerer Schwierigkeitsgrad vor.
Vorwissen	Das für die Bearbeitung der Aufgaben notwendige Vorwissen war Gegenstand des Unterrichts.
	Die Aufgaben greifen die Leitfrage(n) des Unterrichts auf (vgl. Kapitel 4.1).
Transparenz und Aufgabenstellung	Die Arbeitsaufträge sind klar und eindeutig formuliert (was, wie, wie viel) und die Lernenden sind mit den Operatoren und deren Bedeutung vertraut (vgl. Kapitel 7).
	Die Aufgaben vermeiden (implizite) Suggestion, die die Lösung nahelegt.
	Die Aufgaben berücksichtigen auch Formen der Individualisierung (z. B. Wahlaufgaben …), insbesondere, wenn es im Unterricht Auswahlmöglichkeiten in der Erarbeitung gab.
Transfer	Es gibt möglichst auch eine Aufgabe, die einen Transfer (von Bekanntem auf Unbekanntes) erfordert.
	Die Prüfung weist einen Gegenwarts- und Lebensweltbezug auf.
Objektivität und Validität	Die Bewertung ist nicht von der bewertenden Person abhängig (andere Lehrkräfte würden zur gleichen Bewertung kommen).
	Die Aufgaben messen kompetenzorientiert das, was sie auch messen wollen. (Nicht z. B. Kenntnisse von Fremdwörtern; Fähigkeit zum schnellen Lesen, Stressresistenz …)
Erwartungshorizont	Es gibt einen Erwartungshorizont (EWH), der die erwarteten Leistungen eindeutig definiert.
	Der EWH gewichtet die erbrachten Leistungen.
	Die Bewertung ist im EWH schlüssig und nachvollziehbar zugeordnet.
	Die Anforderungen entsprechen den rechtlichen Vorgaben und den im Fachbereich getroffenen Vereinbarungen (z. B. Vergleichbarkeit, sprachliche und äußere Richtigkeit).

Prüf-kriterium	Prüfitems
Bewertung	Die Bewertung (z. B. Anzahl der Pkt.) ist für die Lernenden sichtbar angegeben.
	Der Bewertungsschlüssel (z. B. Prozentzahlen) entspricht den gesetzlichen Vorgaben und den Absprachen in den Gremien.
	Lernende mit nicht deutscher Herkunftssprache oder mit Förderbedarf bekommen Hilfestellungen/einen Nachteilsausgleich.
	Jede*r erhält (unter einer Arbeit) Informationen zur Gesamtpunktzahl und der Note, den Notenspiegel der Lerngruppe sowie förderliche Hinweise.

Tab. 17: Checkliste: Konstruktion schriftlicher Prüfungen (eigene Darstellung)

Sorgen Sie nach einer Prüfung für Folgendes:

- die Lernenden geben der Lehrkraft ein Feedback (Wie waren wir vorbereitet? Was lief gut/Was sollten wir beim nächsten Mal evtl. verändern? ...),
- die Lehrkraft gibt den Lernenden ein Feedback (Welche Erwartungen wurden gut/weniger oder fast gar nicht erfüllt? ...),
- die Lernenden schätzen den Schwierigkeitsgrad und ihre eigene Leistung ein,
- gemeinsam wird diskutiert, ob und welche Wiederholungen/Vertiefungen/Übungen notwendig sind.

Praxistipp: Vorbereitung für Lernkontrollen

1. Mithilfe ihrer Unterlagen formulieren die Lernenden mögliche und ihnen plausibel erscheinende Fragen und Aufgaben zur Unterrichteinheit.
   Vorteile: Die Lehrkraft erhält ein Feedback zum Unterricht: Was erscheint den Lernenden wichtig und bedeutsam? Wie gewichten sie die Erarbeitung im Unterricht? Welche Fachmethoden haben die Lernenden als entscheidend wahrgenommen, welches Fachvokabular haben sie gelernt und nutzen es jetzt für die Formulierungen? Wie (sicher) gehen die Lernenden mit den Operatoren um? ...
2. Gemeinsam mit der Lehrkraft wird eine passende Auswahl für die Lernkontrolle zusammengestellt.
   Vorteile: Die Gedanken, die sich die Schülerinnen und Schüler machen, werden ernst genommen und wertgeschätzt; Einzelne können wahrnehmen, in welchen Bereichen sie Nachholbedarf haben; die Lehrkraft kann auf blinde Flecken hinweisen.
3. Die Lernenden erarbeiten Antworten und Lösungswege (in Stichworten) und stellen diese im Unterricht vor; die Lösungen werden (auch im Peer-to-Peer-Verfahren überprüft) und die Lehrkraft gibt Feedback.

Vorteile: Die Lernenden können ihren Wissens- und Könnensstand einschätzen und sich rückversichern; die Lehrkraft erkennt Stärken und Schwächen und kann gegebenenfalls auch differenzierend nachsteuern.

4. Nun kann Unterschiedliches verabredet werden, z. B.:
   - wie viele der vorbereiteten Aufgaben in die Lernkontrolle aufgenommen werden,
   - ob und für wie viele Aufgaben die Stichwortkarten genutzt werden dürfen, …

Insgesamt bietet dieses Verfahren weitere Vorteile:

- Die Schritte eins bis drei ermöglichen die für erfolgreiches Lernen wichtige Diagnostik; die Lehrkraft erfährt viel über das Denken und die Lernwege der Schülerinnen und Schüler.
- Es trägt intensiv dazu bei, das Lernen zu lernen.
- Es wird die Lerngruppe motivieren, sich mit den Inhalten, dem Fachvokabular, den (Fach-)Methoden und Verfahren vergleichsweise intensiv auseinanderzusetzen, eine gründliche Vorbereitung ist für alle (die sich darauf einlassen) garantiert und mindestens möglich.
- Es bietet für Lernende mit einem Förderschwerpunkt (Nachteilsausgleich), für Lernende mit Teilleistungsstörungen oder Lernende nicht deutscher Herkunftssprache zusätzlich hervorragende Möglichkeiten der Differenzierung.

Insofern ist dieses Vorgehen ausgesprochen ergiebig und Erfolg versprechend (und nichts motiviert mehr als Erfolg), wenn auch anspruchsvoll und vor allem bei seiner Einführung zeitintensiv. Je vertrauter die Lernenden damit werden, desto stärker kann vereinfacht oder auch verkürzend abgewandelt werden. Es eignet sich jedoch auch für andere (vermutlich alle) Fächer, daher bietet es sich an, im Kollegium jahrgangsspezifische, gemeinsame Verabredungen zu treffen, sodass Synergien entstehen.

Schülerinnen und Schüler einer 5. Klasse durften als Einstieg in ein solches Verfahren für eine Lernkontrolle auf einer ausgegebenen Karteikarte beliebig viele Zeichnungen, Symbole und Stichwörter zu einem erarbeiteten Unterrichtsthema notieren und diese dann während der Lernkontrolle nutzen. Mehrere äußerten im Anschluss begeistert: Ich musste gar nicht auf meiner Karte nachschauen, stellen Sie sich vor, ich wusste einfach alles. Das war toll, dürfen wir das noch mal machen?

Gestaltung von Lernkontrollen: Urteilskompetenz für alle

Das Fach Gesellschaftswissenschaften hat das übergeordnete Ziel zur Mündigkeit zu befähigen. Im Schülerkompetenzmodell bilden daher die Urteilskompetenz und darauf aufbauend die gesellschaftliche Handlungskompetenz zentrale Ziele.

Eine schriftliche Überprüfung muss es also ermöglichen, diese Fähigkeiten abzubilden. Dieser Gesichtspunkt spielt insbesondere bei der abschlussbezogenen Differenzierung eine Rolle. Denn nach wie vor ist die Auffassung verbreitet, Schülerinnen und Schüler, die den ersten allgemeinbildenden Schulabschluss oder die Mittlere Reife anstreben, müssten keinerlei Urteilsfähigkeit entwickeln oder üben. Die Anforderungsbereiche (Reproduktion, Transfer, Reflexion/Problemlösung) werden mit den Anforderungsebenen (erster allgemeinbildender Schulabschluss, Mittlere Reife, Hochschulreife) gleichgesetzt.

Das ist mit den Zielen des Fachs Gesellschaftswissenschaften nicht vereinbar und wäre auch gesellschaftspolitisch fatal, denn schließlich und endlich sollen alle Schülerinnen und Schüler zur Partizipation und insbesondere zu Wahlentscheidungen befähigt werden. Dafür muss die Urteilskompetenz ab Jahrgang 5 ausgebildet und überprüft werden.

Kompetenzbereiche und Aufgabenformate

Das Fach Gesellschaftswissenschaften hat drei große Kompetenzbereiche: Methoden-, Analyse- und Urteilskompetenz. In der folgenden Übersicht sind mögliche Aufgabenformate aufgeführt, die sich zur Überprüfung eignen.

	Beurteilungskriterien	Geeignete Aufgabenformate (Auswahl)
Methoden-kompetenz	- Sachliche Richtigkeit der Ergebnisse (AFB I) - Systematisches Vorgehen (AFB I)	- Erfassung von Materialien (Karten, Diagramme, Texte, ...)
Analyse-kompetenz	- Fachwissen (AFB I) - Logische Verknüpfung von Sachverhalten (AFB II) - Perspektiven in Materialien (Bilder, Texte, Karten ...) erkennen, korrekt darstellen und erläutern (AFB III)	- Aufzählungen und Wissensfragen (AFB I) - Vervollständigung oder Reproduktion von Schaubildern (AFB I oder II) - Gezielte Auswertung von Materialien im Hinblick auf eine Sachfrage (AFB II) - Gezielte Auswertung von Materialien (z. B. Plakate, Reden, kontroverse Karten) im Hinblick auf ihre Perspektive (AFB III)
Urteils-kompetenz	- Sachliche Richtigkeit von Begründungen (AFB III) - Folgerichtigkeit von Argumenten (AFB III) - Berücksichtigung von Gegenargumenten (AFB III)	- Problemlösungen beurteilen und bewerten oder vorschlagen (AFB III)

Tab. 18: Kompetenzbereiche und Aufgabenformate im Fach Gesellschaftswissenschaften (eigene Darstellung)

Die Anforderungen an die Urteilskompetenz der Schülerinnen und Schüler erscheinen sehr hoch, insbesondere für den Anfangsunterricht. Wie alle Kompetenzen müssen sie schrittweise entwickelt werden. Wählen Sie Beurteilungsfragen, die einen starken Bezug zur Lebenswelt der Schülerinnen und Schüler haben. So können Kinder mit etwas fachlicher Vorbereitung beispielsweise Problemlösungen zum Thema Lebensmittelverschwendung beurteilen. Politische Fragen im engeren Sinne sollten ab Jahrgang 8 thematisiert werden, denn ab 16 Jahren besteht in den meisten Bundesländern kommunales Wahlrecht.

Differenzierung von schriftlichen Überprüfungen: Ein, zwei, viele Arbeiten?

Es gibt unterschiedliche Modelle, wie schriftliche Leistungskontrollen differenziert werden:

a) Mehrere abschlussbezogene Arbeiten
b) Eine Basisarbeit mit Tippkarten, deren Anforderung Punkte kostet
c) Eine Basisarbeit mit weitergehenden Extraaufgaben, die eingefordert werden müssen
d) Eine Arbeit mit Wahlmöglichkeiten und Aufgaben unterschiedlicher Öffnungsgrade

Möglichkeit a) hat den Vorzug einer klaren Struktur, aber auch mehrere Nachteile: In den unteren Jahrgangsstufen sollen und müssen Wege offen gehalten und keine voreiligen Etikettierungen vorgenommen werden. Weiterhin haben die Schülerinnen und Schüler, die die Arbeit auf einem niedrigen Niveau schreiben, keine Möglichkeit, bessere Leistungen zu zeigen. Schließlich kann diese Form des „Labelings“ sogar Leistungsabfall bei Lernenden bewirken, die sich abgewertet fühlen oder ein negatives Selbstbild entwickeln (Knigge 2009).

Möglichkeit b) ist individuell und aufgabenbezogen differenziert. Es erzeugt bei der Arbeit aber Unruhe und das „Abgucken“ bei Sitznachbar*innen ist leicht möglich.

Möglichkeit c) hat den Vorzug, dass sie allen Lernenden Sicherheit im Basisteil vermittelt und denen, die weitergehen können, Erfolgserlebnisse beschert. Das Format der Extraaufgaben ist aber nicht ganz einfach zu wählen – eine abschließende Urteilsfrage soll ja für alle verbindlich sein.

Im Folgenden soll ein Modell für Möglichkeit d) vorgestellt werden.

- Die Arbeit orientiert sich in allen Aufgabenteilen an der Leitfrage.
  - Beispiel: „Wer darf nach Deutschland kommen und bleiben?“
- Sie beginnt mit einer einfachen Aufgabe, die erwartungsgemäß alle Schülerinnen und Schüler bewältigen können.
  - Beispiel: „Nenne die drei Länder, aus denen im Jahr 2019 die meisten Menschen nach Deutschland gekommen sind.“ (Voraussetzung: Diese Frage wurde behandelt.)
  - Alternative: „Nenne mithilfe des folgenden Diagramms die drei Länder, aus denen 2017 die meisten Zuwanderer*innen gekommen sind.“

Top 10-Herkunftsländer der zugewanderten Ausländerinnen und Ausländer 2017

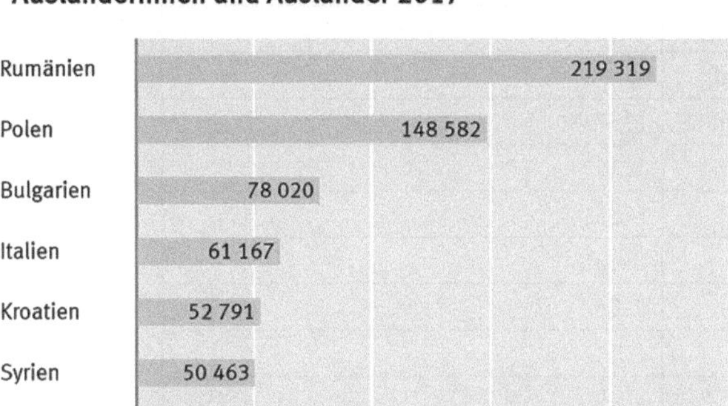

Abb. 25: Quelle: Statistisches Bundesamt 2019, 56

- Es folgen weitere einfache, stark gebundene Aufgaben (z.B. „Nenne drei wichtige Push- und drei wichtige Pullfaktoren.“). Sie bedienen damit zunächst nur den AFB I und die Anforderungsebene erster allgemeinbildender Schulabschluss.
- Um alle Lernenden zu fordern, öffnen Sie im Mittelteil etwas. Wählen Sie Aufgaben, die sehr einfach oder auf mittlerem Niveau bearbeitet werden können.
  - Beispiel: „Unterscheide die wichtigsten Herkunftsländer in Gruppen. Zähle zusammen, wie viele Zuwanderer*innen jeweils aus einer Gruppe kommen.“
    - EU-Länder und Nicht-EU-Länder
    - Länder in Europa und Länder außerhalb Europas
    - Länder, in denen Krieg herrscht, und Länder, in denen kein Krieg herrscht
    - Erweiterungsaufgabe: Bilde mithilfe der folgenden Tabelle die Gruppen „Länder, in denen die Menschen weniger als halb so viel verdienen wie in Deutschland“ und „Länder, in denen die Menschen mehr als halb so viel verdienen wie in Deutschland“ und zähle die Zuwandererzahlen zusammen.

Land	Bruttoinlandsprodukt/Kopf in US-$ (2019)[2]
Bulgarien	9.772
Deutschland	46.473
Griechenland	19.570
Italien	33.159
Kroatien	14.853
Polen	15.601
Rumänien	12.887
Serbien	17.552
Syrien	1.075[1]
Türkei	9.151
Ungarn	16.470

[1] *Zahl von 2020 (Quelle: Wirtschaftskammer Österreich 2021)*
[2] *Quelle: Wikipedia 2021*

Tab. 19: Bruttoinlandsprodukt pro Kopf in Deutschland und den zehn wichtigsten Herkunftsländern (eigene Darstellung)

  - 2. Beispiel: „Nenne wichtige Gründe, die Menschen zum Bleiben in Deutschland berechtigen. Nenne Herkunftsländer, bei denen diese Gründe auf viele Zuwanderer*innen zutreffen."
- Wenn es das Thema gut zulässt, sollte ein Material eingebracht werden, das es den Schülerinnen und Schülern erlaubt, unterschiedliche Perspektiven zu erkennen.
  - Beim vorliegenden Thema gibt es viele Möglichkeiten, eine ist z.B. der Dialog zwischen Bundeskanzlerin Angela Merkel und Reem Sahwil von 2015 (WELT Nachrichtensender 2015). Dieser Dialog eignet sich gut, weil er das ganze Dilemma der Migrationssteuerung in einem lebensweltlichen Konflikt sichtbar macht, ohne dass Themen wie Hass und Gewalt aufgegriffen werden müssen.

> Reem Sahwil beschreibt, dass ihr Vater Schweißer ist, aber nicht in Deutschland arbeiten darf. Sie fragt, warum das so ist. Ihre Familie sind Palästinenserinnen und Palästinenser. Sie haben vorher im Libanon gelebt.
>
> Reem Sahwil: „... Ich möchte studieren. Das ist wirklich ein Wunsch und ein Ziel, das ich gerne schaffen möchte. Es ist wirklich sehr unangenehm zuzusehen, wie andere wirklich das Leben genießen können und man es selber halt nicht mitgenießen kann."

> Angela Merkel: „In den palästinensischen Flüchtlingslagern im Libanon gibt es noch Tausende und Tausende und wenn wir jetzt sagen, ihr könnt alle kommen, und ihr könnt alle aus Afrika kommen, […] das können wir auch nicht schaffen."

Die Aufgabe könnte lauten: „Beschreibe die Ziele, die Bundeskanzlerin Angela Merkel verfolgt, und die Ziele, die Reem Sahwil verfolgt. Nenne mindestens einen Grund, warum die Ziele von Bundeskanzlerin Angela Merkel aus ihrer Sicht gerechtfertigt sind. Nenne mindestens einen Grund, warum die Ziele von Reem Sahwil aus ihrer Sicht gerechtfertigt sind." Diese Aufgabe eröffnet ein riesiges Feld möglicher Antworten – kann aber auch sehr einfach beantwortet werden.

- Vertiefungen, z. B. historische (die sich auf den vorangegangenen Unterricht beziehen), sollten genutzt werden, soweit zur Beantwortung der Leitfrage sinnvoll.
  - o Beim vorliegenden Beispiel könnte das so aussehen: „Angela Merkel sagt: ‚[W]enn wir jetzt sagen, ihr könnt alle kommen und ihr könnt alle aus Afrika kommen, … das können wir auch nicht schaffen.' Nimm Stellung zu Angela Merkels Aussage. Du kannst folgende historische Beispiele miteinbeziehen: die Unterbringung von Ostflüchtlingen in der Nachkriegszeit und die Ausschreitungen in Rostock-Lichtenhagen 1992."

Abschließende Aufgabe: Die Leitfrage muss beantwortet werden. Entweder anhand eines vorliegenden Vorschlags oder über einen freien Text.

- o Beispiel: „Wer sollte Deiner Meinung nach nach Deutschland kommen und bleiben dürfen? Begründe deine Meinung."
  Diese Aufgabe kann von kurz und einfach bis lang und differenziert beantwortet werden.
- o Oder: „Entscheide für die folgenden Beispielfälle, ob die Menschen deiner Meinung nach bleiben dürfen. Begründe deine Meinung."
  Eine solche vorstrukturierte Aufgabe sollte nicht ganz so hoch bepunktet werden wie eine freie Textproduktion. Sie könnte als alternative Wahlmöglichkeit angeboten werden. Für die Lernenden muss ersichtlich sein, dass die Maximalpunktzahl bei dieser Aufgabe geringer ist als bei der anderen Aufgabe.

Im Spannungsfeld zwischen zertifizierten Selektionsentscheidungen und individueller Förderung geht es vor allem während der eigenen Ausbildungszeit darum, Vorschriften im Blick auf die Diagnostik, die Leistungsmessung und -beurteilung zu kennen und zu befolgen (schließlich gehen Eltern auch vor Gericht, um Noten anzufechten) und dennoch Freiräume zu nutzen, um zu einer Kultur des Leistens beizutragen, die auf individuelles Können, aber auch auf das gemeinsame Lernen in Gruppen ausgerichtet ist. Dazu gehören auch „Querdenken, Kreativität, Phantasie", aber auch Fähigkeiten wie „Durchhaltevermögen und Fleiß, Zusammenarbeit mit anderen, Teamgeist und Kooperationslernen, Frustrationstoleranz und Anstrengungsbereitschaft" (Thurn 2017, 9).

Kurz: „Aus den widersprüchlichen Anforderungen und unlösbaren Dilemmata der Leistungsbewertung lässt sich der beruhigende Schluss ziehen, dass Lehrer/innen viele Freiheiten haben, eigene Wege zu gehen und Neues zu erproben." (Stern 2008, 34)

Weiterführende Literatur:

Adamski, Peter (2014): Historisches Lernen diagnostizieren. Lernvoraussetzungen – Lernprozesse – Lernleistungen, Schwalbach/Ts.

Adamski, Peter/Bernhardt, Markus (2012): Diagnostizieren – Evaluieren – Leistungen beurteilen. In: Barricelli, Michele/Lücke, Martin (Hg.): Handbuch Praxis des Geschichtsunterrichts, Bd. 2. Schwalbach/Ts., S. 401–435.

Greving, Johannes/Paradies, Liane/Wester, Franz ([7]2018): Leistungsmessung und -bewertung, Berlin.

Grosch, Waldemar (2003): Evaluation, Lernkontrolle und Leistungsbewertung, In: Günther-Arndt, Hilke (Hg.): Geschichtsdidaktik. Praxishandbuch für die Sekundarstufe I und II, Berlin, S 206–218.

Winter, Felix ([2]2018): Lerndialog statt Noten. Neue Formen der Leistungsbeurteilung, Weinheim/Basel.

Johann Knigge-Blietschau/Birgit Wenzel

11. Unterrichtsplanung konkret

Eine grundsätzliche Frage, die alle Referendarinnen und Referendare am Anfang stets stellen: Muss ich in einer Stunde alle drei Dimensionen miteinander verschränken?

Auf diese Frage gibt es keine allgemeingültige Antwort. Es gibt Einzelstunden, in denen beispielsweise Lerngegenstände aus der politischen und historischen Dimension miteinander verbunden sind. Genauso gibt es aber auch im Fach Gesellschaftswissenschaften Einzelstunden, in denen beispielsweise ausschließlich geographisch oder historisch gelernt wird. Es ist immer die Frage, welche Ziele erreicht werden sollen und an welcher Stelle in der jeweiligen Unterrichtseinheit man sich befindet. Analysiert man aber Stundenthemen, so ist festzustellen, dass es kaum Themen gibt, die eindeutig einer Dimension zuzuordnen sind.

Die Planung einer Unterrichtsstunde ist auf der einen Seite ein sehr komplexer Prozess, auf der anderen Seite aber ebenso ein kreativer Vorgang. Guter gesellschaftswissenschaftlicher Unterricht (vgl. Kapitel 3.2) ist dadurch gekennzeichnet, dass verschiedene Faktoren der Planung funktional und für die Lernenden sinnvoll miteinander in Bezug gesetzt werden (vgl. Abb. 26). Empirische Studien haben ergeben, dass erfahrene Lehrkräfte diese Planungsfaktoren nicht nach einer bestimmten Reihenfolge nacheinander durchdenken. Sie haben bereits ihren eigenen Weg der Unterrichtsplanung „gefunden" und automatisiert. Für Sie könnte es trotzdem hilfreich sein, die vorgestellte Planungsreihe in ihrer Abfolge so zu erproben.

Grundsätzlich müssen alle Faktoren im Planungsprozess aller Stunden und eben auch im Fach Gesellschaftswissenschaften durchdacht und Entscheidungen getroffen werden:

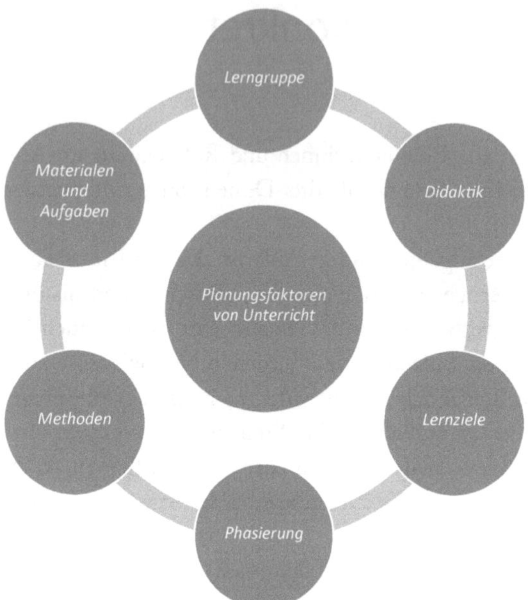

Abb. 26: Planungsfaktoren von Unterricht (eigene Darstellung)

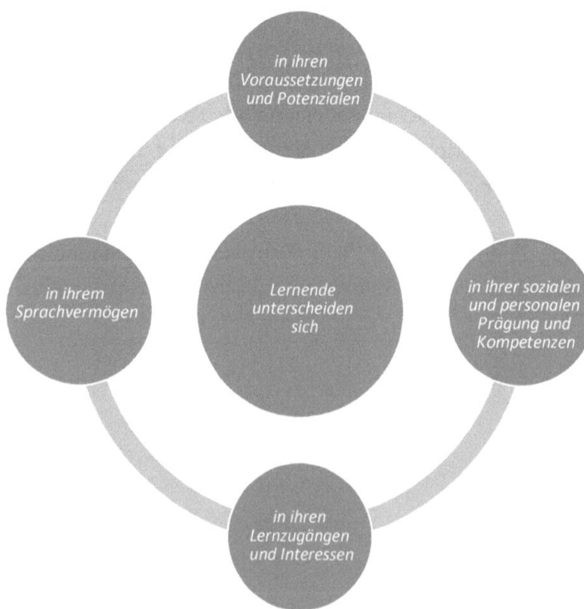

Abb. 27: Heterogenität von Lernenden (eigene Darstellung)

Lerngruppe

Nur wer weiß, **wen** er unterrichtet, wird adaptiv unterrichten können.

Eine Unterrichtsplanung für eine Einzelstunde sollte stets die Lerngruppe als ersten Faktor beachten. Je besser es Ihnen gelingt, die überfachlichen, fachlichen und sozialen Lernvoraussetzungen der Schülerinnen und Schüler Ihrer Lerngruppe möglichst differenziert und individuell zu erfassen (vgl. Abb. 27), desto passgenauer und erfolgreicher werden Sie unterrichten.

Von besonderer Bedeutung bei der Lerngruppenanalyse ist die Diagnostik der fachlichen Lernstände. Für das Fach Gesellschaftswissenschaften geht es dabei nicht nur um Wissensstände, sondern von gleicher Bedeutung sind die Fähigkeiten und Fertigkeiten der Lernenden und insbesondere die Präkonzepte und Wertvorstellungen der Schülerinnen und Schüler. Da die Urteilsbildung einen Kern des Fachs darstellt (vgl. Kapitel 3.1 und 4.6), müssen die Schüler(-voraus-)urteile, die die Lernenden mit in den Unterricht bringen, nach Möglichkeit bekannt sein, sodass diese für die Förderung der Urteilskompetenz als Ausgangspunkt genutzt werden können. Da Lerngruppen stets heterogen zusammengesetzt sind, gilt es, auch individuelle besondere Ausprägungen zu erfassen. Dies kann sich auf sonderpädagogische Förderbedarfe beziehen, aber eben auch auf Mehrsprachigkeit von Schülerinnen und Schülern oder besondere religiöse Prägungen. Für den gesellschaftswissenschaftlichen Unterricht kann auch die sozioökonomische Herkunft der Kinder eine besonders zu beachtenden Rolle spielen, wenn es z. B. um Fragen von Armut und Reichtum im Unterricht geht.

Zusammenfassend kann festgehalten werden, dass eine diagnosegestützte Lerngruppenanalyse folgende Punkte erfassen muss:

- allgemeine und individuelle Wissensstände, Erfahrungshorizonte, Präkonzepte und Lerninteressen der Schülerinnen und Schüler, auf die der Unterricht aufbaut
- Vorurteile und Wertvorstellungen
- fachmethodische Fähig- und Fertigkeiten der drei Dimensionen
- sprachliche Grundlagen
- besondere Interessen und fachspezifische Stärken
- diagnostizierte sonderpädagogische Förderbedarfe

Mithilfe der Lerngruppendiagnostik (vgl. Kapitel 10) können passende Lernwege und Lernziele gefunden, gestaltet und definiert werden.

Didaktik

Nur wer weiß, **was** er unterrichten wird und **warum** ein Lerngegenstand relevant und exemplarisch ist, wird sinnstiftend unterrichten können.

Wie aus einem Unterrichtsthema ein Lerngegenstand wird, erfolgt in der didaktischen Analyse. Grundlage einer didaktischen Analyse ist die Sachanalyse. In dieser setzen Sie sich mit dem in dieser Stunde zu unterrichtenden Stoff, dem Inhalt, „der Sache“, intensiv auseinander, um die ausreichende Sachkenntnis zu erwerben, die einerseits für die nachfolgenden pädagogisch-didaktischen Entscheidungen notwendige Voraussetzung ist und sicherstellt, dass sie fachlich korrekt im Unterricht agieren. Insbesondere im Fach Gesellschaftswissenschaften ist dieser Schritt von besonderer Relevanz, da die unterrichtenden Lehrkräfte niemals alle drei Dimensionen studiert haben werden. Dies wird Sie gerade am Anfang vor größere Herausforderungen und Anforderungen stellen. Sie werden aber durch die Sachanalyse eben auch feststellen, dass die Schnittmengen der drei Dimensionen größer sind, als Sie vielleicht dachten.

In der didaktischen Analyse wird einerseits der Bildungswert des Lerngegenstands geklärt. Diese Relevanz wird stets daran sichtbar, inwiefern der Lerngegenstand geeignet ist, die Lernenden später im Leben zu möglichst umfassenden Teilhaber*innen unserer gesellschaftlichen Wirklichkeit werden zu lassen. Außerdem muss geklärt werden, worin der Bildungswert derzeit für die Schülerinnen und Schüler liegt. Mindestens ein Teilbereich (Gegenwartsbezug oder Zukunftsbezug) muss überzeugend begründet werden können, im Idealfall gibt es natürlich eine gegenwärtige und eine zukünftige Bedeutung.

Anderseits wird die inhaltliche Struktur des Lerngegenstands geklärt. Sie müssen also bestimmen, was genau gelernt werden soll und wie die einzelnen Elemente zusammenhängen. Diese Überlegungen helfen Ihnen, potenzielle Lernhürden von Schülerinnen und Schülern zu identifizieren und Individualisierungschancen anzubahnen. In diesem Zusammenhang muss der gültige Bildungsplan mit hinzugezogen werden. Welche normativen Vorgaben gilt es hier zu beachten und umzusetzen?

Des Weiteren werden hier Entscheidungen getroffen, nach welchen didaktischen Grundprinzipien (vgl. Kapitel 4) die Lerngegenstände angeboten und aufbereitet werden. Didaktische Grundprinzipien ermöglichen die bewusste und begründete Auswahl, Strukturierung und Gestaltung von Lerngegenständen. Außerdem haben sie grundlegenden Einfluss auf die Gestaltung von Unterricht. Lassen Sie sich beispielsweise vom didaktischen Prinzip der Lebensweltorientierung leiten, werden Sie sicherlich eine Unterrichtsstunde konzipieren, in denen Schülerinnen und Schüler ihre konkreten Fragen einbringen und ihnen nachgehen können oder sie im schulischen Nahbereich lernen. Trägt aber das didaktische Prinzip der Multiperspektivität, wird in der Unterrichtsstunde sicherlich arbeitsteilig gelernt und am Ende kontrovers diskutiert, um Pluralität zu erreichen. Wahrscheinlich ist es so, dass Lehrkräfte bestimmte didaktische Prinzipien in ihrer Unterrichtsplanung präferieren. Deshalb ist eine regelhafte Reflexion der eigenen Unterrichtsplanung und -durchführung stets notwendig, sodass sich hier keine monotonen Routinen im Unterricht entwickeln, denn Ihre Lerngruppe ist heterogen und die Schülerinnen und Schüler präferieren unterschiedliche Lernwege, um erfolgreich sowie nachhaltig lernen zu können.

Lernziele

Nur wer weiß, **wohin** er möchte, wird zielführend unterrichten können.

Folgt man dem Konstruktivismus, so geht man davon aus, dass Lernen stets ein individueller Konstruktionsprozess ist. Dieser ist von außen bedingt beeinflussbar und steuerbar, trotzdem sollen im Kontext von Unterricht möglichst systematische Lernprozesse erfolgen, für die die Lehrkraft verantwortlich ist. Die entsprechenden normativen Vorgaben finden Sie sowohl in den Bildungsplänen Ihres Bundeslands als auch in den schulinternen Vorgaben.

Es ist grundsätzlich notwendig, dass Sie im Planungsprozess genau wissen, welche Lernzuwächse Sie in der konkreten Unterrichtsstunde ansteuern. Dazu ist es wiederum notwendig, die fachliche Ausgangslage der Lerngruppe genau zu diagnostizieren und beschreiben zu können. Ihre Überlegungen münden nun in einem Schwerpunktlernziel. Dieses beschreibt genau, worin der Kompetenzzuwachs bei den Schülerinnen und Schülern liegt. Um im und nach dem Unterricht einschätzen zu können, ob das Schwerpunktlernziel erreicht wurde, ist es notwendig, dass Sie für sich Indikatoren identifizieren, die Ihnen anzeigen, ob und in welcher Ausprägung die Zielerreichung erfolgte. Nutzen Sie hierfür vor allem Schülerlernprodukte.

Schwerpunktlernziele umfassen in der Regel alle drei Anforderungsbereiche (AFB). Im AFB I reproduzieren Schülerinnen und Schüler relevante Informationen. Dieses Wissen wird im AFB II reorganisiert bzw. angewendet, also vertieft. Im AFB III wird es letztendlich beurteilt und diskutiert.

Schwerpunktlernziele im Fach Gesellschaftswissenschaften beziehen sich nicht nur auf den Bereich der Kognition. Kompetenzen sind komplexer. Sie beschreiben Fähigkeiten, Fertigkeiten und Haltungen. Von daher stehen im gesellschaftswissenschaftlichen Unterricht immer auch (fach-)methodische Kompetenzen und affektive Ziele im Zentrum. Mittels methodischer Fertigkeiten versetzen wir Schülerinnen und Schüler überhaupt erst in die Lage, sich Lerngegenstände zu erschließen. Diese methodischen Kompetenzen sollten von Ihnen bewusst mitgedacht und auch in den Lernzielen ausgewiesen werden. Auch affektive Ziele sind in den Bereichen Erziehung, politische Bildung, aber auch bei den Sozialkompetenzen notwendig. Empathie entwickeln oder Konflikte aushalten können sind originäre Ziele. Das Anstreben affektiver Lernziele muss in der Unterrichtsplanung aber stets kritisch reflektierend vorgenommen werden, denn es beinhaltet die Persönlichkeitsentwicklung der Schülerinnen und Schüler. Deshalb sollten Sie affektive Ziele nur selten explizit darlegen. Weitaus häufiger werden Sie diese implizit mitverfolgen. Es ist aber unumgänglich, dass Sie sich Ihrer eigenen Werte, Gefühle und Überzeugungen bewusst werden und Klarheit darüber gewinnen, was davon in den Unterricht einfließen soll und darf (vgl. Kapitel 4.8).

Aber auch psychomotorische und ästhetische Lernziele spielen im Fach Gesellschaftswissenschaften eine nicht geringe Rolle. Wenn Sie in Ihrem Unterricht Modelle zur Veranschaulichung, Lernspiele zum Üben und Wiederholen oder Ausstellungen herstellen lassen, schwingen diese Zieldimensionen stets mit. Insbesondere Kinder mit einem Förderschwerpunkt können hier auch einen sehr bedeutenden Entwicklungsschwerpunkt haben, sodass im Fachunterricht die Ziele der Förderpläne integriert werden können.

Es gibt viele Möglichkeiten, Lernziele auszuweisen. In ihrer Ausbildung werden Sie sicherlich einige kennengelernt haben. Für welches Modell Sie sich letztendlich entscheiden, bleibt Ihnen (es sei denn, es gibt an Ihrem Ausbildungsseminar Vorgaben) freigestellt.

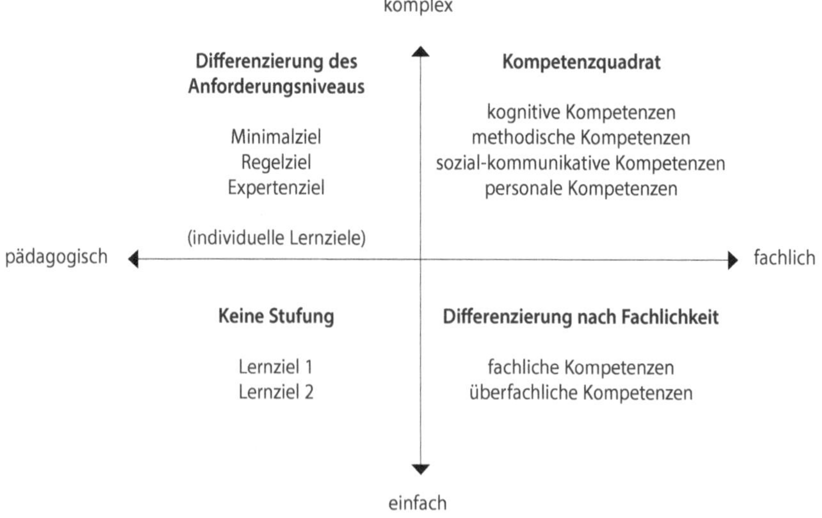

Abb. 28: Stufung von Lernzielen (eigene Darstellung)

Tipps zur Lernzielformulierung

Tipp	Beispiel
• Berufen Sie sich auf die im Bildungsplan verankerten Teilkompetenzbereiche.	Analysefähigkeit und Urteilsfähigkeit
• Legen Sie dar, woran Wissen und Können sichtbar wird.	– Asylgesetzgebung Abschnitt 6 Recht des Aufenthalts während des Asylverfahrens in Deutschland wird den Mitschülerinnen und Mitschülern erklärt – Fachbegriffe aus dem Gesetzestext werden richtig genutzt – Interessen/Ziele sowie Konsequenzen für unterschiedlich beteiligte Gruppen werden erklärt – Klasse diskutiert diesen Abschnitt der Gesetzgebung unter Berücksichtigung ausgewählter Normen und Werte
• Arbeiten Sie mit Operatoren.	• entnehmen (AFB I) • erklären (AFB II) • beurteilen (AFB III)
• An welchem Unterrichtsgegenstand wird die Kompetenz angewendet?	• Gesetzestext, Schaubild
> **formuliertes Lernziel**	Die Schülerinnen und Schüler geben die relevanten Aspekte des Gesetzes (Abschnitt 6) wieder (AFB I) und erklären ihren Mitschülerinnen und Mitschülern anhand fiktiver Personen deren Konsequenzen in der Umsetzung (AFB II) und diskutieren die Wirkungsabsicht der Gesetzgebung (AFB III).

Phasierung

Nur wer weiß, in **welcher** Reihenfolge Lernprozesse stattfinden sollen, wird systematisch unterrichten können.

Nachdem Sie Lerngegenstände und Ziele in Bezug auf die jeweilige Lerngruppe festgelegt haben, müssen Sie die intendierten Lernprozesse (vor-)strukturieren. Hierbei gilt es, zwei Aspekte besonders in den Blick zu nehmen: einerseits das je individuelle Lernen der Schülerinnen und Schüler sowie andererseits die Strukturierung des Unterrichts für die Lerngruppe.

Für die Gestaltung der Lernprozesse, im Besonderen deren Begleitung und Steuerung durch die Lehrkraft, werden Lernschritte geplant. Dazu wird der Unterricht grob in vier Phasen unterteilt: Einstieg, Erarbeitung, Ergebnissicherung/ Präsentation sowie Urteilsbildung/Transfer. Unterrichtsphasen beschreiben die äußere Struktur einer Unterrichtsstunde, einer Doppelstunde oder auch einer Unterrichtseinheit. Es geht dabei keineswegs um ein technisches Abarbeiten.

Die Planungsfaktoren (vgl. Abb. 26) müssen in ihrer Wirksamkeit so auf den Unterrichtsverlauf abgestimmt sein, dass sich ihre dialektische Wechselwirkung widerspruchsfrei und verstärkend auswirkt. Dies wird am Anfang nicht immer gelingen. Für die eigene Professionalisierung ist es ratsam, stets Schwerpunkte zu setzen, um diese in den eigenen Lernmittelpunkt zu rücken, hier Erfahrungen reflexiv zu verarbeiten und daraus Schlussfolgerungen zu ziehen. Im Laufe Ihrer Ausbildung werden Sie dann Fortschritte wahrnehmen.

Achten Sie darauf, dass die Unterrichtsphasen einerseits zeitlich angemessen in einem Zusammenhang stehen müssen und anderseits für jede Phase ausreichend Zeit vorgesehen ist. Überlegenswert ist es, eine didaktische Reserve zu planen, falls die Schülerinnen und Schüler im Lernprozess schneller voranschreiten, als Sie geplant haben. Genauso wichtig ist es aber auch, in der Planung zu überlegen, wo sinnvolle frühere Stundenausstiege liegen könnten, wenn im Unterrichtsgeschehen festzustellen ist, dass der Lernprozess langsamer verläuft.

Mithilfe der Übersicht (vgl. Abb. 29) sollen die wesentlichen Lern- und Steuerungsaktivitäten in den jeweiligen Unterrichtsphasen beschrieben werden.

Unterrichtsphasen im Fach Gesellschaftswissenschaften (Witt 2014)

Einstiegsphase

- aktivierender, wiederholender Unterrichtseinstieg (abwechslungsreich, anregend)
- Transparenz des Stundenaufbaus (Methodik, Lerngegenstände, Ziele – Lebensweltbezug) ritualisiert und visualisiert
- in den inhaltlichen Gesamtkontext und der Leitfrage der Unterrichtseinheit
- Frage der Stunde oder Problemorientierung
- Vorwissensaktivierung zur neuen Thematik

Erarbeitungsphase

- Arbeitsauftrag und Absicherung (inhaltlich, methodisch, zeitlich)
- Schülerinnen und Schüler lernen (überwiegend kooperativ, in geöffneten Lernformen, aktiv, mit differenzierten Lernmaterialien, oftmals arbeitsteilig, mit fachspezifischen Medien und Methoden)
- Schülerinnen und Schüler erstellen (nach Möglichkeit) ein Lernprodukt
- Schüler kommunizieren intensiv und zeitlich lang über den Lerngegenstand
- Lehrkraft diagnostiziert, berät strategisch-methodisch, gibt inhaltliche Instruktionen an Kleingruppen, bereitet sich auf die nächste Unterrichtsphase inhaltlich vor, indem die Schülerprodukte diagnostiziert werden

Ergebnissicherungsphase/Präsentationsphase

- Schülerinnen und Schüler stellen (ausschnittsweise, zufällig) ihre Lernprodukte vor und diskutieren diese im Plenum vergleichend, ergänzend, integrierend oder
- Lehrkraft thematisiert (einzelne) relevante inhaltliche Aspekte der Erarbeitungsphase
- sparsame, gezielte, direkte Impulse und gegebenenfalls Korrekturen, Ergänzungen, Gewichtungen
- Lehrkraft gibt (bei Bedarf) eine Rückmeldung zur Erarbeitungsphase

Urteilsbildung/Transfer

- Diskussion, Urteilsbildung und Aushandlung von Urteilen, Verallgemeinerung, Beantwortung der Leitfrage
- offene Gesprächsimpulse der Lehrkraft

Ausblick

- Hausaufgaben
- inhaltlicher Ausblick
- funktionale Reflexion (eine Dimension: sozial, methodisch, inhaltlich)

Abb. 29: Phasierung einer Doppelstunde (Witt 2014)

Methoden

Nur wer weiß, **wie** er unterrichtet, wird aktivierend unterrichten können.

Die Frage nach den Methoden steht im Referendariat oftmals im Mittelpunkt des Planungsgeschehens. Es ist aber wichtig, dieses kritisch zu reflektieren. Methoden sind stets nur „Werkzeuge". Sie müssen funktional sein, um die Ziele zu erreichen, und stehen somit eher nicht im Mittelpunkt von Lernprozessen.

Durch die methodische Analyse und deren Entscheidungen werden die Lernschritte (vgl. Phasierung dieses Kapitel) gegliedert, oftmals wird auch von der Inszenierung von Unterricht gesprochen.

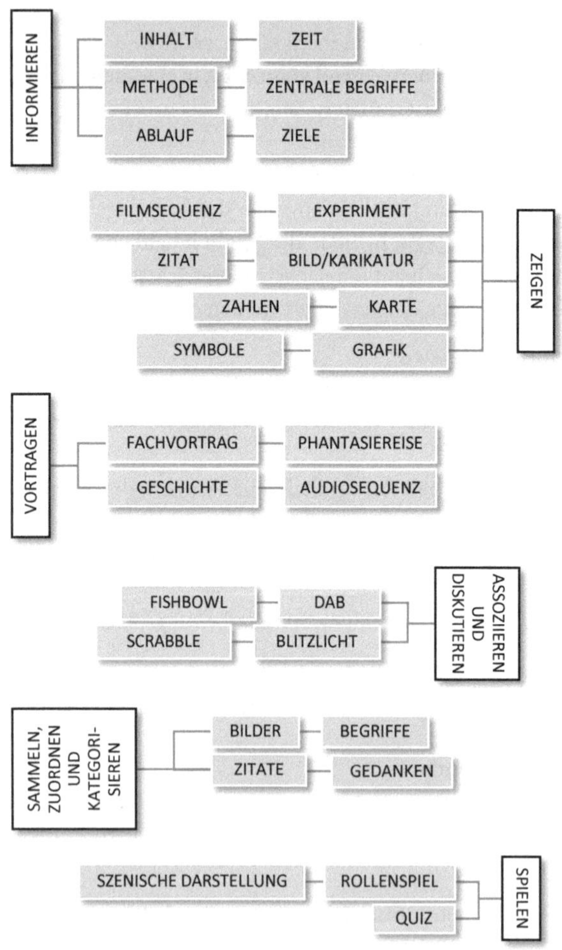

Abb. 30: Formen des Unterrichtseinstiegs

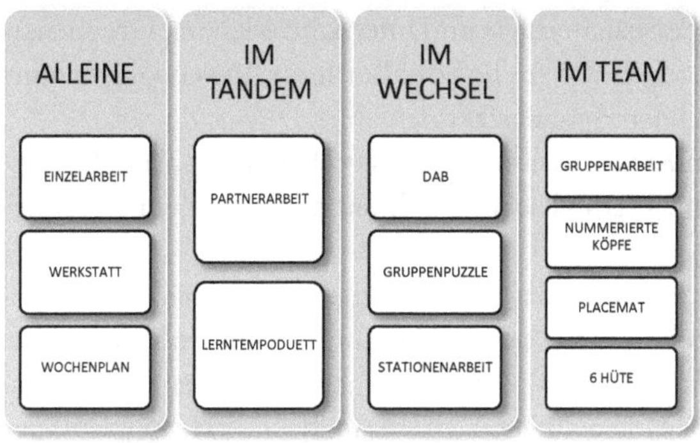

Abb. 31: Methoden der Erarbeitung

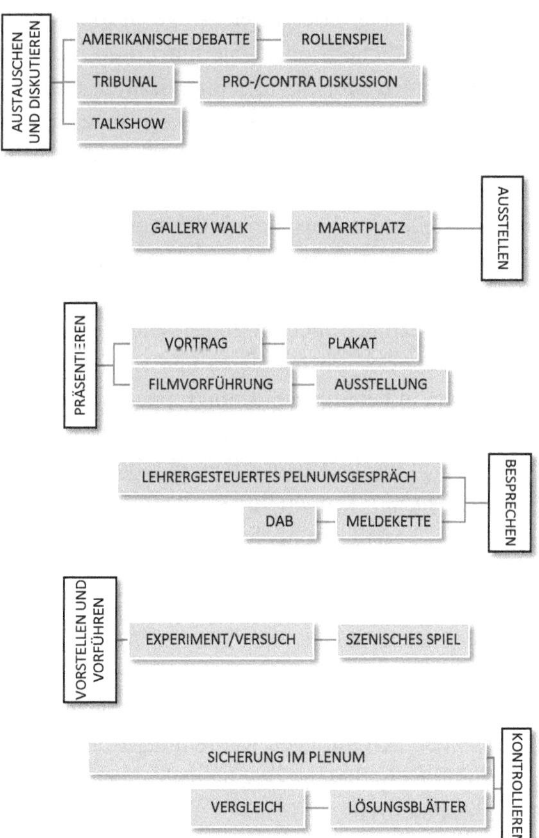

Abb. 32: Formen der Ergebnissicherung

Man unterscheidet vier Sozialformen im Unterricht: Plenum, Gruppenarbeit, Partnerarbeit und Einzelarbeit. Welche Sozialform zur Anwendung kommt, hängt vom Zusammenspiel der Planungsfaktoren ab.

Im Plenum werden im Fach Gesellschaftswissenschaften vor allem Diskussionen, Präsentationen und methodische Großmethoden, z.B. ein Planspiel, durchgeführt.

Bei Gruppenarbeiten unterscheidet man zwischen arbeitsgleichen und arbeitsteiligen Gruppenarbeiten. Ob Sie sich für die eine oder andere Variante entscheiden, hängt von der Aufgabe, den Materialien und den Zielen ab. Arbeitsgleiche Gruppenarbeiten bewirken differenziertere Analysen sowie Bewertungen und ermöglichen eine abschließende Plenumsdiskussion. So kann an einem Fallbeispiel erarbeitet werden, welche Lösungsansätze es für eine Fluchtursache gäbe und wie wahrscheinlich eine Realisierung wäre. Arbeitsteilige Gruppenarbeit ermöglicht dagegen eine größere inhaltliche Vielfalt. Sie führt dazu, dass die Präsentationsphase für alle Schülerinnen und Schüler interessanter, weil abwechslungsreicher und informativer, ist. So könnten beispielsweise verschiedene Arbeitsgruppen unterschiedliche Fallbeispiele analysieren und aus diesen Fluchtursachen herausarbeiten. Die Zusammenführung in der Präsentationsphase führt dann zu vollständigeren Vorstellungen hinsichtlich der Komplexität des Lerngegenstands. Gleichzeitig erfährt die Lerngruppe, dass eine sinnvolle Arbeitsteilung eine Möglichkeit des gemeinsamen Lernens darstellt.

Bei der Partnerarbeit lernen zwei Schülerinnen und/oder Schüler miteinander. Auch hier gibt es die Möglichkeit des arbeitsteiligen und arbeitsgleichen Lernens. Partnerarbeit wird vor allem in heterogenen Lerngruppen hinsichtlich seiner kommunikativen Ausrichtung sowie als Unterstützungssystem genutzt. Sowohl für die Gruppenarbeit als auch für die Partnerarbeit gilt: Setzen Sie die Teams sozial „harmonisch“ zusammen, also kennen und schätzen die einzelnen Teammitglieder sich sehr, wird diese Sozialform höchstwahrscheinlich gut gelingen. Für das zukünftige Agieren in der Gesellschaft, und dies stellt ein wichtiges Ziel des Fachs Gesellschaftswissenschaften dar, ist es aber notwendig, dass alle Schülerinnen und Schüler miteinander kooperieren können. Wenn sie hierfür in der Schule keine Lern- und Erfahrungsmöglichkeiten erhalten, werden sie diese notwendige Kompetenz nicht ausbilden. Auch die Urteilsbildung wird viel stärker gefördert, wenn die Lernenden sich mit allen Klassenmitgliedern auseinandersetzen müssen. Heterogenität ist in diesem Zusammenhang eine wirkliche Chance und besitzt ein großes Potenzial!

Auch die Einzelarbeit besitzt didaktisch sowie pädagogisch ihre Relevanz. Lernen als konstruktivistischer Prozess ist stets als ein individueller Konstruktionsprozess zu verstehen. Deshalb beginnen fast alle kooperativen Lernformen mit einer Einzelarbeit.

Alle vier Sozialformen haben ihre Berechtigung und sollen im Unterricht vorkommen. In besonderer Weise werden in den kooperativen Lernformen verschiedene Sozialformen strukturiert in Verbindung gesetzt und entfalten auch aus diesem Grunde ihre besondere Wirksamkeit.

Medien und Aufgaben

Nur wer weiß, **womit** er unterrichtet, wird fachspezifisch unterrichten können.

Wie bereits im fünften Kapitel aufgezeigt, gibt es auf der einen Seite sehr konkrete fachspezifische Medien, im Fach Gesellschaftswissenschaften kommen aber vielfältige weitere Medien hinzu, z.B. biografische Materialien oder Filme. Somit wird sich bei Ihnen eine erste Frage stellen, ob didaktisch aufbereitete Lernmedien genutzt werden sollen oder Sachmedien, die nicht speziell für den Unterricht (z.B. ein Originalzeitungsartikel) entwickelt wurden. Für beide Möglichkeiten gibt es Gründe, die in Ihren anvisierten Lernzielen liegen.

Um die Auswahl der Lernmedien begründet durchzuführen, helfen Checkfragen an das Medium, wie es die Autorengruppe Fachdidaktik Politik (2017, 161 ff.) vorschlägt, die hier konkretisiert für das Fach Gesellschaftswissenschaften angepasst wurden.

Gegenstand	Inhalte	Lern- und Lehrprozess	Ziele
Repräsentation Entspricht das Medium einer geläufigen Repräsentation aus der Gesellschaft bzw. aus einer Fachdimension? **Schülerorientierung** Werden die Wahrnehmungen der Schülerinnen und Schüler und ihre Interessen berücksichtigt?	**Exemplarität** Können mit dem Medium grundlegende, transferfähige Erkenntnisse und Einsichten gewonnen werden? **Leitfragenorientierung** Kann mit dem Medium die Beantwortung der Leitfrage erfolgen? **Sachorientierung** Sind die Inhalte im Medium fachlich korrekt und fokussiert repräsentiert?	**Plurale Lernwege** Gibt es mehrere Lernwege, sich mit dem Medium aktiv auseinanderzusetzen? **Handlungsorientierung** Gibt es Möglichkeiten sich aktiv-handelnd mit dem Medium auseinanderzusetzen? **Differenzierung** Gibt es Möglichkeiten, den Zugang, das Verstehen und das Interpretieren mit Maßnahmen oder Mitteln zu unterstützen?	**Urteilskompetenz** Ist das Medium Grundlage, um ein differenzierteres Urteil zu fällen? **Methodische Fähigkeiten** Ist das Medium repräsentativ für fachlich korrektes Lernen? **Partizipation** Ist das Medium geeignet, sodass Schülerinnen und Schüler Kompetenzen im Lernprozess entwickeln, die sie für ihr späteres Leben befähigen?

Tab. 20: Checkfragen zur Auswahl und Legitimierung von Lernmedien

Im siebten Kapitel werden Aufgaben als Initiierungs- und Steuerungsinstrumente ausführlich beschrieben und es wird festgestellt, dass Aufgaben einen Kern von Unterricht darstellen (Blömeke et al. 2006). Im Kontext der Unterrichtsplanung geht es bei der Konzipierung der Aufgaben darum, die anderen Planungsfaktoren (vgl. Abb. 26) in Beziehung zu setzen. Muss es eine Aufgabe für alle Schülerinnen und Schüler geben? Wie kann diese Aufgabe Lernprozesse strukturieren und für unterschiedliche Lerner*innen zugänglich gemacht werden? Ermöglichen die Lernmaterialien die Lösung der Aufgabe? Entscheidend ist jedoch die Frage, ob Lernziele und Aufgaben sich aufeinander beziehen. Im Fach Gesellschaftswissenschaften ist stets anzustreben, dass Aufgaben Pluralität erzeugen (vgl. Kapitel 4.4) und Urteilsbildungen anstreben (vgl. Kapitel 3.1 und 4.6).

Mittelfristige Unterrichtsplanung

In einigen Bundesländern wird das Anfertigen eines Stoffverteilungsplans explizit verlangt. Auch wenn Ihre Schulleitung dies nicht einfordert, ist es ratsam, einen solchen Stoffverteilungsplan zu erstellen. Eine mittel- bzw. langfristige Planung entlastet und fokussiert gleichermaßen. Legen Sie gleich zu Schuljahresbeginn (am besten schon vorher) eine kalendarische Übersicht darüber an, welche Lernvorhaben Sie im Laufe des Schuljahrs initiieren wollen. Holen Sie, falls Sie eine neue Lerngruppe übernehmen, rechtzeitig Informationen über den Kompetenzstand der Schülerinnen und Schüler ein bzw. bereiten Sie diagnostische Verfahren vor, mit denen Sie Kompetenzen gleich zu Schuljahresbeginn ermitteln. Ebenso ratsam ist es, Klassenarbeitstermine langfristig zu planen und möglichst frühzeitig einzutragen. Kolleginnen und Kollegen, die das zu spät tun, haben häufig das Nachsehen, sollten sich die Termine vor den Ferien einmal wieder häufen.

Da das Fach Gesellschaftswissenschaften immer auch ein auf aktuelle Geschehnisse bezogenes Unterrichtsfach ist, sollten Sie Ereignisse, die im Laufe des Schuljahrs planmäßig auf Sie zukommen (z. B. Wahlen, Jahrestage, Feierlichkeiten, politische Sonderereignisse, Geburts- oder Todestage historischer Persönlichkeiten) in Ihrer Planung berücksichtigen. Denn es ist natürlich sinnvoll, ein Unterrichtsvorhaben zum Thema „demokratische Teilhabe“ in den Zeitraum zu legen, in dem Wahlen anstehen. Einen Überblick über Jahrestage und Festivitäten bietet beispielsweise die Bundeszentrale für politische Bildung. Bei der Durchsicht solcher Kalendarien ergeben sich häufig ganz neue kreative und lebensweltlich orientierte Unterrichtsideen, die sich mit dem Schulcurriculum verbinden lassen. Auch Jahreszeiten gilt es gegebenenfalls bei der Planung zu berücksichtigen, z. B. wenn Sie außerschulische Lernorte besuchen wollen.

Unterrichtsvorhaben müssen zeitlich begrenzt werden. Das fällt auch Routiniers schwer. Wenn Sie in Klasse 9 nicht noch Themen aus dem Jahrgang 7 behandeln wollen, hilft alles nichts: nicht jedes Unterthema, so interessant es auch sein mag, wird Eingang in Ihre Planung finden. Ihr Stoffverteilungsplan sollte realistisch und nicht überambitioniert sein. Sie werden sehen, es wird trotzdem immer etwas dazwischenkommen. Planen Sie bedeutende Unterrichtsvorhaben möglichst früh im Schuljahr ein, gerade zum Schuljahresende häufen sich schulische Veranstaltungen. Achten Sie auf Ferien und Feiertage, berücksichtigen Sie Projekt- oder Praktikumswochen sowie Abschlussprüfungen, erfragen Sie Klassenreisen und die obligatorischen Termine, z. B. Bundesjugendspiele.

Die Feinplanung: Nicht auszuschließen ist es, dass Sie mit veralteten, am Lernstoff ausgerichteten schulinternen Curricula à la „Nürnberger Trichter" konfrontiert sein werden. Auch die Materialbestände mancher Fachschaften lassen zu wünschen übrig. Die goldene Regel: Wer rechtzeitig nach Alternativen Ausschau hält, startet entspannter ins Schuljahr. Nehmen Sie sich außerdem die Freiheit, den Lernstoff neu zu organisieren. Sie haben diese Freiheit! Strukturieren Sie die Fachthemen mittels bedeutsamer Leitfragen. Puzzeln Sie neu: Wo gibt es Überschneidungen? Was passt zusammen? An welchen Stellen lässt sich integrativ planen? Welchen Schlüsselproblemen lassen sich die Themen zuzuordnen? Lagern Sie überhaupt alle „Themen" aus, die sich nicht an Schlüsselprobleme anlegen lassen (vgl. Kapitel 1.3). Sie werden sehen, das wird gar nicht so viel sein. Doch die Herangehensweise an Lerngegenstände verändert sich, wenn Sie Ihre „Stoffverteilung" konsequent an Schlüsselproblemen ausrichten, und die Schülerinnen und Schüler werden es Ihnen danken. Expandieren Sie Themenbereiche, bei denen Sie Potenzial für breit aufgestellte Lernprozesse sehen. Und legen Sie diese Lernprozesse im Schuljahr so, dass Sie möglichst viel unterbrechungsfreie Unterrichtszeit haben.

Pamela Kohse/Christian Sieber/Dirk Witt

12. Schriftlicher Entwurf

Grundsätzlich wird es in den verschiedenen Bundesländern und in den unterschiedlichen Ausbildungsseminaren ungleiche Anforderungen an eine schriftliche Unterrichtsplanung geben. Dies betrifft sowohl die Länge der Ausarbeitung als auch die Abfolge der zu beschreibenden Kriterien. Dennoch kann man einige allgemeingültige Aussagen zu den Anforderungen der Überlegungen vor einer Hospitation treffen. Das Ziel des schriftlichen Entwurfs ist es, dass die Leserin und der Leser einen umfassenden Einblick in Ihre Planungsentscheidungen erhalten. Dabei ist ausschlaggebend, dass die verschiedenen Elemente und Ebenen, die für die Planung von Unterricht maßgeblich sind (Lerngegenstand, Lerngruppe, Lernziele, Steuerung, Aufgaben, Material und Methoden) angemessen berücksichtigt und in Beziehung zueinander gesetzt werden, damit gelingendes Lernen für alle Schülerinnen und Schüler ermöglicht wird.

Die Anordnung der einzelnen Bestandteile variiert von Bundesland zu Bundesland, von Ausbildungsseminar zu Ausbildungsseminar deutlich. Die im Folgenden benutzte Reihung soll also nicht bedeuten, dass Sie das genauso übernehmen sollen. Richten Sie sich bei der Gliederung Ihres Entwurfs nach den Vorgaben Ihrer Ausbilderinnen und Ausbilder.

Beschreibung der Lerngruppe

Die Lerngruppe ist der Ausgangspunkt aller Überlegungen und sollte daher auch zu Beginn in den Blick genommen werden. Hier werden Eigenarten der Lerngruppe im Allgemeinen, besondere Schülerinnen und Schüler im Einzelnen und die Lernausgangslage in Bezug auf den Lerngegenstand beschrieben: Welche kollektiven und individuellen Stärken und Schwächen sowie Kompetenzausprägungen der Schülerinnen und Schüler konnten – immer bezogen auf den Lerngegenstand der heutigen Stunde – diagnostiziert werden? Benennen Sie zu erwartende Schwierigkeiten. Welche Faktoren, das Arbeits- bzw. Klassenklima und die Interessenlage der Schülerinnen und Schüler betreffend, können das Lernen in dieser Stunde beeinflussen? Achten Sie darauf, dass wichtige Vorkenntnisse und Ausgangslagen benannt werden, die in der vorliegenden Stunde relevant sind. Verwenden Sie keine allgemeingültigen Beschreibungen, die auf jede beliebige Stunde übertragbar sind.

Institutionelle und organisatorische Rahmenbedingungen können erwähnt werden, sofern dies für die Stunde von Relevanz ist.

Stellen Sie von der Beschreibung der Lernbedingungen ausgehend Querverweise zu den Kompetenzen, der Didaktik und der Methodik her, um nachzuweisen, dass Sie Ihre Lerngruppe im Blick haben.

Checkfragen

- Welche Besonderheiten bzw. Kennzeichen meiner Lerngruppe bzw. einzelner Schülerinnen und Schüler sind für die Planung meiner Stunde relevant?
- Welche bereits vorhandenen und weiterzuentwickelnden Fähigkeiten meiner Lerngruppe bzw. einzelner Schülerinnen und Schüler sind für die Planung meiner Stunde relevant?
- Auf welchen fachlichen Lernvoraussetzungen Einzelner und der Lerngruppe kann aufgebaut werden?
- Auf welchen sozialen Lernvoraussetzungen Einzelner und der Lerngruppe kann aufgebaut werden? Welche gilt es aktuell zu schulen?
- Auf welchen (fach-)methodischen Lernvoraussetzungen und Lernkompetenzen Einzelner und der Lerngruppe kann aufgebaut werden? Welche Orientierungen müssen gegeben werden?
- Auf welchen sprachlichen Lernvoraussetzungen Einzelner und der Lerngruppe kann aufgebaut werden? Welche sprachlichen Unterstützungen sind sinnvoll?
- Welche Unterschiede zwischen Lernenden gilt es, in der Planung zu berücksichtigen?
- Welche Potenziale/Lernbarrieren bezogen auf den Lerngegenstand liegen vor?

Zielsetzung

Ausgehend von der Beschreibung der Lernbedingungen stehen grundsätzlich die angestrebten Kompetenzen und gegebenenfalls auch die Lerngegenstände im Mittelpunkt der Planung. Zeigen Sie auf, welche Zielsetzung Sie mit der Stunde verfolgen, nennen Sie die zentralen Kompetenzbereiche laut Bildungsplan (inhalts- und prozessbezogen) sowie die erwarteten zentralen Kompetenzen laut Bildungsplan. Danach folgt die Formulierung des Unterrichtsziels sowie der Teilziele, wenn diese im Ausbildungsseminar gefordert werden.

Achten Sie auch darauf, dass Sie bei der Zielsetzung den integrativen Ansatz des Fachs Gesellschaftswissenschaften berücksichtigen müssen.

Checkfragen

- Entsprechen die angestrebten Kompetenzen den Anforderungen des Bildungsplans?
- Werden Kompetenzanforderungen aus allen Teilkompetenzbereichen angesteuert?
- Sind die Lernziele der Stunde operationalisierbar?
- Was genau sollen meine Schülerinnen und Schüler am Ende der Stunde verstanden haben/besser können?
- Welche Anhaltspunkte/Indikatoren gibt es für den Kompetenzzuwachs meiner Lerngruppe bzw. einzelner Schülerinnen und Schüler?

Sachorientierung/Sachanalyse/Gegenstandsanalyse

Ist das Ziel der Stunde klar, kann eine zielgenaue „Sachorientierung" („Sachanalyse", „Sachstruktur des Lerngegenstands") erfolgen: Für welchen Lerngegenstand haben Sie sich entschieden, um die von Ihnen genannte Kompetenz in der beschriebenen Lerngruppe anzubahnen/zu fördern? Beschreiben Sie den Lerngegenstand der Stunde (fach-)wissenschaftlich, d.h. ohne bereits Eingrenzungen für die Lernenden vorzunehmen. Auf welche Dimensionen greifen Sie bei der fachlichen Aufarbeitung Ihres Lerngegenstands zurück? Wo gibt es zwischen den verschiedenen Dimensionen Verbindungsmöglichkeiten?

Benennen Sie, was ein*e Expert*in – Sie – zu dem Thema wissen muss, um es zu durchdringen und lehren zu können. Die Sachorientierung soll zeigen, dass Sie über die hier relevante fachliche Kompetenz verfügen. Stellen Sie Bezüge zu (fach-)wissenschaftlicher Literatur dar. Welche Struktur hat der Lerngegenstand, gibt es verschiedene Auffassungen zum Sachverhalt?

Vermeiden Sie dabei zusammengefügte Texte mit zu vielen Zitaten aus Lehrbüchern, Fachbüchern oder dem Internet. Vermeiden Sie ebenso, dass Sie sich in diesem Kapitel ausschließlich auf Schulbuchdarstellungen beziehen.

Checkfragen:

- Welchen Inhalt muss ich vermitteln, um das Ziel der Stunde zu erreichen/die erwünschte Kompetenzanbahnung zu initiieren?
- Gibt es Inhalte aus verschiedenen Dimensionen?
- Habe ich mich auf die Kernpunkte der Stunde beschränkt, ohne oberflächlich zu sein?
- Sind fachwissenschaftliche Schriften verwendet worden, um den Unterrichtsgegenstand zu analysieren?

Didaktische Überlegungen

Hier legen Sie dar, was Sie in dieser Stunde inhaltlich vermitteln möchten und warum Sie sich für diesen Lerngegenstand entschieden haben. Wo liegt der didaktische Schwerpunkt der Stunde, warum und wie wird dieser als Stundenfrage formuliert? Welches (fach-)didaktische Prinzip bildet sich in der Stunde ab? Benennen Sie realistische und sinnvolle Alternativen, wägen Sie nachvollziehbar ab und entscheiden Sie sich begründet. Warum wird das Thema auf diesem Abstraktionsniveau, in dieser Form behandelt? Warum wird in dieser Form differenziert (quantitativ, qualitativ, vom Lernenden aus)? Warum wird diese Aufgabenstellung in dieser Stunde gewählt? Liefern Sie eine Begründung! Beziehen Sie fachdidaktische und rechtliche Grundlagen mit ein. Erläutern Sie von Ihnen vorgenommene didaktische Reduktionen, exemplarische Bedeutung, Anwendungsorientierung, Gegenwarts- und Zukunftsbedeutung und schulische Bedeutung. Didaktische Möglichkeiten und Alternativen sollen mit ihren Vor- und Nachteilen benannt werden.

Geben Sie außerdem Indikatoren an, an denen konkret beobachtbar wird, dass die benannten Kompetenzen angebahnt werden. Deren bloße Übernahme aus dem Bildungsplan reicht nicht aus, wenn nicht erkennbar ist, wie die Umsetzung in Ihrem Unterricht stattfinden soll. Ebenso ist zu bedenken, dass ein Kompetenzerwerb ein bewusst initiierter Vorgang ist (z.B. fördert das bloße Durchführen einer Diskussion noch keine Fähigkeit zum differenzierten Argumentieren). Die von Ihnen ausgewählten und angestrebten Kompetenzen können fachspezifischer Natur (z.B. Interpretationen von Statistiken) oder überfachlich/methodisch (z.B. bestimmte Präsentationsmethoden) sein. In einigen Bundesländern sollen auch allgemeine und soziale Kompetenzen (z.B. aktives Zuhören) oder personale Kompetenzen (z.B. Fähigkeit zur Selbststeuerung) ausgewiesen werden. Achten Sie in jedem Fall darauf, dass ein Bezug zum Fach Gesellschaftswissenschaften klar erkennbar ist. Verweisen Sie auf das Stundenziel und stellen Sie Querverweise her.

Checkfragen

- Wird der Lerngegenstand mithilfe verschiedener Dimensionen dargeboten?
- Wird der Lerngegenstand mithilfe einer Leitfrage legitimiert, bearbeitet und beantwortet?
- Welche Merkmale des Lerngegenstands sind für diese Stunde relevant? Wie hängen sie gegebenenfalls zusammen: Wie ist der Lerngegenstand strukturiert?
- Wie ist der Lerngegenstand in das Gesamtkonzept/die Lernsequenz eingebettet?

- Warum wähle ich diesen Lerngegenstand zu diesem Zeitpunkt aus?
- Welche Relevanz, welchen Bildungswert hat der Gegenstand?
- Was kann jemand besser, der sich damit beschäftigt?
- Was hat der Lerngegenstand mit meinen Schülerinnen und Schülern zu tun?
- Welche Lernhürden sind zu erwarten und welche Konsequenzen ziehe ich daraus für die Auswahl bzw. Strukturierung des Lerngegenstands/der Lernsituation?
- Was genau gilt es zu lernen (zu verstehen, aufzufassen, zu durchdringen, zu können, zu beurteilen)?
- Welche Problemstellung, die dem Denken und Handeln eine Richtung gibt, lösen die Schülerinnen und Schüler, welche Leitfrage beantworten sie?
- Welche inhaltlichen Aspekte wähle ich in Bezug auf die Problemstellung aus, welche lasse ich weg?
- Auf welcher Darstellungsebene wird der Lerngegenstand in den Köpfen der Lernenden repräsentiert und ihnen zugänglich gemacht (z.B. enaktiv – ikonisch – symbolisch – operational)?

Methoden und Medien

Wie vermitteln Sie diesen Lerngegenstand? Hier sollte nicht der Stundenverlauf chronologisch beschrieben werden. Vielmehr sollen Ihre (grundsätzlichen) methodischen Überlegungen bei der Planung deutlich werden. Womit können Sie den Lerngegenstand interessant, zugänglich, begreiflich, anschaulich machen? Welche Überlegungen haben Sie angestellt, um die Schülerinnen und Schüler am besten zu aktivieren und zur Selbstständigkeit und Selbsttätigkeit zu führen? Beschreiben Sie Ihre Materialien- und Medienauswahl und analysieren Sie die vorgesehenen Aufgaben (vgl. Kapitel 7). Warum wählen Sie diese Sozialform/Arbeitsform/Organisationsform? Denken Sie daran, zeitliche Flexibilität zu ermöglichen (Minimal-, Maximalplan, Zeitpuffer) und legen Sie Ihre Überlegungen zu Funktion, Gestaltung und Sinn der Hausaufgabe offen.

Medien, die dem Anhang des Entwurfs beigefügt sind, müssen mit einem Quellennachweis versehen werden. Beim Quellennachweis ist anzugeben, ob das Medium selbst erstellt wurde (Vermerk: „selbst erstellt") bzw. aus welcher Publikation das Medium entnommen wurde. Zitate müssen von der Form her die üblichen wissenschaftlichen Kriterien erfüllen. Materialien aus dem Internet müssen mit den üblichen Hinweisen auf Fundstelle und Zugriffsdatum versehen werden. Beachten Sie dabei die datenschutzrechtlichen Bestimmungen der EU-DSGVO und die Vorgaben des Urheberrechts.

Checkfragen

- Wie kann ich das Vorwissen der Schülerinnen und Schüler aktivieren und daran anknüpfen?
- Welche Arbeits- und Sozialformen und differenzierten Zugänge setze ich ein, damit alle Schülerinnen und Schüler sich mit den Aufgaben und Materialien auseinandersetzen können?
- Welche Darstellungsarten und welche sprachliche Art der Erarbeitung scheinen sinnvoll?
- Wie kann ich gezielt die Potenziale der Schülerinnen und Schüler nutzen und für die Überwindung von Lernhürden sorgen?
- Welche individuellen Hilfen (strukturell, materiell, personell) stelle ich bereit?

Darlegung der Unterrichtsreihe

Die Einordnung der Stunde in die integrative Unterrichtseinheit unter Angabe von Phasenschwerpunkten wird meist in tabellarischer Form beschrieben. In der Tabelle werden Stundenanzahl/Lernsequenz, Stundenthemen, Hauptkompetenz und das jeweilige Stundenziel aufgelistet.

Die Stunde des Unterrichtsbesuchs wird optisch hervorgehoben.

Die Verlaufsplanung

Sie dient der schnellen Übersicht während der Stunde. Das Unterrichtsgeschehen wird in einer Tabelle in ganzen Sätzen, aber knapp dargestellt. Die Verlaufsplanung darf keine neuen Aspekte enthalten, sondern soll nur eine Zusammenfassung der Vorüberlegungen darstellen. Das Raster für die Verlaufsplanung wird meist in den Ausbildungsseminaren vorgegeben. Die Tabelle kann einen Minimal-, einen Maximalplan (Alternativen) und einen „Zeitpuffer" enthalten, um so bei Zeit- und Verständnisproblemen situationsadäquat reagieren zu können. Wichtige Impulse/Arbeitsaufträge an Gelenkstellen oder bei gebundenen Unterrichtsgesprächen sollten ebenfalls vorgeplant/formuliert/notiert werden.

Anhang

In den Anhang gehören alle für die Stunde verwendeten Arbeitsmaterialien, Medien, das geplante Tafelbild und evtl. die Lösung der Arbeitsblätter.
Möglich ist hier auch ein Lernstandsraster, auf das in der Lerngruppenanalyse verwiesen werden kann, sowie der Sitzplan, damit die individuellen Personenbeschreibungen an den jeweiligen Schülerinnen und Schülern überprüft werden können.

Christian Sieber/Ursula Tilsner/Dirk Witt

13. Hospitationen und Lehrprobe

Durch Sprechen über das Geschehen lernt man am meisten. Das gilt für den Unterricht mit Schülerinnen und Schülern genauso wie für Lehrkräfte in Ausbildung für ihren Unterricht. Es ist daher außerordentlich ratsam, so viel Unterricht wie möglich einer möglichst großen Personengruppe zu zeigen und über den eigenen Unterricht zu sprechen. Besonders effektiv sind Hospitationen außerhalb bewerteter Situationen durch und bei Mitreferendar*innen oder Mentor*innen.

Je nach Bundesland werden sich Anzahl und Setzung von Unterrichtsbesuchen und Prüfungsstunde unterscheiden.

Zu den größten Herausforderungen im Referendariat gehören die Unterrichtsbesuche durch die Ausbilderinnen und Ausbilder und die Prüfungsstunde am Ende der Ausbildung. Hat man wahrscheinlich die gesamte Ausbildungszeit das Gefühl der Dauerbeobachtung und der permanenten Bewertung, so sind diese die „Spitze des Eisbergs", denn es gilt, sie einerseits erfolgreich zu bewältigen, anderseits sie sinnvoll in die eigene Professionalisierung und Ausbildung zu integrieren und zu nutzen.

Weit verbreitet sind zwei Gerüchte:

> „Man muss in der Stunde auf jeden Fall zeigen, was die Seminarleitung sehen will."

Wenn Sie dieser Behauptung folgen würden, haben Sie spätestens in der Lehrprobe, in der es eine Prüfungskommission mit mehreren Mitgliedern gibt, ein großes und völlig unnötiges Problem. Unterrichten bedeutet stets, Entscheidungen begründet zu fällen und genauso zu unterrichten und nicht anders. Jede Entscheidung impliziert eine Alternative! Bleiben Sie sich und Ihren didaktisch-methodischen Entscheidungen treu. Seien Sie authentisch, selbstbewusst und vertreten Sie Ihre Überlegungen und Entscheidungen. Niemand anderes kennt die Lerngruppe besser als Sie.

> „Die Hospistunde ist eine absolute Showstunde und hat mit der Wirklichkeit wenig zu tun."

Ja, Unterrichtsbesuchsstunden unterscheiden sich von anderen Unterrichtsstunden. Sie sind aufgefordert, dezidiert Ihre Planungsentscheidungen offenzulegen, diese zu begründen, Ihre Handlungen und Entscheidungen im Unterricht zu reflektieren und Schlussfolgerungen zu ziehen. All diese Punkte erfüllen Sie zu jeder Unterrichtsstunde, in Unterrichtsbesuchen aber spricht jemand mit Ihnen darüber. Darin liegt im Grunde genommen der einzige Unterschied. Gleichzeitig dienen diese in der Ausbildung auch immer der Bestimmung des Ausbildungsstands und der Planung der weiteren Professionalisierung. Deshalb werden Sie stets versuchen, alles zu zeigen, was Sie bisher gelernt haben.

Vermeiden Sie dennoch, unrealistischen Unterricht durch zu viel Material, Farbkopien oder überdimensionierte Differenzierungsmaterialien zu planen. Der Unterrichtsbesuch sollte so gut wie irgend möglich am Unterrichtsalltag anknüpfen.

Da Sie im Referendariat bewertet werden und diese Noten entscheidend für die spätere Einstellung sind, müssen diese Herausforderungen bestmöglich gemeistert werden. Die folgenden Ratschläge sollen Ihnen dabei Unterstützung geben.

Ca. 2 Wochen vor dem Unterrichtsbesuch

Planen Sie mittelfristig!
Sie unterrichten im Fach Gesellschaftswissenschaften alle drei Dimensionen integrativ. In Unterrichtsbesuchen müssen Sie aber (wahrscheinlich) Ihre studierte Fachwissenschaft unterrichten. In diesen Fällen ist es notwendig, dass Sie die integrative Unterrichtseinheit so planen, dass zum Termin die geforderte Dimension „dran" ist. Nichts verhindert den Erfolg der Stunde so sehr, wenn Sie ganz kurzfristig in der Unterrichtseinheit „umschwenken" müssen und die Schülerinnen und Schüler diese Entscheidung nicht nachvollziehen können. Sie werden dann in der Unterrichtsbesuchsstunde Fragen stellen, wieso man nicht „normal" weiterlernt.

Beginnen Sie rechtzeitig!
Je früher Sie Ihre Termine verabreden können, desto besser. Schaffen Sie sich zwei Wochen vor dem Unterrichtsbesuch zeitliche Freiräume, sodass Sie ohne anstehende Termine in Ruhe und Muße über die Stunde nachdenken können. Bedenken Sie nicht nur diese Stunde, sondern auch die Stunden davor, sodass das gesamte Lernsetting stimmig ist. Beachten Sie, dass das Schreiben des schriftlichen Entwurfs in der Regel viel Zeit kostet.

Versuchen Sie, auch in dieser Zeit der Ausbildung persönliche Freiräume einzuplanen und zu berücksichtigen. Der Vorbereitungsdienst ist eine anstrengende Phase, deswegen ist es wichtig, dass Sie auf sich achten und sich selbst die Möglichkeit einräumen, abzuschalten, Hobbys zu pflegen und auch mal einen

„schulfreien“ Tag zu realisieren. Oftmals gewinnt man gerade an solchen Tagen den nötigen Abstand, um wieder mit mehr Klarheit und Überblick an die Planung der Besuchsstunden zu gehen.

Klären Sie die Klassen- und Raumsituation!
Spätestens eine Woche vor dem Unterrichtsbesuch müssen Sie sicherstellen, dass der Unterrichtsraum sowie ein Raum für die Nachbesprechung vorhanden und frei sind. Informieren Sie alle beteiligten Personen (Mentor*innen, Ausbildungsbeauftragte, Schulleitungen und gegebenenfalls die Kolleginnen und Kollegen, die die Klasse in der Stunde davor unterrichten) über die anstehende Hospitation.

Finden Sie Ihren eigenen Weg, wie Sie ihren Unterricht planen!
Niemand kennt Ihre Lerngruppe besser als Sie. Niemand weiß genauer als Sie, welche Schwerpunkte Sie bisher unterrichtet haben. Niemand kennt Ihre Stärken so gut wie Sie selbst. Jede Lehrerin und jeder Lehrer wird niemals die gleiche Stunde geben, denn unterschiedliche Zielsetzungen leiten uns und beeinflussen die Entscheidungen. Holen Sie sich zu früh Beratung bei Kolleginnen und Kollegen, könnte es Sie eher in der Planung behindern als befördern. Planen Sie die Stunde grob durch und stellen Sie diese dann jemand anderem vor. Nehmen Sie die Anmerkungen und Anregungen als bedenkenswert auf (es könnten ja auch Fragen oder Impulse der Seminarleitungen sein, wenn sie die Stunde sehen), stellen Sie aber nicht sofort um oder versuchen gar, alle Ratschläge und Tipps in die Stunde zu integrieren.

Erstellen Sie nicht nur die Arbeitsblätter, sondern auch das Tafelbild!
Oftmals vergisst man im Planungsstress das Tafelbild/die Smartboard-Vorlagen genauer zu durchdenken. Ist dieses komplex und besteht aus mehreren „Bestandteilen“, z.B. Vermutungen, Schaubild, Wissenssicherung, probieren Sie vorher aus, wie viel Platz Sie wofür haben und wie es sinnvoll strukturiert ist.

Bedenken Sie bei Ihrer Planung alle grundlegenden Unterrichtsphasen!
Hilfreich ist es außerdem, mögliche Schülerantworten zu überlegen. Was werden die Schülerinnen und Schüler vermutlich auf diese oder jene Frage antworten? Wie muss ich reagieren, falls die von mir erwartete Antwort, der erwartete Impuls ausbleibt?

Kurz vor dem Unterrichtsbesuch

Erstellen Sie sich eine Checkliste!
Zwei Tage vor dem Unterrichtsbesuch ist es ratsam, sich eine Checkliste für den Hospitationstag anzulegen. Sie werden sehr aufgeregt sein und es wird viele Ablenkungen im Lehrerzimmer vor der Stunde geben. Stets werden Sie überlegen: „Habe ich an alles gedacht?" Entlasten Sie sich mit der Checkliste und arbeiten Sie diese konsequent und entspannt ab.

Verschicken Sie die Unterlagen rechtzeitig!
In jedem Bundesland/Ausbildungsseminar wird es unterschiedliche Vorgaben geben, wann und ob der schriftliche Unterrichtsentwurf verschickt sein muss. Erfüllen Sie diese Vorgabe auf jeden Fall gewissenhaft und rechtzeitig. Planen Sie auch ein, dass es Probleme beim Verschicken von sehr großen Dateien geben kann. Es ist daher ratsam, den gesamten Entwurf als PDF zu versenden.

Drucken Sie alle notwendigen Materialien rechtzeitig aus!
Planen Sie Ihre Stunde so, dass Sie bereits am Vortag alles in Ruhe kopieren, sortieren und aufbauen können. So vermeiden Sie am Besuchstag Stress, wenn es mal wieder sehr voll am Kopierer ist bzw. gerade dann der Toner ersetzt werden muss, aber der Hausmeister nicht auffindbar ist.

Planen Sie Ihre Reflexion!
Überlegen Sie bereits im Vorfeld, welche Aspekte Sie in der Reflexion ansprechen möchten. Geben Sie Ihrer Reflexion eine Struktur und visualisieren sie diese für sich mit Platz für spätere Notizen.

Am Unterrichtsbesuchstag

Überprüfen Sie am Hospitationstag im Vorfeld die Räume!

Gehen Sie rechtzeitig vor dem Unterrichtsbesuch nochmals in die Klasse und überprüfen, ob diese in dem Zustand (Sitzordnung, Sauberkeit, Funktionsprüfung technische Geräte und Internetfähigkeit usw.) ist, wie Sie sie benötigen. Sie können nun auch in Ruhe alle notwendigen Materialien auslegen.

Blenden Sie die Zuschauenden aus und konzentrieren Sie sich auf Ihre Schülerinnen und Schüler!

Versuchen Sie nicht, jede Mimik und Gestik der Hospitierenden zu interpretieren. Viele Erwachsene schauen grimmig, wenn sie sich konzentrieren. Werden Sie nicht nervös, wenn die Ausbilderin oder der Ausbilder zu den Schülerinnen und Schüler geht oder mit jemanden spricht. Es lohnt nicht darüber nachzudenken, bringt Sie aus dem Konzept und stiehlt Ihre Aufmerksamkeit, die Sie für den Unterrichtsverlauf, die Lernprozesse und die Schülerinnen und Schüler benötigen!

Machen Sie sich im Unterricht Notizen!

Notieren Sie sich im Unterricht Schüleräußerungen, Beobachtungen, Gedanken und Gefühle. Diese sind für die spätere Reflexion und das Auswertungsgespräch eine wertvolle Ressource.

Nach der gehaltenen Unterrichtsstunde

Sammeln Sie Schülerlernergebnisse ein!

Lassen Sie sich am Ende der Stunde Schülerlernergebnisse geben. Mit diesen können Sie in der Reflexion einerseits die Zielerreichung „beweisen" und anderseits fachlich diagnostizieren, welche Lernprozesse abgelaufen sind, wie die Lernstände derzeit sind und wie mit diesen weiterzuarbeiten ist.

Nehmen Sie sich für die Reflexion Zeit und Ruhe!

Für das Gelingen einer Reflexion brauchen Sie Ruhe und Zeit. Fragen Sie nach, ob Sie in einem anderen Raum für eine bestimmte Zeit allein nachdenken dürfen. Nutzen Sie Ihre vorbereitete Reflexionsstruktur, Ihre Notizen aus der Stunde und die Schülerlernergebnisse. Setzen Sie Schwerpunkte (z.B. Schüleraktivierung oder Knackpunkte der Stunde). Interpretieren und deuten Sie das Geschehene.

Verzichten Sie auf eine rein deskriptive Darstellung Ihrer Stunde – alle haben sie gesehen und Sie müssen nicht erzählen, was passiert ist. Zeigen Sie auf, dass Sie in der Lage sind, Schülerlernprozesse und Schülerlernergebnisse bewerten zu können. Zeigen Sie dies an exemplarischen Beispielen.

Nehmen Sie Ihre eigene Stunde kritisch unter die Lupe. Benennen Sie klar, was Sie selbst für verbesserungswürdig halten, aber auch, was Sie für gelungen halten. Die Fähigkeit zur Selbstreflexion ist die Grundlage zur Verbesserung der Planung.

Fordern Sie in der Reflexion ein klares und ehrliches Feedback ein, sowohl von den Ausbilder*innen als auch von den teilnehmenden Referendar*innen und Schulvertreter*innen. Jeder sieht Ihre Stunde anders, jedem fallen andere Aspekte auf, die wichtig sind, genannt zu werden. Nehmen Sie Lob an und verschließen Sie sich nicht vor sachlicher Kritik.

Vereinbaren Sie nach der Besprechung zwei oder drei Handlungsvereinbarungen mit der Ausbilderin bzw. dem Ausbilder, an denen Sie in den nächsten Wochen gezielt arbeiten wollen, z. B. Entwicklung des Tafelbilds, Vermeidung von Lehrerecho usw. Dies kann die Grundlage für die Besprechung der nächsten Stunde sein.

Christian Sieber/Ursula Tilsner/Dirk Witt

Literaturverzeichnis

Ackermann, Paul/Althoetmar-Smarczyk, Susanne (Red.) (1995): Politikdidaktik kurzgefasst, Schriftenreihe der Bundeszentrale für politische Bildung, Bd. 326. Bonn.

Altmann, Jörn (2009): *Volkswirtschaftslehre*. Stuttgart.

Altmann, Jörn (2017): *Wirtschaftspolitik. Klassiker der Hochschullehre*. Konstanz/München.

Asbrand, Barbara/Scheunpflug, Annette (2014): Globales Lernen. In: Sander, Wolfgang (Hg.): Handbuch politische Bildung. Schwalbach/Ts., 4., völlig überarbeitete Auflage, S. 469–484.

Autorengruppe Fachdidaktik (2017): Was ist gute politische Bildung? Leitfaden für den sozialwissenschaftlichen Unterricht. Schwalbach/Ts.

AWO International e.V. (Hg.) (2018): Neue Perspektiven auf Flucht und Migration – Methoden und Material für die non-formale Bildungsarbeit. Berlin.

Baar, Robert/Schönknecht, Gudrun (2018): Außerschulische Lernorte: didaktische und methodische Grundlagen. Weinheim/Basel.

Bahr, Matthias (2013): Bildung für nachhaltige Entwicklung (BNE). In: Rolfes, Manfred/Uhlenwinkel, Anke (Hg.): Metzler Handbuch 2.0 Geographieunterricht. Ein Leitfaden für Praxis und Ausbildung. Braunschweig, S. 17–23.

Bäther, Steffen (2014): Statistiken und Diagramme. Vom Umgang, den Möglichkeiten sowie Grenzen eines unterschätzten Mediums. In: Praxis Geschichte, Nr. 1, S. I–IV.

Bauer, Roland (Hg.) (2007): Offenes Arbeiten in der Sekundarstufe I. Ein Praxisbuch. Berlin.

Baumgärtner, Ulrich (2009): Arbeit mit Textquellen. In: Praxis Geschichte, Nr. 3, S. 1–4.

Baumgärtner, Ulrich (2015): Wegweiser Geschichtsdidaktik. Historisches Lernen in der Schule. Paderborn.

Beckmann, Ruth/Landesinstitut für Schule Bremen (Hg.) (2013): Handreichung für die Sekundarstufe I zum Sprachbildungskonzept der Senatorin für Bildung und Wissenschaft. Bremen. Online unter: www.lis.bremen.de/sixcms/media.php/13/SEK-I-Sprachf%F6rderung.pdf (Zugriff am 27. 7.2019).

Bergmann, Klaus (1975): Geschichtsunterricht und Identität. In: Aus Politik und Zeitgeschichte, Nr. B39, S. 19–25.

Bergmann, Klaus (2000): Multiperspektivität: Geschichte selber denken. Schwalbach/Ts.

Bergmann, Klaus (2002): Der Gegenwartsbezug im Geschichtsunterricht. Schwalbach/Ts.

Bergmann, Klaus (2004): Multiperspektivität. In: Mayer, Ulrich/Pandel, Hans-Jürgen/Schneider, Gerhard (Hg.): Handbuch Methoden im Geschichtsunterricht. Schwalbach/Ts., S. 65–77

BerlinOnline Stadtportal GmbH & Co. KG (2020): Dong Xuan Center. Online unter: https://www.berlin.de/sehenswuerdigkeiten/4545977-3558930-dong-xuan-center.html (Zugriff am 30.6.2021).

Blotevogel, Hans-Heinrich (2007): Die Geschichte der Geographie. In: Gebhardt, Hans u.a.: Geographie Physische Geographie und Humangeographie, München, S. 50–51.

Blömeke, Sigrid/Risse, Jana/Müller, Christine/Eichler, Dana/Schult, Wolfgang (2006): Analyse der Qualität von Aufgaben aus didaktischer und fachlicher Sicht. Ein allgemeines Modell und seine exemplarische Umsetzung im Unterrichtsfach Mathematik. In: Unterrichtswissenschaft, 34(4), S. 330–357.

Böing, Maik/Sachs, Ursula (2009): Rollenexkursion als geographische Bühne für mehrperspektivisches Handeln im Raum. In: Dickel, Mirka/Glasze, Georg (Hg.): Vielperspektivität und Teilnehmerzentrierung. Richtungsweiser Exkursionsdidaktik. Praxis neue Kulturgeographie, Bd. 6, Zürich/Berlin, S. 15–38.

Boenicke, Rose/Popp, Markus (2010): Vorlesung Einführung in die Schulpädagogik SS 2010. Leistungsbeurteilung und Diagnostik. Online unter: https://docplayer.org/124687530-Vorlesung-einfuehrung-in-die-schulpaedagogik-ss-2010-boenicke-popp-leistungsbeurteilung-und-diagnostik.html (Zugriff am 1.7.2021).

Borries, Bodo von (1999): Geschichtsbewusstsein als System von Gleichgewichten und Transformationen. In: Rüsen, Jörn (Hg.): Studien zur Psychologie des Geschichtsbewusstseins. Unter Mitarbeit von Andreas Körber. Köln.

Borries, Bodo von (2008): Historisch Denken Lernen – Welterschließung statt Epochenüberblick. Geschichte als Unterrichtsfach und Bildungsaufgabe. Studien zur Bildungsforschung, Bd. 21, Opladen/Farmington Hills.

Böttcher, Christina (2004): Umgang mit Karten. In: Mayer, Ulrich/Pandel, Hans-Jürgen/Schneider, Gerhard (Hg.): Handbuch Methoden im Geschichtsunterricht. Schwalbach/Ts., S. 225–255.

Breit, Gerhard/Massing, Peter (2002): Einführung in die Planung des Politik-Unterrichts. Schwalbach/Ts.

Breit, Gerhard, Massing, Peter (Hg.) (2006): Politikunterricht geplant. Schwalbach/Ts.

Breit, Gerhard/Weißeno, Georg (2002): Planung des Politikunterrichts. Schwalbach/Ts.

Breit, Gotthard (2005): Problemorientierung. In: Sander, Wolfgang (Hg.): Handbuch politische Bildung, Bonn, S. 108–125.

Broders, Werner (2002): Mit Schulbüchern differenziert unterrichten. In: Ahlring, Ingrid (Hg.): Differenzieren und Individualisieren. Praxis Schule 5–10 Extra. Braunschweig, S. 50–53.

Brühne, Thomas (2014): Bestandsaufnahme gesellschaftswissenschaftlicher Fächerverbünde in Deutschland und Überlegungen zu einer stärker integrativ ausgerichteten Organisationsform. In: Zeitschrift für Didaktik der Gesellschaftswissenschaften. Fächerintegration, Nr. 1, S. 100–115.

Brüning, Ludger/Saum, Tobias (2009): Erfolgreich unterrichten durch Kooperatives Lernen. Bd. 1. Essen.

Brüning, Ludger/Saum, Tobias (2010): Individualisierung und Differenzierung. In: Praxis Schule, Nr. 1, S. 8–11.

Budke, Alexandra (2008): Zwischen Kulturerdteilen und Kulturkonstruktionen – Historische und neue Konzepte des Interkulturellen Lernens im Geographieunterricht. In: Budke, Alexandra (Hg.): Interkulturelles Lernen im Geographieunterricht, Potsdam, S. 9–30.

Budke, Alexandra (2009): Kompetenzentwicklung auf geographischen Exkursionen. In: Budke, Alexandra/Wienecke, Maik (Hg.): Exkursionen selbst gemacht – Innovative Exkursionsmethoden für den Geographieunterricht. Potsdam, S. 11–20.

Budke, Alexandra/Kanwischer, Detlef (2006): „Des Geographen Anfang und Ende ist und bleibt das Gelände" – Virtuelle Exkursionen contra reale Begegnungen. In: Hennings, Werner/Kanwischer, Detlef/Rhode-Jüchtern, Tilman (Hg.): Exkursionsdidaktik – innovativ!? Geographiedidaktische Forschungen, Bd. 40. Nürnberg, S. 128–142.

Bundesamt für Migration und Flüchtlinge (BAMF) (2007): Migrationsbericht des Bundesamtes für Migration und Flüchtlinge im Auftrag der Bundesregierung. Migrationsbericht 2006. Nürnberg. Online unter: https://www.bamf.de/SharedDocs/Anlagen/DE/Forschung/Migrationsberichte/migrationsbericht-2006.pdf?__blob=publicationFile&v=12 (Zugriff am 1.7.2021).

Bundesverband Museumspädagogik e. V. (o.J.): Webseite. Online unter: https://www.museumspaedagogik.org/ (Zugriff am 19.6.2019).

Conrad, Franziska (2007): Diagnostizieren im Geschichtsunterricht. In: Geschichte lernen, Nr. 116, S. 2–11.

Conrad, Franziska (2015): Fachübergreifender/fächerverbindender Unterricht und Kompetenzorientierung. In Geschichte lernen Fachübergreifender und fächerverbindender Unterricht. 167/2015 S. 2–11.

Deichmann, Carl/Tischner, Christian K. (2014): Handbuch Fächerübergreifender Unterricht in der politischen Bildung. Schwalbach/Ts.

De Maizière, Thomas (2019): Regieren. Innenansichten der Politik. Freiburg/Br.

Deutsche Bildungskommission (1977): Pluralität der Lernorte. In: Münch, Joachim (Hg.): Lernen – aber wo? Der Lernort als pädagogische und lernorganisatorisches Problem. Trier, S. 171–176.

Deutsche Gesellschaft für Geographie (DGfG) (Hg.) (⁹2017): Bildungsstandards im Fach Geographie für den Mittleren Schulabschluss mit Aufgabenbeispielen. Bonn.

Deutsche Gesellschaft für Ökonomische Bildung (DEGÖB) (2004): Kompetenzen der ökonomischen Bildung für allgemein bildende Schulen und Bildungsstandards für den mittleren Schulabschluss. Köln. Online unter: http://www.degoeb.de/fileadmin/media/medien/04_DEGOEB_Sekundarstufe-I.pdf (Zugriff am 1.7.2021).

Dickel, Mirka/Scharvogel, Martin (2013): Räumliches Denken im Geographieunterricht. In: Kanwischer, Detlef (Hg.): Geographiedidaktik – Ein Arbeitsbuch zur Gestaltung des Geographieunterrichts. Stuttgart.

Dietrich, Tobias (2015): Lernaufgaben. In: Praxis Geschichte, Nr. 2, S. I–IV.

Domdey, Christian/Reitmeier, Irene/Richter, Björn/Schlimm, Reinhold (2015): Diercke Weltatlas. Aktuelle Ausgabe, Berlin.

Duchateau, François (2015): Nainas Twitter-Wut trifft auf taube Lehrerohren. In: Welt Online, Artikel vom 14.1. Online unter: https://www.welt.de/vermischtes/article136378579/Nainas-Twitter-Wut-trifft-auf-taube-Lehrerohren.html (Zugriff am 28.6.2021).

Duden (2021): Nachhaltig. Online unter: https://www.duden.de/rechtschreibung/nachhaltig (Zugriff am 28.6.2021).

Duncker, Ludwig/Popp, Walter (Hg.) (1997): Über Fachgrenzen hinaus. Chancen und Schwierigkeiten des fächerübergreifenden Lehrens und Lernens. Bd. 1: Grundlagen und Begründungen. Heinsberg.

Eichner, Josef (2013): Lesen, Markieren, Exzerpieren. In: Breit, Gotthard/Eichler, Detlef/Frech, Siegfried/Lach, Kurt/Massing, Peter (Hg.): Methodentraining für den Politikunterricht II. Arbeitstechniken – Sozialformen – Unterrichtsphasen. Schwalbach/Ts., S. 13–20.

Eickenbusch, Gerhard (2008): Aufgaben, die Sinn machen. Wege zu einer überlegten Aufgabenpraxis im Unterricht. In: Pädagogik, Nr. 3.

Erbar, Ralph/Ostendorf, Werner (2006): Zeugen der Zeit. Anregungen für Zeitzeugengespräche in Unterricht und Jugendarbeit. Hg. v. Pädagogischen Zentrum Rheinland-Pfalz, PZ-Information Nr. 2. Bad Kreuznach. Eine überarbeitete und ergänzte Onlinefassung von 2012 liegt vor unter: http://bildung-rp.de/fileadmin/user_upload/bildung-rp.de/downloads/PL/PL-Informationen/Materialien-Downloads/PZinfo_2006_02_Zeugen_der_Zeit.pdf (Zugriff am 7.7.2021).

Erhorn, Jan, Schwier, Jürgen (Hg.) (2016): Pädagogik außerschulischer Lernorte – Eine interdisziplinäre Annäherung. Bielefeld.

Erinnerungsstätte Notaufnahme Marienfelde (2021): Webseite. Online unter: https://www.notaufnahmelager-berlin.de/de/ (Zugriff am 5.11.2019).

Feuser, Georg (2011): Entwicklungslogische Didaktik. In: Kaiser, Astrid/Schmetz, Dieter/Wachtel, Peter/Werner, Birgit (Hg.): Didaktik und Unterricht. Behinderung, Bildung, Partizipation. Enzyklopädisches Handbuch der Behindertenpädagogik, Bd. 34. Stuttgart, S. 86–100. Online unter: https://userpages.uni-koblenz.de/~proedler/autsem/f2.pdf. (Zugriff am 7.7.2021).

Fraedrich, Wolfgang/Hieber, Ulrich/Lenz, Thomas (2014): Operatorenliste. In: Geographie unterrichten II. Didaktische und methodische Wegweiser. Seelze-Velber, S. 120–121.

Frech, Siegfried/Kuhn, Hans-Werner/Massing, Peter (Hg.) (2006): Methodentraining für den Politikunterricht I. Schwalbach/Ts.

Frech, Siegfried/Richter, Dagmar (Hg.) (2017): Der Beutelsbacher Konsens. Bedeutung, Wirkung, Kontroversen. Schwalbach/Ts.

Frey, Michael (2019): Inklusion im Geschichtsunterricht. In: Geschichte lernen. Inklusiver Geschichtsunterricht, Nr. 190, S. 2–9.

Frick, Lothar (Hg.) (2015): Methoden. Politik und Unterricht, H. 1/2. Stuttgart.

Friedrich-Verlag (2018): Geschichte lernen. Kartenarbeit (181), Seelze-Velber.

Frischknecht-Tobler, Ursula; Kunz, Patrick; Nagel, Ueli (2008): Systemdenken. Begriffe, Konzepte und Definitionen. In: Frischknecht-Tobler, Ursula; Nagel, Ueli; Seybold, Hansjörg (Hg.): Systemdenken. Wie Kinder und Jugendliche komplexe Systeme verstehen lernen, Zürich, S. 11–32.

Fuchs, Martina/Rolfes, Manfred (2013): Raum. In: Rolfes, Manfred/Uhlenwinkel, Anke (Hg.): Metzler Handbuch 2.0 Geographieunterricht – Ein Leitfaden für Praxis und Ausbildung. Braunschweig, S. 444–458.

Fuchs, Ragnhild (2001): Ansätze der interkulturellen Erziehung im Elementarbereich. In: Auernheimer, Georg (Hg.): Migration als Herausforderung für pädagogische Institutionen. Interkulturelle Studien, Bd. 7, Opladen, S. 33–42.

Gagel, Walter (2000): Einführung in die Didaktik des politischen Unterrichts. Ein Studienbuch. Opladen.

Gautschi, Peter (2020): Geschichte lernen. Lernwege und Lernsituationen für Jugendliche. 2. erweiterte Auflage. Bern.

Gautschi, Peter (2019): Integrationsmodelle – zur Einführung in das Schwerpunktthema. In: Zeitschrift für Didaktik der Gesellschaftswissenschaften: Integrationsmodelle, 10(1). Schwalbach/Ts., S. 9–19.

Gautschi, Peter ([3]2005): Umgang mit Bildern im Geschichtsunterricht. In: Geschichte lehren. Lernwege und Lernsituationen für Jugendliche. Buchs.

Gerstenmaier, Jochen/Mandl, Heinz (1995): Wissenserwerb unter konstruktivistischer Perspektive. In: Zeitschrift für Pädagogik, 41(6), S. 867–888. Online unter: https://www.pedocs.de/volltexte/2015/10534/pdf/ZfPaed_1995_6_Gerstenmaier_Mandl_Wissenserwerb_unter_konstrukti vistischer_Perspektive.pdf (Zugriff am 1.7.2021).

Giesecke, Hermann (1992): Didaktik der politischen Bildung. In: Breit, Gotthard/Massing, Peter (Hg.): Grundfragen und Praxisprobleme der politischen Bildung. Bonn, S. 318–338.

Glasze, Georg (2014): Karten und Kartographie. In: Rolfes, Manfred/Uhlenwinkel, Anke (Hg.): Metzler Handbuch 2.0 Geographieunterricht. Ein Leitfaden für Praxis und Ausbildung. Braunschweig, S. 333–341.

Göbel, Eva (2012): Differenzierung. Aufgabenformate, Methoden und Lernbegleitung. In: Praxis Geschichte, Nr. 2, S. 1–4.

Grammes, Tilman (1999a): Gesellschaft inszenieren, erleben, reflektieren – Was heißt Handlungsorientierung im Lernfeld Gesellschaft? Universität Hamburg.

Grammes, Tilmann (1999b): Problemorientiertes Lernen. In: Mickel, Wolfgang (Hg.): Handbuch zur politischen Bildung. Schriftenreihe der Bundeszentrale für politische Bildung, Bd. 358. Bonn, S. 206–271.

Grammes, Tilman (2014): Kontroversität. In: Sander, Wolfgang (Hg.): Handbuch Politische Bildung, 4., völlig überarbeitete Auflage, Schwalbach/Ts., S. 266–274.

Green, Norm/Green, Kathy (2010): Kooperatives Lernen im Klassenraum und im Kollegium. Das Trainingsbuch. Fulda.

Groeben, Annemarie von der (2003): Lernen in heterogenen Gruppen. Chance und Herausforderung. In: Pädagogik, Nr. 9, S. 7–9.

Groeben, Annemarie von der (2011): Rampe, Fächer, Blüte, Gerüst. Aufgabendifferenzierung. In: Pädagogik, Nr. 4, S. 40–45.

Groeben, Annemarie von der (2013): Verschiedenheit nutzen. Aufgabendifferenzierung und Unterrichtsplanung. Berlin.

Groeben, Annemarie von der/Kaiser, Ingrid (2011): Herausfordern und Lernwege anbieten (1). Möglichkeiten kognitiver Aktivierung. In: Pädagogik, Nr. 5, S. 42–46.

Groeben, Annemarie von der/Kaiser, Ingrid (2013): Werkstatt Individualisierung. Hamburg.

Grosch, Waldemar (2014): Schriftliche Quellen und Darstellungen. In: Günther-Arndt, Hilke/Zülsdorf-Kerstin, Meik (Hg.): Geschichtsdidaktik. Berlin, S. 74–99.

Gryl, Inga (2014a): Reflexive Kartenarbeit. Hinterfragen als alltägliche und fachliche Praxis. In: Praxis Geographie, Nr. 6, S. 4–9.

Gryl, Inga (2014b): Reflexive Kartenarbeit. Methoden und Aufgaben. Braunschweig.

Gudjons, Herbert (2001): Handlungsorientiert lehren und lernen – Schüleraktivierung, Selbsttätigkeit. Projektarbeit. Bad Heilbrunn.

Günther-Arndt, Hilke/Zülsdorf-Kersting, Meik (2014): Geschichtsdidaktik. Praxishandbuch für die Sekundarstufe I und II. Berlin.

Habermas, Jürgen (1992): Faktizität und Geltung. Frankfurt/M.

Hafenmeldungen (2017): Rum, Schweiß und Tränen. In: Hafenmeldungen, Artikel vom 9.6. Online unter: https://hafenmeldungen.blogspot.com/2017/06/090617-rum-schwei-und-tranen.html (Zugriff am 1.7.2021).

Hamann, Christoph/Krehan, Thomas (2013): Wortschatzarbeit im Geschichtsunterricht. In: Senatsverwaltung für Bildung, Jugend und Wissenschaft (Hg.): Sprachbildung und Leseförderung in Berlin. Sprachsensibler Fachunterricht. Handreichung zur Wortschatzarbeit in den Jahrgangsstufen 5–10 unter besonderer Berücksichtigung der Fachsprache. Berlin, S. 171–203.

Handro, Sandra (2018): Quellen interpretieren. In: Günther-Arndt, Hilke/Handro, Sandra (Hg.): Geschichtsmethodik. Berlin, S. 151–166.

Hattie, John (2013): Lernen sichtbar machen. Baltmannsweiler.

Haubrich, Hartwig (Hg.) (2006): Geographie unterrichten lernen. Die neue Didaktik der Geographie konkret. München.

Haubrich, Hartwig/Reinfried, Sibylle (2015): Geographie unterrichten lernen. Die Didaktik der Geographie. Berlin.

Haversath, Johannes-Bernhard (2012): Geographiedidaktik. Theorie – Themen – Forschung. Braunschweig, S. 249–258.

Heese, Thorsten (2009): Gegenständliche Quellen. In: Praxis Geschichte, Nr. 6, S. I–IV.

Helmke, Andreas (2013): Individualisierung: Hintergrund, Missverständnisse, Perspektiven. In: Pädagogik, Nr. 2, S. 34–37.

Henkenborg, Peter/Mambour, Gerrit/Winckler, Marie (2014): Kompetenzorientiert Politik unterrichten. Schwalbach/Ts.

Hieber, Ulrich (2013a): Klimadiagramme. In: Geographie heute: Geographie unterrichten II. Didaktische und methodische Wegweiser. Seelze-Velber, S. 60–63.

Hieber, Ulrich (2013b): Operatoren anwenden – Verschiedene Anforderungsbereiche abdecken. In: Geographie heute. Sammelband: Geographie unterrichten II. Didaktische und methodische Wegweiser. Seelze-Velber, S. 122–125.

Hieber, Ulrich (2013c): Sachtexte. In: Geographie unterrichten II. Didaktische und methodische Wegweiser. Seelze-Velber, S. 51–55.

Hieber, Ulrich (2014): Aufgabentypen – Die Vielfalt macht's. In: Geographie unterrichten II. Didaktische und methodische Wegweiser. Seelze-Velber, S. 141–143.

Hieber, Ulrich/Lenz, Thomas (2008): Mit Top-its an die Wandkarte, in: Lenz, Thomas. u.a..: Geographie unterrichten: Didaktische und methodische Wegweiser. Seelze, S. 24–31.

Hilligen, Wolfgang (1985): Zur Didaktik des politischen Unterrichts. Opladen.

Hoffmann, Thomas (2018) Gerüstet für die Zukunft – Aufgaben des Geographieunterrichts. In: Praxis Geographie: Zukunft gestalten – Ideen und Visionen, Nr. 1, S. 4–9.

Holmes, Dave/Farbrother, Dave (2002): A–Z Advancing Geography: Fieldwork. Sheffield.

Hölscher, Petra (Hg.) (1994): Interkulturelles Lernen – Projekte und Materialien für die Sekundarstufe I, Berlin.

Holzbrecher, Alfred (2005): Interkulturelles Lernen. In: Sander, Wolfgang (Hg.): Handbuch politische Bildung, Schwalbach/Ts., S. 392–406.

Huber, Max/Stallhofer, Bernd (2010): Diskontinuierliche Texte im Geographieunterricht. In: Ruch, Hermann (Hg.): ProLesen – auf dem Weg zur Leseschule: Leseförderung in den gesellschaftswissenschaftlichen Fächern. Aufsätze und Materialien aus dem KMK-Projekt „ProLesen". Donauwörth, S. 223–240.

Hüttemann, Armin (2008): Kartenarbeit ganz nebenbei, In: Lenz, Thomas. u.a.: Geographie unterrichten. Didaktische und methodische Wegweiser. Seelze, S. 18–23.

Hüttemann, Armin (2004): Karte und Atlas, In: Schallhorn, Eberhard (2004): Erdkunde Didaktik. Praxishandbuch für die Sekundarstufe I und II. Berlin, S. 199–205.

Hütter, Hans Walter (2003): X für U: Bilder, die lügen. Hg. v. Haus der Geschichte der Bundesrepublik Deutschland. Bouvier.

Ingenkamp, Karlheinz/Lissmann, Urban ([6]2008): Lehrbuch der pädagogischen Praxis, Weinheim/Basel.

Justen, Nicole (2014): Umgang mit ZeitzeugInnen. Ein Leitfaden für die praktische Bildungsarbeit. Schwalbach/Ts.

Karl-Kübel-Stiftung (2006): Arbeitspaket Flucht und Migration – Lernpaket. Bensheim. Online unter: https://www.kkstiftung.de/de/themen/bildung/globales-lernen/arbeitspaket-zu-den-themen-flucht-und-migration.htm (letzter Zugriff: 13.08.2021).

Kellerhoff, Sven Felix (2008): Viele Vertriebene traf im Westen nur blanker Hass. In: Welt Online, Artikel vom 19.5. Online unter: http://www.welt.de/politik/article2008254/Viele-Vertriebene-traf-im-Westen-nur-blanker-Hass.html (Zugriff am 27.1.2020).

Kergel, David/Hepp, Rolf Dieter (2016): Forschendes Lernen zwischen Postmoderne und Globalisierung. In: Kergel, David/Heitkamp, Birte (Hg.): Forschendes Lernen 2.0 – Partizipatives Lernen zwischen Globalisierung und medialem Wandel. Wiesbaden.

Klafki, Wolfgang (1996): Neue Studien zur Bildungstheorie und Didaktik. Zeitgemäße Allgemeinbildung und kritisch-konstruktive Didaktik. Weinheim/Basel.

Klafki, Wolfgang (1998): Fächerübergreifender Unterricht: Begründungsargumente und Verwirklichungsstufen. In: Popp, Susanne (Hg.): Grundrisse einer humanen Schule. Innsbruck, S. 41–57.

Klafki, Wolfgang (2007): Neue Studien zur Bildungstheorie und Didaktik. Zeitgemäße Allgemeinbildung und kritisch-konstruktive Didaktik, Weinheim/Basel.

Klieme, Eckhard (2017): Zur Entwicklung nationaler Bildungsstandards. Expertise. Bonn.

Klieme, Eckhard/Rakoczy, Katrin (2008): Empirische Unterrichtsforschung und Fachdidaktik. In: Zeitschrift für Pädagogik, 54(2), S. 222–237. Online unter: https://www.pedocs.de/volltexte/2011/4348/pdf/ZfPaed_2008_2_Klieme_Rakoczy_Empirische_Unterrichtsforschung_Fachdidaktik_D_A.pdf (Zugriff am 1.7.2021).

Klippert, Heinz (2016): Heterogenität im Klassenzimmer: Wie Lehrkräfte effektiv und zeitsparend damit umgehen können. Weinheim/Basel.

Kluge, Alexander (2011): Etymologisches Wörterbuch der deutschen Sprache. Berlin.

Knigge, Michael (2009): Hauptschüler als Bildungsverlierer? Eine Studie zu Stigma und selbstbezogenem Wissen bei einer gesellschaftlichen Problemgruppe, Münster/New York.

Köck, Helmuth (2001): Typen vernetzenden Denkens im Geographieunterricht. In: Geographie und Schule, 23. Jahrgang, Heft 132, S. 9–15.

Kremb, Klaus (2012): Kompaktwissen Politikdidaktik. Kategorien, Konzeptionen, Kompetenzen. Schwalbach/Ts.

Kreuzberger, Christine/Kreuzberger, Norma (2014): Die amerikanische Automobilindustrie. Auswertung einer komplexen Karte mit der Lupen-, Schichten-, Fenster- und Zoommethode. In: Praxis Geographie 6/2014, S. 34–41.

Kroner, Bernd/Schauer, Herbert (1997): Unterricht erfolgreich planen und durchführen. Der Ratgeber aus der Praxis für die Praxis. Köln.

Kuckuck, Miriam (2014): Konflikte im Raum – Verständnis von gesellschaftlichen Diskursen durch Argumentation im Geographieunterricht. Geographiedidaktische Forschungen, Band 54. Münster.

Kühberger, Christoph (2014): Leistungsfeststellung im Geschichtsunterricht. Diagnose – Bewertung – Beurteilung, Schwalbach/Ts.

Kuhn, Hans-Werner (2006): Die Talkshow. In: Frech, Siegfried/Kuhn, Hans-Werner/Massing, Peter (Hg.): Methodentraining für den Politikunterricht I. Schwalbach/Ts., S. 117–144.

Kultusministerkonferenz (KMK) (2006): Einheitliche Prüfungsanforderungen in der Abiturprüfung Wirtschaft, Beschluss der Kultusministerkonferenz vom 01.12.1989 i.d.F. vom 16.11.2006. Online unter: https://www.kmk.org/fileadmin/veroeffentlichungen_beschluesse/1989/1989_12_01-EPA-Wirtschaft.pdf (Zugriff am 5.2.2019).

Kultusministerkonferenz (KMK) (2016): Bildung in der digitalen Welt. Strategie der Kultusministerkonferenz. Online unter: https://www.kmk.org/fileadmin/Dateien/pdf/PresseUndAktuelles/2018/Digitalstrategie_2017_mit_Weiterbildung.pdf (Zugriff am 7.2.2020).

Kultusministerkonferenz (KMK) (2018): Demokratie als Gegenstand, Ziel und Praxis historisch-politischer Bildung und Erziehung in der Schule. Beschluss der Kultusministerkonferenz vom 06.03.2009 in der Fassung vom 11.10.2018. Online unter: https://www.kmk.org/fileadmin/Dateien/veroeffentlichungen_beschluesse/2009/2009_03_06-Staerkung_Demokratieerziehung.pdf (Zugriff am 1.7.2021).

Kurth, Marcus (2009): Tracking als exkursionsdidaktische Methode. In: Budke, Alexandra/Wienecke, Maik (Hg.): Exkursionen selbst gemacht – Innovative Exkursionsmethoden für den Geographieunterricht. Potsdam, S. 43–52.

Landeshauptstadt Potsdam (o.J.): Holländisches Viertel. Online unter: https://www.potsdam.de/hollaendisches-viertel (Zugriff am 30.6.2021).

Landesinstitut für Schule Bremen: KompoLei – Kompetenzorientierte Leistungsrückmeldung. Online unter: https://www.lis.bremen.de/fortbildung/grundschulen/kompolei-68225 (Zugriff am 1.7.2021).

Landeszentrale für politische Bildung Baden-Württemberg (Hg.) (2017): Politik und Unterricht. Zeitschrift für die Praxis politischer Bildung, Nr. 3/4:Mit spitzer Feder. Karikaturen zu zehn Themenfeldern. Online unter: https://www.politikundunterricht.de/3_4_17/karikaturen.pdf (Zugriff am 1.7.2021).

Lange, Dirk (2007): Lernen an Stationen. In: Praxis Geschichte, Nr. 4, S. I– IV.

Lange, Dirk (2008): Bürgerbewusstsein. Sinnbilder und Sinnbildungen in der Politischen Bildung. Gesellschaft – Wirtschaft – Politik (GWP), Nr. 3, S. 431–439. Online unter: http://schule-demokratie.brandenburg.de/experten/DirkLange_Buergerbewusstsein_Sinnbilder_und_Sinnbildungen_in_der_Politischen_Bildung.pdf (Zugriff am 1.7.2021).

Leisen, Josef (2010): Lernprozesse mithilfe von Lernaufgaben strukturieren. Informationen und Beispiele zu Lernaufgaben im kompetenzorientierten Unterricht. In: Unterricht Physik, Nr. 117/118, S. 9–13.

Leisen, Josef (2017): Handbuch Sprachförderung im Fach. Sprachsensibler Fachunterricht in der Praxis. Grundlagenteil. Stuttgart.

Leisen, Josef (2019): Aufgabenstellungen und Aufgabenkultur. Online unter: http://www.lehr-lern-modell.de/aufgabenstellungen (Zugriff am 02.06.2019).

Leisen, Josef (2021): Sprachlernen im sprachsensiblen Fachunterricht. http://www.sprachsensibler fachunterricht.de/ (Zugriff am 02.06.2019).

Lenz, T. (2008): Thematische Karten. In: Lenz, Thomas. u. a.: Geographie unterrichten: Didaktische und methodische Wegweiser. Seelze, S. 32–39.

Lenz, Thomas (2013): Diagramme. In: Geographie heute. Sammelband: Geographie unterrichten II. Didaktische und methodische Wegweiser. Seelze-Velber, S. 56–59.

Lenz, Thomas (2015): Kompetenzorientierte Aufgabenkultur. In: Haubrich, Hartwig/Reinfried, Sibylle (Hg.): Geographie unterrichten lernen. Die Didaktik der Geographie. Berlin, S. 278–279.

Lücke, Martin (2017): Multiperspektivität, Kontroversität, Pluralität. In: Barricelli, Michele/Lücke, Martin (Hg.): Handbuch Praxis des Geschichtsunterrichts, Bd. 1, Schwalbach/Ts., S. 281–288.

Lynch, Kevin (1960): Das Bild der Stadt. Basel.

Mack, Wolfgang/Raab, Erich/Rademacker, Hermann (2003): Schule, Stadtteil, Lebenswelt: Eine empirische Untersuchung. Opladen.

Mankiw, Nicholas Gregory (2016): Grundzüge der Volkswirtschaftslehre. 6., überarbeitete und erweiterte Auflage. Stuttgart.

Massey, Doreen (2013): Geographische Sichtweise. In: Rolfes, Manfred/Uhlenwinkel, Anke (Hg.): Metzler Handbuch 2.0 Geographieunterricht – Ein Leitfaden für Praxis und Ausbildung. Braunschweig, S. 303–311.

Massing, Peter (1997): Kategorien politischen Urteilens und Wege zur politischen Urteilsbildung. In: Breit, Gerhard et al. (Hg.): Politische Urteilsbildung. Aufgabe und Wege für den Politikunterricht. Bonn, S. 115–131.

Massing, Peter (2005): In Gesprächen lernen. Gesprächsformen in der politischen Bildung. In: Sander, Wolfgang (Hg.): Handbuch politische Bildung. Schriftenreihe der Bundeszentrale für politische Bildung, Bd. 476. Bonn, S. 498–508.

Massing, Peter (2006): Textanalyse. In: Frech, Siegfried/Kuhn, Hans-Werner/Massing, Peter (Hg.): Methodentraining für den Politikunterricht I. Schwalbach/Ts., S. 37–48.

Mastropieri, Margo A./Scruggs, Thomas E./Graetz, Janet E. (2003): Reading Comprehension Instruction for Secondary Students: Challenges for Struggling Students and Teachers. In: Learning Disability Quarterly, 26(2), S. 103–116.

Mayer, Ulrich (2004a): Historische Orte als Lernorte. In: Mayer, Ulrich/Pandel, Hans-Jürgen/Schneider, Gerhard: Handbuch Methoden im Geschichtsunterricht. Schwalbach/Ts., S. 389–407.

Mayer, Ulrich (2004b): Umgang mit Statistiken. In: Mayer, Ulrich/Pandel, Hans-Jürgen/Schneider, Gerhard (Hg.): Handbuch Methoden im Geschichtsunterricht. Schwalbach/Ts., S. 208–224.

Mercator Instituts für Sprachförderung und Deutsch als Zweitsprache (Hg.) (o.J.): Methodenpool für den sprachsensiblen Fachunterricht. Ein Angebot des Mercator Instituts für Sprachförderung und Deutsch als Zweitsprache mit 54 Methoden. Online unter: https://www.mercator-institut-sprachfoerderung.de/de/publikationen/material-fuer-die-praxis/methodenpool/ (Zugriff am 8.11.2019).

Meyer, Christiane (2015): Außerschulische Lernorte. In: Reinfried, Sibylle/Haubrich, Hartwig (Hg.): Geographie unterrichten lernen. Die Didaktik der Geographie. Berlin, S. 148–149.

Mickel, Wolfgang W. (Hg.) (1999): Handbuch zur politischen Bildung, Schriftenreihe der Bundeszentrale für politische Bildung, Bd. 358. Bonn.

Mickel, Wolfgang W. (2003): Praxis und Methode. Einführung in die Methodenlehre der Politischen Bildung. Berlin.

Ministerium für Bildung, Jugend und Sport des Landes Brandenburg (MBJS) (Hg.) (2015): Rahmenlehrplan Teil C Geografie. Potsdam. Online unter: https://bildungsserver.berlin-brandenburg.de/fileadmin/bbb/unterricht/rahmenlehrplaene/Rahmenlehrplanprojekt/amtliche_Fassung/Teil_C_Geografie_2015_11_10_WEB.pdf (Zugriff am 1.7.2021).

Ministerium für Bildung, Wissenschaft, Forschung und Kultur des Landes Schleswig-Holstein (MBWFK) (Hg.) (2015): Lehrplan für die Sekundarstufe I der weiterführenden allgemeinbildenden Schulen Hauptschule, Realschule, Gymnasium Erdkunde. Kiel.

Ministerium für Bildung, Wissenschaft, Weiterbildung und Kultur Rheinland-Pfalz (MBWWK) (Hg.) (2016): LEHRPLAN FÜR DIE GESELLSCHAFTSWISSENSCHAFTLICHEN FÄCHER Erdkunde, Geschichte, Sozialkunde. Mainz. Online unter: https://studienseminar.rlp.de/fileadmin/user_upload/studienseminar.rlp.de/gy-ko/Fachseminare/Geschichte/Selbststudium/Erdkunde_Geschichte_Sozialkunde_LP_SekI.pdf (Zugriff am 1.7.2021).

Ministerium für Bildung und Kultur Saarland (2014): Lehrplan Gesellschaftswissenschaften Gemeinschaftsschule – Anhang. Online unter: https://www.saarland.de/mbk/DE/portale/bildungsserver/themen/unterricht-und-bildungsthemen/lehrplaenehandreichungen/lehrplaeneallgemeinbildende/GOS_ab_2019_2020/lehrplaene_GOS_ab_2020_node.html (Zugriff am 3.7.2021).

Ministerium für Bildung und Kultur Saarland (2019): Lehrplan Erkunde GOS. Online unter: https://www.saarland.de/SID-8396234E-64E6EB4A/209629.htm (Zugriff am 3.7.2021).

Ministerium für Bildung, Wissenschaft und Kultur Mecklenburg-Vorpommern (MBWK) (Hg.) (2002): Rahmenplan Geografie Gymnasium Integrierte Gesamtschule. Schwerin. Online unter: https://www.bildung-mv.de/eltern/schule-und-unterricht/faecher-und-rahmenplaene/rahmenplaene-an-allgemeinbildenden-schulen/geografie/ (Zugriff am 1.7.2021).

Ministerium für Schule und Berufsbildung des Landes Schleswig-Holstein (2015): Fachanforderungen Weltkunde. Online unter: https://www.schulpraxis-paedagogik.uni-kiel.de/de/dateien/fachanforderungen/fa-weltkunde (Zugriff am 1.7.2021).

Moegling, Klaus (2010): Kompetenzaufbau im fächerübergreifenden Unterricht. Förderung vernetzten Denkens und komplexen Handelns. Didaktische Grundlagen, Modelle und Unterrichtsbeispiele für die Sekundarstufen I und II. Immenhausen.

Mönter, Leif (2013): Interkulturelles Lernen. In: Rolfes, Manfred/Uhlenwinkel, Anke (Hg.): Metzler Handbuch 2.0. Geographieunterricht. Ein Leitfaden für Praxis und Ausbildung, Braunschweig, S. 87–95.

Müller, Andreas (2017): Das Aufgabenbuch. Aufgaben analysieren, konstruieren, nachschlagen. Paderborn.

National Council for the Social Studies (NCSS) (2013): The College, Career, and Civic Life (C3) Framework for Social Studies State Standards: Guidance for Enhancing the Rigor of K-12 Civics, Economics, Geography, and History. Silver Spring, MD

Nicolait, C. (2007): Sehen und Gesehenwerden: Über eine „Blinde Exkursion". In: Gerhardt, Andrea/Kirsch, Ulrich (Hg.): „Sie können die Schuhe ruhig anlassen!". Auf Exkursion in Kassel und Umgebung. Norderstedt. S. 83–108.

Niemz, Günter (1978): Das erdkundliche Experiment im lernzielorientierten Geographieunterricht – eine bisher ungenutzte Chance. In: Fick, Karl E. (Hg.): Frankfurter Beiträge zur Didaktik der Geographie, Bd. 2. Frankfurt/M., S. 85–93.

o. A. (2015): Bild des Roten Kreuzes. So sieht es aus, wenn Flüchtlinge ein Camp verlassen. In: Focus Online, Artikel vom 14.10. Online unter: https://www.focus.de/politik/deutschland/bild-des-roten-kreuzes-so-sieht-es-aus-wenn-fluechtlinge-ein-camp-verlassen_id_4910828.html (Zugriff am 28.10.2019).

o. A. (2017): Aushang in Töging: Ladenbesitzerin will „keine Asylanten" in ihrem Geschäft. In: RTL.de, Artikel vom 21.9. Online unter: https://www.rtl.de/cms/aushang-in-toeging-laden besitzerin-will-keine-asylanten-in-ihrem-geschaeft-4127258.html (Zugriff am 29.6.2021).

o. A. (2018): Chemnitz: Was Hans-Georg Maaßen gesagt hat. In: Zeit Online, Artikel vom 10.9. Online unter: https://www.zeit.de/politik/deutschland/2018-09/chemnitz-hans-georg-maassen-hetzjagd-beweise-horst-seehofer (Zugriff am 29.6.2021).

Oleschko, Sven (Hg.) (2017): Sprachsensibles Unterrichten fördern. Angebote für den Vorbereitungsdienst. Arnsberg.

Oleschko, Sven/Weinkauf, Benjamin/Wiemers, Sonja (Hg.): Praxishandbuch Sprachbildung Geographie: Sprachsensibel unterrichten – Sprache fördern. Stuttgart.

Pandel, Hans-Jürgen (2004): Quelleninterpretation. In: Mayer, Ulrich/Pandel, Hans-Jürgen/Schneider, Gerhard (Hg.): Handbuch Methoden im Geschichtsunterricht. Schwalbach/Ts., S. 152–171.

Pandel, Hans-Jürgen (2008): Bildinterpretation. Die Bildquelle im Geschichtsunterricht. Bildinterpretation I. Schwalbach/Ts.

Pandel, Hans-Jürgen (2012): Quelleninterpretation. Die schriftliche Quelle im Geschichtsunterricht. Schwalbach/Ts.

Paradies, Liane/Linser, Hans Jürgen (2012): Differenzieren im Unterricht. Berlin.

Paul, Roland (2009): „Hier hat man ein viel besseres Leben wie in Deutschland": Briefe pfälzischer Auswanderer aus Nordamerika (1733–1899). Schriften zur Wanderungsgeschichte der Pfälzer. Kaiserslautern.

Pleitner, Berit (2012): Außerschulische Lernorte. In: Barricelli, Michele/Lücke, Martin (Hg.): Handbuch Praxis des Geschichtsunterrichts. Bd. 2. Schwalbach/Ts., S. 290–307.

Pohl, Kerstin (Hg.) (2016): Positionen der Politischen Bildung 2. Interviews zur Politikdidaktik. Vollständig überarbeitete Neuausgabe Schwalbach/Ts.

Prengel, Annedore (2016): Didaktische Diagnostik als Element alltäglicher Lehrerarbeit – „formatives Assessment" im inklusiven Unterricht. In: Amrhein, Bettina (Hg.): Diagnostik im Kontext inklusiver Bildung. Theorien, Ambivalenzen, Akteure, Konzepte. Bad Heilbrunn, S. 49–63.

Raisch, Herbert (2008): Kartenarbeit. In: Praxis Geschichte, Nr. 5, S. 29–32.

Reinhardt, Sibylle (2005): Politik Didaktik. Praxishandbuch für die Sekundarstufe I und II. Berlin.

Reinhardt, Sibylle (2011): Fachdidaktische Prinzipien als Brücke zwischen Gegenstand und Methode: Unterrichtsplanung. In: Autorengruppe Fachdidaktik (Hg.): Konzepte der politischen Bildung. Eine Streitschrift. Schwalbach/Ts., S. 147–162.

Reinhardt, Sibylle (2012): Politikdidaktik: Praxishandbuch für die Sekundarstufe I und II. 4. überarbeitete Auflage, Berlin.

Reuschenbach, Monika (2013): Individualisierung im Geographieunterricht. In: Geographie heute Sammelband: Geographie unterrichten II. Didaktische und methodische Wegweiser. Seelze-Velber, S. 108–115

Rinschede, Gisbert (2007): Geographiedidaktik. Paderborn.

Rosebrock, Cornelia/Nix, Daniel (2014): Grundlagen der Lesedidaktik. Baltmannsweiler.

Rothschenk, Anne (2018): Lernort Archiv: Quellen suchen? – Quellen finden! In: Praxis Geschichte, Nr. 5, S. I–IV.

Rüsen, Jörn (1983): Historische Vernunft. Grundzüge einer Historik I: Die Grundlagen der Geschichtswissenschaft. Göttingen.

Rüsen, Jörn (1994): Historisches Lernen. Grundlagen und Paradigmen. Köln et al.

Ruf, Urs (2008): Das Dialogische Lernmodell vor dem Hintergrund wissenschaftlicher Theorien und Befunde. In: Keller, Stefan/Winter, Felix (Hg.): Besser lernen im Dialog. Dialogisches Lernen in der Unterrichtspraxis. Seelze-Velber.

Sander, Wolfgang (2008): Politik entdecken, Freiheit leben. Didaktische Grundlagen politischer Bildung. Schwalbach/Ts.

Sander, Wolfgang (2009): Wissen: Basiskonzepte der Politischen Bildung https://www.nibis.de/uploads/2medfach/files/30_sander.pdf (Zugriff am 10.08.2021).

Sander, Wolfgang (2010): Soziale Studien 2.0? In: Juchler, Ingo (Hg.): Kompetenzen in der politischen Bildung. Schwalbach/Ts., S. 29–45.

Sander, Wolfgang (2014): Handbuch politische Bildung. 4., völlig überarbeitete Auflage, Schwalbach/Ts.

Sander, Wolfgang (2017): Fächerintegration in den Gesellschaftswissenschaften – neue Ansätze und theoretische Grundlagen. In: Hellmuth, Thomas (Hg.): Politische Bildung im Fächerverbund. Schwalbach/Ts.

Sauerborn, Petra/Brühne, Thomas (2007): Didaktik des außerschulischen Lernens. Hohengehren.

Sauer, Michael (2004): Geschichte unterrichten. Eine Einführung in die Didaktik und Methodik. Seelze-Velber.

Sauer, Michael (2007): Bilder im Geschichtsunterricht: Typen, Interpretationsmethoden, Unterrichtsverfahren. Seelze-Velber.

Sauer, Michael (2018): Textquellen im Geschichtsunterricht: Konzepte – Gattungen – Methoden. Seelze-Velber.

Schallhorn, Eberhardt (2007): Erdkunde Methodik. Handbuch für die Sekundarstufe I und II. Berlin.

Schällig, André (2009): Das „soziale Experiment" als Exkursionsmethode. In: Budke, Alexandra/ Wienecke, Maik (Hg.): Exkursionen selbst gemacht – Innovative Exkursionsmethoden für den Geographieunterricht. Potsdam, S. 53–61.

Scharvogel, Martin/Gerhardt, Andrea (2009): Ansatzpunkte für eine konstruktivistische Exkursionspraxis in Schule und Hochschule. In: Dickel, Mirka/Glasze, Georg (Hg.): Vielperspektivität und Teilnehmerzentrierung – Richtungsweiser der Exkursionsdidaktik. Berlin/Münster, S. 51–68.

Schulte, Andrea (Hg.) (2019): Außerschulische Lernorte. Berlin.

Seewald, Berthold (2016): Als Deutsche die Integrationsverweigerer waren. In: Welt Online, Artikel vom 25.1. Online unter: https://www.welt.de/geschichte/article151417693/Als-Deutsche-die-Integrationsverweigerer-waren.html (Zugriff am 2.1.2019).

Seidel, Peter (2010): „Dumme ignorante Deutsche". In: Kölner Stadt-Anzeiger, Artikel vom 13.10. Online unter: https://www.ksta.de/einwanderung--dumme--ignorante-deutsche--6503222 (Zugriff am 2.1.2019).

Speth, Martin (1997): John Dewey und der Projektgedanke. In: Bastian, Johannes/Gudjons, Herbert/Schnack, Jochen/Speth, Martin (Hg.):Theorie des Projektunterrichts. Hamburg, S. 19–38.

Staatliches Studienseminar für das Lehramt an Gymnasien Koblenz (Hg.) (2009): Sachtexte lesen im Fachunterricht der Sekundarstufe. Seelze-Velber.

Statistisches Bundesamt 2019: Statistisches Jahrbuch 2019, Kapitel 2: Bevölkerung, Familien, Lebensformen. Online unter: https://www.destatis.de/DE/Themen/Querschnitt/Jahrbuch/jb-bevoelkerung.pdf?__blob=publicationFilel (Zugriff am: 27.08.2021).

Stengelin, Martin (2013): Zahlen und Statistiken. In: Geographie heute. Sammelband: Geographie unterrichten II. Didaktische und methodische Wegweiser. Seelze-Velber, S. 37–39.

Stern, Thomas (2008): Förderliche Leistungsbewertung. Hg. v. Österreichischen Zentrum für Persönlichkeitsbildung und soziales Lernen, Wien. Online unter: http://www.ganztaegig-lernen.de/media/Thema/Material_2.pdf (Zugriff am 1.7.2021).

Stoltenberg, Ute (2010): Kultur als Dimension eines Bildungskonzepts für eine nachhaltige Entwicklung. In: Parodi, Oliver/Banse, Gerhard/Schaffer, Axel (Hg.): Wechselspiele: Kultur und Nachhaltigkeit – Annäherungen an ein Spannungsfeld. Berlin, S. 293–312.

Studtmann, Katharina (2017): Außerschulisches Lernen im Politikunterricht. Schwalbach/Ts.

Tajmel, Tanja (2012): Wie sprachsensibler Fachunterricht vorbereitet werden kann. In: Regionale Arbeitsstelle für Bildung, Integration und Demokratie (RAA) Mecklenburg-Vorpommern e.V. (Hg.): Praxisbaustein Deutsch als Zweitsprache. 2: Bildungssprache und sprachsensibler Fachunterricht, S. 12–33. Online unter: https://www.raa-mv.de/sites/default/files/DaZ_prax2_2012_web_0.pdf (Zugriff am 1.7.2021).

Thurn, Susanne (2017): Leistungsbewertung und Vielfalt. Oder: Umgang mit den Widersprüchen des Systems. In: Pädagogik, 69(9), S. 6–9.

Thomas, Bernd (2009): Lernorte außerhalb der Schule. In: Arnold, Karl-Heinz/Sandfuchs, Uwe/Wiechmann, Jürgen (Hg.): Handbuch Unterricht. Bad Heilbrunn. S. 283–287.

Visible Learning (o.J.): Glossar für Hattie-Begriffe, wird fortlaufend ergänzt. Online unter: https://visible-learning.org/de/glossar-hattie-begriffe/ (Zugriff am 1.7.2021).

Visible Learning (2018): Hattie's 2018 updated list of factors related to student achievement: 252 influences and effect sizes (Cohen's d). Online unter: https://visible-learning.org/hattie-ranking-influences-effect-sizes-learning-achievement/ (Zugriff am 1.7.2021).

Wardenga, Ute (2002): Räume der Geographie und zu Raumbegriffen im Geographieunterricht. In: Wissenschaftliche Nachrichten, Nr. 120, November/Dezember, S. 47–52.

Wehling, Hans-Georg (1977): Konsens à la Beutelsbach? Nachlese zu einem Expertengespräch. In: Schiele, Siegfried/Schneider, Herbert (Hg.): Das Konsensproblem in der politischen Bildung, Stuttgart, S. 173–184.

Weinert, Franz E. (2001): Vergleichende Leistungsmessung in Schulen – Eine umstrittene Selbstverständlichkeit. In: Weinert, Franz E. (Hg.): Leistungsmessungen in Schulen. Weinheim/Basel.

Weingart, Peter (2003): Experte ist jeder, alle sind Laien. In: Gegenworte, Nr. 11, S. 58–61.

Weißeno, Georg (2006): Gespräche führen. In: Frech, Siegfried/Kuhn, Hans-Werner/Massing, Peter (Hg.): Methodentraining für den Politikunterricht I. Schwalbach/Ts., S. 49–64.

Weißeno, Georg/Detjen, Joachim/Juchler, Ingo/Massing, Peter/Richter, Dagmar (2010): Konzepte der Politik – ein Kompetenzmodell. Schriftenreihe der Bundeszentrale für politische Bildung, Bd. 1016. Bonn. Online unter: https://www.pedocs.de/volltexte/2016/12009/pdf/Weisseno_et_al_2010_Konzepte_der_Politik_.pdf (Zugriff am 1.7.2021).

WELT Nachrichtensender (2015): Merkel im Bürgerdialog – Das ungeschnittene Gespräch mit dem Flüchtlingsmädchen Reem. In: YouTube, Video vom 17.7. Online unter: https://www.youtube.com/watch?v=iWPZuZU5t44 (Zugriff am 18.1.2021).

Wenzel, Birgit (2012): Aufgaben(kultur) und neue Prüfungsformen. In: Barricelli, Michele/Lücke, Martin (Hg.): Handbuch Praxis des Geschichtsunterrichts, Bd. 2, Schwalbach/Ts., S. 23–36.

Wenzel, Birgit (2018): Aufgaben im Geschichtsunterricht. In: Günther-Arndt, Hilke/Handro, Saskia (Hg.): Geschichtsmethodik. Berlin, S. 75–83.

Wikipedia (2021): Liste der Länder nach Bruttoinlandsprodukt pro Kopf. Online unter: https://de.wikipedia.org/wiki/Liste_der_L%C3%A4nder_nach_Bruttoinlandsprodukt_pro_Kopf (Zugriff am 15.01.2021).

Winter, Felix (2017): Neue Formen der Leistungsbeurteilung. In: Pädagogik, 69(9), S. 14–18.

Winter, Felix (^{2}2018): Lerndialog statt Noten. Neue Formen der Leistungsbewertung, Weinheim/Basel.

Winter, Felix (2019): Pädagogische Diagnostik als „assessment for learning“ – das dialogische Lernkonzept, Arbeitspapier ausgegeben anlässlich eines Vortrags im LISUM.

Wirtschaftskammer Österreich 2021: Länderprofil Syrien, Online unter: https://wko.at/statistik/laenderprofile/lp-syrien.pdf (Zugriff am: 27.08.2021).

Witt, Dirk (2011): Die Leitfrage weist den Weg. Fächerverbindender Unterricht im Lernbereich. In: Pädagogik, Nr. 7–8, S. 20–23.

Witt, Dirk (2013a): Ideen und Materialien für Unterrichtsgänge in Erdkunde. Mülheim/R.

Witt, Dirk (2013b): Ideen und Materialien für Unterrichtsgänge in Geschichte und Politik. Mülheim/R.

Witt, Dirk (2014): Unterrichtsphasen im Fach Gesellschaftswissenschaften. Unveröffentlichtes Seminarpapier.

Witt, Dirk (2015): Pompeji – was ist geschehen? In: Geschichte Lernen, Nr. 167, S. 12–17.

Witt, Dirk (2017a): Aufgaben nicht nur erledigen. Wahldifferenzierung mit Fächeraufgaben. In: Geschichte lernen, Nr. 178, S. 24–27.

Witt, Dirk (2017b): Dreistufiges Kompetenzprozessmodell für den Lernbereich Gesellschaftswissenschaften an Stadtteilschule Hamburg. Unveröffentlichtes Fachseminarpapier.

Witt, Dirk (2017c): Lernprozesse bewusst erleben. Scaffolding als Unterstützungssystem. In: Geschichte lernen, Nr. 178, S. 28–31.

Witt, Dirk (2018): Wie war das früher bei dir? Ein Oral-History-Projekt im historischen Anfangsunterricht. In: Geschichte lernen, Nr. 184, S. 12–15.

Witt, Dirk (2019a): Das Gruppenpuzzle im inklusiven Geschichtsunterricht. In: Geschichte lernen. Inklusiver Geschichtsunterricht, Nr. 190, S. 16–27.

Witt, Dirk (2019b): Der Thementisch im inklusiven Geschichtsunterricht. In: Geschichte lernen. Inklusiver Geschichtsunterricht, Nr. 190, S. 42–51.

Witt, Dirk (2021): Das Fach Gesellschaftswissenschaften. Vernetzendes Denken lernen. In: Geschichte lernen, Nr. 199, S. 2–9.

Witt, Dirk/Knigge-Blietschau, Johann/Wenzel, Birgit (2019): Netzwerk Gesellschaftswissenschaften. In: Zeitschrift für Didaktik der Gesellschaftswissenschaften. Integrationsmodelle, Nr. 1, S. 157–162.

Witt, Dirk/Kohse, Pamela/Priebe, Wiebke (2017): Indikatoren für Gelungenen Gesellschaftswissenschaftsunterricht. Unveröffentlichtes Seminarpapier. Hamburg.

Handlungsorientierung. In: Lexikon der Psychologie. Online unter: https://www.spektrum.de/lexikon/psychologie/handlungsorientierung/6292 (Zugriff 24.2.2019).

Autorinnen und Autoren

KATJA BEWERSDORF arbeitet seit 2017 als Referatsleiterin im Ministerium für Bildung Rheinland-Pfalz und ist dort u.a. für die gesellschaftswissenschaftlichen Fächer sowie für historisch-politische Bildung, Demokratiepädagogik und für Gewalt- und Extremismusprävention zuständig. Davor unterrichtete sie in Gymnasien und Gesamtschulen und war als Fachberaterin für Geschichte und Gesellschaftslehre tätig. Seit mehr als dreißig Jahren setzt sie sich auch in der außerschulischen Bildung für die Förderung politischen Handelns und demokratischer Werte ein.

NIKOLAUS BOIS bildet Referendarinnen und Referendare in den Fächern Sozialkunde und Arbeit-Wirtschaft-Technik in Mecklenburg-Vorpommern aus. Auch ist er verantwortlich für die Fachentwicklung in diesen beiden Fächern. Seine Interessenschwerpunkte erstrecken sich beruflich auf die gemeinsamen Schnittmengen der gesellschaftswissenschaftlichen Fächer Arbeit-Wirtschaft-Technik, Geographie, Geschichte und Sozialkunde.

EVA GLASER ist Lehrerin an einer Realschule plus und Pädagogische Referentin für Fort- und Weiterbildung im Fach Gesellschaftslehre am Pädagogischen Landesinstitut Rheinland-Pfalz. Sie hat als Mitglied der Fachdidaktischen Kommission den Bildungsplan Gesellschaftslehre mitentwickelt und leitet zurzeit die Arbeitsgemeinschaft zur Überarbeitung des Bildungsplans Gesellschaftslehre.

GUNTHER GRAF ist Lehrer an einer IGS in Delmenhorst und Fachmoderator für Gesellschaftswissenschaften in Niedersachsen. Als Fachmoderator ist er für alle Gesamtschulen im Land zuständig, gibt Impulse für unterrichtliche Qualitätsentwicklung in Schulen und Studienseminaren. Er hat die Kerncurricular für das Fach Gesellschaftswissenschaften an Integrierten Gesamtschulen mitentwickelt. Eine Didaktik der Gesellschaftswissenschaften bildet sein Interessenschwerpunkt.

MAREIKE JAKOBI ist Lehrerin an einer Gemeinschaftsschule mit gymnasialer Oberstufe in Kiel und Fachfortbilderin für das Fach Weltkunde am Institut für Qualitätsmanagement in Schleswig-Holstein. Ihre Interessenschwerpunkte sind das Unterrichten im gesellschaftswissenschaftlichen Fächerverbund sowie die Entwicklung neuer Aufgabenformate in Zeiten der Digitalisierung.

MATTHIAS KIY ist Sonderpädagoge und Lehrer an einem inklusiven Bremer Gymnasium. Zudem arbeitet er als Schul- und Unterrichtsentwickler im Team Oberschulen/Gymnasien am Landesinstitut für Schule Bremen. Seine Arbeitsschwerpunkte sind fachliche Fragen des Fächerbereichs „Gesellschaft und Politik" sowie zu den Querschnittsthemen „Sprachbildung" und „Bildung in der Digitalen Welt".

JOHANN KNIGGE-BLIETSCHAU ist Lehrer an einer Gemeinschaftsschule mit Oberstufe in Eckernförde (Schleswig-Holstein) und Landesfachberater für das Fach Weltkunde am Institut für Qualitätsentwicklung an Schulen Schleswig-Holstein (IQSH). Er bietet die einzige Ausbildungsveranstaltung für Weltkunde in Schleswig-Holstein an, koordiniert die Fortbildungsangebote und war beteiligt an der Erstellung der Fachanforderungen (des Bildungsplans). Seine Interessenschwerpunkte sind Demokratiebildung, Fächerintegration und der Einsatz für eine Schule für alle.

PAMELA KOHSE hat an der Pädagogischen Hochschule Ludwigsburg Geschichte und Politik studiert und später an Hamburger Stadtteilschulen unterrichtet. Sie ist Fachseminarleiterin für den Lernbereich Gesellschaftswissenschaften am Landesinstitut für Lehrerbildung und Schulentwicklung in Hamburg mit den Schwerpunkten Demokratieerziehung, problemorientiertes Lernen und Einsatz digitaler Medien. Im Rahmen des Projekts (Deutsch als Zweit-)Sprache im Fachunterricht bildete sie zuletzt Schulteams in der Handhabung von Unterrichtswerkzeugen zur integrativen Sprachbildung in den Gesellschaftswissenschaften aus.

CHRISTIAN SIEBER ist Fachleiter für Geschichte am Studienseminar Realschulen plus Kaiserslautern und bildet dort auch das integrative Fach Gesellschaftslehre mit aus. Er hat an der Erstellung des rheinland-pfälzischen Bildungsplans für die gesellschaftswissenschaftlichen Fächer (Geschichte) mitgearbeitet.

URSULA TILSNER ist Lehrerin an einer hessischen kooperativen Gesamtschule und Ausbilderin u.a. für Erdkunde an der Hessischen Lehrkräfteakademie in Heppenheim. Sie hat das schulinterne Curriculum besonders mit Blick auf den gesellschaftswissenschaftlichen Aspekt mitgestaltet und setzt sich sowohl an der Schule als auch im Studienseminar für das Globale Lernen ein.

DANIEL ULLRICH unterrichtet das Fach Gesellschaftswissenschaften an einer saarländischen Gemeinschaftsschule und ist als Fachreferent für die Fächer Geschichte, Sozialkunde/Politik und Gesellschaftswissenschaften am saarländischen Landesinstitut für Pädagogik und Medien (LPM) in der Lehrerfortbildung tätig. In seiner Funktion als stellvertretender Landesfachberater für das Fach Gesellschaftswissenschaften ist er derzeit mit der Lehramtsausbildung in den Fächern Erdkunde und Geschichte am staatlichen Studienseminar für die Primarstufe und für die Sekundarstufe I beauftragt. Zu seinen Interessenschwerpunkten gehören u.a. die Weiterentwicklung des Fachs Gesellschaftswissenschaften, Differenzierung und Individualisierung im Fachunterricht sowie die Leseförderung.

BIRGIT WENZEL leitete bis zu ihrer Pensionierung am Landesinstitut für Schule und Medien Berlin-Brandenburg das Referat Grundschule/Sonderpädagogische Förderung und war Referentin für die Fächer Sachunterricht, Gesellschafts- und Naturwissenschaften 5/6. Sie hat Erfahrungen als Lehrerin, Ausbilderin in der zweiten Phase, als Hochschullehrerin sowie als Autorin und Herausgeberin von Schulbüchern. Sie hat an mehreren Bildungsplänen für Berlin und Brandenburg mitgearbeitet, zuletzt beim RLP 1–10 als Leiterin u.a. der Gruppe Gesellschaftswissenschaften 5/6. Zu den Arbeitsschwerpunkten gehören Methoden für den gesellschaftswissenschaftlichen Unterricht und die Herausforderungen von Heterogenität und Inklusion.

MAIK WIENECKE ist ausgebildeter Lehrer für die Fächer Geographie und Politische Bildung an Gymnasien und gegenwärtig als wissenschaftlicher Mitarbeiter und verantwortlicher Dozent für den Studiengang Gesellschaftswissenschaften am Historischen Institut der Universität Potsdam im Fachbereich Didaktik der Geschichte tätig. Er hat in diesem Zusammenhang sämtliche Seminare geplant und gestaltet, die im Rahmen der von den Fachbereichen erstellten Module im Studiengang Gesellschaftswissenschaften von den Studierenden besucht werden müssen. Dazu gehört auch die Betreuung der Studierenden in Schulpraktika. Zudem ist er seit Einführung des Fachs Gesellschaftswissenschaften in Brandenburg als Dozent auch an der Weiterbildung von Lehrkräften beteiligt.

DIRK WITT ist Lehrer an einer Hamburger Stadtteilschule und Fachseminarleiter für den Lernbereich Gesellschaftswissenschaften am Landesinstitut für Lehrerbildung und Schulentwicklung in Hamburg. Er bildet an der Universität Hamburg Studierende im Integrierten Schulpraktikum aus und hat die Bildungspläne für den Lernbereich Gesellschaftswissenschaften an Stadtteilschulen mitentwickelt. Seine Interessenschwerpunkte sind das Unterrichten im gesellschaftswissenschaftlichen Fächerverbund, der inklusive Fachunterricht sowie der gesellschaftswissenschaftliche Anfangsunterricht.